명장

명장 名將

우 한 엮음 | 김숙향 옮김

살림

　요즘 뉴스 보기가 겁난다. 'IMF 이후 최대의 불황', '실업률 최고
치 경신' 등 우울한 전망으로 도배된 신문의 헤드라인 때문은 아니다.
이보다 더욱 형편없이 살던 시절도 잘 이겨낸 우리가 아니었던가. 다
만 역자가 안타까운 것은 우리 사회의 리더들이 정작 위기의 시대에
그것의 극복 의지와 희망에의 전망을 보여 주지 못하고 무력하게 물
러나 있는 듯한 인상을 받았기 때문이다.

　나폴레옹은 "정치가는 희망을 파는 상인이다"고 얘기했다. 혼돈의
시기를 극복할 수 있는 용기를 주는 것은 모든 시대를 걸쳐 성공한 리
더들의 가장 뛰어난 덕목이었다. 과연 우리 사회에 용기를 줄 단 한
명의 '희망의 전도사'도 없는가? 뛰어난 리더십이 가장 절실한 이 순
간에 그들은 어디에서 모습을 감추고 있는가? 우리가 수천 년 전 난
세를 살아간 위대한 명장들의 이야기에 주목해야 하는 것은 바로 이

지점에 있지 않을까.

이 책 『명장』은 중국 최초의 역사지식 총서인 〈중국역사소총서(中國歷史小叢書)〉의 한 권으로, 중국의 유명한 역사학자 우한[吳晗] 선생 주도로 기획되었다. 춘추전국시대부터 당나라까지 장수 15인의 삶과 지혜를 담고 있는데, 현재 우리 시대의 흐름에 맞게 출판사와 역자가 함께 책의 구성을 손보았다. 손무와 오기 등 이들 명장은 단순한 과거 인물의 기록으로 묻어두기에는 너무나 비범한 삶을 살았다. 총 4부에 걸쳐 제시된 이들의 수준 높은 삶의 자세와 뛰어난 리더십을 통해 우리 사회가 경험하고 있는 위기를 기회로 바꿀 실제적인 가르침을 주고자 했다.

첫째 나를 알라. 모택동은 손문의 '지피지기(知彼知己) 백전불태(百戰不殆)'의 원리를 과학적 진리라며 극찬했다. 모든 위기의 순간에 우리가 가장 먼저 해야 할 것은 자신의 강점과 약점에 대한 정확한 이해이다. 과연 내가 지닌 강점은 무엇인가? 내가 쓸 수 있는 능력의 한계치는 얼마인가? 그런 나에 대한 정확한 파악만이 모든 문제 해결의 첫걸음이다.

둘째 난세엔 매뉴얼이 없다. 춘추전국시대 때 각국의 형세는 시시각각으로 변하고, 전장에서의 잘못된 판단 한 번이 수천 병사의 목숨을 좌우했다. 안정된 사회에서 배웠던 가르침이 더 이상 통하지 않는다. 이 책에 나오는 비장군 이광처럼 재빠른 판단과 행동으로 위기를 돌파해 나가거나, 곽거병처럼 상황에 맞게 병법을 응용할 줄 알아야 생존을 담보할 수 있었다. 각자가 생존을 위해 끊임없이 안테나를 움직여 상황에 맞게 움직여야 했던 것이다.

셋째 흔들리지 마라. 위기가 닥치면 가치관에 대한 확신을 버리고 적당히 타협하려는 유혹이 커진다. 하지만 자신에게 가장 중요한 가치관이 무엇인지, 그 가치관을 실천하기 위해 그 동안 어떤 일을 해 왔는지 끊임없이 생각해야 한다. 자신의 가치관이 무너지고, 조직의 원칙이 사라지는 그 순간에 그 사회는 안에서부터 붕괴된다. 모든 위기는 밖에서보다 안에서 먼저 찾아온다.

마지막으로 함께 할 동지를 찾아라. 위기 없는 인생은 없다. 인생을 살다 보면 우리는 누구나 적어도 한 번은 위기에 부닥치게 된다. 인생의 위기와 만났을 때 우리에게 필요한 것은 그것을 함께 헤쳐나갈 뛰어난 동지이다. 춘추전국시대 염파와 인상여는 조나라의 기둥같은 장수들이었다. 그들이 서로 반목했다면 조나라의 태평성대는 없었을 것이다.

이 책의 명장들이 살아갔던 시대는 지금과 시공간의 간극이 있다. 그러나 인간이 살아가면서 겪게 되는 일들은 그때나 지금이나 기본적으로 큰 차이가 없다. 역사를 통해 현재를 보고 미래를 예상하는 일은 지금뿐 아니라 과거 수천 년 전에도 사용했던, 지혜를 터득하는 한 방법이다. 지금 우리가 이 책에서 교훈을 얻으려는 대상인 위대한 15인의 명장들 역시 그보다 더 이전의 역사를 통해, 더 이전의 인물들을 통해 지혜를 쌓아 왔으리라. 그리고 과거의 경험을 자신의 것으로 만든 명장들은 난세를 뚫고 오히려 큰 성취를 이루었다.

누구나 자기만의 삶과 시대는 절실하고 격정적이다. 이들 명장이 시대를 초월하여 독자들에게 울림을 줄 수 있는 것은 그런 현재성 덕분이다. 이젠 전설이 된 장수들……. 그들은 이미 2,000년 전에 중국

대륙의 한 가운데서 눈을 감았지만, 현재를 살아가는 독자들에게 이
들의 삶은 결코 가볍지 않게 다가올 것이다.

2008년 늦은 겨울 김숙향

차 례

자신을 알라

"군사의 일 중에서 첩자와의 관계보다 더 친밀한 것은 없고, 첩자에게 주는
포상보다 더 후한 것은 없으며, 첩자의 활동만큼 비밀스러운 일도 없다."

손무(孫武, B.C. 6세기경)

제(齊)나라 사람. 오(吳)나라의 왕 합려(闔閭)를 섬겨 절제·규율 있는 육군을 조직하게 했다. 당시 경쟁 관계
에 있던 초(楚)·제(齊)·진(晉) 등의 나라를 굴복시켜 합려를 패자(覇者)로 만든다.
그가 저술했다는 병서 『손자(孫子)』는 단순한 국지적인 전투의 작전서가 아니라 국가 경영의 요지, 인사의 성
패 등을 담고 있다. 그는 이 책을 통해 "싸우지 아니하고도 남의 군사를 굴복시키는 것은 착한 자의 으뜸"이
라고 가르치고 있다.

자신의 강점과 약점을 정확하게 파악한다
이기는 전쟁의 기획, 손무

예부터 전쟁과 관련해 전해지는 말이 있다. "지피지기면 백전불태(知彼知己, 百戰不殆)라." 2,500여 년 전 중국 남방 오(吳)나라의 군사학자 손무(孫武)가 한 이 말은, 그의 저서인 『손자병법(孫子兵法)』에서 비롯되어 오늘날까지 전해지고 있다. 당시 북방의 노(魯)나라에도 유명한 인물로 공자가 있었다. 그는 상고시대의 문화 전적을 정리하여 전파시킴에 위대한 공헌을 했다. 손무는 상고시대 군사학 방면을 총결하고 발양시킴에 크나큰 공을 세웠다. 한 명은 남방, 다른 한 명은 북방 지역 출신으로 각각 문(文)과 무(武)에 있어서 역사적으로 위대한 인물이며 후대까지 큰 영향을 미치고 있다. 여기서 우리는 손무의 삶과 사적에 대해 살펴보기로 하자.

불리한 형세를 피해 오(吳)나라를 택하다

손무의 자(字)는 장경(長卿)이며, 또 손자(孫子)나 손무자(孫武子)라고도 한다. 그는 춘추(春秋) 말엽(기원전 770~476년) 제(齊)나라 낙안(樂安, 지금의 산동시 혜민)[1] 사람이다.

그의 생몰 연대는 분명하지 않으나 공자(기원전 551~479년)와 같은 시기로 보고 있다. 손무는 오왕(吳王) 합려(闔閭, 기원전 514~496년 재위)와 부차(夫差, 기원전 495~473년 재위) 전기에 주로 활동했다. 그러나 오왕 부차의 전기 기록은 극히 간략하다.

손무의 선조는 진(陳)나라[2]의 제후로, 본래 성(姓)은 규(嬀)다. 기원전 705년에 진여공(陳厲公, 기원전 706~700년 재위)의 부인이 아들을 낳았는데 이름 하여 완(完)이라 한다. 공자 완이 세상에 태어났을 때 마침 주나라 천자의 태사가 진나라를 지나게 되었다.

진여공은 후사를 보자 기쁜 마음에 천명을 잘 아는 태사에게 아들의 미래를 점쳐 달라고 청했디. 대사는 여공이 너무 기뻐하자 그의 기분을 상하게 하는 말을 할 수 없었다. 그렇다고 듣기 좋은 말을 하기도 곤란하여 모호하게 점괘를 풀었다.

"경하스런 일입니다. 아주 좋은 괘가 나왔습니다. 공자께서는 훗날 반드시 나라의 군주가 되실 것입니다. 진나라가 아니라 해도 다른 나라의 군주가 되실 것이고, 본인이 아니더라도 그의 자손이 군주가 될 것입니다."

여공은 대단히 기뻐했고, 모호한 말을 한 태사는 진여공의 성대한 주연을 대접받은 뒤 경성으로 돌아갔다. 태사의 예언에 장래가 촉망

된다는 공자 완은 바로 손무의 직계 선조이다.

공자 완은 스스로 나라의 군주가 되지 못하고 대부(大夫)[3]에 그쳤다. 기원전 672년에 진선공(陳宣公, 기원전 692~648년 재위)이 총애하는 미인이 아들을 낳았으니 그의 이름은 관(款)이라 했다. 어머니가 임금의 사랑을 독차지하니 아들도 자연히 총애를 받았다. 미인의 유혹에 넘어간 진선공은 태자(太子) 어구(禦寇)를 폐위시키고 강보에 싸인 공자 완을 후계자로 정하려고 했다. 그러나 적통을 폐위하고 서계를 왕위에 세우는 일은 당시 예법에서 허용되지 않았다. 잘못되면 백성들의 화를 부르게 되어 원망을 사거나 심하게는 반란이 일어날 수도 있었던 것이다. 이 때문에 서계를 후계자로 정하는 일은 누가 봐도 합당하고 사리에 맞는 방법을 생각해 내야 했다. 진선공은 마침내 형식적으로 태자에게 풍류죄(風流罪)라는 죄목을 씌워 사형을 명한다.

당시의 형벌은 매우 잔인했다. 죄를 지은 자의 삼족을 멸하거나 심하게는 일가친척과 친구들에게도 그 죄를 물었다. 공자 완과 태자 어구는 어려서부터 절친했던 소꿉친구로, 장성한 뒤에도 두 사람은 형제의 정을 나누며 더욱 사이가 깊어졌다. 태자 어구가 죽음을 당하자 공자 완도 간담이 서늘해졌다. 자신도 성치 못하리라 생각한 완은 앉아서 죽음을 기다리느니 멀리 달아나는 게 낫다고 생각했다. 이에 그는 가족들을 데리고 제(齊)나라로 갔다. 이때가 제나라 환공(桓公, 기원전 685~643년 재위) 14년의 일이다.

환공은 공자 완이 젊고 유능하다는 것을 알고 그를 경사(卿士)에 앉히고 싶어 했다. 그러나 공자 완은 환공의 생각과 달랐다. 그는 다른 나라에서 도망 온 자가 갑자기 높은 자리에 오르게 되면 분명 다른 사람들의 질투를 사리라 생각하여 환공의 제안을 완곡하게 거절했다.

환공은 그의 진심 어린 말을 듣고 더 강요할 수 없어 백공(百工)의 일을 관리하는 공정(工正)으로 직위를 낮추었다.

공자 완이 제나라에 자리를 잡은 뒤 본래 성인 규를 전(田)으로 바꾸어 전완이라 했다. 100여 년이 흐른 뒤 전씨 집안은 갈수록 흥성해지고 지위도 높아졌다. 전완의 후손 가운데 많은 이가 경대부 요직에 올랐으며 전씨는 제나라에서 명망 높은 세도가가 되었다.

전완의 4대손인 전무우(田無宇)는 용감한 인물로, 제장공(齊莊公, 기원전 553~548년 재위)의 신임을 받았다. 또한 제경공(齊景公, 기원전 547~490년 재위) 때 전무우의 아들인 전서(田書)는 대부의 직책을 맡았다. 전서는 군사 지휘 능력이 뛰어나 거(莒)나라⁴)를 공격하는 데 큰 공을 세워 제경공으로부터 낙안(樂安) 땅을 채읍으로 받고 손씨(孫氏) 성을 하사받았다. 이 때문에 전서를 손서(孫書)라고도 칭한다. 제나라 경(卿)을 지낸 손서의 아들 손풍(孫馮)이 바로 손무의 부친이다.

손무가 제나라에서 살 때 제나라는 내부적인 마찰이 심했고 사방에 위험이 도사리고 있었다. 제경공 초년에 좌상(左相) 경봉(慶封)이 우상(右相) 최저(崔杼)를 밀어내자 전(田), 포(鮑), 난(欒), 고(高)의 4대 권문세가가 연합하여 경봉을 몰아냈다. 날이 갈수록 내부 분란은 심해졌다. 서로의 권력과 이익을 차지하기 위한 4대 권문세가의 다툼은 끊이지 않았다. 이들이 반란을 꾸미려 하자 전씨에서 나온 손씨도 세력을 잃으면 그 화가 자신들에게 미칠까 두려워 제나라를 떠나 오나라에 의탁했다.

일곱 차례의 추천

오(吳)나라는 오늘날 강소(江蘇)와 일부 안휘(安徽), 절강(浙江) 지역이다. 오나라는 동쪽으로 바다와 가깝고 남쪽으로는 월(越)나라[5], 서쪽으로는 강대한 초(楚)나라[6]와 이웃하였다. 북으로는 제(齊)나라, 진(晉)[7]나라와 마주하고 있다. 동주열국(東周列國) 가운데 오나라는 건국 시기가 가장 이르나 비교적 더디게 발전했다. 기원전 584년(吳王 壽夢 2년)에 진나라가 초나라를 견제하기 위해 초나라에서 도망 온 대부 무신(巫臣)을 오나라에 파견했다. 무신은 오나라에 병거 타는 법과 진 짜는 법을 가르쳐 주며 초나라를 공격하도록 했다. 이렇게 하여 오나라는 중원의 여러 나라와 왕래하기 시작했다. 뜻을 잃고 재앙을 당한 사대부들은 자신들의 나라를 떠나 타국에서 관리를 지내며 살았다. 손무가 오나라에 왔을 무렵 초나라 사람 오자서(伍子胥)가 부친이 초나라 왕에게 무고하게 살해당하자 백비(伯嚭)와 함께 오나라로 왔다. 그들은 오나라의 힘을 빌려 부친의 원수를 갚을 생각이었다. 백비는 훗날 오나라의 태재(太宰)[8]자리에 올랐다. 오자서는 천신만고 끝에 오나라에 온 뒤 금방 공자(公子) 광(光)의 빈객이 되었다. 공자 광은 오왕(吳王) 요(僚, 기원전 526~515년 재위)의 사촌형제다. 항상 패기에 가득 찬 그는 다른 사람 밑에 있는 게 달갑지 않았다.

오자서는 공자 광이 다른 뜻을 품고 있음을 간파했다. 그러나 오나라의 내부 분쟁에 휘말리고 싶지 않아 농사를 짓겠다는 핑계를 대고 시골로 내려갔다. 오자서는 이렇게 빠져나갈 길을 만들어 두고 전제(專諸)라는 검술에 뛰어난 자를 물색하여 공자 광에게 추천했다.

이 당시 손무도 시골에서 은거하여 텃밭을 가꾸며 병서를 집필하고 있었다. 손무는 이렇게 전쟁이 빈번하고 격렬했던 시대를 살았다. 그리고 유구한 군사 전통을 가진 제나라에 있었으며 경대부이자 유명한 장군이던 아버지를 두었다. 이 모든 환경이 바로 손무가 병서를 쓰는 데 유리한 기반을 만들어 주었다. 예리한 안목을 가진 자가 영웅을 알아보고 총명한 사람이 총명한 사람을 알아본다고 했다. 비범한 인물인 오자서는 역시 범상치 않은 인물인 손무를 알아보았다. 손무가 가진 군사 지휘력과 깊은 안목을 존경하여 두 사람은 절친한 친구가 되었다.

기원전 516년(吳王 僚 11년) 겨울, 초평왕(楚平王)이 세상을 떠나 어린 소왕(昭王)이 왕위를 이었다. 이듬해 봄 오왕 요는 초나라의 유약한 군주가 장례를 치르는 사이 아우 공자(公子) 개여(蓋餘)에게 공자 촉용(燭庸)을 장수로 임명하여 삼군을 이끌고 초나라를 공격하라고 명했다. 그러나 전쟁에서 이기려는 급급한 마음에 공자는 경솔히 병력을 이끌고 깊이 들어간 나머지 초나라 군대에 의해 퇴로가 끊겼다. 나라 밖의 전쟁으로 모든 군대가 집중되자 공자 광은 전제를 불러들여 말했다.

"기회를 놓칠 수는 없지. 좋은 때는 다시 오지 않을 것이니 지금 군사를 일으키지 않으면 임금의 자리를 얻기 힘들 것이다!"

이렇게 하여 공자 광의 계략으로 전제가 연회에서 오왕 요를 죽이고 공자 광이 왕위를 빼앗아 오왕 합려가 되었다.

즉위 초년에 오왕 합려는 백성들이 자신을 따르지 않고 또 제후들이 자신을 믿지 않을까 걱정했다. 이 때문에 백성들에게 후하게 베풀고 예를 갖추어 널리 인재들을 모았다. 그리고 오자서를 행인(行人)으로 임명했다. 행인은 원래 군주를 알현하는 업무를 관장했으나 오자서가 맡은 행인은 달랐다. 오왕은 그의 내정과 외교 능력을 높이 사 나라의 크고 작은 일을 상의했던 것이다. 한번은 오왕이 오자서에게 이렇게 물었다.

"우리나라는 궁벽한 곳에 위치하여 나라의 수비가 변변치 않고 백성들의 옷과 양식이 풍족하지 않다. 이처럼 힘든 상황을 바꾸려면 어떻게 해야 할 것인가?"

오자서는 잠시 생각에 잠긴 뒤 입을 열었다.

"무릇 강한 군주가 되고 싶으시다면 성곽을 수리하고 수비를 단단히 하며 병사들을 훈련시키고 식량을 확보해야 합니다."

오왕은 오자서의 생각에 동의하고 그에게 하나씩 실행하도록 했다. 우선 나라의 도읍을 고소(姑蘇, 강소성 소주)로 정한 뒤, 초나라 정벌의 뜻을 보이기 위해 서쪽의 창합문(閶闔門)을 파초문(破楚門)으로 바꾸었다.

대대로 이어진 원한으로 오나라와 초나라는 양립할 수 없었다. 오왕은 오자서와 백비에게 군대를 주어 초나라를 정벌하려고 했다. 그러나 한편으로 이 둘이 사사로운 원한으로 나라의 대사를 망칠까 걱정이 되었다. 하루는 오왕이 궁 안의 높은 탑에 서서 먼 곳을 바라보며 깊게 탄식했다. 곁에 있던 군신들이 영문을 모르고 있을 때 오직 오자서만이 왕이 탄식하는 이유를 알아차렸다. 왕이 출정 문제로 골머리를 앓고 있다는 사실을 알아차린 오자서는 이번 기회에 손무를 천거한다. 그는 손무의 집안을 소개하면서, 대대로 인품과 능력을 갖추어 학문으로 나라를 안정시키고, 무예로 나라를 정복할 인물이라고 했다. 그러나 손무가 오나라로 온 뒤 줄곧 은거하며 지냈기에 오왕은 손무의 이름을 들어보지 못했으니, 이름도 모르는 일개 농부가 그런 능력을 지니고 있으리라 생각하지 않았다. 오자서가 다시 이런저런 말로 손무를 추천했으나 오왕은 여전히 귀담아 듣지 않았다. 도리어 화제를 돌려 출정에 관한 다른 일을 상의하기 시작했다. 오자서는 한편으로 왕의 말에 응대하면서 다른 한편으로 손무를 다시 추천할 기회를 찾았다. 어느 날 아침, 오자서가 군대에 대해 논의한다는 기회를 빌려 연이어 7차례 손무를 추천했다. 오자서의 말이 귀찮아진 오왕은 나무라는 듯 말했다.

"내 보기에 너는 지금 인재를 천거한다는 핑계로 너의 세력과 지위를 넓히려고 하는 것 같구나!"

오자서는 말만으로는 설득할 수 없다고 생각하고 오왕에게 손무가 쓴 병법을 보여주었다.

춘추시대에 나온 책은 대부분 죽간에다 적었다. 매 편을 1간(簡)이라고 하고, 간을 밧줄로 묶어 책(冊) 한 권을 만든다. 오왕은 손무가 죽간에 쓴 병서를 책상에 올려놓고 하나씩 보았다. 한 간씩 읽어나갈 때마다 오왕은 놀라움을 감추지 못했다. 읽을수록 흥미진진하여 감탄사를 연발했다. 이렇게 13편의 병서를 순식간에 읽고 난 오왕은 순간 손무라는 인물이 궁금해졌다. 그리하여 사람을 보내 손무를 불러들여 객관에서 기다리게 했다.

혹독한 궁녀 훈련으로 오왕을 일깨우다

어느 날 아침, 손무가 객관에서 오왕의 알현을 기다리는데 예상치 못한 일이 벌어졌다. 오왕이 직접 자신을 찾아온 것이다.

"과인은 선생의 병서를 다 읽었는데 실로 신선하고 유익한 내용이었소."

손무가 겸손하게 말했다.

"저는 초야에 묻혀 사는 사람으로 학문과 재주가 비천합니다. 군왕께서 이렇게 과찬의 말씀을 하시니 몸 둘 바를 모르겠습니다."
"겸손하실 필요 없소. 선생의 병서는 분명 전대미문의 것이나 어떻게 실행시켜야 할지 잘 모르겠소. 선생의 전술을 소규모로 훈련시켜 내게 보여주면 어떻겠소?"
"알겠습니다."

오왕은 다시 손무에게 물었다.

"그러면 선생께서는 어떤 사람들에게 훈련을 시킬 생각이시오?"

"군왕의 뜻에 따라 누구든 가능합니다. 지위가 높든 낮든 지아비든 아녀자든 모두 훈련을 시킬 수가 있지요."

"아니 그렇다면 궁녀들에게도 훈련을 시킬 수 있단 말이오?"

"물론입니다."

"군사훈련은 매우 고된 일입니다. 궁녀들을 훈련시키는 데 군왕께서 차마 견디지 못하실까 걱정입니다. 무슨 일이 생긴다 해도 군왕께서는 이상하게 여기지 마시옵소서."

오왕은 머리를 끄덕여 손무의 말에 동의했다. 이어 궁녀를 뽑아 손무에게 훈련시키도록 했다. 점심 무렵 손무가 궁 안의 훈련장에 도착해 180명의 궁녀를 뽑아 좌우로 줄을 세웠다. 그리고 오왕이 가장 아끼는 두 명의 미녀를 좌우의 대장으로 정하고 전체 궁녀들의 군사훈련을 진행시켰다. 또한 자신의 수레를 끄는 이를 데려와 군법을 집행하게 했다. 저마다 맡은 일이 정해지자 손무가 지휘대 위에 올라 진지하게 훈련요령을 설명했다.

"너희들은 자신의 가슴, 등, 왼손, 오른손이 어디에 있는지 알고 있겠지?"

궁녀들은 손무의 질문이 우스웠다.

"그럼요."

대답을 들은 손무가 이어 말했다.

"'앞'이라 하면 시선을 전방에 두고 '좌'라 하면 왼손을 보아라. '우'라 외치면 오른손을 보고 '뒤'라고 하면 시선을 뒤로 하라. 너희들의 모든 동작은 북소리에 정확히 맞추어야 한다. 알겠느냐?"
"알겠습니다."

손무는 설명을 마치고 군법을 집행하기 위해 큰 도끼를 들어 훈련장 한쪽에 세워두고 큰 도끼를 가리키며 반복해서 군법을 설명했다. 대충 준비를 마치자 손무는 사람을 보내 오왕에게 알렸다. 오왕이 훈련장에 도착해서 보니 궁녀들은 투구를 쓰고 갑옷을 입고 손에 칼과 방패를 든 채 훈련장에 서 있었다. 자신이 가장 아끼는 두 명의 궁녀도 앞줄에서 긴 창을 들고 서 있었다. 오왕은 재미있으면서 한편으로 마음에 들었다.

'이 궁녀들은 전쟁의 진영을 본 적이 없을 테니 손무가 어떻게 진을 짰는지 한번 시험해 볼까?'

오왕이 대신들에게 동쪽을 가리키며 '서쪽'이라고 외치자 엄청난 북소리가 울려 퍼졌다. 이는 병사들에게 오른쪽으로 전진하라는 명령이었다. 이런 상황을 본 적이 없는 궁녀들은 북소리를 듣자 마치 재밌는 놀이를 하는 것처럼 입을 가리고 웃으며 군령은 신경 쓰지 않았다. 이를 본 손무가 자책했다.

"익숙지 않은 너희들에게 더 정확하게 가르치지 않은 것은 나의 잘못
이다."

말을 마치고 손무는 궁녀들에게 군법과 군명 및 훈련요령을 세
세하게 일러주었다. 그리고 특별히 두 명의 대장에게 앞장서서 명령
에 따라 대열을 맞추고 잘 이끌라고 했다. 그러고 나서 손무가 직접
북을 쳐서 궁녀들에게 좌측으로 전진하라 명령했다. 두 명의 대장과
궁녀들은 이리 밀고 저리 밀면서 깔깔거리고 웃었다. 어떤 궁녀는
창과 방패를 떨어뜨리고 또 어떤 궁녀는 투구를 잡아당기는 등 대형
은 크게 어그러졌다. 이를 본 손무는 크게 화가 나 성난 목소리로 말
했다.

"내 이미 너희들에게 분명하게 설명해 주었건만 어떻게 해야 하는지
알면서도 틀렸으니, 이는 분명 너희들의 잘못이다."

말을 마친 손무는 군법에 따라 두 명의 대장을 사형에 처하라 했다.
지휘대에 앉아 있던 오왕은 손무가 자신이 아끼는 희비를 죽이려
하자 크게 놀랐다. 사람을 보내서 말하길

"과인은 이제 장군의 용병을 잘 알겠소. 그 두 희비가 없으면 과인은
밥도 제대로 먹을 수 없으니 그녀들을 놓아주기 바라오."

그러나 손무는 냉정하게 잘랐다.

"신은 부대의 장군으로 임명이 되었습니다. 부대를 지휘하는 장군으로 군명을 받들 수 없습니다."

두 대장의 처형을 고집하자 오왕은 사랑하는 궁녀가 죽는 걸 차마 볼 수 없었다. 그렇다고 대놓고 화를 낼 수도 없어 소매를 뿌리치고 떠났다.

손무는 오왕이 아끼는 두 명의 궁녀를 본보기로 삼아 효수하고 새로이 대장을 뽑아 계속 훈련을 진행했다. 궁녀들은 순식간에 태도가 바뀌어 왼쪽을 알리는 북소리가 나면 일제히 왼쪽으로 방향을 바꾸었고 오른쪽을 알리는 북소리가 나면 또 똑같이 오른쪽으로 방향을 바꾸었다. 어떤 명령이 떨어져도 궁녀들은 앞뒤좌우를 맞춰가며 전부 군율을 지켰다. 한 사람 한 사람이 정신을 집중하여 감히 긴장을 풀지 못했고 곁눈질을 하거나 소리를 내는 사람도 없었다. 훈련장에는 명령에 따라 움직이는 발소리와 병기가 부딪치는 소리만 들렸다. 손무는 훈련의 질서가 잡히자 다시 사람을 시켜 왕에게 보고했다.

"군대가 이제 훈련을 마쳤으니 군왕께서는 오셔서 검열해 주시기 바랍니다. 이 군대라면 군왕에서 어떻게 지휘를 하신다 해도 능히 해낼 수 있습니다. 끓는 물이나 타는 불 속, 그 어떤 위험에도 문제가 되지 않을 것입니다."

노기가 가라앉지 않은 오왕은 퉁명스럽게 말했다.

"내 다시 가서 보고 싶지 않으니 가서 쉬라고 전해라."

오왕의 전갈을 들은 손무는 냉소를 지었다.

"군왕은 그저 병서에 적힌 글자만 좋아하시고 진짜로 실행시키려 하지는 않는군."

그 후 오왕은 6일 동안 손무의 일을 다시 거론하지 않았다. 아무 일 없이 객관에 머무르고 있던 손무는 마침내 결정을 내렸다는 듯 선언했다.

"왕이 내 계획을 따른다면 전쟁에서 반드시 승리할 것이고 나도 남아 있을 것이다. 그러나 왕이 내 말을 따르지 않는다면 전쟁에서 승리할 수 없고 나 역시 바로 떠날 것이다."

손무가 떠나려 한다는 말을 들은 오자서는 바로 궁으로 달려가 오왕에게 간언했다.

"신이 듣기로 군대 양성은 매우 힘든 일이라고 합니다. 병사를 훈련시킬 때는 항상 장수된 자가 군법을 집행하지 않으면 군대를 통솔하기가 어렵습니다. 현재 군왕께서 인재를 모으시면서 손무와 같은 장수를 잃는다면 누구에게 군사들을 이끌게 하여 초나라를 정벌하실 겁니까? 또 누구에게 의지하여 천하를 쟁패하실 생각이십니까?"

오자서의 말을 들은 오왕은 손무를 만류하기 위해 직접 그를 찾아 갔다. 손무는 오왕이 찾아오자 먼저 사죄를 하고 두 궁녀를 죽인 이유를 설명했다.

"명령이 있으면 반드시 행동으로 옮겨야 하고 금하는 것이 있으면 반드시 하지 말아야 하며 상과 벌은 분명해야 합니다. 이는 군대에서 지키는 보편적인 규칙이자 군대를 다스리는 장수가 지켜야 할 일반적인 원칙입니다. 장수는 군사들 앞에서 위엄을 갖추어 엄격하게 대해야 하고 군사들은 군법을 준수하고 호령을 잘 따라야 합니다. 그래야만 전쟁에서 적을 이길 수 있지 않겠습니까!"

한바탕 설명을 듣고 난 오왕은 화가 풀려 그를 장군으로 삼았다. 손무의 엄격한 훈련을 받고 오나라 군대는 금방 규율을 잘 따르고 평소에도 엄격히 훈련하는 부대가 되었다.

왕과의 문답에서 정치를 논하다

오자서와 손무로 오나라는 내정과 군사 모두 크게 발전했다. 오왕은 이 둘을 유독 중요하게 여겼고 자신의 오른팔과 왼팔로 여겨 국가의 대사를 논의했다. 고대 제왕들이 천하를 통치했던 경험을 교훈 삼아 논의하고 당시 각국 정사의 이해와 득실을 분석했다.

전쟁에 관심이 많은 오왕은 군대를 다스리는 방법에 대해 흥미가 있었다. 그는 『손자병법』의 내용이 군대를 지휘하는 데 도움이 된다고 생각하여 손무와 더 깊이 토론했다.

하루는 오왕이 손무와 함께 군대 지휘에 관한 방법을 담론하고 있었다. 손무가 말했다.

"먼 옛날 황제(黃帝)께서는 중앙에 자리하여 사방의 수령이 되어 잔악한 무리를 막으셨습니다. 황제께서는 먼저 백성과 더불어 쉬시고 양식을 축적하셨으며 죄를 사해 하늘이 내린 시기와 땅의 이로움, 사람들과의 화합을 얻으셨습니다. 그러고 나서 남쪽으로 적제(赤帝)를 벌하시고, 동쪽으로 청제(靑帝)를 벌하셨으며, 북쪽으로 흑제(黑帝)를 벌하시고, 서쪽으로 백제(白帝)를 벌하사 천하를 평정하셨습니다. 그리고 뒤의 상(商)나라 탕왕(湯王, 상나라를 세운 왕)과 하(夏)나라 걸(桀, 夏나라의 마지막 왕으로 악명 높은 폭군)을 정벌하시었고, 주(周)나라 무왕(武王)은 주(紂)를 무찔러 사해를 하나로 통일하셨습니다. 이들은 모두 하늘의 때와 땅의 이로움과 사람들의 마음을 얻어 승리하신 것입니다."

또 어느 날 오왕은 손무와 함께 진나라의 정사를 논의했다. 오왕이 물었다.

"진(晉)나라의 대권은 범씨(範氏), 중행씨(中行氏), 지씨(智氏), 한씨(韓氏), 위씨(魏氏), 조씨(趙氏) 이 여섯 집안의 손안에 있소. 그들은 제각기 진나라의 일부를 차지하며 서로 빼앗고 있는데, 장군이 생각하기에 이대로 나가면 그들 가운데 누가 먼저 망하고 또 어떤 집안의 세력이 더욱 커질 것 같으시오?"

잠시 생각을 하고 난 손무가 말했다.

"신의 얕은 소견으로는 그들 가운데 범씨와 중행씨 일가가 가장 먼저 망하리라 봅니다."

"어째서 그렇게 생각하오?"

"신은 그들이 가진 묘제(畝制)의 크기, 조세와 부역의 양, 병사들의 수, 관리의 청렴도로 판단했사옵니다. 범씨와 중행씨 집안으로 보면 그들은 160평방 보를 1무(畝)로 정했습니다. 여섯 집안 가운데 가장 작은데 이렇게 되면 거두어들이는 조세의 양이 무거워 많게는 5분의 1이 됩니다. 게다가 관리들이 거두는 세금은 한도 끝도 없어 백성들의 시체는 구덩이에 돌아다닐 것입니다. 관리가 많아도 사치스럽게 되고 군대가 방대해도 계속 반란만 일어날 것입니다. 계속 이렇게 된다면 분명 군중은 배반하여 모조리 무너질 것입니다."

손무가 두 집안의 급소를 정확하게 분석하자 오왕은 일리가 있다고 여기며 다시 물었다.

"범씨와 중행씨가 망하면 그 다음은 어느 집안이오?"

"같은 이치로 미루어 볼 때 범씨와 중행씨가 망하고 나면 지씨 집안이 무너질 것입니다. 지씨 집안의 묘제는 180평방 보로 범씨와 중행씨 집안에 비해 약간 클 뿐입니다. 따라서 마찬가지로 조세의 부담이 무겁습니다. 지씨와 범씨, 중행씨가 가진 문제는 전부 비슷합니다. 세도가는 부유하나 백성들은 무거운 세금에 빈곤하다는 것입니다. 관리와 병사는 많으며 교만하고 사치스러워 공 세우기를 좋아할 테니 결과적으로 지씨 집안은 범씨와 중행씨의 전철을 밟을 것입니다."

오왕의 질문이 이어졌다.

"지씨 집안이 망하면 그 다음은 또 누가 되겠소?"

"그 후에는 분명 한씨와 위씨, 이 두 집안이 되겠지요. 한씨와 위씨는 200평방 보를 1무로 정했습니다. 여전히 조세가 무겁습니다. 두 집안 역시 묘제가 작고 세금은 무거우며 대신들은 조세를 긁어모을 테지만 백성들은 빈곤하게 되겠지요. 게다가 관리와 병사가 많으니 공 세우기에 급급하여 전쟁을 일으키려고만 할 것입니다. 묘제가 크면 상대적으로 백성들의 부담은 가벼워집니다. 미약하게나마 유지를 할 수 있겠지만 이들도 삼대가 지나면 망할 것입니다."

오왕의 다음 질문을 기다리지 않고 손무는 계속해서 설명했다.

"반면 조씨 일가를 보자면, 앞에서 논의한 다섯 가문과 크게 다릅니다. 조씨 집안의 묘제는 240평방 보로 여섯 집안 가운데 가장 큽니다. 그뿐 아니라 조씨 집안이 거두는 세금은 항상 무겁지 않습니다. 묘제가 크고 세금이 가벼우니 대신들이 백성에게서 거두는 데도 한도가 있습니다. 관리와 병사가 적으니 윗사람은 지나치게 사치하지 않고 아랫사람은 늘 따뜻하게 입고 배부르게 먹을 수 있습니다. 가혹한 정치는 백성들을 상하게 하고 너그러운 정치는 인재를 부릅니다. 따라서 조씨 집안은 더욱 번창하고 발전하여 종국에는 진나라의 정권이 그들의 손에 떨어질 것입니다."

진나라 여섯 가문의 흥망에 대한 손무의 장황한 설명은 오왕에게 나라와 백성을 다스리는 최상의 정책을 듣는 것 같았다. 오왕은 손무의 말에 깊이 깨닫고 기뻐했다.

"장군의 말씀이 정말 옳소. 과인은 이제 알겠소. 군왕이 나라를 다스리는 바른 도리는 바로 백성을 아끼고 사랑하며 민심을 잃지 않는 것이오."

초나라 군대를 지치게 하여 동남의 패권을 잡다

오왕은 견식이 있고 웅심이 있는 군주였다. 또한 오자서와 손무처럼 훌륭한 신하들이 있었으니 마치 물 만난 고기, 날개를 단 호랑이와 같았다. 소국(小國)에 재정도 빈약했던 오나라는 몇 년 지나지 않아 국고가 가득 차고 병력이 강성한 강대국으로 성장했다. 오왕은 정치, 경제, 군사력을 증진시킨다는 이유로 강대한 초나라와 동남 지방의 패권을 다투기 시작한다.

오왕 합려가 즉위한 뒤 바깥에서 군대를 거느리고 있던 공자 개여(蓋餘)와 공자 촉용(燭庸)은 각각 서(徐, 안휘성 사현)나라와 종오(鍾吾, 강소성 숙천 동북쪽)나라로 도망갔다.

기원전 512년(吳王 闔閭 3년) 여름, 오나라가 서나라와 종오나라로 신하를 보내 두 공자를 넘기라고 했다. 두 나라는 강대한 초나라를 믿고 오나라의 요구를 무시한 채 두 공자를 초나라로 도망가도록 도와주었다. 초나라는 득의양양하여 고관을 보내 두 공자를 맞이했다. 초소왕의 명령으로 두 공자는 양(養, 하남성 침구현) 땅에 잠시 머물게 되었다. 그리고 유윤연(蒍尹然)과 좌사마(左司馬) 심윤술(沈尹戌)에게 양성을 쌓게 하고 동북쪽의 성보(城父)와 동남쪽의 호전(胡田)을 떼어 주었다. 초왕은 이들로 오나라를 위협하려 한 것이다.

서나라와 종오나라의 대담한 행동으로 초나라가 두 공자를 보호하자 오나라는 출병할 구실을 찾게 되었다.

그해 겨울, 오왕은 손무와 오자서를 보내 군대를 일으켜 죄를 벌하라고 명령했다. 종오는 나라가 작고 백성은 가난하여 일격을 막아내지 못하고 금세 멸망했다. 오왕은 군대를 돌려 서나라를 공격하게 했다. 서나라는 성을 굳게 지키며 황급히 초나라에 사람을 보내 구원을 요청하니 초나라가 심윤술이 이끄는 군대를 파견했다. 평소 손무는 군대에서 신속성이 가장 중요하다고 생각했다. 단숨에 강습으로 공격하지 않으면 전투가 길어질 것이고 초나라 군대가 도착하여 전세가 불리해지리라 판단한 손무는 병사들에게 밤낮으로 제방을 만들고 물을 차단하라고 명령했다. 초나라의 지원병이 노착하기도 전에 서나라는 이미 무너졌으며, 군주 장우(章禹)는 부인과 근신들을 이끌고 오나라 군대에 투항했다.

손무는 처음으로 군대의 깃발을 펼치자마자 승리했다. 뜻이 이루어져 득의에 가득 찬 오왕은 이 기세를 타고 초나라를 정벌하려고 했다. 그러나 손무가 왕에게 반대의견을 내놓았다.

"초나라 군대는 천하제일의 정예군으로 서나라와 종오나라에 비할 바가 아닙니다. 우리 군대가 연이어 두 나라를 정복한 탓에 병사와 말이 지쳤습니다. 군사 물자도 많이 소모되었으니 잠시 군대를 거두시어 전열을 정비한 뒤 다시 좋은 기회를 기다리시는 편이 낫습니다."

손무의 권고를 듣고 오왕은 군대를 철수시켰다. 대군이 돌아오자 오왕은 오자서에게 초나라를 물리칠 좋은 계책을 물었다. 오자서는 이렇게 계책을 올렸다.

"초나라의 정치는 여러 당파에 의해 좌우되고 있습니다. 의견이 분분하여 일치하지 못하며 누구도 책임을 맡으려 하지 않습니다. 우리 군대를 세 부대로 나누어 번갈아 귀찮게 하여 저들이 나오면 우리가 돌아오고, 저들이 돌아가면 우리가 나간다면 초나라 군대는 분명 길에서 지칠 것입니다. 저들이 지칠 때 우리가 외교, 첩자와 같은 방법으로 저들의 결정을 방해하면 실수할 것이 분명합니다. 그런 다음 군대를 움직여 초나라를 친다면 반드시 승리할 것입니다."

오왕은 초나라 군대를 꾀어 지치게 하자는 오자서의 계책을 받아들여 오자서와 손무에게 맡아서 실행하라고 했다.

기원전 511년(吳王 闔閭 4년) 가을에 오나라 군대는 출정하여 초나라의 육(六, 안휘성 육안현 북쪽) 땅과 잠(潛, 안휘성 곽산현 남쪽) 땅의 성을 포위하고 공격했다. 피습 소식을 들은 초나라는 곧바로 심윤술이 이끄는 부대를 잠 땅으로 보냈다. 그러나 오자서와 손무는 곧 지원병이 도착할 것으로 계산하고 군대를 후퇴시켰다. 허탕만 친 초나라 군대는 성에 남은 사람들을 남강(南崗, 안휘성 곽산현 북쪽)으로 옮긴 뒤 군대를 돌릴 수밖에 없었다.

초나라 병사들이 아직 갑옷을 벗기는커녕 말의 끌채를 내려놓지도 못하고 있을 때 오나라 군대의 두 번째 부대가 현성(弦城, 하남성 식현 남쪽)을 포위했다. 초소왕은 크게 노하여 대장군인 좌사마 심윤술과 우사마 계(稽)를 출정시켰다. 초나라 군대는 밤낮으로 달려 예장(豫章)⁹에 도착했다. 그런데 현성을 둘러싸고 있던 오나라 군대가 또다시 퇴각한 뒤였다.

오나라는 두 번이나 초나라를 교란시키며 월나라에 초나라를 함께 치자고 했다. 그러나 월나라는 초나라와 우호관계를 맺고 싶어 받아들이지 않았다. 이에 오왕은 월나라를 치려고 했지만 또 군사의 수가 부족해 오히려 밀릴까 걱정이 되었다. 오왕이 결정을 내리지 못하고 있을 때 손무가 말했다.

"많은 군사보다 정예군사가 좋습니다. 신의 소견으로는 한 부대면 충분합니다. 월나라 군사가 아무리 많다고 해도 우리가 계책을 써서 그들을 분산시키면 그들은 많은 병력으로도 어쩌지 못할 것입니다."

손무의 계책으로 기원전 510년(吳王 闔閭 5년) 여름에 오왕은 월나라와의 전쟁에서 승리를 거두게 된다. 기원전 508년(吳王 闔閭 7년) 여름, 동(桐)나라(안휘성 성현 북쪽)가 초나라를 배반한다. 동나라의 북쪽에는 원래 서구(舒鳩, 안휘성 서성현)라는 작은 나라가 있었는데 일찌기 초나라에 멸망당해 서구 백성들이 초나라에 원한을 품고 있었다. 그리하여 오나라는 첩자를 보내 서구인을 꾀었다.

"너희가 초나라 군대를 속여 우리나라를 공격하면 우리 군대는 겁을 먹은 양 가장하고 도망가겠다. 그리고 거짓으로 너희를 친다고 하면 초나라는 우리에 대한 경계를 풀 것이니 이때 초나라를 멸망시킬 기회를 잡을 수 있다."

서구인은 초나라에 복수하기 위해 오나라의 계책을 따르기로 했다. 그들은 거짓정보를 만들어내 초나라를 속였다. 초나라 군신인 이령(利令)은 어리석게도 서구인의 거짓말을 믿고 그해 가을 영윤(令尹)[10] 자상(子常)에게 대군을 주어 오나라를 치라 했다. 자상은 오나라 군대가 동나라 남쪽 해안에 전함을 가득 두고 있다는 정보를 얻고 오나라 군대가 겁을 낸다고 생각했다. 오나라가 동을 치는 기회를 틈타 공격해야겠다고 생각한 자상은 예장 지역에 주둔하여 조용히 사태의 추이를 살폈다. 이때 오나라 군대는 암암리에 소성(巢城, 안휘성 회남시 남쪽) 부근에 집결하여 때를 기다리고 있었다. 초나라 군대는 가을부터 겨울까지 주둔하였기에 나날이 군사들의 사기가 떨어지고 방어를 게을리하고 있었다. 손무는 이 시기를 틈타 습격하여 예장 지역에서 초나라 군대와 전쟁을 했다. 또 승리하고 돌아가는 길에 소성을 불시에 습격하여 초나라 성을 지키고 있던 대부 공자 번(繁)을 포로로 잡았다.

이렇게 초나라를 지치게 하는 계책은 큰 효과를 가져왔다. 5, 6년 사이에 초나라 군대는 지치고 재정적 손실을 입었으며, 성과 땅을 잃고 열국 중에서 상당히 소극적인 지위에 처하게 된다.

다섯 차례 전쟁으로 영(郢) 땅을 점령하다

소왕(昭王)이 즉위한 뒤 초나라의 형세는 갈수록 나빠졌다. 안으로는 간신이 들끓어 충신들은 해를 입었고 밖으로는 전쟁으로 인하여 재난이 끊이지 않았으며, 특히 동쪽의 오나라에게 곤란을 당하고 있었다. 초나라의 속국도 수시로 배반하였으며, 각 나라 제후들도 하나둘 초나라에 등을 돌렸다.

기원전 506년(吳王 闔閭 9년) 여름에 진(晉, 이전의 국명은 唐)나라는 채(蔡)나라가 초나라의 속국 여남(汝南) 땅을 치는 데 돕는다. 그리고 그해 가을 초나라는 군대를 일으켜 채나라를 공격하여 심나라의 복수를 한다.

채나라는 오나라와 우호관계를 맺고 오왕은 이 기회를 빌려 초나라와 큰 전쟁을 벌이려 했다. 이에 손무와 오자서에게 의견을 물었다.

"일찍이 과인이 초나라를 정벌하고자 할 때 두 분께서는 시기가 이르지 않았다고 하셨소. 5, 6년 동안 준비했으니 지금 군대를 움직이는 게 어떻겠소?"

"초나라 장수 자상은 무능하며 탐욕스러운 사람입니다. 제후들에게 수많은 죄를 지었고 당(唐)과 채(蔡)나라의 군주는 그에 대한 원한이 뼈에 사무칠 정도입니다. 왕께서 초나라와 전쟁을 하고 싶으시다면 당과 채나라의 도움이 있어야만 가능할 것입니다."

오왕은 이들의 의견에 동의하고 오자서를 보내 당나라 및 채나라와 연합했다. 당성공(唐成公)과 채소후(蔡昭侯)는 감개 충만하여 전력을 다해 돕겠다고 했다. 사실 이 두 나라는 초나라의 속국으로 해마다 초나라에 조공을 바쳐야 하고 정해진 시기마다 초나라 군주를 알현해야 했다. 그런데 어느 해에 채소후가 반짝이는 옥패 한 쌍과 화려하고 진귀한 모피 두 벌을 가지고 초나라에 조문하러 갔다. 채소후는 모피 한 벌과 옥패 하나를 초소왕에게 바치는데 영윤 자상이 귀한 물건을 보고 눈이 휘둥그레져 남은 모피와 옥패를 달라고 했다. 채소후는 탐욕스러운 자상이 싫어 대꾸도 하지 않았다가 자상에 의해 연금되었다. 그리고 얼마 지나지 않아 당성공도 두 필의 명마를 끌고 초나라에 갔다. 그런데 자상이 또 두꺼운 얼굴로 명마를 요구했다. 일찍이 채소후가 당한 일을 알고 있었지만 당성공도 강직한 성격의 소유자로 자상의 요구를 무시했다. 이에 그 역시 감금되었다. 힘없는 이들은 결국 강자를 이길 수 없었다. 3년 뒤 두 군주는 자상에게 복종하여 명마와 보물을 건네고 나서야 풀려날 수 있었다. 고국으로 돌아오는 길에 채소후는 회하(淮河)를 가리키며 선언했다.

"과인이 이 원수를 갚지 못하면 사람도 아니다!"

그해 겨울, 오왕 합려는 손무와 오자서를 장군으로, 백비를 부장군으로, 친동생인 부개를 선봉으로 하여 직접 군대를 이끌고 당나라 및 채나라와 연합하여 출격했다. 100대에 이르는 병거와 3만여 군마, 수만 명의 군사들이 위풍당당하게 초나라를 치러 출발했다.

장군 손무는 '상대가 반드시 수비해야 할 곳을 공격한다'는 책략을 세워 대군을 북쪽 회수를 거슬러 서쪽으로 진격시켰다. 초나라로 하여금 오나라 군대가 채나라를 돕는다고 생각하게 한 것이다. 오나라 군대는 채나라를 넘어 배를 버리고 밤낮을 쉬지 않고 달려 초나라 동북쪽을 향해 빠르게 전진했다.

초나라는 오나라 대군이 침범했다는 전갈이 오자 급하게 군사회의를 열어 전장에 나갈 장수를 상의했다. 어떤 이는 공자 결(結)을 장군으로 해야 한다고 했고 또 다른 이는 영윤 자상이 적당하다고 하여 좀처럼 의견이 모아지지 않았다. 그런데 예상치 못하게 오나라 첩자가 이 중요한 국가 기밀을 알게 되었다. 오나라 군영은 즉각 대책 마련에 나섰다. 오자서가 먼저 입을 열었다.

"공자 결이 장군이 된다면 우리는 그냥 앉아서 잡히기를 기다리면 됩니다. 그러나 영윤 자상이 군대를 이끈다면 90리를 후퇴할 수밖에 없습니다."

초나라의 염탐꾼도 이 정보를 얻고는 초나라에 알리자 용감하고 지모 있는 공자 결을 놓아두고 무능하고 탐욕스러운 영윤 자상을 장군으로 삼았다. 오자서의 꾀에 넘어간 것이다. 사상은 좌사마(左司馬) 술(戌)과 사황(史皇), 무성대부(武城大夫) 흑(黑) 등 장수를 통솔하여 20만 대군을 이끌고 밤새도록 전선을 향해 달렸다. 초나라 군대는 한수(漢水) 남쪽에 도착하자마자 전투태세를 갖추었다. 탐색을 나간 부대가 돌아와 보고를 하려는데 그때 이미 오나라 군대가 한수 북쪽에 모습을 드러냈다.

초나라 군대가 싸울 태세를 갖추자 손무는 경솔하게 강을 건너 공격할 수는 없다고 판단했다. 이에 작은 계책으로 초나라 군대를 조종했다. 그는 고의적으로 허점을 보이기 위해 전 군사에게 예장 지역에 주둔하여 쉬면서 명령을 기다리라고 했다.

초나라 장군 자상은 오나라 군대가 천리 먼 길을 원정하여 군수물자를 장기간 지원하기 힘들 것이니 분명 급하게 전쟁을 끝내려 할 것이라고 생각했다. 그러나 자상의 예상과는 달리 오나라 군대는 강 건너에서 대치하여 기회만 엿볼 뿐 움직이지 않았다. 자상은 오나라의 작전 의도를 파악하지 못하여 곳곳에 수비를 강화하고 경계를 삼엄히 하라고 명령할 수밖에 없었다.

자상이 의심만 한 채 어쩌지 못하고 있을 때 심윤술이 다가와 계책을 말했다.

"병법에 보면 천리 길에 양식을 나르면 병사들은 굶주린 기색이 보인다고 했습니다. 오나라 군대는 먼 곳에서 왔으니 빨리 싸우는 것이 이로운데 현재 손무는 병사들을 움직이지 않으니 이는 병가의 금기를 범하는 것입니다. 손무의 실책은 하늘이 초나라의 승리를 돕고 있다는 것입니다. 장군께서 이곳으로 오나라 군대를 유인하시어도 저들은 감히 강을 건너지 못할 것입니다."

자상이 동의하자 좌사마(左司馬) 술(戌)은 바로 군대를 둘로 나누어 행동했다. 손무가 이렇게 허점을 보여준 것은 사실 초나라 군대를 유인하기 위한 계책으로, 초나라 병력을 분산시켜 군사력을 오나라에 유리하도록 바꾼 뒤 진격할 기회를 엿보고 있었던 것이다.

심윤술이 병사들을 이끌고 떠나자 무성대부 흑이 자상에게 말했다.

"오나라 군대의 병거는 모두 나무로 만들어져 비바람에 잘 견딥니다.

그러나 우리 군대의 병거는 겉에 가죽으로 둘러 비바람을 만나면 쉽게 끊어집니다. 따라서 대치 상태가 더 길어지면 우리 군대에 불리하니 빨리 싸우는 것이 낫습니다.”

무성대부 혹이 막 떠나자 사황이 몰래 장막 안으로 들어와 자상에게 넌지시 말했다.

“나라 안 백성들이 모두 심윤술을 좋아하고 장군을 미워합니다. 그가 이번 출정에서 성공하면 오나라 군대를 격파시킨 모든 공이 그에게 돌아갈 것입니다. 그러니 심윤술이 행동하기 이전에 장군께서 반드시 먼저 진격하셔야 합니다. 그렇지 않으면 장군께서는 전장에서 아무런 공도 세우지 못할 것이 아니겠습니까! ”

자상은 자신이 가진 병력이 많다는 것만 믿고 심윤술에게 내린 명령은 무시한 채 진격을 강행하여 즉시 한수를 건너 대소별산(大小別山)[11] 일대 수십 리에서 진을 치고 전투태세를 갖추었다. 그러나 하나의 잘못된 수가 전체를 패하게 만든다는 사실을 누가 알았겠는가.

초나라의 허점은 바로 손무가 바라던 바였다. 오나라 군대는 일찍부터 말에게 여물을 먹이고 병기를 갈아 싸울 준비를 하고 있었다. 손무는 초나라 군대가 불안정한 시기를 틈타 먼저 북을 쳐 진격을 명령했다. 오나라의 대군이 앞에서 막고 숨어있던 부대가 뒤에서 습격해 오니 초나라 군대는 그야말로 사지에 빠져들었다. 오나라의 군사 하나하나가 용감하고 신속하게 공격해 와 당해 낼 수가 없었다. 초나라 군대는 배수의 진을 치고 싸우며 사지에서 살길을 찾았다.

쌍방은 대소별산 지역에서 세 차례 격렬한 싸움을 펼쳤다. 초나라 군대는 비록 그 수가 많았지만 지휘가 제대로 이루어지지 않아 아무런 소득 없이 크게 패했다. 자상은 초반부터 밀리자 싸우고자 하는 의지를 잃고 전투에 임박하여 도망가려 했다. 그러나 부하 장수 사황이 말려 그러지도 못했다.

초나라 군대는 싸우면서 퇴각하여 서남쪽으로 백거(柏擧, 호북성 마성 동쪽)에 이르렀다. 자상은 백거에서 병력을 다시 모아 오나라 군대와 최후의 결전을 치르려 했다. 음력 11월 18일 새벽, 선봉에 선 부개가 오왕에게 출전을 청했다.

"초나라 장군 자상이 인심을 얻지 못해 그의 부하가 모두 투지를 잃었다고 합니다. 우리 군대가 먼저 공격을 하면 초군은 반드시 혼란에 빠지게 될 것입니다. 그런 뒤 전군이 다시 대거 습격한다면 반드시 승리를 취할 수 있습니다."

그러나 오왕은 패한 초군에 여전히 힘이 남아 있다고 여겨 그의 말을 들어주지 않았다.

자신의 군영으로 돌아온 부개는 부하에게 말했다.

"군왕께서 기왕 나를 선봉에 맡기셨으니 본부 군사를 움직이는 권리는 내게 있다. 군사는 이익이 우선이니 나는 이로움을 틈타 움직여야겠다. 어찌 왕명이 떨어지기만 기다리겠느냐! "

그리하여 부개는 독단적으로 자신이 거느린 5,000의 정예병을 이끌고 초나라 군대가 아직 아침밥을 짓기도 전에 습격했다. 초나라 군사들은 너무 놀라 아무것도 하지 못하고 허둥지둥하다 죽었다. 부개의 습격이 효과가 있자 손무는 곧바로 대군을 이끌고 공격해 들어갔다.

오나라 군대는 엄청난 기세로 초나라의 영(營) 땅에까지 돌진했다. 북소리가 하늘을 뒤흔들고 고함과 말 울음소리가 가득하며, 수레가 교차하고 칼과 검이 부딪치는 등 두 나라 군대는 백거에서 엄청난 격전을 펼쳤다.

오나라 군대의 맹렬한 공격에 대항하지 못한 초나라 군대는 계속 도주했다. 패배의 국면이 이미 정해지자 자상은 혼란스러운 상황을 틈타 도망쳤다. 수장을 잃은 초나라 군대는 사기가 떨어져 여지없이 패하였다. 부하 장수 사황(史皇)은 군대가 혼란스러운 가운데 사망했다. 승세를 타고 오나라 군대는 백거 서남쪽의 청발수(淸發水, 호북성 안륙현 서쪽의 운수)에까지 초나라 군대를 추격했다. 궤멸된 초나라 군사들은 막 배를 빼앗으며 서로 강을 건너 목숨을 건지기 위해 싸우고 있었다. 바로 이때 오왕이 공격 명령을 내리려 하자 부개가 나서서 말했다.

"짐승도 궁지에 몰리면 필사적으로 저항하는데 저들은 사람이니 오죽하겠습니까. 우리 군대가 급히 공격을 가한다면 저들도 목숨을 걸고 최후의 일전을 치르려 할 것입니다. 그렇게 되면 우리 군의 승리를 장담할 수 없습니다. 저들에게 살길을 열어주어 강을 건너게 하면 강을 건너지 못하는 병사들은 투지를 잃어 도망가려고만 할 것입니다. 바로 그때를 틈타 공격한다면 분명 크게 승을 거둘 수 있습니다."

오왕은 부개의 건의를 받아들여 청발수에서 또 한 번 크게 승리한
다. 초나라는 많은 사상자를 냈으며, 물에 빠진 자는 수를 헤아릴 수 없
을 지경이었다. 이때 청발수의 물이 붉게 물들었음은 말할 필요가 없다.

운 좋게 강을 건넌 초나라 군사들은 허기를 견디지 못해 황급히 밥
을 지었다. 그러나 밥이 입으로 들어가기도 전에 오나라 병사들에게
죽음을 당했다. 남은 초나라 군사들은 다 지은 밥을 뒤로 하고 배고픔
을 참으며 줄행랑을 칠 수밖에 없었다. 반면에 오나라 군사들은 배부
르게 먹으며 계속 추격해 들어갔다.

남은 초나라 군사들은 서남쪽의 옹서(雍澨, 호북성 경산현 서남쪽)까
지 퇴각했다. 바로 이때 앞에는 물결이 거센 한수가 가로막고 있었으
며, 뒤에는 오나라 대군이 추격해 오고 있었다. 그들은 이미 허기와
피로로 말미암아 지칠 대로 지쳐 움직일 기력조차 없을 지경이었다.
이처럼 위급한 시기에 심윤술이 병사들을 이끌고 쫓아왔다. 그는 초
나라 군대가 처참하게 패한 것을 보고 먼 길을 달려 오나라의 선두부
대를 격퇴하고 대량의 인마와 병거를 구했다.

사실 심윤술은 병사들을 이끌고 몰래 식성(息城, 하남성 식현 서남쪽)
에서 잠행하던 중 느닷없이 자상이 패했다는 전갈을 받았다. 그는 곧
바로 군대를 돌려서 때마침 위급한 상황에 처한 남은 군사들을 돕게
된 것이다.

그는 오나라의 선두부대를 격퇴한 뒤 자상의 남은 부대를 모아 오
나라 주력부대에 맞설 준비를 했다. 손무가 이끄는 대군이 쫓아오기
를 기다릴 때 쌍방은 옹서에서 세 차례 크게 싸운다. 결국 사기도 떨
어지고 병사와 말이 지친 초나라가 또다시 패하게 되었으며, 심윤술

은 자살한다. 여기에 이르러 초나라 군대의 모든 전선은 완전히 붕괴되고 한수가 함락됨으로써 오나라 군대 앞에 영도(郢都, 호북성 강릉 북쪽)가 완전히 드러났다.

손무는 오나라 군대를 지휘하며 초나라에 숨 쉴 기회를 주지 않고 신속하게 한수를 건너 곧장 영도로 돌진했다. 남아서 성을 지키고 있던 초나라 군사들도 소문을 듣고 도망쳤다. 오나라 군대는 먼 길을 행군하면서 마치 무아지경에 빠진 듯 적들의 목을 베었다. 음력 11월 28일, 영도가 함락되고 초소왕은 여동생을 데리고 창황(倉惶)으로 도망친다.

오, 초의 전쟁에서 손무는 오나라 대군을 지휘하여 대소별산 지역에서의 승세를 타고 백거에서 결정적인 승리를 거두었으며, 청발수에서 초나라의 남은 부대를 섬멸했다. 게다가 옹서에서 심윤술이 이끄는 구원부대마저 무너뜨렸다. 그는 3만 정예부대로 초나라의 20만 대군을 물리치면서, 단 다섯 차례 전투로 영 땅을 점령했다. 이번 전쟁을 거치면서 오나라의 명성과 위엄은 여러 나라에 크게 떨치게 되었다. 반대로 초나라는 건국 이래 가장 심각한 타격을 받았다. 훗날 진(秦)나라[12]가 출병하여 초나라가 영성을 수복하는 걸 돕게 되는데, 이전까지 초나라는 오나라 군대가 두려워 수도를 약성(都城, 호북성 의성현 동남쪽)으로 옮겼다.

10년 뒤 합려는 월나라와의 전쟁에서 죽고 그의 아들 부차(夫差)가 왕위를 계승했다. 오왕 부차는 손무와 오자서의 보좌를 받으며 아래 남쪽으로는 월나라, 북쪽으로는 제나라와 진나라를 위협했다. 또한 기원전 482년(吳王 夫差 14년)에 황지(黃池, 하남성 봉구 서남쪽)에서 진나라와 전쟁을 치를 때 오나라의 군사력은 최고봉에 달했다. 이 모든 업적은 손무라는 뛰어난 군사학자의 능력과 무관하지 않다. 한나라의 역사학자 사마천(司馬遷)은 손무의 찬란한 공적을 다음과 같이 기록했다.

"오왕 합려는 손무가 용병에 능하다는 것을 알고 그를 대장군으로 삼았다. 손무의 지휘 아래 오나라 군대는 강대한 초나라를 격파하고 다섯 차례 전투로 영(郢) 땅을 점령했다. 북쪽으로는 중원의 강국인 제, 진을 위협하여 열국 제후들에게 오나라의 이름을 드러냈으니 이 모든 것이 손무의 공로와는 떼려야 뗄 수 없다."

"오나라는 손무를 장수로 삼아 군법을 설명하고 상벌을 엄격히 하여 군사력을 강화해 제후들을 지배했다."

지피지기 백전불태(知彼知己 百戰不殆)

손무의 삶은 그가 전장에서 혁혁한 공을 세운 것 이외에도 군사와 정치에 관해 후대인들에게 귀중한 문장을 많이 남겼다는 점에서 의미가 깊다. 그 가운데 현재까지 전해지는 『손자병법』은 후세 군사학 발전에 깊은 영향을 주었다.

『손자병법』은 모두 13편으로 이루어져 있다. 고대전쟁의 여러 방면이 체계적으로 서술되어 있고, 내용도 상당히 풍부하다. 손무의 군사사상은 초기 유물론과 변증법의 관점을 지니고 있으며, 그가 제시한 일부 명제와 군사 규율은 오늘날까지도 상당한 가치가 있다.

손무는 전쟁을 국가 경제와 백성의 생활이라는 시각에서 인식하고 있었다. 그는 『손자병법』의 첫머리에서 이를 분명하게 밝히고 있다.

　"전쟁은 나라의 대사로 백성들의 생사 및 사직의 존망과 관련된 문제이다. 이 때문에 신중하게 생각하고 세심하게 고려하지 않으면 안 된다."

　"망한 나라는 다시 존재하지 않으며, 죽은 자는 되살릴 수 없다. 이 때문에 전쟁에 대해 군주와 장수는 반드시 신중하게 임해야 한다. 군주는 단순한 분노로 군사를 일으켜서도 안 되며, 장수 역시 분노로 교전하면 안 된다. 싸움에 임하기 전에 꼭 전후를 살펴야 한다. 이로움에 합치되면 움직이고 그렇지 않으면 움직이지 말아야 한다. 오직 이런 태도로 전쟁에 임해야만 비로소 나라와 군대를 안정시킬 수 있다."

　손무는 '지피지기 백전불태(知彼知己 百戰不殆)'라 했다. 상대를 모르고 자신도 모른다면 전쟁에서 패할 수밖에 없다. 적과 나, 양쪽의 상황을 분명하게 파악하고 있는 장수라야 행동에 실수가 없고 다양한 방법으로 대처할 수 있다. 반대로 심사숙고하지 않고 적을 얕잡아 본다면 그리한 장수는 적의 포로가 될 수밖에 없다. 지피(知彼), 즉 상대를 아는 부분에 있어서 손무가 정한 원칙은 바로 '적의 상황을 통제하여 승리한다'는 것이다. 그는 전쟁을 시작하기 전부터 묘책이 있어야 한다고 주장했다. 나와 상대의 정치, 군사, 경제 등 각 방면의 실력을 비교하고 그 상황에 근거해서 전술을 세워야 한다. 이러한 묘책은 장막 안에서 세웠더라도 천리 밖의 승리를 장담할 수 있어야 한다. 전쟁이 시작되면 언제 어디서나 적의 동태가 어떻게 변하는지 살펴야 하며, 그에 따라 대응할 방법까지 생각해야 한다. 적의 상황을 깊이 알기 위해 손무는 특히 첩자를 잘 이용했다.

"군사의 일 중에서 첩자와의 관계보다 더 친밀한 것은 없고, 첩자에게 주는 포상보다 더 후한 것은 없으며, 첩자의 활동만큼 비밀스러운 일도 없다."

지기(知己), 즉 나를 아는 부분에 있어서 손무는 먼저 이긴 뒤에 싸움을 걸어야 한다고 했다. 다시 말하면 먼저 우리가 승리할 수 있도록 유리한 조건을 만든 다음에 적과 전쟁을 시작해야 한다는 것이다. 이 때문에 그는 장수가 반드시 승리한다는 확신이 있는지, 병사 수에 따라 달라지는 용병은 어떠한지, 나라 안의 상하와 관병들의 마음이 하나가 되었는지, 자기편의 전투 준비가 완벽한지에 대해 분명하게 알아야 한다고 했다.

이러한 손무의 생각은 수천 년 동안 군사학 방면에서 하나의 좌우명이 되었다. 모택동(毛澤東)은 손무에 대해 다음과 같이 평가했다.

"손무의 규칙인 '지피지기 백전불태'는 과학의 진리이다."

손무가 남긴 또 다른 군사사상은 우수한 병력을 집중시켜 한 번에 적을 쓰러뜨린다는 점이다. 역대로 군사학자들은 손무의 이런 생각을 중요시했다. 손무는 『손자병법』에서 이렇게 말했다.

"용병 전략은 나라 전체를 온전히 장악하는 것이 최상이며, 나라를 파괴하고 장악하는 것은 차선이다. 군대 전체를 온전히 포섭하는 것이 최상이며, 군대를 파괴하고 장악하는 것은 차선이다."

즉 적을 위협하여 나라 전체가 투항하게 하는 게 최고의 방법이고 그 다음이 나라를 깨뜨리는 방법이며, 적군을 완전히 항복시키는 것이 최고의 방법이고 적군을 깨뜨리는 방법은 그보다 못하다는 말이다.

그는 또 적보다 10배의 병력을 가졌다면 포위하는 전술을 쓰고, 5배의 병력을 가졌다면 진격하는 전술을 쓰라고 했다. 종합적으로 볼 때 흩어져 싸울 것이 아니라 최대한 병력을 모아 단번에 힘을 쏟아야 한다는 것이다. 한 번에 확실히 승리할 수 있는 조건을 만들기 위해 손무는 온갖 방법을 동원해 적의 병력을 분산시켜야 한다고 했다. 다시 한 번 손무의 말을 살펴보자.

"전면의 수비는 후면의 약화를 초래할 것이다. 후면을 수비하면 전면을 소홀히 할 수밖에 없다. 좌측을 대비하면 우측의 대비가 약화될 것이고, 우측을 대비하면 좌측의 대비가 약화될 것이다. 전체를 방어하려면 공격 병력이 적어질 수밖에 없다."

이렇게 되면 아군의 병력은 한곳으로 집중되고 적군은 사방으로 나뉘게 되니 병력상 아군이 우세하게 된다.

손무는 전쟁이 특수한 행위라고 생각했다. 그렇기 때문에 민첩한 전략전술이 있어야만 시시각각 다양하게 변화하는 전황에 대처할 수 있다고 했다. 손무는 민첩한 전술을 숙달되게 사용하는 단계를 이렇게 비유했다.

"마치 상산(常山)에 사는 뱀처럼 머리를 공격하면 즉시 꼬리가 덤비고, 꼬리를 공격하면 즉시 머리가 덤벼든다. 또한 가운데를 공격하면 머리와 꼬리로 함께 덤빈다."

　이런 생각을 한 손무는 다양한 전술지휘 원칙을 제시했다. 여기서 중요한 몇 가지를 살펴보자.

　"적의 변화에 따라 승리를 거둔다(因敵而制勝)." 이는 아군과 적군의 병력이 같지 않은 상황에서 펼치는 재빠른 전술 변화와 행동을 설명하는 말이다. 아군의 병력이 상대적으로 월등하게 많다면 적군을 포위하여 싸우고, 두 배 정도 많으면 적을 분산시킨 다음에 싸워야 한다. 적군과 병력이 비슷한 상황이라면 용감하게 먼저 진격해 전쟁의 주도권을 잡아야 하며, 아군의 병력이 상대적으로 부족하면 재빨리 퇴각해야 한다. 적군에 비해 아군의 병력이 상당히 부족하면 처음부터 싸움을 피해야 한다. 또한 진군할 때도 발생하는 상황에 따라 적절한 계책을 세우고 행동해야 한다. 때로는 지나갈 수 없는 길이 있고, 때로는 진격할 수 없는 도시가 있으며, 때로는 왕의 명령을 받아들일 수 없을 때도 있다. 결론적으로 상황에 이롭다면 따르고, 해가 되면 피하여 알맞게 행동해야 한다는 것이다. 전쟁에는 한 가지 방식만 있는 게 아니다. 흐르는 물에는 고정된 형태가 없는 것처럼 전쟁도 상대편의 상황에 따라 우리 편의 승리가 좌우된다. 그렇기에 군사를 부리는 용병술을 귀신같다고 형용하는 것이다.

　"강한 곳은 피하고 약한 곳을 때린다(避實擊虛)."

　"전쟁의 규칙은 마치 물과 같다. 물의 규칙은 높은 곳을 피해 낮은 곳으로 향하는 것이고 전쟁의 규칙은 강한 곳은 피하고 약한 곳을 공격하는 것이다."

따라서 용병에 능한 사람은 적군의 기세가 드높을 때를 피하고 사기가 떨어질 때 공격한다. 삼엄하고 막강한 곳은 피하고 위태롭고 혼란스러운 곳을 공격하며, 병사들이 배부를 때를 피하고 배고플 때를 기다린다. 결론적으로 진용이 삼엄한 곳, 실력이 뛰어난 적에게는 진격하지 않는다.

"기습작전으로 승리한다(出奇制勝)." 손무는 병력의 배치와 사용에 있어서 '정병(正兵)'과 '기병(奇兵)'으로 나누었다. 정병은 정면에서 적군과 맞서고, 기병은 신출귀몰하게 나타나 기습적인 공격으로 승리로 이끌게 한다. 손무는 정병과 기병의 변화는 하늘과 땅처럼 흐린 날의 비바람, 높은 산의 깊은 계곡처럼 다양하게 변화시켜야 한다고 생각했다. 게다가 강물처럼 여러 번 굽이치고 험한 곳을 세차게 흘러내려도 결코 마르지 않아야 한다고 했다.

"무방비 상태로 있을 때 공격하고, 뜻하지 않았을 때 출격한다(攻其無備 出其不意)." 손무는 전쟁은 신속함이 중요하다고 생각했다. 적군의 생각이 미치지 못한 곳을 찾아 신속하게 그 약점을 이용해야 한다고 했다. 이렇게 하려면 산처럼 움직이지 않고 바람처럼 빨라야 한다. 처음에는 처녀처럼 얌전히 기다리고 나중에는 토끼처럼 재빨리 움직여야 한다. 공격할 수 있더라도 일부러 공격할 수 없는 척 가장하고, 공격하려 해도 공격할 마음이 없는 것처럼 속이고, 적군의 근처로 가더라도 먼 곳을 향하는 척 속여야 한다. 요컨대 온갖 방법으로 적군을 유혹하여 상대가 예상치 못할 때 공격해 적을 소멸시킨다는 것이다.

『손자병법』은 춘추시대 이전의 전쟁을 총결하여 봉건사회의 지배층이 군사이론의 기초를 세우는 데에 발전적인 역할을 했다. 그러나 『손자병법』은 시대와 계급의 한계라는 점도 안고 있다. 아무리 손무가 객관적인 상황에서 전쟁을 인식했다고는 하나 정의로운 전쟁과 그렇지 못한 전쟁을 구분하지 못한 면이 있다. 오직 아군에게 이익이 되면 움직이고 그렇지 않으면 그만두었다. 구체적인 전술에 있어서도 그는 상당히 가치 있는 여러 원칙을 제시했지만 '장기전으로 이익을 보았다는 나라가 없다'는 생각이 절대적이었기에 속전속결에 집중했다. 그리고 '퇴각하는 군대를 막지 말고', '궁지에 몰린 적은 최후까지 공격하지 않는다'는 등 모호하게 설명한 부분에 있어서도 다소 편면적이라 할 수 있다. 특히 역사관에 있어 손무는 장수 개인의 역할을 지나치게 강조하고 과장했다. 그가 말하길

"병사를 잘 이용하는 장군은 백성의 생사를 장악하고 나라의 안위를 결정하는 주재자이다."

동시에 많은 군사를 순진한 중생으로 보고 마치 양떼를 쫓는 것처럼 앞으로 몰고 뒤로 몰았다. 여기에서 당시 영웅을 만들어내는 역사적 유심사관이 드러난다.

비록 당시 시대와 계급은 손무의 사상에 한계가 되었지만 그렇다고 그가 위대한 군사학자가 되는 데에는 아무런 영향을 주지 못했다.

일찍이 전국시기 군사학자 가운데 손무의 학설을 본받지 않은 자가 없었다. 손무가 죽은 뒤 100여 년이 지나 제나라에는 유명한 군사학자 손빈(孫臏)이 나타난다. 그는 바로 손무의 후손이다. 손빈이 쓴

『손빈병법(孫臏兵法)』은 바로 자신의 선조인 손무에게서 영향을 받은 것이다. 『오자(吳子)』『위료자(衛繚子)』와 같은 병서에도 『손자병법』의 사상을 인용하고 있다. 일찍이 한비(韓非)는 이렇게 말했다.

"온 나라 안에서 모두 병법을 말하며 집집마다 손자와 오기의 병서를 가지고 있다."

사마천(司馬遷)은 「손자오기열전(孫子吳起列傳)」에서 다음과 같이 서술했다.

"세상에서 군사를 논하는 사람은 모두 『손자병법』 13편을 말한다."

1972년 산동(山東) 임기(臨沂) 은작산(銀雀山)에 위치한 한나라 때의 묘지에서 지금까지 발견된 것 중 가장 이른 『손자병법』의 잔본이 발견되었다. 이로 인해 우리는 한나라 때에도 『손자병법』은 이미 널리 퍼졌다는 사실을 알 수 있다. 삼국(三國)시대의 유명한 정치가이자 군사학자인 조조(曹操)도 『손자병법』을 칭찬했다.

"내 보기에 이 병서에는 전쟁의 계책이 많으니, 손무의 저술에는 깊이가 있다."

이후 조조는 『손자병법』에 직접 주를 달았다.

"여러 병서를 보았지만 손무가 지은 것보다 나은 것이 없구나."

당태종(唐太宗)의 말이다.

송대(宋代)에는 『손자병법』을 일곱 권의 병서를 다룬 『무경칠서(武經七書)』에서 으뜸에 넣었고, 송대 이후에는 『손자병법』을 연구하고 주석을 다는 이가 더욱 많아졌다.

『손자병법』은 중국뿐 아니라 전 세계적으로 명성을 누리고 있다. 기원전 7세기에 『손자병법』은 일본 동쪽에 전파되었다. 18세기 이후에는 영어, 프랑스어, 독일어, 러시아어 등 다양한 언어로 번역되었다. 1972년 미국에서 출판된 존 콜린스(John collins)의 『대전략』에는 손무를 다음과 같이 평가했다.

"손자는 고대 최초로 전략 사상을 형성한 위대한 인물이다."

"군대가 승리하려면 무엇이 중요하오?"
"군대를 잘 지휘하는 것이 중요합니다."
"아니 병력의 수가 더 중요한 게 아니오?"
오기는 확신을 가지고 대답했다.

"법령이 분명치 않고 상벌이 엄하지 않으면 징을 울려도 군사가 모이지 않고
북을 쳐도 공격하지 않을 텐데, 설사 100만 대군이라 한들 무슨 소용이
있겠습니까?"

오기(吳起, B.C. 440~B.C. 381)
오자(吳子)로 통칭되는 오기는 위(衛)나라 사람으로, 증자(曾子)에게 배우고 노군(魯君)을 섬겼다. 제(齊)나라가
노나라를 침공하였을 때 노나라는 그를 장군으로 삼으려고 하였다. 그는 제나라 출신의 아내를 죽여 충성을
나타낸 뒤 노나라 장군으로서 제나라 군대를 격파하였다. 훗날 오기는 초(楚)나라에 가서 도왕(悼王)의 재상이
되어 법치적 개혁으로 초나라를 강대하게 만들었다. 그러나 초나라 귀족들의 질시를 받아 도왕이 죽은 뒤 그
들이 일으킨 쿠데타로 피살되었다. 손무에 버금가는 뛰어난 병법가로서, 「오자」라는 병법서를 남겼다.

인재의 목숨보다 중요한 게 원칙이다
이유있는 원칙주의자 오기

춘추전국(春秋戰國) 시대에 주(周) 천자(天子)의 권세가 쇠퇴하자 여러 제후국 사이의 영토 전쟁이 날로 빈번해졌다. 제후국들은 갈수록 규모가 커지면서 사방에서 인재를 모으기 시작했다. 나라를 부강하게 하고 전쟁에서 승리할 수 있는 계책을 가진 인재들이 여러 제후국을 넘나들며 자신의 사상을 맘껏 펼침에 따라 이 시기 학술 사상은 공전에 없던 발전을 이루었다. 이른바 백가쟁명(百家爭鳴)으로 불리는 이 시기에 많은 인재가 배출되었으며, 이 가운데 병가는 가장 활발하여 탁월한 성과를 거두었다.

전국에 걸쳐 군사에 대해 말하고 병서를 소장하면서 각 제후국에는 수많은 장수와 군사가가 나왔다. 예를 들어 기원전 684년에 노(魯)나라 전략가 조귀(曹劌)는 적의 예봉을 피하고, 적이 지쳐 돌아갈 때 기습하는 전략을 구사하여 강대한 제나라를 상대로 승리했다. 제경공

(齊景公, 기원전 547~490년 재위) 때 본명이 전양저(田穰苴)인 대장군 사마양저(司馬穰苴, 사마는 군사정치와 군부를 담당하는 관직명)는 문(文)으로 능히 사람들을 화합시킬 수 있고 무(武)로 능히 적에게 위세를 떨칠 수 있는 자였다. 후대 사람들은 『사마병법(司馬兵法)』을 정리하면서 군사에 대한 그의 생각도 함께 적어 『사마양저병법(司馬穰苴兵法)』으로 묶었다. 기원전 506년, 중국 고대 군사가 손무는 오왕(吳王) 합려(闔閭)를 보좌해 3만 군사를 이끌고 원정에 나가 다섯 번 싸워 모두 이기면서 강대한 초(楚)나라를 무찔렀다. 그 후에 북쪽으로 제(齊)나라와 진(晉)나라를 위협하고 남쪽으로 월인(越人)을 복종시켰다. 손무는 『손자병법』 13편을 지어 후세에 남겼다. 전국시대로 넘어오면 먼저 위(衛)나라 사람 오기(吳起)가 있고, 제나라 사람 손빈(孫臏)이 있다. 이들은 모두 병서를 남겨 세상에 이름을 높였다. 조(趙)나라에는 유명한 장수 염파(廉頗), 조사(趙奢), 이목(李牧)이 있다. 연나라에도 악의(樂毅)와 같은 우수한 장수가 있다. 특히 악의는 연(燕), 진(秦), 한(韓), 조(趙), 위(魏)의 군대를 통솔하여 반 년 만에 제나라의 성 70여 개를 점령했다. 그러나 제나라에도 명장이 있었으니 전단(田單)은 연나라에 계책을 써 잃었던 성을 되찾았다. 진(秦)나라에는 백기(白起), 왕전(王翦), 몽념(蒙恬) 등 수많은 명장이 전국 통일을 위해 혁혁한 전공을 세웠다. 이 밖에도 전국시대 병법으로 『위료자(尉繚子)』가 유명했다. 이처럼 뛰어난 장수와 유명한 군사가 가운데 오기와 손빈은 더욱 명망이 높은 인물이다. 송(宋)나라의 경학가 주희(朱熹)는 『사서집주(四書集注)』에서 '훌륭하구나! 손빈, 오기의 무리는' 이라고 평하기도 했다.

그렇다면 오기와 손빈은 누구이고, 이들은 또 무슨 일을 한 것일 까? 여기서 그들의 이야기를 살펴보자.

재산과 아내를 잃고 떠돌다

봉건제 사회가 확립되기 시작한 전국(戰國) 초기에 진(秦), 제(齊), 초(楚), 연(燕), 한(韓), 조(趙), 위(魏) 등 7개 제후국이 새로이 법을 바꾸며 자국의 강성함을 도모하면서 이웃나라의 성과 영토를 빼앗으며 세력을 넓히는 바람에 천하는 패권 다툼으로 끊임없이 피를 흩뿌리고 있었다.

제후국 사이의 전쟁은 춘추시대보다 더 빈번하고 격렬하여 전쟁에 필요한 인재를 찾는 일도 그만큼 절박해졌다.

기원전 440년경 오기는 위(衛)나라 좌씨(左氏, 산동성 조현 북쪽)의 부유한 가정에서 태어났다. 어려서부터 무예를 좋아하여 나중에 자라면 큰일을 하겠다고 마음먹었다. 고집이 센 오기는 출세를 위해 사방으로 사람들과 사귀고 돈을 물처럼 쓰고 다녔다. 한번은 길에서 만난 친구에게 집으로 식사 초대를 했다.

"알았네. 내가 집에 가서 일을 보고 바로 가겠네."
"빨리 오시게. 기다리고 있겠네."

그런데 저녁이 되어서도 친구가 오지 않았다. 오기는 배가 고팠지만 친구를 기다렸다. 이튿날 아침이 되자 오기는 사람을 보내 친구를 찾아서 데려오라고 했다. 그리고 친구가 도착하자 그 뒤에 식사를 했다. 오기는 법가(法家)를 존경하여 사람에 대해서건 일에 대해서건 매우 엄격했다. 한번은 부인이 실을 짜는데 지나치게 크게 짰다며 다시 고치라고 했다. 부인은 고개를 끄덕이며 알았다고 했으나 새로 완성된 것도 헐렁하자 오기는 아내에게 크게 화를 냈다.

"내 처음에 이미 제한선을 정해주지 않았소. 고치라고 말했을 때부터 이미 지나치게 컸던 것이오! "

오기는 화를 내고 그 자리에서 그녀를 내쫓았다. 오기의 부인은 오라버니에게 오기에게 잘 말해달라고 부탁하자 오라버니가 말했다.

"오기는 법가를 숭배하는 자이다. 훗날 법을 실시하고 공을 세우기 위해 분명 집안의 부인부터 그 법을 실행할 것이다. 오기에게 돌아갈 생각은 하지 말거라."

오기는 부인도 없이 가진 재산을 모두 쓰며 아무런 관직도 얻지 못하고 지냈다. 고향 사람들과 친척들은 이런 오기를 비웃자 화가 난 오기는 그들을 다 죽였다. 사람을 죽이고 본국에서 살 수 없었던 오기는 위나라를 떠난다. 오기가 모친과 이별할 때 팔을 깨물며 맹세했다.

"경상과 같은 높은 관직을 얻지 못하면 절대로 돌아오지 않겠습니다! "

　모친은 눈물을 흘리며 만류했지만 오기는 고통을 참으며 모친과 이별하고 동쪽으로 떠났다.

　오기는 이웃나라인 노나라에 도착했다. 처음에는 공자의 제자 증삼(曾參)의 아들인 증신(曾申) 문하에 들어가 밤낮으로 독서에 매달렸다. 어느 날 전거(田居)라는 제나라 대부가 노나라에 와 오기를 보고 왕에게 추천하고 자신의 여식과 혼인시켰다.

　얼마간 시간이 지나 오기의 모친이 죽었다. 오기는 고향으로 돌아가 모친의 장례를 모시고 싶은 마음이 간절했다. 그러나 하나도 이룬 것이 없어 차마 갈 수 없었다. 오기는 마음을 굳게 먹고 슬픔을 참으며 더 열심히 공부했다. 그러나 부모의 상을 모시지 않은 일은 분명 유가(儒家)의 도리에 위배되는 행동이었다. 오기의 스승인 증신은 이 일을 알고 무척 화를 내며 곧바로 그와의 관계를 끊었다. 유가의 학문을 배울 수 없게 되자 오기는 병법을 배우기 시작했다. 3년이 흐른 뒤 상국 전거 공의휴(公儀休)의 추천을 받아 노나라 대부에 오른다.

　기원전 410년 제나라가 노나라를 공격하자 공의휴가 노목공(魯穆公)에게 오기를 추천했다.

　"제나라 군대를 물리치려면 오기 없이 불가능합니다."

　목공은 속으로 다른 생각을 하며 입으로는 알았다고 대답했다. 제나라 군사들이 노나라의 성읍(成邑, 산동성 태안현 남쪽)에 이르자 공의휴가 다시 오기를 언급했다. 목공은 곤란하다는 표정을 지었다.

"내 오기의 지휘 능력을 모르는 것은 아니오만 그는 제나라 전씨의 여식과 혼인하지 않았소? 세상에서 가장 은애로운 것이 부부지간이거늘 지금 그를 내보내 제나라를 공격하라 해도 그가 두 마음을 품지 않으리라 확신하시오? 내가 줄곧 망설이는 이유가 바로 여기에 있소."

공의휴가 물러나 오기를 만나 이 이야기를 해 주었다. 공명심이 강한 오기는 노나라에 충성을 보여 주고 높은 관직을 얻기 위해 그 길로 집에 가 부인을 죽였다. 목공은 오기가 아내를 죽인 것은 옳지 않다고 생각했으나 의심이 풀어졌기에 그를 장군으로 제수하고 제나라의 공격에 대응하게 했다. 용병에 강한 오기는 금세 제나라 군대를 격파했다. 이때 누군가 목공에게 와 오기를 험담했다.

"오기는 의심이 많고 잔인한 사람입니다. 모친이 죽어도 장사지내러 가지 않았으니 자식 된 도리를 다하지 못한 자입니다. 그런데 지금 또 부인을 죽여서 장수의 자리를 구했으니 부부간의 정은 말할 것도 없는, 부도덕한 인물입니다!"

"노나라는 일개 소국입니다. 제나라를 격파했다는 소문이 퍼지면 다른 제후국들이 우리를 노릴 것입니다. 게다가 노나라와 위나라는 같은 희성(姬姓)을 가진 나라이니 형제입니다. 위나라를 배반한 오기를 중용하심은 위나라와의 우정을 버리는 것과 같습니다."

목공은 이런 말들을 듣고 오기를 믿지 않았다. 그리고 얼마 후 그를 내쫓았다.

서하(西河)를 지키고 영토를 확장시키다

오기는 노나라를 떠나 위(魏)나라로 갔다. 위나라 군주 문후(文侯)
는 현사들을 존중하여 이극(李克) — 일설에는 이리(李悝)라고 한다 —
과 서문표(西門豹) 같은 재능 있는 인재들을 중용하여 나라를 다스리
고 있었다. 오기는 일찍부터 문후의 사람됨과 정치 업적에 대해 들었
던 터라 자신의 포부를 말하며 문후에게 의탁하고 싶다고 했다. 문후
가 상국 이극에게 물었다.

"오기란 자는 어떻소?"

"오기는 지나치게 부귀하고 사치스러운 생활을 하지만 군사를 지휘
하는 능력은 매우 뛰어난 자입니다. 뛰어난 군사가 사마양저(司馬穰苴)도
그에 비할 바가 못 됩니다."

한번은 오기가 문후를 알현하여 용병과 군사전략을 말하려 했다.
그런데 문후가 먼저 말을 막았다.

"과인은 전쟁에 관한 이야기를 좋아하지 않소."

오기는 미소를 지으며 말을 이었다.

"신이 여러 방면에서 관찰한 바로는 군주께서 하시는 말씀이 본심은
아닌 듯하옵니다. 군주께서는 일 년 사계절 가축을 죽여 제사를 지내고,
가죽을 벗겨 길고 짧은 병기를 만드는 데 박차를 가하십니다. 또한 그렇

게 수많은 수레를 견고하게 만드시면서 아무런 장식도 하지 않으니 혹
시나 사냥에 쓴다 해도 편리하지 않은데, 이 모든 것을 어떤 용도로 만드
셨는지 신은 알지 못하겠사옵니다."

문후가 아무 말도 못하자 오기는 잠시 기다린 뒤 다시 입을 열었다.

"이것들을 가지고 적을 상대한다 해도 제대로 사용할 수 있는 자가
없다면 막 태어난 강아지와 호랑이가 싸우는 격이 됩니다. 설령 제아무
리 용감하다 해도 싸움에서 이길 수 없습니다. 지난날 승상씨(承桑氏, 고대
에 전해지는 촌락의 군주)는 문덕(文德)만 중요시하다가 결국 나라를 망하게
하였습니다. 호씨(扈氏, 고대에 전해지는 촌락의 군주)도 병사 수만 믿고 전쟁
하기를 좋아하다가 왕위를 잃었습니다. 영명한 군주는 이들을 교훈 삼
아 문과 무를 함께 중요시하여 나라를 다스리고 나아가 전쟁 준비를 철
저하게 합니다. 이에 침범한 적을 앞에 두고 나가 싸우지 않는다면 의롭
다 할 수 없고, 적이 죽인 백성의 시체를 보고도 슬퍼하지 않는다면 어질
다 할 수 없다고 하는 것입니다."

문후의 심정을 꿰뚫은 언변이었다. 문후는 오기를 불러 사당에서
연회를 열고 부인에게 술을 따르게 하는 등 극진한 예를 갖추어 대장
군에 임명했다.

기원전 409년에 오기는 병사들을 이끌고 진나라를 공격하여 성
다섯 개를 빼앗고 서하(西河, 섬서성 동부 황하 서안) 지역을 점령한다.
또 중산국(中山國)을 공격하여 혁혁한 공을 세운다.

오기는 용병술에 뛰어났다. 그가 가진 용병술의 특징은 군사와 함께하여 군심을 얻는 것이다. 오기는 군대에서 가장 지위가 낮은 군사들과 함께 밥을 먹고 같은 옷을 입으며 어울려 잠을 잤다. 행군을 할 때도 수레나 말에 오르지 않았으며, 무거운 군량을 멘 군사를 보면 달려가 짐을 덜어 자신도 들었다. 한번은 한 젊은 군사의 몸에 독창이 생기자 오기가 입으로 고름을 빨아내고 약을 발라 주었다. 그 군사의 모친이 이 이야기를 듣고 통곡을 하자 영문을 모르는 사람들이 모친에게 물었다.

"당신의 아들은 일개 사병으로 지체 높은 대장군 오기가 아들의 고름을 빨아주었다고 하니 오히려 기뻐해야 하지 않소? 어째서 그리 우는 거요?"

모친이 답하길

"모르는 소리 하지 마오. 이전에 그 애의 아비도 독창이 생겼소. 그때도 오 장군께서 입으로 고름을 빨아내어 주셨는데, 이에 감동한 아비가 은혜에 보답하고자 더 열심히 싸우다 전장에서 죽었소. 이제 아들도 그럴 것이니 어디서 싸우다 죽을지 모르는 일이오. 그래서 이렇게 우는 거요."

아들을 걱정하는 모친의 심정도 충분히 이해가 가지만, 여기서 군사 하나하나를 격려하는 오기의 뛰어난 능력을 엿볼 수 있다. 즉 군심을 얻는 것으로 군사들과 함께 지내면서 관심을 가지고 따뜻하게 대하고 고충을 함께했기에 군사들은 장군을 위해 전장에서 투지와 희생 정신을 발휘한다. 이것이 바로 적을 이기는 중요한 요소가 됐다.

시간이 흐르면서 위문후는 오기의 재능을 확신했다. 이에 기원전 406년에 그를 서하수(西河守)로 임명하여 진나라와 한나라의 침입을 막게 했다. 위문후가 죽고 위무후(魏武侯)가 즉위한 뒤에도 오기는 계속 서하 지방의 수비를 담당했다. 어느 날 무후가 서하에서 배를 타고 장엄한 하산(河山)을 바라보며 오기에게 말했다.

"보시오, 장군! 높은 산과 큰 강이 이렇게나 험준하니 절대로 깰 수 없는 방어벽 같지 않소. 적들의 침입으로부터 우리 위나라를 보호해주니 엄청난 보배가 아니겠소!"

오기는 고개를 흔들었다.

"한 나라의 흥망성쇠는 정책과 법령에 있는 것이지 산과 강의 험준함에 달린 것이 아닙니다. 이전에 삼묘씨(三苗氏)가 살던 곳에는 왼쪽에 동정호(洞庭湖)가 있고 오른쪽에 파양호(鄱陽湖)가 있어 지세가 매우 험했습니다. 그러나 나라를 제대로 다스리지 못해 하우(夏禹)에게 멸망당했습니다. 하(夏)나라 마지막 군주 걸(桀)이 살던 곳도 왼쪽에는 황하(黃河)와 제수(濟水)가 흐르고 오른쪽에는 태화산(太華山), 남쪽으로 용문산(龍門山), 북쪽으로 양장파(羊腸坡)가 있었습니다. 그 역시 험준한 지세였으나 부패한 정치로 상(商)나라 탕(湯)왕에게 쫓겨났습니다. 은주왕(殷紂王)의 나라는 왼쪽에 맹문산(孟門山), 오른쪽에 태행산(太行山), 북쪽에 항산(恒

山)이 있고 남쪽에 황하가 흘렀습니다. 그러나 결과 다름없이 부패한 정치로 주무왕(周武王)에게 정벌당했습니다. 지금까지 말씀드린 것이 바로 나라의 흥망성쇠가 산과 강에 달려 있는 문제가 아니라는 증거입니다. 군주께서 나라를 잘 다스리지 못한다면 지금 이 배를 타고 있는 자도 군주의 적이 될 수 있습니다."

무후는 탄복했다.

"그대의 말이 맞소."

무후와의 대화가 널리 알려지자 오기의 명성도 전국에 퍼지기 시작했다. 그런데 무후 즉위 초년에 뜻밖의 일이 생겼다. 스스로 공로가 크다고 생각한 오기는 자신이 상국(相國)이 되리라 생각했는데 무후가 전문(田文)을 상국에 임명한 것이다. 불만을 가진 오기가 전문을 만났다.

"우리의 공로를 비교해 보고 싶은데 허락해 주시겠습니까?"

전문이 대답했다.

"좋소! "
"삼군을 통솔하여 군사들에게 목숨을 버리고 사지로 뛰어들어 용감하게 싸우게 하고, 적군이 감히 우리를 공격하게 할 엄두조차 내지 못하게 하는 것은 나와 그대 중 누가 뛰어납니까?"

전문이 대답했다.

"내가 그대만 못하오."
"백관을 관리하고, 백성들을 친근히 하며, 창고에 재물과 양식을 가득히 채우는 것은 나와 그대 중 누가 더 뛰어납니까?"

전문이 또 대답했다.

"내가 그대만 못하오."
"서하 지역을 지켜 진나라 군대가 감히 동쪽의 위나라를 침입하지 못하게 하고, 한나라와 조나라도 복종케 하는 것은 나와 그대 중 누가 더 뛰어납니까?"
"내가 그대만 못하오."

오기는 불만에 가득 찼다.

"이 모든 것이 그대가 나만 못하는데 지금 그대의 관직이 나보다 높은 이유는 무엇입니까?"

전문은 침착하게 되물었다.

"무후께서는 어린나이에 즉위하셔서 나라가 아직 불안한 상태입니다. 대신들은 아직 진심으로 명을 받들지 않고, 백성들도 그렇게 진심으로 존경하지 않습니다. 이런 상황에서 나라의 군사 전권을 그대에게 맡기겠습니까, 나에게 맡기겠습니까?"

오기는 잠시 생각에 잠긴 뒤 대답했다.

"그대에게 맡기는 게 맞소."

관직에 대한 욕심은 컸지만 오기는 사람됨이 교활하지 않고 솔직했다. 일리가 있는 말을 들으면 솔직하게 인정했다.

오기는 27년 동안 서하를 지키면서 군사, 정치, 경제 등 다양한 방면에 걸쳐 개혁을 했다. 또한 다른 제후국과 76차례 전쟁을 치르면서 64차례 전승을 거두었고, 나머지는 무승부로 끝냈다. 위나라의 영토는 서쪽으로 수천 리 확장되었다. 이는 오기의 공이 컸다.

상벌이 엄하지 않으면 징을 울려도 군사는 모이지 않는다

오기는 서하를 수비하면서 여가시간을 활용해 전쟁의 경험과 장기간에 걸친 군사훈련의 성과를 『오자병법(吳子兵法)』에 담았다. 『사기(史記)』의 기록을 보면 『오자병법』은 당시에도 매우 유행했다. 원래 48편으로 이루어졌으나 후에 실전되어 지금은 단 6편만 남아 있다. 편수는 적지만 그 안에는 전쟁에 대한 오기의 심오한 견해가 오롯이 담겨 있다.

오기의 전쟁관은 신흥지주계급의 이익을 따르고 있다. 오기는 지주계급의 정권을 확립하기 위해서는 정치만으로 부족하다고 생각했

다. 정치와 더불어 강력한 군대를 양성해야 한다고 생각했기에 오기
는 무후에게 그 뜻을 설명했다.

"춘추시기 제(齊)나라 환공(桓公)은 용감한 군사 5만을 양성하여 제후
들의 패왕이 되었습니다. 진(晉)나라 문공(文公)도 4만 군사를 길러 전방
에 세워 천하를 제패하는 꿈을 이루었습니다. 진(秦)나라 목공(穆公)도 3
만 군사로 이웃한 네 나라를 굴복시켰습니다. 지금 3,000의 정예병을 양
성하신다면 안에서 바깥을 포위하는 적을 뚫을 수 있고, 밖에서 안에 있
는 적의 성지를 공격할 수 있습니다."

오기는 서하에 있을 때 위무후의 지지를 받아 군사제도를 전면적
으로 바꾸고 강한 전투력을 지닌 상비군 '위무졸(魏武卒)'을 조직했
다. 오기는 전투력을 충분히 발휘하면 내부적으로 단결할 수 있다고
보았다. 나라 안에 불화가 있으면 출병을 할 수 없고 군대에 불화가
있으면 진을 펼 수 없기 때문이다. 진을 펴지 못하면 작전은 더 말할
것도 없으니 전쟁에서 각 부대의 화합이 가장 중요한 것이다. 이 때문
에 나라를 잘 다스리는 군주는 군사를 동원할 때 우선 내부의 단결을
도모한 뒤 대사를 치른다. 또한 적은 군사로 승리하려면 오기는 정확
한 정책과 법령이 필요하다고 보았다. 한번은 무후가 이렇게 물었다.

"군대가 승리하려면 무엇이 중요하오?"
"군대를 잘 지휘하는 것이 중요합니다."
"아니 병력의 수가 더 중요한 게 아니오?"

오기는 확신을 가지고 대답했다.

"법령이 분명치 않고 상벌이 엄하지 않으면 징을 울려도 군사는 모이지 않고 북을 쳐도 공격하지 않을 텐데, 설사 100만 대군이라 한들 무슨 소용이 있겠습니까?"

오기는 무후에게 공이 있는 장수들에게 넉넉히 상을 내리고 전쟁에서 도망가는 자들을 엄하게 벌하시라고 건의했다. 또한 전장에서 사망한 장수들의 가족에게는 매년 사람을 보내 위문하고 더 각별히 보살펴 달라고 청했다. 오기는 특히 군대에서 명령에 복종해야 함을 강조했다. 사병들이 명령을 잘 지켜야 한다는 전제가 있어야 군대를 잘 다스릴 수 있다. 그렇지 않으면 군사들 간에 분란이 잦아 전쟁에서 이길 수 없다. 군주가 신용을 지키고 전술을 강조하고 법령을 분명히 밝혀야 장수들이 명령에 따른다. 그래야만 장수들이 군주를 위해 출정할 것이고, 전장에서 기꺼이 목숨을 바치려고 한다. 오기는 자기 자신이 실제로 이런 부분을 행하려고 노력했다. 『한비자(韓非子)』의 「내저설상(內儲說上)」에 이 일이 기록되어 있다. 오기가 하서를 수비하고 있을 때 위나라의 변경 근처에서 진나라가 작은 봉화대를 쌓았다. 이 봉화대가 백성들이 농사짓는 데 방해가 되자 어느 날 오기는 이를 없애기 위해 대군을 이용하리라 마음먹고 북문 밖에 수레를 준비시킨 뒤 나무뿌리를 가리키며 명령을 내렸다.

"저 나무뿌리를 남문 밖으로 옮기는 자에게 상으로 집과 땅을 주겠다."

처음엔 아무도 움직이지 않았다. 그러나 누군가 대담하게 뿌리를 뽑아 옮기고 돌아오자 오기는 자기가 말한 대로 상을 주었다. 그리고 얼마 후 콩 한 말을 동문 밖에 두고 명령을 내렸다.

"누구든 저것을 서문 밖으로 옮기면 좋은 집과 땅을 상으로 주겠다."

말이 끝나기가 무섭게 군사들이 달려들었다. 또다시 며칠이 지난 뒤 오기가 명령을 내렸다.

"내일 봉화대를 공격할 것이다. 누구든 봉화대에 먼저 오르는 자에게 대부의 자리를 내주고 집과 땅을 하사하겠다."

이튿날 군사들은 저마다 뒤질세라 앞을 다투어 뛰어올랐다. 이른 아침시간임에도 봉화대는 이미 뽑혀져 있었다. 『위료자(尉繚子)』의 「무의제팔(武議第八)」에 또 다른 일이 적혀 있다. 위나라와 진나라가 전쟁을 하는데 양쪽 군대가 교전을 하기도 전에 한 군사가 오기의 명령 없이 적진을 향해 돌격했다. 순식간에 적의 머리 두 개를 가지고 돌아오자 오기는 그를 죽이라 했다. 안타까운 마음에 군법을 담당하는 관리가 오기에게 말했다.

"저 자는 인재입니다. 죽이기에는 너무 아깝습니다."

오기는 엄하게 말했다.

"인재는 인재이나 내 명령 없이 마음대로 행동했으니 죽이지 않을 수 없다."

오기가 만든 정책과 법령은 3년 동안 실행되었다. 위나라 군사들은 진나라 군대가 공격해 온다는 소식을 듣고 스스로 갑옷을 입고 준비를 마쳐 명령만 떨어지기를 기다렸다. 한번은 위나라 군대가 단 5만 군사를 가지고 몇 배 많은 진나라 군대를 물리친 적도 있었다. 『위료자(尉繚子)』의 「제담제삼(制談第三)」에서 오기에 대한 찬사를 볼 수 있다.

"오기에게 7만 군사를 이끌게 한다면 온 천하에 그를 막을 자가 없을 것이다."

오기는 전국시대의 전쟁에서 무장의 중요성을 인식하고 있었다. 그는 문무를 모두 갖추고 온화함과 강건함을 겸비한 인재여야만 장수가 될 수 있다고 생각했다. 그리고 이렇게 재능 있는 인재는 나라의 군주가 알아보고 중용해야 한다고 생각했다. 한번은 위무후가 대신들과 국가 대사를 의논하는데 대신들의 생각이 자신만 못하자 득의양양해졌다. 오기가 앞으로 나가 무후에게 지나간 일을 이야기했다.

"예전에 초장왕(楚莊王)이 여러 신하와 국사를 논의한 적이 있습니다. 그런데 대신들의 생각이 자신에게 미치지 못하자 장왕은 답답해하여 얼굴에 근심을 드러냈습니다. 어떤 이가 왕에게 그 이유를 묻자 장왕이 이렇게 대답했습니다. 내 듣기에 '세상에는 성인이 적지 않고 나라에는 어진 신하가 모자라지 않다' 했소. 성인을 스승으로 모시면 왕이 될 수 있고 어진 신하와 친구가 되면 패왕이 될 수 있는데, 지금 내 재능이 보잘것없는데 내 밑에 있는 자들이 나를 따라올 수 없으니 초나라의 운명이 위험하지 않겠소!"

말을 마친 오기는 무후에게 간곡히 충언하였다.

"마찬가지로 초장왕은 근심하고 걱정했으나 군주께서는 오히려 기뻐하시니 신은 실로 걱정이 되옵니다."

위무후는 부끄러워하며 오기의 충고를 깊이 새겼다.

오기는 군사훈련을 매우 중요하게 생각했다. 군사들을 싸우게 하려면 먼저 군사들을 가르치고 훈련시켜야 한다. 오기는 군사들이 전쟁에서 죽는 이유가 역량을 키우지 못했거나 전투하는 방법이 익숙지 않기 때문이라고 보았다. 따라서 평소 군사들의 훈련을 강화하고 장수들은 진법 변화와 갖가지 무기 사용법을 완벽하게 숙지하고 있어야 한다. 그래야만 전쟁에 임하여 군사들의 능력을 끌어올릴 수 있다. 나라의 안전을 보장하는 첫 번째 조건은 전쟁에 대한 철저한 준비이다. 작전을 지휘할 때 오기는 손무의 지피지기(知彼知己), 즉 적을 알고 나를 안다는 말에 따라 용병에서 적의 상황을 자세히 살피고 허점이나 약점을 건드렸다. 억측이나 추측 대신 정확한 관찰과 조사를 바탕으로 정치, 경제, 민심 등 다방면에 걸쳐 적국의 상황과 기후, 지리, 장수, 군사, 물자, 군기, 지원병 등을 통해 적군의 상황을 분석했다.

다양한 조건과 상황에 맞게 작전을 바꾸었다. 오기는 전쟁을 하기 전에 적군의 병력과 부대에 관한 확실한 정보를 얻고 반드시 승리할 수 있는 부분을 찾아냈다.

시대적 한계로 오기의 군사사상에는 불가피하게 부정적인 부분도 있다. 예를 들면 전쟁이 발생하는 이유를 명예와 이익 및 빈곤 등으로 귀결시키고, 장수 개인의 역할을 과장한다. 그러나 오기가 중국 군사사에 남긴 업적은 부정할 수 없다.

오기는 위무후에게서 뛰어난 군사 지휘 능력과 전공을 인정받아 순조롭게 발전했다. 그러나 후에 모함을 당하고 위무후의 의심을 사 파직되었다. 일의 경위는 다음과 같이 알려져 있다. 전문이 죽고 한나라 귀족 공숙(公叔)이 상국에 올라 위무후의 딸을 부인으로 맞았다. 공숙은 평소 오기를 미워해 그를 헐뜯고 싶었다. 그러던 중 공숙의 노복이 오기의 강한 자존심 이야기를 해주며 공숙에게 음모를 꾸며 주었다. 공숙은 곧바로 무후에게 달려갔다.

"오기는 매우 능력 있는 자입니다. 지금 왕의 나라는 인근 진나라에 비해 상당히 작으니 오기는 위나라 관직에만 머물러 있고 싶지 않을 것입니다."

무후가 물었다.

"그대가 어찌 오기의 마음을 알고 있소?"

공숙은 은밀히 말했다.

"왕께서 믿지 못하시겠다면 한 번 시험해 보십시오. 공주를 오기에게 시집보내시면 될 것입니다. 오기가 위나라에 남을 생각이라면 공주와 혼인을 하겠지만 떠날 생각이라면 거절할 테지요."

무후는 공숙의 말을 듣고 공주를 시집보내라 명했다. 공숙은 오기를 집으로 부르고 부인이 면전에서 화를 내게 했다. 공숙의 부인이 공주이기에 일부러 오기에게 오만한 공주의 모습을 보여준 것이다. 오기는 이 모든 것이 계략인 줄도 모르고 무후의 혼사를 거절했다. 일이 이렇게 되자 무후도 전처럼 오기를 믿을 수 없었다. 얼마 후 왕착(王錯)이란 자가 또 무후 앞에서 오기를 함정에 빠뜨리니 무후는 믿을 수 없는 오기를 서하수에서 파직시킨다. 오기는 뜨거운 눈물을 머금고 20~30년 동안 머무른 위나라를 떠난다. 오기가 떠나고 얼마 지나지 않아 서하 지역은 진나라에 빼앗긴다.

초나라를 강하게 만들다

기원전 383년, 오기는 서하를 떠나 초(楚)나라에 갔다. 초도왕(楚悼王)은 전부터 오기의 명성을 들은 터여서 그가 초나라에 도착하자마자 중용했다. 처음에는 초나라 북부 범(範, 하남성 남양) 땅의 수비를 맡기고 1년 뒤 영윤(令尹)으로 승진시켜 초나라의 군사정권을 장악하게 했다. 오기는 당시 초나라가 처한 상황을 침착하게 분석한 뒤 도왕에게 건의한다.

"초나라는 넓은 영토를 가졌고 군사 수도 많습니다. 그렇다면 마땅히 다른 제후국에 비해 강해야 하건만 사실상은 별 차이가 없습니다. 그 이유는 무엇이겠습니까? 신이 보기에 대신들의 권력이 지나치게 큰 탓입니다. 봉지를 하사받고 공밥을 먹는 인력이 지나치게 많기 때문입니다. 그들은 위로는 군주를 위협하고 아래로는 백성을 학대하니 이것이 바로 나라를 빈곤하게 만들고 군대의 전투력을 키우지 못하게 하는 근본적인 원인입니다."

당시 많은 사람이 반대했음에도 초도왕은 오기의 생각이 옳다고 여기고 전국적으로 변법을 시행한다. 오기가 제안한 변법의 주요 내용은 다음과 같다.

정치적으로 나라의 법령을 모두에게 분명히 알리고 집행하도록 했다. 세습제와 분봉제를 개혁하여 분봉 받은 토지를 3대까지만 전하게 하고 그 후에는 나라가 회수하며 왕실 친척이라는 명분으로 오랫동안 특권을 누린 귀족의 권한을 없앴다. 또 성에 살던 귀족들은 먼 곳으로 보내며 나라 기구를 간략히 하여 무능한 관리를 파면하고 불필요한 잉여인력을 감축했다.

경제를 발전시키기 위해 백성들이 마음 편히 농사지을 수 있도록 했으며, 군대를 정돈하고 무기를 준비하여 전쟁에 대비했다. 특히 천하를 통일하려는 목적으로 왕이 통솔하는 위무졸(魏武卒)이란 군대를 양성했다.

오기의 변법은 단 1년 만에 초나라를 강국으로 변화시켰다. 정치적인 면모도 새로이 바뀌어 천하의 제후들이 초나라의 위세에 복종했다. 남쪽으로는 백월(百越, 중국 남방에 살던 월족)을 정복하고 북쪽으로는 진국(陳國, 하남성 동부, 안휘성 서부 일대)과 채국(蔡國, 하남성 중부 일대)을 점령했다. 위, 조, 한나라를 습격하여 감히 초나라를 넘보지 못하게 했으며 서쪽으로 진나라를 공격했다. 오기의 변법은 구 귀족세력에게 큰 타격을 가하고 제후국을 위협했기에 나라 안팎으로 오기에 대한 반감과 원한이 컸다. 오기가 초나라의 영윤을 맡은 뒤 공무를 보기 위해 위나라로 갔다. 가는 길에 밖으로 도망 나온 초나라 귀족 굴의약(屈宜若)을 찾아가 물었다.

"초왕께서 저의 무능함을 모르시고 영윤 자리에 앉히셨습니다. 족하가 보시기에 저는 어떤 자입니까?"

굴의약이 반문했다.

"그대는 무엇을 행하려 하시오?"

오기가 대답했다.

"우선 초나라 귀족의 작위를 줄이고 그들의 봉록을 제한하며 불필요한 인력과 관직을 없애려 합니다. 동시에 군대를 훈련시켜 천하를 제패할 기회를 엿보겠습니다."

굴의약은 오기의 생각이 크게 잘못되었다고 보았다. 나라를 잘 다스리는 사람은 결코 관습을 바꾸거나 개혁하지 않으리라 생각했기 때문이다. 이에 오기에게 충고했다.

"그대는 바꾸는 일을 좋아하지만 그것은 도리에 맞지 않소. 노나라에는 노나라만의 일이 있고 위나라에는 위나라만의 일이 있소. 지금 초나라에는 그대가 있소. 분란을 만드는 자가 있어야 화를 초래한다는 말이 있소. 과거 초도왕은 천도와 인륜을 배반했으나 아직 화를 당하지 않았는데 알고 보니 그대를 기다린 것이구려."

굴의약은 초도왕을 도우려는 오기가 분명 귀족들의 반발과 원한을 사리라 생각했던 것이다.

기원전 381년, 초도왕이 갑자기 죽자 양성군(陽城君)을 비롯한 구 귀족세력이 반란을 일으켜 궁전을 포위하고 오기를 죽이려 했다. 오기는 상처를 입고 도왕의 시체 위에 엎드렸다. 오기를 쫓던 자가 활을 쏘자 오기가 화살을 맞고 죽었다. 아울러 도왕의 시체에도 화살이 꽂혔다. 당시 초나라는 왕의 시체에 병기를 닿게 하면 삼족을 주살한다는 법령이 있었다. 초도왕을 안장한 뒤 즉위한 숙왕(肅王)은 활을 쏜 자를 찾아 그 죄를 연루시켜 70여 집안을 몰살했다.

오기는 죽었지만 그의 뛰어난 군사사상과 혁신적인 주장은 후세에 많은 영향을 주었다.

"적의 수가 많고 우리 편의 수가 적으면, 또 적이 강하고
우리 편이 약하면 어떻게 병사들을 부려야 하오?"

손빈은 곧바로 대답했다.

"상대를 자만하게 만든 다음 깊이 유인하여 지치게 해야 하고,
적군의 병력은 분산시키고 이군의 병력은 집중하되
상대가 예상치 못한 곳을 공격하고 오랫동안 시간을 끈다면
마지막에는 반드시 승리할 것입니다."

손빈(孫殯, B.C. 4세기경)
중국 전국 시대 제(齊)나라의 병법가. 명장 손무(孫武)의 후손으로, 귀곡 선생에게서 신비한 병법을 배웠다.
B.C. 367년경 위(魏)나라 군사를 계릉(桂陵)에서 크게 이기면서 이름을 날렸다. B.C. 353년 조 (趙)나라를 도
와 위나라 군사를 재차 하남(河南) 대량(大樑)에서 격파하여 명성이 높았다.

이길 수 없는 싸움은 늦춰라
심리전의 달인 손빈

친구의 모함과 탈출

손빈(孫臏)은 제나라 사람으로 춘추 시대에 유명한 군사가 손무(孫武)의 후손이다. 아직까지 그의 생몰 연대는 확실치 않으나 기원전 380~320년에 오기 이후이자 상앙(商鞅), 맹가(孟軻)와 같은 시대를 살았던 것으로 보인다. 전하는 바에 따르면 손빈은 어려서 외롭고 빈곤하게 지냈다고 한다. 성장한 뒤에는 당시 각 제후국 간의 빈번한 전쟁으로 나라의 존망이 결정되는 상황을 보고 군대에 들어갔다. 후에 자칭 귀곡자(鬼穀子)라 하는 왕허(王栩)를 스승으로 모시며 병법을 배웠다.

손빈은 유독 학업에 힘썼다. 귀곡 선생이 그에게 13편의 『손자병법(孫子兵法)』을 가르쳐주자 손에서 책을 놓지 않고 잠자고 먹는 것도 잊은 채 밤낮으로 공부했다. 사흘 뒤 귀곡 선생이 한 편씩 물어보았는

데 한 자도 놓치지 않고 대답했다고 한다. 귀곡 선생은 이런 손빈을
칭찬했다.

그러나 좋은 일에는 방해가 많게 마련이듯 훌륭한 손빈에게도
좋지 못한 일이 생겼다. 일찍이 그는 함께 공부했던 방연(龐涓)과 친
하게 지냈는데, 방연은 손빈에게 자기가 훗날 뜻을 펴게 되면 반드
시 추천하겠다고 약속했다. 나중에 위(魏)나라로 간 방연은 위혜왕
(魏惠王)을 만나고 왕을 도와 큰일을 처리하면서 총애를 받아 위나라
의 장수가 되었다. 당시 방연은 지난날 손빈에게 한 약속을 기억했
지만 자신의 재능과 학식이 그와 비교할 수 없다는 생각이 들었다.
왕에게 손빈을 추천한다면 손빈의 명성이 자기보다 높아질 것이 분
명했다. 이에 방연은 손빈을 몰래 위나라로 불러 법을 어겼다고 모
함하고 얼굴에 죄를 새기고 두 다리를 자르는 참형에 처하기 위해
그를 가두어 놓았다. 손빈은 매우 위태로운 상황에 놓였지만 여전히
밤낮으로 『손자병법』을 공부했다. 얼마 후 제나라의 사신이 위나라
의 수도 대량(大梁, 하남성 개봉시)에 왔다. 방연의 감시가 심해 손빈은
몰래 제나라 사신을 만나 이야기를 나누었다. 제나라 사신은 손빈의
말투와 태도를 보고 얻기 힘든 인재라 여겨 비밀리에 제나라로 데려
온다.

말 경주로 전쟁을 논하다

당시 제나라와 위나라는 전쟁이 끊이지 않았다. 원래 위나라는 일찍부터 봉건제도를 확립하고 빠른 경제발전을 이루어 전국 초기에 제후국 가운데 가장 부강한 나라였다. 위문후(魏文侯)가 집권하던 시기에 위나라는 한나라와 조나라를 병합하고 연이어 진나라의 서하 지역을 장악했으며, 중산국(中山國)을 멸망시켰다. 또한 제나라의 장성(長城)을 공격하고 초나라의 많은 지역을 점령하며 영토를 확장시켰다. 지금으로 보면 섬서성 동부, 산서성 남부, 하북성 서남부, 하남성 동북부, 산동성 서부에 이르는 광대한 지역에 해당한다. 위혜왕(魏惠王)이 왕위를 계승한 뒤에 기원전 362년 한, 초 연합군을 대파하고 중원으로 발전하기 위해 수도를 안읍(安邑, 산서성 안읍)에서 대량으로 옮겼다. 계속되는 위나라의 영토 확장은 이웃나라인 제나라에 큰 위협이 되었다.

일찍이 기원전 386년에 제나라는 신흥지주 계급의 대표인 전씨(田氏) 귀족이 정권을 잡아 일련의 사회개혁을 진행한다. 특히 제위왕(齊威王)이 정권을 장악할 때 추기(鄒忌)를 상국(相國)으로 임명하여 개혁정치에 힘을 쏟았다. 문무인재를 뽑고 사방을 견고하게 방비하며 외래의 위협에 대응하기 위해 나날이 국력을 키웠다. 바로 이러한 상황에서 손빈은 조국으로 돌아오게 된 것이다. 그가 제나라에 도착한 지 오래지 않아 제나라의 대장군 전기를 만났다. 전기는 손빈의 재능을 높이 사 융숭하고 정성스럽게 대접했다.

전기는 말 경주를 좋아했다. 때때로 제나라의 귀족들은 말 경주로 내기를 했다. 한번은 손빈이 전기와 제위왕이 벌이는 말 경주를 보게

되었다. 왕이 상등급에 속하는 말을 내보내면 전기도 상등급의 말, 중
등급의 말을 내보내면 전기도 중등급의 말, 하등급에 해당하는 말을
보내면 그와 비슷한 수준의 말로 시합을 했는데 세 번의 경주에서 전
기는 모두 지고 말았다. 손빈이 유심히 관찰한 결과 전기의 말은 제위
왕의 말과 별 차이가 없었다. 이에 다음 경기를 할 때 손빈은 전기에
게 상등급의 말로 제위왕의 중등급의 말과 시합하게 하고, 중등급의
말로 제위왕의 하등급의 말과 시합하게 하며, 하등급의 말로 제위왕
의 상등급의 말과 시합하라 했다. 그 결과 한 번을 지고 두 번은 이기
게 되었다. 특이한 계책으로 이기게 되자 전기는 제위왕에게서 1,000
금을 얻었다. 제위왕은 놀라움을 감추지 못하고 전기에게 승리의 비
결을 묻자 전기가 솔직히 대답했다.

"오늘의 승리는 말 서너 필의 공이 아닙니다. 바로 손빈의 계획에 따
른 결과이지요."

전기는 이 기회를 빌려 제위왕에게 손빈을 추천했다. 제위왕은 작
은 사건으로 손빈의 출중한 재능을 알아보고 그를 불러 병법과 군대
에 관한 일을 이야기했다.
손빈은 제위왕을 만나 전쟁에 대한 자신의 견해를 말했다. 제위왕
은 전쟁으로 국가의 존망과 안위가 결정되며 전쟁이란 수단을 통해서
야만 천하를 통일하고 자신의 통치를 유지할 수 있다고 생각하며 손
빈에게 물었다.

"무력을 사용하지 않고 천하를 손에 넣을 수 있는 방도가 있겠소?"

"전쟁에서 승리해야만 천하를 얻을 수 있습니다. 대왕께서는 황제(黃帝)가 치우(蚩尤)를 이기고, 요(堯)임금이 공공(共工)을 내쫓으셨으며, 순(舜)임금은 삼묘(三苗)를 멸하시고, 상(商)나라 탕왕(湯王)이 하(夏)나라를 멸망시켜 걸(桀)을 쫓아낸 일을 아실 것입니다. 또한 주무왕(周武王)이 주(紂)를 물리쳐 상나라의 수도를 점령했으며 주공(周公) 단(旦)이 상나라 잔여 세력의 모반을 평정하셨음을 아실 것입니다. 어디 하나 무력으로 행하지 않은 왕이 있습니까? 혹자는 오제(五帝)만큼 덕이 높지 않고, 삼왕(三王)만큼 어질지 못하며[13], 주공만한 재주가 없다 해도 덕을 쌓고 예악을 존중하면 무력이 아니고서도 천하를 얻을 수 있다 하나 사실 그렇지 않습니다. 요임금과 순임금도 무력이 아닌 방법을 생각해 보지 않은 것은 아닙니다. 그러나 무력이 아니고선 할 수 없다는 사실을 알았던 것입니다."

전쟁에 관한 손빈의 당위성과 분석을 들은 제위왕과 전기는 더욱 그를 신뢰하고 존중했다. 얼마 후 위왕은 손빈을 제나라의 참모로 삼았다.

장막 안의 계책

몇 년이 지난 뒤 제나라는 더욱 강성해졌다. 손빈은 위나라의 위협에 맞서고 영토를 빼앗기 위해 수차례 전쟁을 지휘했다.

기원전 354년, 위나라는 방연에게 병사 8만을 주고 조나라를 공격하게 하여 조나라의 도성인 한단(邯鄲, 하북성 한단 서남)을 포위했다.

조나라는 위나라의 공격을 막지 못해 동맹국인 제나라에 도움을 요청했다. 제위왕은 조나라가 위나라에 정복당하면 제나라에도 큰 위협이 되리라 생각했기에, 자국의 이익을 위해서 병력의 일부를 보내 송나라 및 위나라와 연합하여 위나라의 양릉(襄陵, 하남성 휴현 서쪽)을 공격했다. 위나라 군대는 병력이 분산된 가운데 양쪽으로 전쟁을 해야 하는 상황이 되었다. 조나라와 위나라는 계속 격전을 벌이며 끝을 보지 못하고 1년 넘게 지속되자 양쪽은 서로 큰 손실을 보았다. 이때 제나라 위왕은 전기를 사령관으로, 손빈을 참모로 임명하여 8만 대군을 이끌고 조나라로 갔다.

전기는 한단으로 직행하여 조나라의 포위를 풀자고 했지만 손빈은 반대했다.

"적의 허를 찔러야 합니다. 적군의 힘이 강한 곳을 공격하기보단 약한 부분을 습격하는 편이 낫습니다. 위나라는 조나라를 공격하기 위해 대다수의 부대를 밖으로 보냈습니다. 이 때문에 본국에는 늙고 약한 병사들이 남아 있을 뿐이지요. 위나라 도성의 방비가 허약한 틈을 타 대량을 쳐야 합니다. 그렇게 되면 위나라는 본국으로 군대를 돌릴 수밖에 없게 되지요."

전기는 손빈의 전략이 훌륭하다고 생각했다. 그에 따르면 자신은 굳이 멀리 한단까지 가지 않아도 자동적으로 위나라 군대를 조나라에서 떨어지게 할 수 있기 때문이다. 이에 손빈의 말대로 제나라 군대의 주력은 대량을 향해 진군했다.

기원전 353년 10월, 위나라의 대군은 한단을 함락시켰지만 당시의 형세는 상당히 불리해졌다. 우선 제, 송, 위 삼국의 연합군이 양릉을 포위했으며 초나라 군대는 후방이 허술한 틈을 타 위나라 남쪽의 휴(睢, 하남성 동부) 땅을 점령했고 진나라 군대도 소량(少梁, 섬서성 한성 남부)을 빼앗았다. 특히 제나라 주력부대가 대량으로 향한다는 것이 가장 큰 문제였다. 대량은 위나라의 수도로 정치, 경제의 중심이기에 대량을 빼앗기는 것은 전쟁의 승패 및 국가의 존망과 직결되는 일이었다. 방연의 부대는 한단을 점령하고 나서 쉴 틈도 없이 일부 병력만 남기고 대군을 이끌고 황급히 대량으로 향했다.

위나라 군대가 계릉(桂陵, 하남성 장원 서북) 부근에 도착했을 때 이미 그곳에서 기다리던 제나라의 주력부대를 만났다. 위나라 군대는 오랫동안 전쟁을 하고 먼 길을 달려와 병력의 소모가 컸고 사병들의 피로는 극에 달했다. 반면 제나라는 힘을 충분히 비축하여 사기가 충만했다. 두 군대가 교전하기 시작하고 나서 금방 위나라 군대는 크게 패하고 말았다. 위나라는 패잔병을 이끌고 한단으로 돌아갔다.

손빈은 조나라를 구원하기 위해 위나라를 공격함에 있어 상대의 허를 찌르는 전술을 이용하면서 뛰어난 군사적 재능을 보여주었다. 후대 군사가들은 손빈의 전술을 높이 평가하며 이를 참고했다.

계릉의 전투가 있은 지 10여 년 후인 기원전 342년에 위나라는 또 방연을 보내 한(韓)나라를 공격한다. 위나라의 서남부, 지금의 산서성 동남부와 하남성 중부 일대에 위치한 한나라는 7국 가운데 비교적 약한 나라였기에 강대한 위나라 군대를 막아내지 못하고 급히 제나라에 구원을 요청했다. 제위왕은 군신들을 모아 놓고 상의했다. 상국 추기는 옆에서 싸움을 구경하다가 어부지리를 취하자고 했지만 전기는 병력을 보내 돕자고 했다. 대신들은 서로의 말이 옳다며 계속 다투고 있는데 손빈은 말없이 서 있었다. 위왕이 그에게 물었다.

"모두들 얼굴을 붉히며 자기의 주장을 펴는데 참모는 어찌 일언반구 말이 없소? 혹시나 이들의 의견이 모두 잘못되었다고 생각하는 것이오?"

손빈은 고개를 끄덕이며 답했다.

"그렇습니다. 위나라는 강국인 자신의 힘으로 약한 나라를 깔보고 한나라를 공격한 것입니다. 한나라를 구원하지 못해 한나라가 위나라에 투항하면 우리 제나라에도 불리하기에 돕지 않는다는 의견은 옳지 않습니다. 그러나 현재 위나라는 이제 막 한나라에 진격하기 시작했습니다. 여기서 우리가 급하게 출병하여 한나라를 돕는다면 사실상 우리 군대가 위나라의 첫 공격을 막게 됩니다. 우리가 한나라의 병력을 지휘하는 게 아니라 오히려 한나라가 우리 군을 지휘하는 셈입니다. 따라서 곧바로 출병하는 것은 옳지 않습니다."

"그렇다면 참모의 의견은 어떤 것이오?"

"신의 생각으로는 우선 한나라의 구원 요청에 대답을 주어야 할 것입니다. 한나라는 우리가 병사를 보낸다는 생각에 위나라 군대에 전력으로 대항할 것입니다. 한나라가 완강히 대항한다면 위나라는 전처럼 모든 병력을 한나라와의 전투에 쏟아 부을 것입니다. 이렇게 된다면 한나라는 패망의 위기에서 오로지 우리에게 의지할 것이고 한바탕 전투를 끝낸 위나라는 병력과 물자 소모가 클 것입니다. 이때 우리가 병사를 보내 피로에 지친 위나라 군대를 공격하면 위기에 빠진 한나라를 구할 수 있습니다. 힘은 적게 들이고 공은 배로 하며 승리는 쉽게 얻고 이익은 크게 받는 것입니다. 어찌 앞의 두 의견이 이 계책보다 낫다고 할 수 있겠습니까!"

위왕은 손빈을 크게 칭찬하며 흔쾌히 그의 전략을 따랐다.

기원전 341년에 위나라와 한나라의 전투는 더욱 격렬해졌다. 양국의 실력이 크게 약해지자 위왕은 전기를 장수, 전영(田嬰)을 부장수, 손빈을 참모로 각각 임명해 출전했다. 이 전쟁에서 제나라 군대는 손빈의 작전에 따라 위나라의 수도 대량을 목표로 삼았다. 제나라 군대가 위나라를 공격한 지 얼마 지나지 않아 방연이 수도를 지키기 위해 군사를 돌린다는 정보를 얻었다. 위군의 상황과 방연의 성격을 잘 아는 손빈이 전기에게 말했다.

"위군은 자기들의 용맹을 믿고 제나라를 가볍게 여길 것입니다. 이에 우리 주력부대가 급히 결전해야 합니다. 용병에 뛰어난 자는 적군의 이러한 심리를 잘 이용하니 우리가 계책을 써서 유인합시다. 병법에 보면 원정에는 습격이 상책이라 했습니다. 현재 우리 군은 이미 위나라의 영토에 들어왔으니 겁쟁이로 가장하여 위군을 유인할 수 있습니다."

"구체적으로 어떻게 유인할 것이오?"

손빈이 말했다.

"병사를 후퇴시키며 가마솥의 수를 줄이는 방법으로 가능하지요. 첫째 날에 10만 군이 밥을 지은 가마솥을 두고 둘째 날에는 5만, 셋째 날에는 3만 군의 가마솥을 두면 됩니다."

전기와 전영은 손빈의 말대로 행동을 개시하여 위나라의 예봉을 피해 말머리를 돌려 동쪽으로 퇴각했다. 그리고 중도에 하루하루 군사들이 사용하는 가마솥의 수를 줄여 적이 알아차리게 했다.

한편 노기가 충천한 방연은 대군을 이끌고 밤낮으로 재촉하여 위나라로 돌아왔다. 원래는 제나라와 크게 전투를 벌일 생각이었지만 갑자기 제나라 군사들이 도망가자 전군에게 빨리 추격하라는 명령을 내렸다. 이렇게 사흘 동안 추격하다 보니 방연은 제나라 군대의 가마솥이 갈수록 적어진다는 사실을 발견했다. 제나라 군대의 사기가 꺾여 도망간다는 생각에 크게 기뻐하여 이동이 더딘 보병과 무거운 군용물지는 남겨두고 발 빠른 기병 일부만 데리고 쫓았다. 위군은 손빈의 꾐에 넘어가 마릉(馬陵, 산동성 범현 서남)에 도착했다. 마릉은 양쪽이 모두 산으로 나무가 많아 지세가 험했다. 양쪽의 산을 끼고 그 사이에 작은 길이 나 있는데 그곳이 바로 매복하여 적군을 공격하기 좋은 장소였다. 손빈은 군사들에게 나무를 베어 길을 막아두고 나무에 '이 나무 아래에서 방연이 죽다' 라는 글귀를 크게 새겼다. 그리고 활쏘기에 능한 병사 1만을 뽑아 양쪽 산속에 나누어 매복시켰다.

"한밤중에 불빛이 보이면 일제히 활을 쏘아라."

날이 기울자 방연이 마릉에 도착했다. 길가에 어수선하게 나무들이 놓여져 진로를 막고 있었다. 방연은 앞으로 나가 사방을 살피면서 병사들에게 나무를 치우라고 명했다. 그런데 갑자기 길가의 큰 나무에 새겨진 글자가 흐릿하게 보였다. 사람을 불러 횃불을 비추라고 했다. 횃불 아래 나타난 글자를 보고 방연은 아연실색해 소리쳤다.

"내가 손빈의 계책에 걸려들었구나!"

황급히 후퇴를 명했지만 이미 늦었다. 매복하고 있던 제나라 병사들이 양쪽에서 몰려나와 크게 불을 피우자 사방에서 화살이 날아왔다. 위군은 순식간에 공격을 받자 당황하며 막지 못하고 혼란에 빠져 죽거나 도망갔다. 방연도 중상을 입고 더 이상 도망갈 수 없음을 알고 탄식했다.

"이전에 손빈, 그 자식을 죽이지 못한 게 후회스럽다. 지금은 이렇게 명성을 날리고 있구나!"

방연은 말을 마치고 품에서 칼을 빼어 자결했다. 방연이 죽자 전기와 전영은 승세를 타고 추격하여 위나라의 후속부대까지 모두 사로잡았다. 태자 신(申)도 포로로 잡혔다.

손빈은 장막 안에서 제나라 군대를 지휘하여 연이어 두 차례나 강대한 위나라를 격파했다. 그의 명성은 순식간에 사방에 알려졌고 이로부터 제나라의 세력은 점차 강대해져 크고 작은 제후국에서 조견을 왔다.

이길 수 없는 싸움은 늦춰라

손빈은 굴곡 많은 삶을 보내며 강한 끈기와 지혜로 제나라 왕과 전기를 도와 많은 전쟁을 승리로 이끌었다. 만년에 손빈은 계속 병법을 연구한다. 마릉에서 전투를 치르고 난 뒤 제왕이 손빈의 관직을 올려 주려 했지만, 받아들이지 않고 오히려 참모직까지 그만두었다. 그 후 한적하고 조용한 곳을 찾아 제자들과 젊었을 적 배운 것을 연구하고 체계적으로 정리하여 자신이 다년간 전쟁터에서 지휘했던 경험을 총괄해 『손빈병법』을 적었다. 『한서(漢書)』의 「예문지(藝文志)」 기록에 따르면 이 책은 모두 89편이고 삽도가 4권이지만 안타깝게도 오늘날까지 다 전해지지 않는다. 1972년 4월, 『손빈병법』이 실전된 지 천 여 년 뒤에 산동성 임기의 은작산 서한묘에서 우연히 『손빈병법』의 잔여본이 발견되었다. 모두 30편이므로 쪽마다 1,000여 자가 적혀 있고, 지금 중국의 문물출판사(文物出版社)가 정리해 출판했다.

『손빈병법』의 잔여본은 우리에게 여러 사실을 알려 주었다. 우선 손빈이 손무와 오기의 군사사상을 계승하고 발전시켰다는 것이다. 이를 바탕으로 자신의 전쟁 경험을 더해 전국시대 초·중기 전쟁 상황을 총결했다. 예를 들면 손빈은 전략과 전술의 연구와 운용을 중요시했다. 즉 적을 위험에 빠뜨려 아군에게 우세한 상황을 만들고 작전의 형세를 유리하게 하여 전쟁의 주도권을 잡았다. 그에게서 생과 사는 함께할 수 없었다. 아군의 장점과 단점을 객관적으로 파악하고 적군의 동태를 예측하며 전장의 지형을 관찰하여 아군을 통솔했다. 한번은 전기가 손빈에게 전쟁에서 어떻게 지휘해야 주도권을 빼앗을 수 있는지를 물었다.

"적의 수가 많고 우리 편의 수가 적으면, 또 적이 강하고 우리 편이 약하면 어떻게 병사들을 부려야 하오?"

손빈은 곧바로 대답했다.

"최대한 적군의 강한 부분은 피하고 부딪치지 말아야겠지요. 아군의 진지를 단단히 하여 적군에게는 두려움 없는 모습을 보여 주고 안으로는 아군의 사기를 올려주어야 합니다. 엄격한 군법으로 군사들을 뭉치게 하고 적군과 급하게 정면으로 대결하면 안 됩니다. 상대를 자만하게 만든 다음 깊이 유인하여 지치게 해야 하고, 적군의 병력은 분산시키고 아군의 병력은 집중하되 상대가 예상치 못한 곳을 공격하고, 오랫동안 시간을 끈다면 마지막에는 반드시 승리할 것입니다."

위나라를 포위해 조나라를 구원했던 싸움과 마릉에 매복을 명할 때 손빈은 위나라는 강하고 제나라는 약했던 상황에 근거하여 실을 피하고 허를 공격하여 자신이 의도한 대로 적을 유인했다. 그리고 유인하면서 적을 섬멸시킬 방법을 찾아 전쟁에서 대승했다.

손빈은 필공불수(必攻不守), 즉 반드시 적군이 막지 못할 곳을 공격해 전쟁에서 적극적으로 싸워야 한다고 생각했다. 손무와 오기처럼, 손빈도 군대의 기율은 엄격해야 한다고 주장했다. 병사가 공을 세우면 그날 바로 상을 내리고 죄를 지으면 그 자리에서 벌을 주었다. 하루는 전기가 손빈에게 이런 질문을 했다.

"참모의 말씀대로라면 상벌은 분명 용병에 있어 가장 중요한 일이 아닙니까?"

손빈이 말했다.

"상을 주는 이유는 병사들을 격려하여 용감하게 전쟁터에 나가도록 하기 위해서이고 벌을 주는 이유는 군대의 기율을 바로잡아 명령을 따르게 하기 위해서입니다. 상과 벌은 전쟁에서 승리할 수 있도록 돕습니다만 용병에서 가장 중요한 일은 아닙니다."

전기가 다시 물었다.

"그렇다면 권력, 위세, 계책, 이것들이 용병에서 가장 중요한 일입니까?"

손빈은 고개를 흔들었다.

"그 또한 아닙니다. 장수께서 말씀하신 권력은 군대를 모을 때 쓰는 것입니다. 위세는 병사들이 전쟁터에서 용감하게 싸우게 할 때 쓰는 것이며 계책은 적군이 준비하지 못할 때 사용합니다. 그러나 이것들이 용병에서 가장 중요한 건 아닙니다."

전기는 불만 섞인 목소리로 말했다.

"내가 말한 것들은 지휘하는 장수가 가장 중요시하는 것인데 어찌 참모는 그렇게 생각하는 거요? 그렇다면 도대체 무엇이 가장 중요한 것입니까?"

손빈이 온화한 태도로 말했다.

"적의 상황을 정확히 분석하고 지형을 꼼꼼히 관찰하여 소극적으로 수비를 할 것이 아니라 적극적으로 공격하는 것이 용병의 가장 중요한 일입니다. 아울러 사람들을 이끄는 자는 반드시 전쟁의 이치를 알아야 하고 전쟁의 규칙을 배우고 익혀야 합니다. 승패와 안위를 결정하는 것은 바로 전쟁의 이치와 규칙입니다."

손빈은 군사를 이끄는 장수는 위로는 천문, 아래로는 지리를 알아야 하고, 안으로는 민심, 밖으로는 적의 동태를 살펴야 한다고 보았다. 반드시 승리할 수 있는 상황에서만 공격하고 그렇지 않을 경우 쉽게 공격하지 말아야 한다. 또 전쟁의 상황이 어떻게 바뀌는지에 따라 그에 맞는 계획을 세워야 한다고 했다. 손빈은 『손빈병법』에서 진법에 관한 10가지 원칙을 제시하며 각각이 가진 장점과 실제 전투에서 장수가 어떻게 운용해야 하는지 그 방법도 적었다.

『손빈병법』의 잔여본에서 우리는 손빈이 가진 군사사상을 엿볼 수 있다. 예를 들면 손빈은 천하를 통일하기 위해 전쟁은 반드시 필요하다고 보았다. 또 전쟁을 하기 전에 물자를 충분히 준비해야만 적을 공격해도 승리할 수 있고 적의 공격을 받아도 방어할 수 있다고 보았다. 손빈은 특히 성을 점령해야 함을 강조하며 군사를 이끄는 장수가 평소 엄격한 군사훈련을 실시해야 한다고 했다.

손빈의 군사사상이 이처럼 체계적이고 주도면밀할 수 있었던 이유는 선대의 군사가인 손무와 오기의 저작을 꾸준히 학습했기 때문이다. 기존의 군사학을 연구하고 배웠지만 병서 안에 갇혀 그대로 따르지는 않았다. 시대의 특수성에 착안하여 자신과 다른 사람들의 전쟁 경험을 교훈으로 삼았으니, 한 예로 전쟁의 속도를 들 수 있다. 춘추시대의 전쟁은 속전속결이 많았다. 당시 가장 오랫동안 싸운 전투도 열흘을 넘지 못했는데 그에 반해 전국시대의 전쟁은 규모가 더 커졌기에 지구전이 중요하다고 생각했다. 또한 『손자병법』에서 강조하듯 성을 점령하는 일은 전국시대에 가장 중요했다. 전국시대의 성은 경제, 정치, 문화의 중심지로 성을 점령하는 일이 곧바로 군사에 필요한 군량과 군비의 제공 문제로 연결되어 전쟁의 중점이자 주요 목적이 되기 때문이다. 손무의 이러한 사고는 시의적절했다고 볼 수 있다. 손빈은 전투를 할 때 병력의 수, 지역의 크기, 병법의 변화에 따라 포위, 우회, 기습, 매복, 공격 등 다양한 전술을 이용했다. 위나라를 포위하여 조나라를 구원했던 전투와 마릉의 매복이 바로 손빈의 전략을 총체적이고 성공적으로 보여 주는 사례이다.

『손빈병법』은 계급과 시대라는 제한이 있지만 그러나 옛 군사가들이 가진 사상의 정수를 흡수하면서도 그 속에 속박되지는 않았다. 당시의 정치, 경제에 바탕하여, 특히 실제 전투에 근거하여 전대의 성과를 기초로 자신의 새로운 전략을 적용했다. 그의 사상은 손빈이 살던 당시뿐 아니라 후대의 군사 사상에도 큰 영향을 미쳤다.

"처음에는 처녀처럼 약하게 보여 적에게 허점을 보이고 나중에는
날랜 토끼처럼 기습하여 막아낼 수 없게 하는 자가 바로 전단이다."

악의(樂毅, B.C 4세기경)

위(魏)나라 초기의 무장 악양(樂羊)의 자손. 현자이면서 전쟁을 좋아했다. 연(燕)나라의 소왕(昭王)이 현자를 초
빙한다는 말을 듣고 연나라로 옮겨갔으며, 후에 상장군이 되었다. 조(趙)·초(楚)·한(韓)·위·연의 연합군을
이끌고, 당시 강대국인 제(齊)를 토벌하여 수도 임치(臨淄)를 함락시켰다. 그후 5년에 걸쳐 제나라의 70여 성
(城)을 함락시키고, 이들을 연나라에 소속시켰다. 소왕이 죽고 혜왕(惠王)이 즉위하자, 제나라 전단(田單)의 이
간책으로 사죄(死罪)를 덮어쓰게 되어 조나라로 달아난다.

전단(田單, B.C 4세기경)

전국시대 제(齊)나라 사람. 제나라는 악의가 이끄는 연(燕)나라 연합군에 의해 즉묵(卽墨) 등 두 성만 빼고 70
여 개가 함락당했다. 이에 전단은 1,000여 마리 소의 뿔에 칼을 달고 꼬리에는 기름을 뿌린 갈대 다발을 매
달아 불을 붙이는 화우(火牛) 진법(陳法)으로 연나라 군대에 큰 타격을 줬다. 제나라의 땅을 수복하는 데 큰
공을 세웠다.

타고난 강점으로 위기를 극복하라
천재 지휘관 악의와 모략술의 귀재 전단

제나라가 연나라를 공격하다

전국시대 중엽 진(秦), 초(楚), 제(齊), 연(燕), 조(趙), 한(韓), 위(魏) 등 일곱 강국 가운데 연나라는 비교적 약소국이었다. 연나라 영토는 지금의 하북(河北) 북부, 요령(遼寧) 서남부, 산서(山西) 동북부 일대로 남쪽으로 바다가 있고 제나라와 접해 있었다. 수도는 계(薊, 북경시 서남) 땅에 세웠다. 당시 각 나라는 서로 성을 공격하고 땅을 빼앗으며 제각기 발전을 이룩했다. 연나라에서는 군주의 자리를 선양하는 일이 벌어졌다.

기원전 318년, 연왕(燕王) 쾌(噲)는 상국(相國) 자지(子之)에게 왕위를 양보하여 녹봉이 300석 이상 되는 관리들의 인수를 회수하여 자지에게 주고 임명권을 맡겼다. 연로한 연왕 쾌는 정사에 관여하지 않고 모든 것을 자지에게 결정하게 했으니 연나라의 귀족들은 불만을 갖고 3년 뒤 반란을 일으킨다.

　기원전 315년, 연나라 태자 평(平)과 장군 시피(市被)가 몰래 상의해 상국 자지를 공격하기로 한다. 이 소식은 제나라에까지 퍼졌다. 제나라 장수들은 이 소식을 제선왕(齊宣王)에게 고했다.

　이에 제나라 왕은 연나라로 사람을 보내 태자 평에게 뒤를 봐주겠다고 약속하고 태자 평은 사람들을 모아 상국의 성을 포위했다. 상국도 반격하여 전쟁은 몇 달 동안 계속되었고 수만 명의 사상자가 나왔다.

　일찍부터 제나라는 연나라에 야심을 품고 있었다. 기원전 333년, 연문공(燕文公)이 죽자 제나라는 연나라의 국상을 틈타 연나라의 성 10곳을 점령했다. 그러던 중에도 태자 평과 상국 자지는 왕위를 놓고 다투면서 제나라에 간섭할 기회와 빌미를 제공하고 있었다. 얼마 후 제선왕은 장자(章子)를 보내 제나라 군대를 이끌고 연나라를 정벌하게 했다. 연나라 군사들은 싸울 생각을 잃어 성문조차 닫지 않았다. 제나라 군대는 50일 만에 먼 길을 달려와 연나라의 수도 계성을 공격했고 자지를 붙잡아 죽인 뒤 젓갈에 담았다. 이어 연왕 쾌도 전쟁 중에 사망했다. 제나라 군대는 잔인하게 사람들을 죽이고 재물을 약탈하여 연나라 백성들의 불만이 커짐으로써 제나라에 반대하는 내란이 잇따르자 다른 제후국에서 연나라로 원조를 보냈다. 상황이 이렇게 되자 제나라는 군대를 철수했다. 기원전 311년에 연나라에서는 태자가 즉위하였다. 그가 바로 연소왕(燕昭王)[14]이다.

연소왕이 즉위한 뒤 연나라는 제나라와 표면적으로 우호관계를 유지하면서 안으로는 적극적으로 전쟁준비를 하며 공격의 기회를 기다렸다.

하루는 연소왕이 곽외(郭隗)에게 말했다.

"제나라는 우리나라에서 내란이 일어난 틈을 타 공격했소. 우리는 나라도 작고 힘도 없어 원수를 갚을 수 없으나 나와 함께 나라를 다스릴 인재가 있다면 나라의 치욕을 씻을 수 있을 것이오. 어디 그런 인재가 없겠소?"

곽외가 대답했다.

"왕께서 성심성의를 가지고 겸허히 배우기를 좋아하시며 재능 있는 인재를 존중하시고 인재가 가진 인품과 재능을 본받으시면 됩니다. 그러면 천하의 모든 인재가 연나라로 몰려들 것입니다. 왕께서 신하를 예로 대하시고 친히 문 앞에서 맞으신다는 소문을 들으면 인재들은 기꺼이 왕을 위해 계책을 낼 것입니다."

연소왕이 다시 물었다.

"내 누구를 맞이해야 한다는 말이오?"

곽외는 연소왕에게 천리마를 산 이야기를 들려주었다.

"옛날에 한나라의 왕이 1,000금으로 천리마를 사고 싶었습니다. 그러나 3년이 지나도 구하지 못하여 상심에 빠지자 누군가 천리마를 살 수 있다며 왕에게 말했습니다. 왕은 그에게 1,000금을 주었는데 석 달 뒤 그 자가 500금으로 천리마의 뼈를 사왔습니다. 왕은 화가 나서 살아있는 천리마를 사지 않은 이유를 물었습니다. 그 자가 답하길 '죽은 말의 뼈를 500금으로 샀으니 산 말은 어떻겠습니까? 왕께서 진심으로 말을 사랑하신다면 기다려 보십시오. 이제 살아있는 천리마가 연이어 올 것입니다'라고 했습니다. 과연 그의 말대로 1년 안에 왕은 세 필의 천리마를 갖게 되었다고 합니다."

"무슨 이야기인지는 알겠소만, 내가 어떻게 하라는 거요?"

곽외가 웃으며 말했다.

"군왕께서는 반드시 널리 인재를 모으셔야 합니다. 먼저 저부터 시작하셔서 저를 천리마의 뼈라 생각하시고 대해 주십시오. 그렇게 하면 저보다 훨씬 강한 천리마가 먼 길을 마다하지 않고 연나라로 올 것입니다."

연소왕은 곽외의 의견을 받아들였다. 그를 스승으로 여기며 학생처럼 가르침을 받고 문안을 하며 무양(武陽)[15]에 호화로운 저택을 지어 주기도 했다. 아울러 민심을 잡기 위해 죽은 백성이 있으면 애도하고 혼자 된 백성이 있으면 위로하면서 백성들과 함께 고통을 나누었다. 또한 인재를 모으기 위해 역산(易山) 기슭에 황금대(黃金臺)를 만들어 안에다 황금을 쌓아두었다. 용병에 능한 무장, 제나라 정벌에 뜻을 둔 용사, 제나라의 관문 요새와 군신들의 내막을 잘 알고 있는 자라면 연소왕은 돈을 아끼지 않고 연나라로 맞아들였다.

연소왕이 진심으로 예를 갖춰 현자들을 대한다는 소문은 천하에 빠르게 퍼졌다. 재능과 학식을 겸비한 수많은 인재가 각 나라에서 연나라로 넘어왔다. 그 가운데 제나라에서 온 추연(鄒衍), 조나라에서 온 극신(劇辛), 낙양에서 온 소대(蘇代), 위나라에서 온 굴용(屈庸) 등 뛰어난 인물들과 훌륭한 군사 지휘가 악의(樂毅)도 있었다.

악의의 제(齊)나라 정벌 책략

악의의 선조는 악양(樂羊)으로 위문후(魏文侯)[16] 때 장수이다. 기원전 408년 위문후는 악양에게 군대를 주어 중산국(中山國, 하북성 중부)을 공격하라 명한다. 3년간 싸운 끝에 중산국은 위나라에 멸망당했고 악양의 전공을 가상히 여긴 위문후는 그를 영수(靈壽, 하북성 평산현) 땅에 봉했다. 악양이 죽자 이곳에서 장례를 치렀고 그의 후손들은 이곳에 정착했다. 위나라와 중산국 사이에는 조나라가 있었다. 이 때문에 위나라는 중산국을 다스리기가 쉽지 않았다. 기원전 380년 전후로 중산국은 수도를 영수로 하고 새로이 나라를 세우지만 기원전 300년 조무령왕(趙武靈王)[17]의 공격을 받고 5년 뒤인 기원전 296년에 멸망한다. 이렇게 하여 악의는 조(趙)나라 사람이 되었다. 조왕은 악의의 재능과 용병술을 알아보고 관직을 주었다. 그런데 기원전 299년에 내란이 발생해 조무령왕이 사구(沙丘, 하북성 거록 동남)의 궁전에서 포위를 당해 식량이 끊겨 죽었다. 악의는 운 좋게 조나라를 떠나 위나라의 수도 대량(大梁, 하남성 개봉)으로 넘어왔다.

악의는 그곳에서 연나라와 제나라 소식을 들었다. 연나라에 내란이 발생해 제나라가 그 틈에 연나라를 공격했다. 연소왕은 제나라에 복수를 하기 위해 인재를 모으고 있었다. 그런데 위소왕(魏昭王)이 악의를 연나라 사신으로 보내 연나라에 도착했다. 연소왕은 전부터 악의가 인재라는 소문을 들어왔기에 예를 갖추고 연나라에 남기를 권하며 아경(亞卿)[18]에 임명했다. 이에 악의는 연나라 군사들을 훈련시키면서 적극적인 정치개혁에 나선다. 20여 년간의 노력 끝에 연나라는 부강해지고 용맹한 군대를 갖추어 제나라를 공격할 준비를 한다.

당시 강국인 제나라는 비옥한 토지로 풍부한 식량을 비축했다. 그러나 제혼왕(齊湣王, 기원전 300~284년 재위)이 해마다 전쟁을 일으켜 남쪽으로 송, 초를 공격하고 서쪽으로 삼진(三晉)을 공격하여 중산국을 도왔다. 잦은 전쟁으로 제나라는 내부적으로 모순이 격화되어 백성들과 각 제후의 불만이 터졌다. 거기에 제민왕은 평소 안하무인격으로 거만한 태도를 보여 다른 나라를 깔보며 연나라에 대한 경계도 소홀히 했다.

연소왕은 형세가 유리해졌다고 판단해 악의와 제나라 공격을 상의했다. 악의는 제나라가 오패 중 하나로, 아직까지 그 실력이 남아 있고 넓은 토지와 많은 인구를 가져 단독으로 공격하면 승리하기 어렵다고 판단했다. 이에 연소왕에게 조, 한, 위 삼국과 연합하기를 건의한다. 그래야만 제나라를 고립시켜 승리할 수 있었다. 연소왕은 악의의 말을 따라 그를 조나라로 보내고 다른 사자들을 한나라와 위나라에 보냈다. 조나라는 또 진나라에 연락했다. 사신들이 이리저리 오가면서 삼국은 연나라와 뜻을 함께하여 출병키로 동의했다. 진나라도 제나라를 쳐서 정도(定陶, 산동성 정도 북쪽)를 수복할 뜻을 내비쳤다.

기원전 284년에 연소왕은 나라 전체의 병력을 동원해 악의를 장군으로 삼아 출병한다. 진나라도 사리(斯離)를 대장군으로 삼아 삼진의 군사를 이끌었고, 조문왕도 악의에게 통솔권을 주었다. 악의는 연, 진, 조, 한, 위 다섯 대국의 군대를[19] 이끌며 위풍당당하게 제나라 정벌에 나선다.

제나라의 대패

제민왕은 다섯 나라의 대군이 몰려온다는 소식에 촉자(觸子)를 장수로 임명하고 직접 전국의 군사들을 모아 제수(濟水)에 방어선을 구축했다. 촉자에게는 실패하면 조상의 무덤을 파겠다고 엄포를 놓았다. 잔인하고 어리석은 제혼왕은 그렇게 민심을 잃고 군사들의 사기를 떨어뜨리고 있었다. 이 때문에 제수 서쪽에서 대치를 하던 중 촉자가 패하여 대부대를 잃고 혼자 도망쳤으며, 이로써 제나라 군대 전체는 패하였다.

악의는 제나라의 주력부대를 무너뜨린 뒤 진, 한의 군사들을 돌려보내고 위나라 군대로 하여금 송나라의 옛 땅을 수복하게 했다.[20] 자신은 연나라 군대를 이끌고 계속 추격했다. 이때 극신(劇辛)은 악의에게 제나라는 대국이고 연나라는 소국이니 제나라를 공격하기 위해 다른 제후국의 원조를 빌리자고 건의한다. 멀리까지 생각해 보면 경솔히 깊이 들어갈 게 아니라 제나라 변경의 성들을 점령하는 게 나았다. 악의는 극신의 생각에 동의하고 제나라 왕이 민심을 잃었다는 사실을 생각했다. 연나라 군대가 승세를 타고 공격을 하지 않아도 혼란스러운 제나라는 분명 내부에서 반란이 일어날 것이니 그때 제나라를 공격해도 늦지 않았다. 그러나 잘못하면 제나라가 내부의 평정을 되찾고 재건하여 다시 정복하기가 어려워질 것이다. 이에 악의는 이번 기회에 정예병을 이끌고 제나라의 수도 임치(臨淄, 산동성 치박)로 향했다. 임치를 정복한 뒤 악의는 제나라 궁전의 재물, 보물, 제사용기를 모두 연나라로 가지고 와 연소왕에게 바쳤다. 연소왕은 기뻐하며 직접 군사들의 공을 치하하고 악의를 창국군(昌國君, 창국은 산동성 치천 동쪽)에 봉한다.

연나라 군대의 사기는 최고조로 격양되었고 위세가 대단했다. 악의는 제나라의 전체를 완전히 점령하기 위해 군대를 다섯 길로 나눈다. 왼쪽 부대는 동쪽으로 교수(膠水)를 건너 교동(膠東)과 동래(東萊, 산동성 평도, 내양, 유산 일대)를 점령하게 했다. 오른쪽 부대는 황하와 제수를 따라 서쪽으로 아성(阿城, 산동성 동아)과 견성(鄄城, 산동성 견성 북쪽)을 점령해 위나라 군대와 호응하게 한다. 전방의 군대는 태산(泰山) 동쪽에서 황해(黃海)에 이르러 낭사(琅邪, 산동성 기남에서 일조 일대)를 점령하게 한다. 후방의 군대는 임치 동북쪽 해안에서 천승(千乘, 산동성 고청 동북)을 점령하고 중부의 군대는 제나라 수도 임치를 지키게 한다.

악의는 평소 군사들을 엄격히 단속하고 군사 기율을 중시했다. 군사들이 백성의 재물을 약탈하지 못하게 하고 현지의 풍속을 존중하면서 제나라 왕이 만든 악법을 없앴다. 또한 백성들의 조세 부담을 줄이고 현지의 명사들을 우대했기에 반 년 동안 악의는 70여 개의 진나라 성지를 점령했다. 거성(莒城, 산동성 거현), 즉묵(卽墨, 산동성 평도 동남)을 제외한 다른 지방은 악의가 군현을 세웠다.

한편 제민왕은 임치에서 도망간 뒤 먼저 위나라의 수도 복양(濮陽, 하남성 복양 서남)에 갔다. 그리고 얼마 후 위나라에서도 쫓겨나고 곳곳에서 퇴짜를 맞자 하는 수 없이 영성으로 가 초나라에 구원을 청했다.

초왕은 대장군 요치(淖齒)를 보내 제나라를 구원케 했지만 사실 연나라와 제나라를 나누어 차지하려는 속셈이 있었다. 궁지에 몰린 제민왕은 선택의 여지가 없이 요치를 상국으로 임명했으나 며칠 뒤 제민왕은 요치에게 죽임을 당한다. 그러나 이듬해에 제나라의 왕손가(王孫賈)가 요치를 죽이고 즉묵 전투에서 승리한 전단이 제민왕의 아들 법장(法章)을 제왕으로 옹립한다. 연나라 형세에 변화가 생기지 않고 제나라의 전단이 즉묵에서 굴기하지 않았다면 제나라는 멸망을 면하기 어려웠을 것이다.

즉묵을 지키며 연나라를 흔들다

악의가 신속히 진군하여 승리를 눈앞에 두고 있을 때 제나라에는 전단이란 자가 나타났다. 그는 연나라의 형세 변화를 이용해 전세를 바꾸면서 제나라를 구원했다.

전단은 제나라 왕실의 먼 친척으로 임치에서 행정 일을 하는 작은 관직에 있었다. 이때까지만 해도 이름이 알려지지 않아 전단의 재능을 높이 평가하는 사람은 아무도 없었다. 그러던 중 악의가 제나라를 공격하여 임치가 함락되자 전단의 명성이 드러났다. 제민왕이 제나라를 버리고 도망치자 나라 안은 혼란에 빠졌다. 전단도 식솔을 데리고 안평(安平, 산동성 치박 동쪽)으로 피신했다. 가는 도중에 많은 사람이 도망가느라 서로 밟히고, 특히 집안의 물건을 가득 실은 수레가 부딪치기도 했다. 얼마 후 연나라 군대가 안평을 점령하자 이러한 혼란 속에서 모두 연나라 군대의 전리품이 되었다. 전단의 가족은 다행히 수레를 개조해 즉묵으로 도망칠 수 있었다.

당시 제나라는 영 땅과 즉묵을 빼고 모두 연나라에 점령당한 상태였다. 악의는 오른쪽 군대와 전방 군대를 모아 영 땅을 포위하고 왼쪽 부대와 후방 부대를 모아 즉묵을 포위했다. 이에 맞서 즉묵의 대부가 군사들을 이끌고 출전했으나 불행히도 전사하는 통에 즉묵은 위기를 맞게 되었다. 즉묵의 백성들은 전단이 수레를 개조해 안전하게 탈출한 일을 듣고 그가 지혜롭고 계책을 짤 수 있는 자라고 생각해 그를 장수로 추대하여 연나라 군사들에게 대항했다.

그 후 1년이 지났지만 영 땅과 즉묵은 처음과 다름없이 굳게 방어를 하고 있었다. 그리고 또 3년이 지나도 여전히 철통수비를 하고 있었다. 그때 누군가 연소왕에게 악의를 모함한다.

"악의는 지모가 뛰어난 장수로 순식간에 제나라의 70개 성을 점령했습니다. 그러나 지금 단 두 곳만 남겨두고 오랫동안 대치를 하고 있으니 이는 그가 점령을 못하는 것이 아니라 다른 마음을 품고 있기 때문입니다. 악의는 제나라 백성들을 자기편으로 만들어 스스로 왕이 되려는 심산이 분명합니다. 그의 모친과 아들이 연나라에 있기에 당장 손을 쓰지 않고 있을 뿐입니다."

그러나 연소왕은 악의를 믿고 있었기에 모함하는 자를 찾아 죽이고, 모함의 진위와 상관없이 악의를 제나라 왕으로 봉했지만 악의는 연소왕의 호의를 정중히 거절한다.

기원전 279년에 연소왕이 세상을 떠나고 그의 아들 연혜왕(燕惠王)이 즉위한다. 연혜왕은 태자였을 때 악의와 사이가 좋지 않았기에 왕이 되어도 악의를 믿지 않았다. 전단은 이를 이용해 연혜왕과 악의를 이간하여 연나라의 내분을 일으켰다. 이로 인해 전쟁의 국면은 역으로 제나라에 유리하게 된다.

전단은 연나라에 많은 첩자를 보내 곳곳에 헛소문을 퍼뜨린다.

"제나라 왕은 죽었고 제나라의 성은 단 두 곳만 남아 있다. 악의가 제나라를 공격하지 않는 이유는 새로 왕이 된 연혜왕과 마찰이 있기 때문이다. 악의가 제나라를 정벌한다는 명분으로 군대를 키우고 왕이 되려 하고 있다. 다만 제나라 백성들이 복종하지 않고 있기에 시기를 기다리고 있는 것이다."

"제나라 백성들이 악의를 두려워하는 게 아니다. 악의가 연나라 장수이기에 두려워하는 것이다. 연나라가 다른 장수를 세운다면 즉묵은 순식간에 점령될 것이다."

연혜왕도 온 나라 안에 퍼진 소문을 듣게 되었다. 소문이 진실이라 믿은 연혜왕은 악의를 파면했다. 악의가 제나라를 떠나 조나라로 가자 연나라의 군사들은 비분해하며 갈수록 기강이 해이해졌다. 이렇게 전단은 간단한 계책으로 반격에 유리한 조건을 만들었다.

전단의 계책으로 제나라를 되찾다

악의는 전국시대의 군사 지휘가로 용병에 뛰어났을 뿐 아니라 군대를 다스림에 엄격했다. 민심을 잡고 시국에 맞는 정책으로 안정시켰다. 그는 영 땅과 즉묵을 포위하고 1년이 지난 뒤 성에서 9리 떨어진 곳에 군사들을 주둔시키고 백성들을 함부로 괴롭히지 못하게 명령했다. 백성들의 어려움을 보면 구제할 방법을 찾아 주었다.

전단은 지모가 많고 계책을 잘 이용했다. 성 안에서 백성들이 밥을 먹을 때 먼저 조상에게 바쳐 제사를 지냈는데 냄새를 맡은 새들이 멀리서 날아왔다. 옛날에는 새들이 모이면 길조로 여겼는데 즉묵의 하늘에 새떼가 보이자 연나라 군대는 이상하게 생각했다. 전단은 그 틈을 타서 다시 헛소문을 퍼뜨렸다.

"상제께서 나에게 신병(神兵)을 내려 주셔서 우리 군대를 훈련시키신다."

신병으로 정해진 사병이 전단에게 물었다.

"과연 제가 신병이 될 수 있습니까?"

전단은 그를 신병으로 모시고 공경하며 매번 군사훈련에 명령을 하게 했다. 당시의 미신을 이용해 연나라 군대를 속이면서 동시에 아군의 군사훈련 효과를 증강시킨 것이다. 얼마 후 전단이 다시 헛소문을 퍼뜨렸다.

"제나라 군사들은 연나라 군사들이 코를 베어 가는 걸 가장 두려워한다!"

과연 소문을 들은 연나라 군사들이 성을 지키던 제나라 군사들을 포로로 잡아 코를 베어 갔다. 성 안의 군사들과 백성들은 그 소식을 듣고 저마다 비분에 찼다. 다시 며칠이 지나고 전단은 또 소문을 퍼뜨렸다.

“제나라 백성들은 성 밖의 조상 묘를 중요하게 여긴다!”

소문이 퍼지자 역시 연나라 군사들은 성 밖의 제나라 백성들의 조상 묘를 팠다. 제나라 백성과 군사들은 성 밖에서 불이 난 것을 보고 이어 이상한 냄새를 맡고 나서는 조상의 시신을 훼손했다고 믿고 더욱 화가 났다. 이러한 연나라에 품은 원한은 매우 깊어졌다.

전단은 군사들의 사기와 백성들의 투지가 격양된 모양을 보고 점차 전쟁의 시기가 되었다고 생각했다. 자신의 가산을 털어 군비로 충당하고, 심지어 부인도 군대에 편입시키며 성을 굳게 수비했다. 노약자와 아녀자, 어린아이들을 성 위에 배치시키고 난 뒤 연나라 장수에게 투항하겠다는 서신을 보냈다. 제나라의 투항 소식에 연나라 군대는 환호하며 만세를 불렀다. 오랫동안 포위하고 있던 연나라 군대도 이미 지친 터였다. 전단은 황금을 구해 연나라 장수에게 주면서 말했다.

“우리는 투항하겠습니다. 그러니 성 안으로 들어와도 우리의 재산은 가져가지 마십시오!”

연나라 장수는 만면에 미소를 짓고 연거푸 약속했다. 연나라 군대는 점점 기강을 풀고 경비를 허술히 하기 시작하며 제나라의 투항을 기다렸다. 한편 전투 준비를 마친 전단은 1,000여 마리의 소에 화려하게 장식하여 칼을 매어 두고 기름을 발랐다.

하늘에 검은 구름이 가득 낀 어느 날 밤 연나라 군대가 한참 단잠에 빠져들었을 때 갑자기 즉묵 성에서 나팔과 북소리가 들렸다. 엄청난 소리가 천지를 진동하고 공격을 알리는 소리가 사방에서 울려퍼지더니 불꽃이 하늘로 튀어 올랐다. 혼비백산한 연나라 군대는 멀리 이상한 괴물이 칼을 차고 다가오는 모양에 겁을 집어먹고 전의를 상실한 채 사방으로 흩어졌다. 연나라의 장수도 전투 속에서 죽자 전단은 지금의 창주(滄州)와 덕주(德州) 일대까지 패잔병들을 추격하여 모두 사로잡았다.

즉묵에서의 전투는 제나라와 연나라 간 전쟁의 전환점이 되었다. 각지의 연나라 군대는 즉묵에서의 전투 소식을 듣고 잇달아 도망감으로써 전단은 금세 잃었던 70곳의 성지를 수복했다.

전쟁에서 승리한 전단은 제민왕의 아들 법장을 임치로 불러 왕으로 추대하니 그가 바로 제양왕(齊襄王)이다. 제양왕은 전단을 안평군으로 봉하고 나라의 재상으로 임명했다. 아울러 액읍(掖邑, 산동성 액현)의 1만 호를 하사했다.

연왕의 서신을 받은 악의

한편 조나라로 도망간 악의는 그곳에서 환대를 받았다. 조혜왕(趙惠王)이 악의의 군사 재능을 높이 평가한 것이다. 당시 조나라는 진나라의 공격을 받고 있었으나 조나라의 명장 염파(廉頗)와 재상 인상여(藺相如)가 조혜왕을 보좌하여 쉽게 손을 쓸 수 없었다. 이제 악의가 조나라에 오자 진나라는 조나라를 공격하는 것이 더욱 어려워졌다. 조혜왕은 악의를 관진(觀津, 하북성 무읍 동쪽)으로 봉했다.

헛소문으로 악의를 의심한 연혜왕은 악의가 조나라로 도망치자 비웃었다. 그 없이도 제나라 정벌이 순조로우리라 생각했기 때문이다. 그러나 연나라 군대가 패했다는 소식이 들리자 정신이 번쩍 들면서 악의를 잡지 못한 것을 후회했다.

하루는 연혜왕이 조나라에 사신을 보내 악의에게 서신을 건넸다.

"선왕께서 그대를 믿고 아끼시어 나라를 맡기셨소. 그대는 연나라를 위해 제나라를 물리치고 선왕의 원수를 갚아 주었고 내 하루도 그대의 공적을 잊은 일이 없소. 이제 선왕께서 돌아가시고 짐이 막 왕위를 이어받아 신하들이 대사를 그르치는 걸 바로 알지 못했소. 내 그대의 직위를 다른 이에게 맡긴 것도 오랫동안 전쟁으로 피로한 그대를 위해 쉬게 해 주려는 뜻이었소. 그런데 그대가 오해하여 연나라를 버리고 조나라로 간 것이오. 물론 어디로 가든 그대의 마음이지만 선왕께서 베푸신 은혜를 생각해 보답하는 게 어떻겠소?"

연혜왕의 편지를 읽은 악의는 마음이 흔들렸다. 그동안 자신의 마음을 헤아려 주었기 때문이다. 악의는 완곡한 필치로 연혜왕에게 답신을 보냈다. 연소왕을 찬미하는 내용과 연소왕이 인재를 알아보고 어진 인품을 베풀었던 내용을 자세히 적고 연혜왕은 자신을 잘 모르기 때문에 큰 실수를 저질렀다는 점도 밝혔다.

연혜왕은 답신을 보고 악의의 아들 악간(樂間)을 창국군(昌國君)에 봉했다. 악의도 자주 연나라로 건너가 연나라와 조나라의 객경(客卿)이 되었다. 악의는 죽은 뒤 조나라 수도 한단성의 서쪽에 묻혔다.

뛰어난 지휘력의 악의와 모략의 장수 전단

연나라와 제나라는 초기에는 제나라 서쪽에서 싸웠으며, 후기에는 즉묵에서 싸웠다. 제나라는 즉묵에서 승리하여 점점 전세를 이끌어 갔다. 초기 연나라를 이끈 악의와 후기 제나라를 이끈 전단은 각각 지휘력과 모략에 뛰어난 장수였다.

연소왕이 재위할 때 연나라는 강했지만 그래도 제나라에 비할 수는 없었다. 이러한 상황에서 악의는 연나라를 이끌고 강대한 제나라를 공격하여 많은 지역을 빼앗았다. 특히 진나라와 조나라 등 여러 제후국을 모아 함께 제나라를 공격하는 계획으로 제나라를 꺾은 것이다. 악의는 제나라 서쪽에서 승전보를 울리기 시작하여 승세를 타고 더 많은 지역을 점령하면서도 군법을 엄격히 하여 백성들에게 피해가 가지 않게 했다. 70개의 성을 점령하는 데 걸린 시간은 단 6개월에 불과했다. 이는 악의의 교묘한 전략이 없었다면 결코 불가능했을 일이다. 물론 연나라의 역전은 악의가 조나라로 떠난 뒤이기에 직접적인 관련이 없다. 그러나 악의가 성을 포위하고 있을 때 미리 연나라의 형세 변화를 예측했다면 막을 수도 있었을 것이다. 이는 악의가 가진 견식의 한계라 볼 수 있다. 그러나 분명한 것은 악의가 그 시대의 뛰어난 군사 지휘가라는 점이다. 그가 죽은 뒤 30년이 지나고 연나라 왕이 조나라를 공격하려 하자 악의의 아들 악간은 극구 말렸다. 악간은 조나라가 사방에 적이 있어 평소 전쟁을 대비하고 있기에 승리하기 어렵다고 보았다. 그러나 연왕은 악간의 말을 듣지 않고 공격했으나 염파 장군에게 크게 패했다. 악간의 친척인 악승(樂乘)은 전쟁 중에 포로로 잡혔다가 조왕에 의해 무양군(武襄君)에 봉해지자 악간도 조나라로 떠났다. 한나라 초기에 유방(劉邦)이 조나라를 지날 때 악의를 기억하고 그 후손을 찾았다고 한다. 유방은 악의의 손자 악숙(樂叔)을 찾아 화성군(華成君)에 봉했다. 당나라 때 악의는 명장으로 추대되어 사람들은 악의의 제사를 모시며 추앙했다.

악의와 비교해 볼 때 전단은 계책을 잘 쓰는 장수였다. 제나라의 영토를 빼앗기고 성 안에 고립된 상황에서 전단이 승리할 수 있었던 데는 물론 제후국이 물러간 연나라의 힘이 약화되었기 때문이기도 하다. 그러나 무엇보다 중요한 원인은 바로 전단의 빈틈없는 계책에 있었다.

전단은 악의에 대한 연혜왕의 의심을 이용해 이간시키고 여러 헛소문을 퍼뜨려 아군의 사기를 높이는 한편 습격할 기회를 만들었다.

사마천(司馬遷)은 『사기(史記)』의 「전단열전(田單列傳)」에서 이렇게 적었다.

"처음에는 처녀처럼 약하게 보여 적에게 허점을 보이고 나중에는 날랜 토끼처럼 기습하여 막아낼 수 없게 하는 자가 바로 전단이다."

처음에 전단이 성을 수비하고 있을 때는 연나라 군대에 약한 모습을 보여 주고 경계심을 느슨하게 풀어놓았다. 그러나 그 틈을 타 습격할 때는 쏜살같이 행동하여 적에게 대응할 틈을 주지 않았다. 즉묵 싸움에서 전단은 바로 사마천의 말과 꼭 같지 않은가?

"장막에서 천리 밖 전쟁을 계획할 수 있는 것은 내 장량만 못하오.
나라를 다스리고 백성들을 살피며 군량을 준비하여 전방 부대를
지원하는 것은 내 소하만 못하오. 100만 대군을 이끌고 전쟁에서
이기는 것은 내 한신만 못하오. 이 세 사람은 당대의 호걸로
내가 그들을 중용했기에 천하를 얻을 수 있었소. 그러나 항우는 범증이
있었으나 그마저 제대로 쓰지 못했기에 실패했던 것이오."

한신(韓信, ?~B.C. 196)

회음 출생. 젊을 때 건달들에게 얻어맞고는 건달들의 가랑이 사이를 기어 '사타구니 무사'라는 별명을 얻었다. 진(秦)나라 말 난세에 처음에는 초(楚)나라의 항량(項梁)·항우(項羽)를 섬겼으나 중용되지 않아 한유방의 군에 들어간다. 승상 소하(蕭何)에게 인정 받아 한(漢)군을 지휘했으며, 군사 면에서 크게 공을 세움으로써 제왕(齊王), 이어 초왕(楚王)이 되었다. 그러나 한제국(漢帝國)의 권력이 확립되자 차차 권력에서 밀려나, B.C. 201년 회음후(淮陰侯)로 격하되었다. B.C. 196년 진희(陳豨)의 난에 가담하였다가 발각되어 여후(呂后)의 부하에게 참살당한다.

모르는 것은 전문가에 맡겨라
한나라의 전쟁 전문가 한신

한신(韓信)이란 이름을 떠올리면 사람들은 '한신의 병사는 다다익선(多多益善)'이란 말과 더불어 소하가 한신을 쫓아낸 이야기를 연상한다. 소하는 유방이 곤경에 처했을 때 그에게 한신을 추천해 대장군으로 삼게 한다. 이후 한신은 유방을 도와 항우를 물리치고 한나라를 세우게 하였으며, 소하는 여후(呂后)가 그를 죽이는데 돕는다. 이 때문에 사람들은 "한신을 성공시킨 것도 소하이고 패하게 한 것도 소하"라고 한다. 섬서성(陝西省) 한중시(漢中市)에는 지금까지 한신의 배장태(拜將台) 유적이 남아 있다. 섬서성 유패현(留壩縣)의 한계(寒溪)에는 소하가 한신을 쫓던 곳이 전해지고 있으며, 사천성(四川省) 남강현(南江縣)에도 한신 이야기와 관련된 절현령(截賢嶺)이 남아 있다. 이 모든 유적은 한신이 많은 사람에게 영향을 미친 역사적 인물임을 설명해준다.

가랑이 사이의 모욕

한신은 원래 진나라 말기 때 회음(淮陰, 강소성 회음현) 사람이다. 어려서 아버지를 여의고 가난한 집안에서 자랐다. 비록 낡은 옷을 입었지만 무예를 좋아해 항상 칼을 차고 기회 있을 때마다 검술을 연마했다. 그러면서 언젠가 자신의 능력을 펼칠 수 있는 기회가 오기를 바랐다. 한신은 가난했지만 가슴에 품은 뜻은 컸다. 어머니가 세상을 떠나자 장례조차 치를 수 없는 빈곤한 살림이지만 애써 넓고 높은 곳에 어머니를 묻었다. 당시 사람들은 묏자리가 좋아야 한다는 미신을 믿었고 한신 또한 어머니를 좋은 곳에 모시면 집안이 일어나리라 믿었기 때문이다.

한신은 어려서부터 돌보아줄 사람이 없었기에 사람들은 그를 좋아하지 않았다. 덕행이 있는 인재만이 관직에 천거될 수 있었던 당시의 상황에서 아무 하는 일이 없던 한신은 벼슬에 나갈 기회가 없었다. 장사를 하려 해도 아는 것이 없었기에 하는 수 없이 하향(下鄕) 남창정(南昌亭)의 정장(亭長) 집에서 공밥을 얻어먹었다. 몇 달이 흐르자 정장의 부인이 한신을 못마땅히 여겨 쫓아낼 궁리를 했다.

이른 아침, 정장의 부인이 일찌감치 밥을 지어 먹었다. 아침밥을 먹는 시간이 되자 한신은 평소대로 밥을 먹으러 갔는데 모두 이미 식사를 마쳐 음식이 없다고 했다. 한신은 자신을 내쫓기 위해 그러는 줄 알아채고는 화가 나 그 길로 정장의 집을 나왔다.

하향을 떠난 뒤 성하(城下)로 간 한신은 날마다 강가에 앉아 초췌한 몰골로 배고픔을 참고 낚시를 했다. 그러던 중 어느 노파가 매일 강가에 나와 빨래를 하다가 한신을 불쌍히 여겨 밥을 가져다주었다. 며칠 동안 매일같이 밥을 해다 주자 한신은 노파가 무척 고마웠다.

"내 나중에 반드시 후하게 보답하겠소."

감사 인사를 하는 한신에게 노파는 벌컥 화를 냈다.

"대장부로 태어나 제 밥벌이도 하지 못하고 매일 다른 사람에게 의지하는 사람에게 무슨 장래가 있겠소! 나는 그저 당신이 불쌍해서 밥을 가져다 준 것일 뿐 누가 당신에게 보답 따위를 바란다 했소?"

한신은 부끄럽고도 고마웠다. 당시 일부 귀족 자제들은 한신을 깔보고 자주 그를 놀렸는데 어느 날 한 자제가 한신의 허리에 찬 검을 보고 장난을 치기 시작했다.

"너는 키도 크고 몸도 건장한데 거기에 칼까지 차고 다니는구나. 그렇지만 내가 보기에 너는 겁쟁이일 뿐이야!"

주변 사람들이 깔깔대며 웃자 한신은 어쩔 줄 몰라 했다. 한층 더 자신감이 붙은 자제가 사람들 앞에서 한신에게 말했다.

"네가 용감해서 죽음도 무섭지 않다면 그 검으로 나를 찔러 봐. 못한다면 너는 조금도 용기가 없고 구차하게 목숨을 아끼는 사람일 테니 내 바짓가랑이 사이로 지나가라."

자제가 두 다리를 벌리고 서자 한신은 그가 자신에게 호의도 없지

만 그렇다고 별 뜻도 없다고 생각했다. 땅에 무릎을 대고 자제의 바짓
가랑이 사이로 지나가자 주위 사람들은 박수를 치며 크게 웃었다. 이
로부터 한신이 바짓가랑이 사이로 지나간 이야기는 회음성 전체에 빠
르게 퍼져 사람들은 한신을 거지라고 멸시하며 겁쟁이로 생각했다.

소하가 한신을 쫓아가다

기원전 209년(秦二世 원년) 7월에 진승과 오광이 이끄는 반란이 일어
났다. 농민들의 봉기는 맹렬한 기세로 전국으로 퍼져 같은 해 9월 항량
이 회계군(會稽郡, 강소성 소주시)에서 진나라 관리를 죽이며 병사들을 일
으켰다. 이때 한신은 성인이 되었다. 진승의 난은 결국 실패했으며, 항
량은 기원전 208년(秦二世 2년) 회하(淮河)를 공격하고 하비(下邳, 강소성
휴녕 서북)에 도착해 군사를 모으고 말을 사들여 군대를 확충시켰다. 한
신은 보검을 차고 항량의 부대로 들어가 이름도 없는 사졸이 되었다.

그러나 오래지 않아 항량은 정도(定陶, 산동성 정도)에서 진나라 군
대의 기습을 당해 사망한다. 이에 한신은 항우의 부대로 들어가 낭중
(郞中)이 된다. 한신은 항우 가까이서 여러 번 계책을 말해 주었으나
한신을 가벼이 여기던 항우는 그의 의견을 매번 무시했다. 한신은 고
집을 부리며 남의 말을 듣지 않는 항우를 떠나 다른 길을 찾는다.

기원전 206년(漢 원년) 10월에 유방의 봉기군이 함양을 점령하여
진나라를 무너뜨렸다. 항우가 뒤이어 군사들을 이끌고 함곡관으로 들
어가 같은 해 2월에 스스로 서초패왕(西楚霸王)이 되어 양 땅과 초 땅
을 영토로 삼고 팽성(彭城, 강소성 서주)에 도읍했다. 동시에 18명의 제
후에게 토지를 나누어주고 왕으로 봉했다. 유방은 한중왕(漢中王)이

되어 편벽된 지역인 파(巴), 촉(蜀), 한중(漢中)을 영지로 받아 남정(南鄭, 섬서성 남정)에 도읍했다. 항우는 유방이 동쪽으로 세력을 넓히지 못하게 관중 지역을 삼분하여 진나라에서 투항한 장수 장함을 옹왕(雍王)으로 봉하고 폐구(廢丘, 섬서성 홍평 남쪽)에 도읍하게 했고, 사마흔을 새왕(塞王)으로 봉하고 역양(櫟陽, 섬서성 임동 동북)에 도읍하게 했으며, 동예를 적왕(翟王)으로 봉하고 고노(高奴, 섬서성 연안)에 도읍하게 했다.

4월에 분봉 받은 제후 왕들은 모두 자신의 영토로 돌아갔다. 유방도 남정으로 향했다. 당시 항우는 유방에게 군사 3만을 허락했으나 유방의 군대에 자원한 사람은 수십만이 넘었으니 그 대다수가 항우의 부하였다. 줄곧 뜻을 펴지 못한 한신도 이때 초군을 떠나 유방의 부하가 되었다. 그러나 유방도 한신에게 군량을 관리하는 작은 관직인 연오(連敖)를 맡겨 한신은 크게 실망한다.

한번은 이런 일이 있었다. 한신과 13명이 군법을 어겨 참수형을 당하게 되었다. 앞에서 한 명씩 목이 잘려 나가 한신의 차례가 되자 한신이 갑자기 고개를 들어 유방의 심복인 하후영(夏侯嬰)을 바라보며 소리쳤다.

"한왕은 천하를 갖고 싶지 않은가? 어째서 장사(壯士)를 죽이려 하는가!"

하후영은 그 말이 심상치 않아 고개를 돌려 자세히 살펴보았다. 한신이란 자는 기백이 있고 헌칠한 체구에서 당당함이 보였다. 하후영은 그를 풀어주고 더불어 이야기를 나누었다. 그런 뒤 한신의 재주를 높이 평가하여 후에 유방에게 추천한다. 유방은 한신에게 군량과 군비를 담당하는 관리를 맡긴다. 그 후 한신은 자주 소하를 찾아가 이야기를 나누었다. 한신을 만나는 횟수가 늘어날수록 소하는 점점 그가 대담하고 지모 있는 인재라는 확신이 들어 유방에게 중용하라 권했다. 그러나 유방은 번번이 한신을 지나친다.

당시 유방의 부하와 사병들은 대부분 관동 사람이라 남정에 와서 고향 생각이 간절해져 파, 촉, 한중 지역에서 오래 머물고 싶지 않았다. 그래서 도망간 장수가 수십 명이었다.

한신은 소하가 여러 번 자신을 천거했음에도 유방이 받아들이지 않자 답답했다. 그러던 어느 날 밤 한신은 남몰래 남정을 떠나 멀리 도망간다. 소하가 그 사실을 알고 유방에게 보고하지 않은 채 한신을 쫓았다. 누군가 소하가 바삐 진영을 떠나는 모습을 보고 도망가는 줄 알고 유방에게 보고했다.

"승상이 탈영했습니다!"

유방은 그 말을 듣고 대경실색했다. 소하는 지혜로워 많은 계책으로 유방과 함께했다. 소하가 없다면 유방은 양팔을 잃는 것이나 다름없었다. 온종일 안절부절못하면서 화를 냈다. 이틀 뒤 소하가 갑자기 유방에게 왔다. 유방은 기쁘면서도 화가 나 도망친 이유를 물었다.

"제가 무슨 도망을 쳤다고 하십니까? 저는 도망간 자를 추격했을 뿐입니다.”

소하가 설명하자 유방이 되물었다.

“아니, 그대가 쫓아간 이가 누구요?”
“바로 한신입니다.”
“도망간 장수는 수십 명인데 그대가 쫓아간 적은 없지 않소. 한신을
쫓아갔다는 건 분명 거짓말이오.”

소하는 곧바로 유방에게 그 이유를 말했다.

“대왕께서는 모르고 하시는 말씀입니다. 지금까지 도망간 장수들의
재능은 평범했지만 한신 같은 이는 천하에 둘도 없는 인재입니다. 대왕
께서 오랫동안 한중의 왕으로 머물길 원하신다면 한신 같은 인재는 필
요 없습니다. 하지만 천하를 손에 넣고 싶으시다면 한신 없이 대왕의 소
망을 실현시킬 수 없습니다. 한신을 등용하느냐 마느냐에 대왕의 미래
가 달려 있는 것입니다.”

가만히 소하의 이야기를 듣던 유방이 서둘러 대답했다.

“나 역시 동쪽으로 세력을 확장하고 싶소. 어찌 변변치 못한 한중의
왕으로 만족할 수 있겠소?”

소하는 기회를 놓치지 않고 유방에게 한신을 추천한다.

"동쪽을 정벌하실 계획이라면 한신을 중히 쓰십시오. 그래야 한신이 대왕 곁에 남을 것입니다. 그러나 지금처럼 말직에 버려두신다면 언젠가는 다시 도망을 갈 것입니다."

"그렇다면 그대의 얼굴을 봐서 한신을 장수로 삼겠소."

"장수가 된다 해도 한신은 떠날 것입니다."

유방이 망설이다 물었다.

"한신에게 대장군을 맡기면 어떻겠소?"

소하는 매우 기뻐하며 찬성했다.

"훌륭하십니다! "

늦은 만남을 후회하다

한왕(漢王) 유방은 한신을 대장군으로 모시기 위해 한신을 불렀다. 그런데 곁에서 보고 있던 소하가 유방을 말렸다.

"대왕께서는 평소 오만하셔서 예의를 모르시더니 지금 대장군을 임명하는 자리에 어찌 아이 부르듯 하십니까? 한신이 도망간 이유가 바로 여기에 있습니다."

대장군을 임명하는 일은 나라의 대사인데 유방이 경솔했던 것이다. 소하는 유방에게 다시 건의한다.

"대왕께서는 한신을 대장군으로 삼으셨으니 길일을 택해 목욕재계의 성의를 보이시지요. 그러고 나서 제단에 올라 대소 신하들을 모아 놓고 예에 따라 직접 인수를 주셔야 할 것입니다."

유방은 별말 없이 수긍했다. 유방의 부하들은 대장군 임명 소식에 저마다 들떠 있었다. 누가 될지는 모르지만 자신이 임명될지도 모른다는 생각에 얼굴이 희색으로 만면한 자도 서넛 되었다. 얼마 뒤 대장군을 임명하는 날 부하들은 전혀 생각지 못한 광경을 보게 되었다. 바짓가랑이 사이로 지나가는 굴욕을 당한 한신이 제단에 올라가는 것이 아닌가. 전체 군사들은 어안이 벙벙하여 눈을 크게 뜨고 입을 벌리고 있었다. 임명식이 끝나고 한신이 자리에 앉자 유방이 물었다.

"소승상께서 그대를 여러 번 추천하셨는데 무슨 좋은 계책이라도 있으시오?"

한신은 곧바로 대답하지 않고 유방에게 되물었다.

"대왕께서 동쪽으로 세력을 확장하여 천하를 얻으려 하시는데 그 적수는 항우가 아닙니까?"

"그렇소."

"하면 대왕께서 한번 생각해 보십시오. 용맹함을 논하면 대왕과 항우 중 누가 더 강하옵니까?"

잠시 생각을 하던 유방이 입을 열었다.

"내가 항우만 못하오."

유방이 스스로를 잘 파악하자 한신이 말을 이었다.

"그렇습니다. 신의 생각에도 대왕께서는 용맹으로 보면 항우를 이기지 못하십니다. 신은 일찍이 항우의 밑에 있었기에 그를 잘 알고 있습니다. 항우는 위세가 당당한 인물임에는 틀림없습니다. 한 번 화를 내면 수천 수백의 적들이 놀라 달아납니다. 그러나 항우는 지모가 부족하며 어질고 능력 있는 인재를 잘 쓰지 못하니 보통 사내가 지닌 용기에 지나지 않습니다. 항우는 사람을 대할 때 존중해 주고 자애롭게 합니다. 말투나 태도도 온화하여 부하들이 병이 나면 걱정하고 충분한 식량을 줍니다. 그러나 부하들이 공을 세우면 상을 주는 게 마땅하건만 인색하게 굴고 있습니다. 이런 점은 생각이 짧은 아녀자의 어짊에 불과합니다. 비록 패천하라 하고 제후들을 아우르지만 의제(義帝)와의 맹약21)을 배반하고 가까운 자들에게만 분봉하여 제후들의 불만이 많았습니다. 항우는 잔인하고 지나친 면이 있는 자로 많은 사람의 재물을 약탈하고 죽여 천하에 원망이 높습니다. 이 때문에 그가 패왕이라 이름 해도 사실상 민심을 얻지는 못한 것입니다. 겉으로 보기에는 강성해 보이는 항우의 세력도 쉽게 약해질 것입니다. 대왕께서 항우와 반대로 행하셔서 천하의 용맹한 무사들을 등용하시면 세상의 어떤 강한 적이 대왕을 죽일 수 있겠습니까? 대왕께서 천하의 토지를 공신들에게 나누어 주신다면 또 누가 감히 대왕의 명을 거역하겠습니까? 대왕께서 순박한 군사들을 통솔하시며 많은 장수가 고향을 그리는 마음을 헤아려 동쪽으로 진출하신다면 어떤 적수가 대왕의 칼에 낙화유수처럼 죽어나가지 않겠습니까?"

한신은 진나라에서 투항한 장수 장함, 사마흔, 동예의 군사들 중 많은 수가 전사했는데 거기에 항우가 21만 진군을 모두 생매장시켰으니 진나라 사람들이 그 세 장수에 대한 원한이 뼈에 사무쳤다고 했다. 그런데다 항우는 그들을 그 지역의 왕으로 봉한 것이다. 한편 유방이 함곡관으로 들어가서 진나라 백성을 학정에서 구하고 법을 세 가지로 줄이자(約法三章)[22] 백성들은 유방이 삼진(三秦) 지역의 왕이 되길 희망했다. 원래 관중에 먼저 들어간 사람은 유방인데 항우가 맹약을 어기고 유방을 구석진 남정에 봉해 삼진 지역의 백성들은 불만이 많았다. 이에 한신은 유방에게 확실하고 정확한 계책을 말해주었다.

"동쪽으로 병사를 일으키면 삼진 지역은 평정될 것입니다!"

진나라가 망한 뒤의 형세, 초나라와 한나라 사이의 전쟁, 두 나라의 이해와 득실에 대해 한신은 정확히 분석하고 있었다. 항우는 강했지만 필부의 용기와 아녀자의 어짊, 제후들의 불만과 백성들의 원망 때문에 힘이 약해질 것이다. 반대로 유방은 현재는 약하지만 백성들의 마음을 살피고 적절한 때를 보아 동쪽을 정벌한다면 삼진을 평정하면서 힘을 키울 수 있다. 한신은 단순히 군사력만으로 비교해 분석한 게 아니다. 전쟁의 승패를 민심과 연관시켜 뛰어난 정치 식견과 탁월한 군사 재능을 보여준 것이다. 동시에 구체적인 동쪽 정벌 방안을 제시해 유방에게 희망을 보여주었다. 한신의 말을 끝까지 들은 유방은 그를 뒤늦게 알아본 것을 후회했다. 유방은 한신의 계책대로 병력을 배치하고 소하를 남정에 남겨 수비하면서 후방 지원을 맡겼다. 자신은 직접 군사들을 이끌고 관중으로 향했다.

동쪽으로 공격을 외치고 서쪽을 치다

일찍이 유방이 남정으로 오면서 장량의 제안에 따라 다리를 모두 불태웠다. 그래야만 다른 제후들이 남정을 습격하지 않을 것이고 자신이 동쪽으로 진출할 뜻이 없음을 보여주어 항우와 여타 제후들의 의심을 사지 않을 것이기 때문이다. 유방이 남정으로 들어오고 얼마 후 관동 지역의 제후들은 전쟁을 시작했다. 제후 왕이 되지 못한 전영(田榮)이 병사들을 이끌고 제왕(齊王) 전도(田都)를 쫓아내고 교동왕(膠東王) 전시(田市)를 죽이며 스스로 제왕이 된 것이다. 또한 진여도 전영과 연합하여 상산왕(常山王) 장이(張耳)를 몰아내니 항우가 서둘러 그들을 진압했다. 이는 유방에게 좋은 기회였다.

기원전 206년(漢 원년) 8월에 유방은 잔도를 다시 만들어 몰래 진창(陳倉, 섬서성 보계현 동쪽)을 건너 단숨에 장함을 격파했다. 다시 동쪽으로 진격해 사마흔과 동예를 투항하게 하여 재빨리 삼진 지역을 평정한 뒤 이듬해 함곡관을 나와 하남왕(河南王) 신(申)과 위왕(魏王)

표(豹), 한왕(韓王) 정창(鄭昌)의 투항을 받아 내고 은왕(殷王) 사마인(司馬印)을 포로로 잡았다. 이때 전영이 항우에게 패해 죽음을 당하자 그의 아들인 전광(田廣)이 제왕이 되어 항우와 계속 전쟁을 치르고 있었다.

같은 해 4월에 유방은 56만 군사를 모아 팽월로 향해 항우의 본진 공격을 준비했다. 그 소식을 들은 항우는 직접 3만 정예병을 이끌고 영벽(靈壁, 안휘성 성숙현 서북)에서 군사를 돌려 휴수(睢水)에서 유방군을 크게 격파한다. 이때 죽은 유방의 군사들이 강바닥에 쌓여 강을 막아 물이 흐르지 않을 정도였다. 유방은 수십 명만 이끌고 가까스로 겹겹의 포위망을 뚫고 도망쳐 하읍(下邑)에서 대신들을 소집했다.

"나는 관동 지역을 얻기 힘들겠소. 누구든 초나라를 쳐 공을 세운다면 관동 지역을 나누어 주겠소. 그대들 생각에는 누가 할 수 있을 것 같소?"

장량이 대답했다.

"구강왕(九江王) 영포(英布)는 용맹한 장수로 항우와 사이가 좋지 않습니다. 또한 팽월이 제왕과 연합하여 항우에게 반기를 들었습니다. 그러니 그 두 사람을 임시로 이용하십시오. 대왕의 부하 장수로는 한신만이 이 대사를 맡을 수 있으니 그에게 홀로 가서 만나게 하시지요. 관동을 그들 셋에게 나누어 주겠다는 말을 전하면 될 것입니다."

이때 한신은 병사들을 모아 유방과 형양(滎陽, 하남성 형양 서남)에서 만났다. 소하도 후방에서 지원병과 군량을 보냈으며, 한신은 여러 번 항우를 공격하여 그가 서쪽으로 오지 못하게 했다.

유방이 팽성에서 쫓겨나자 유방에게 투항했던 사마흔과 동예가 다시 유방을 배신하고 항우에게 투항했다. 게다가 원래 한왕에게 의지했던 제왕과 조왕도 항우와 화친을 맺었다.

기원전 205년(漢 2년) 6월에 위왕 표는 고향의 병든 모친을 보러 간다며 평양(平陽, 산서성 임분 서남)으로 향하다가 임진관(臨晉關, 섬서성 대려현 동쪽)에서 항우를 만나 그와 화친을 맺고 유방과 돌아섰다.

유방은 상당히 위태로운 상황이었기에 위왕 표에게 다시 한나라와 화친하자고 설득했으나 따르지 않았다. 8월이 되자 유방은 한신을 좌승상으로 삼고 위왕 표를 공격하게 한다. 위왕 표는 대군을 이끌고 포판(蒲阪, 산서성 영제 서쪽)을 지키며 강을 건너는 한나라 군사들을 막으려 했다. 황하 동쪽에 위치하여 지세가 험준한 포판은 위나라를 공격하기 위해 반드시 거쳐야 하는 곳이다. 한신은 위왕을 유인하기 위해 동쪽으로 진격하라 명한 뒤 서쪽을 공격하는 전술을 폈다. 특히 임진(臨晉)에 병력을 주둔시켜 깃대를 꽂고 많은 배를 대어 황하를 건너려는 듯 꾸몄다. 그러고는 몰래 북쪽의 하양(夏陽, 섬서성 한성 남쪽)에 대군을 매복시키고 나무를 잘라 큰 독을 만들어 밧줄로 연결한 뒤 강에 띄어 배 대신 타고 강을 건넜다. 위왕이 생각하지 못한 사이에 한신의 대군은 강을 건너 빠른 속도로 안읍(安邑, 산서성 운성 동쪽)을 공격했다. 위왕은 크게 놀라며 재빨리 안읍으로 군대를 이끌었다. 한신이 그를 추격하니 9월에 위왕 표를 포로로 잡고 위 땅을 평정했다. 그리고 그곳에 하동군을 설치하여 유방의 세력을 오늘날의 산서성 중부와 동부에까지 확장시켰다.

배수진을 치다

일찍이 기원전 208년 정월, 장이와 진여는 조헐(趙歇)을 조왕으로
추대했다. 기원전 206년 2월 항우가 제후들에게 분봉할 때 조헐의 영
토는 상산왕인 장이에게 주고 조헐을 대왕(代王)으로 봉했다. 그 후 기
원전 205년 10월에 진여가 제후 왕이 되지 못하자 전영과 연합하여 상
산왕을 공격했다. 대패한 장이는 유방에게 의지했다. 이에 진여가 조
땅을 점령하고 조헐을 조 땅으로 데려와 조왕으로 추대한 것이다. 조
왕 조헐은 진여에게 고마움의 표시로 그를 대왕으로 삼았으나 진여는
조헐이 조 땅을 다스리게 돕고자 조왕 곁을 떠나지 않고 대신 재상 하
설(夏說)을 대나라에 주둔시킨다. 유방이 팽성에서 쫓겨난 뒤 조헐과
진여는 초나라와 화친했기에 그들은 형제처럼 가까운 사이가 되었다.

한편 위나라를 평정한 한신은 유방에게 또 계책을 내놓았다.

"3만 군사를 이끌고 북쪽으로 계속 공격하십시오. 조나라와 대나라
를 공격하고 연나라를 정벌해 제(齊) 땅을 평정하신 뒤 남쪽으로 초군의
보급로를 끊으신다면 초나라의 양쪽 부대를 섬멸시켜 항우를 꼼짝 못하
게 할 수 있습니다. 그런 뒤 군사를 형양으로 돌리십시오."

한신의 전략은 뛰어났다. 유방은 한신의 계책을 따라 상산왕 장이
를 그와 함께 보냈다.

그해 윤 9월에 한신은 먼저 대나라를 공격해 알여(閼與, 산서성 화순

서북)에서 크게 승리했다. 하설을 포로로 잡은 뒤 바로 조나라를 향해 진격했다. 조헐과 진여는 한신이 이끄는 군대가 온다는 소식을 듣고 정형구(井陘口, 하북성 정형)에서 대군을 주둔시켜 철저히 방어 태세를 갖추었다. 당시 초나라 군사는 21만이라 했고 한신의 군사는 수만이라 했으나 사실상 한신의 군사는 수천에 불과했다. 한신이 대나라를 공격한 뒤 유방은 그의 정예병을 형양으로 보내 항우와 대적하는 데 병력을 보충했기 때문이다. 정형구는 태항산(太行山)의 험준한 요새로, 싸움을 하려면 반드시 여기를 거쳐야 하기 때문에 당시의 형세는 조나라에 유리했다.

조나라 책략가인 광무군(廣武君) 이좌거(李左車)는 한신과 장이가 위나라를 이기고 대나라로 돌격하면 그 기세를 막을 수 없지만 정형구라는 험한 곳에서 싸운다면 승산이 있다고 생각했다. 이좌거는 한신이 수백 리의 좁은 산길을 지나가야 하기 때문에 분명 후방이 약하리라 생각해 진여에게 계책을 내놓았다.

"제게 군사 3만을 주시면 좁은 산길에서 그들의 보급로를 끊어 놓겠습니다. 그전까지 성을 단단히 지키시고 한나라 군대와 싸우지 마십시오. 그들은 진퇴양난에 빠져 싸우고 싶어도 싸을 수 없고 후퇴하고 싶어도 후퇴하지 못할 것입니다. 황량한 산에서 양식이 없다면 열흘도 견디지 못할 테니 우리가 반드시 승리할 것입니다. 그렇지 않다면 반대로 우리가 그들의 포로가 될 것입니다."

사실 진여는 군사 전략이나 전술을 모르는 서생에 불과했다. 이 때문에 이좌거의 계책이 상책인 줄도 모르고 멋대로 결정했다.

"인의(仁義)로 일어난 군사만 있다면 계책 따윈 필요치 않소. 내 기억에 병서에는 이런 말이 있었소. '적군보다 열 배로 군사가 많으면 그들을 포위하고 두 배로 많다면 직접 싸워 보라.' 지금 한신은 군사가 수만이라 하지만 사실상 수천에 불과하고 또 우리 조나라를 공격하기 위해 먼 길을 왔으니 이미 지쳤을 것이오. 한신의 병력은 보잘것없는데 우리가 그를 피해 숨는다는 게 말이 되겠소? 그렇게 된다면 훗날 더 강한 적을 만나면 어떻게 이길 수 있단 말이오? 그대가 말한 대로 한다면 제후들은 우리를 겁쟁이로 보고 또 쉽게 공격하러 올 것이오! "

결국 진여는 이좌거의 정확한 계책을 받아들이지 않는다. 이 모든 상황을 몰래 염탐하던 한신의 첩자는 곧바로 한신에게 달려가 보고했다. 한신은 진여군의 상황을 듣고 매우 기뻐하며 대군을 이끌고 계속 진격하여 정형구와 30리 떨어진 곳에 군대를 주둔시켰다. 자정이 되어 한신은 날쌘 기병 2,000명에게 붉은 깃발을 들게 하고 산길에 숨어 조군의 동태를 감시하게 했다.

"우리 군사들이 퇴각하는 척하면 조군은 분명 병력을 총동원하여 우리를 추격할 것이다. 그때 너희들이 재빨리 조나라 군영에 침입하여 그들의 깃발을 뽑아 우리의 깃발로 바꾸어 꽂아라."

한신은 그의 부하 장수들에게 명하여 군사들에게 군량을 나눠줘 우선 간단히 배를 채우게 했다.

"오늘 조나라 군대와 싸워 완승을 거둔 뒤 다시 배부르게 먹을 것이다."

장수들은 반신반의하면서 그의 말을 따랐다. 한신은 조나라 군대가 이미 유리한 지형조건을 가지고 있는데 보루를 쌓았으니 한군의 주력부대와 직접 맞서기를 준비한다고 생각했다. 이 때문에 한나라 군대의 군기와 의장을 보지 못한다면 한나라가 보내는 선발부대를 공격하지 않을 것이다. 선발부대를 공격하면 한나라의 주력부대가 중도에서 퇴각할 것이기 때문이다. 그렇게 되면 조나라 군대는 한나라의 주력부대와 정면승부하려는 전략을 쓸 수 없지 않은가? 전체의 상황을 정확히 판단한 한신은 먼저 선발부대를 보내 정형구를 지나 조군 진영을 향하도록 하고 면만수(綿蔓水)를 뒤로 하고 진을 치기로 했다. 조나라 군대는 한군의 배수진을 보고 출격하지 않고 크게 비웃었다. 진여는 스스로 병법을 꿰고 있다고 생각했다. 병법에 따르면 배수진, 즉 물을 등지고 진을 치는 것은 후퇴할 길이 없어 전진만 해야 하니 좋지 못한 전술이었다. 그러나 한신이 조나라 군대의 심리와 작전을 간파해 의도적으로 배수진을 쳤다는 사실을 그가 어찌 알았겠는가?

날이 밝아오자 한신은 깃발을 휘날리고 전고를 두드리며 주력부대를 이끌고 정형구로 나갔다. 진작부터 한군과 싸우고 싶었던 진여는 한군의 주력부대가 보이자 직접 조군을 지휘했다. 한바탕 격렬한 싸움이 시작되었다. 충분히 휴식을 취하고 준비를 했던 조군은 반드시 이기겠다는 마음으로 용맹하게 돌격하니 한나라 군대는 패하여 깃발을 버리고 배수진을 향해 퇴각했다. 진여는 드디어 한나라 군대를 섬멸하고 한신과 장이를 생포할 때가 왔다고 생각하고 전군에 출격을 명한다. 일부는 한나라 군대가 버린 깃발과 북을 챙기고 일부는 한신과 장이를 추격했다. 한신과 장이는 배수진으로 퇴각하여 두 부대가 만나 다시 조군에게 반격하기 시작했다. 한나라 군대가 배수진을 치고 있었기에 퇴각할 길이 없으니 군사들은 목숨을 걸고 진격했다.

이때 한신이 산에 매복시킨 2,000명의 군사가 조나라 병력이 모두 동원되는 것을 보고 신속히 빈 진영으로 들어가 조나라의 깃발을 모두 뽑아버리고 한나라의 붉은 기를 꽂았다. 한나라의 주력부대와 맞붙은 조나라 군대는 좀처럼 승부가 나지 않자 다시 진영으로 돌아오려 했다. 그런데 말머리를 돌려 진영을 본 순간 무수히 많은 한나라의 깃발이 바람에 흩날리고 있었다. 조군은 진지에 남은 장수들이 다 포로로 잡히고 진지가 완전히 함락되었다고 생각해 당황한 군사들의 전방이 흐트러지면서 앞 다투어 도망갔다. 조나라 장수들이 도망가는 군사를 막았지만 전세를 뒤엎을 수는 없었다. 한나라 군대는 양쪽에서 협공으로 용감하게 싸우면서 조나라 군사들을 차례로 베어 나갔다. 조헐은 포로로 잡혔고 진여도 혼전 속에 죽었다.

전투가 끝나자 장수들은 벤 조나라 군사들의 머리와 포로를 데리고 와 한신을 향해 승리를 축하하며 물었다.

"병법에는 분명 오른쪽 뒤에 산을 끼고 왼쪽 앞으로 물을 두라 했습니다. 행군을 하고 진을 칠 때는 오른쪽 뒤에는 분명 산을 두라 했고 왼쪽 앞으로 물을 두어 배산임수(背山臨水)의 원칙에 따라 병력을 배치한다 했습니다.

그러나 장군께서는 병법을 따르지 않으시고 오히려 그 반대로 물을 등지고 진을 치셨습니다. 게다가 부실한 군량으로 조나라를 친 다음에 배불리 먹자고 하셨는데 당시 저희는 장군의 생각에 반신반의했습니다. 그러나 장군의 지휘를 따라 결국 승리했으니 도대체 이것은 무슨 전략입니까?"

한신이 군사들에게 자세히 설명해 주었다.

"그 이치는 이미 병법에 기술되어 있다. 단지 너희들이 주의 깊게 보지 않았을 뿐이다. 병법에 이르기를 '죽을 땅에 둔 뒤 다시 살아나고 망할 땅에 둔 뒤 다시 일어선다' 하지 않았느냐? 우리 부대는 오합지졸들이 모였으니 평소 훈련을 엄격히 하지 않아 지휘하기가 쉽지 않다. 이들을 싸우게 만들려면 위험한 상황에 빠뜨리는 수밖에 없으니 절박하게 살고 싶어야 모두가 열심히 싸울 것이 아니겠는가. 그들에게 살길을 열고 싸우게 한다면 조금만 위태로워도 서로 도망가려 할 텐데 누가 남아 나 대신 싸우겠는가?"

여러 장수는 고개를 끄덕이며 한신의 지혜로움에 탄복했다. 한신은 보통 사람의 예상을 뛰어넘는 전술을 이용한 것이다.

안읍의 전투와 같이 정형구의 전투를 마친 뒤 유방은 한신의 정예 병력을 형양으로 보냈다. 항우를 막기 위한 방편이기도 했지만 한신의 병력을 약화시키기 위한 이유도 있었다. 유방은 한신을 완전히 믿지 않고 있었던 것이다.

마음을 비우고 가르침을 구하다

정형구의 싸움에서 조나라 군대는 한나라 군대에 비해 몇 배가 넘는 병력을 가지고 있었다. 지형조건도 유리하고 군량도 충분했으며 군사들의 사기도 충분했다. 이렇게 유리한 조건을 가지고 있었으나 조나라 군대는 열세인 한나라에 단번에 격파당했다. 조나라가 싸움에서 패한 이유 중 하나는 바로 이좌거의 정확한 판단을 무시한 채 자만하게 행동한 진여 때문이다. 한나라의 퇴로를 막아 보급로를 끊어 정형구에서 진퇴양난에 빠뜨리자는 이좌거의 계책을 따랐다면 이번 싸움의 결과는 쉽게 예측하기 어려웠을 것이다. 진여와 다르게 한신은 당시 상황을 분명하게 파악했기 때문에 이좌거의 지모와 재략에 탄복했다. 지혜로운 자를 아끼는 마음이 저절로 생긴 한신은 긴박한 전투 속에서 군사들에게 이좌거를 죽이지 말고 생포하는 자에게 1,000금을 하사하겠다고 한다. 전쟁이 끝나고 이좌거는 한신의 장막으로 끌려왔다. 한신이 그를 보더니 바로 일으켜 세우고 직접 밧줄을 풀어주며 위쪽 자리에 앉히고 자기는 아래쪽에 앉았다. 학생이 스승을 모시듯 예를 갖추어 이좌거를 대하며 겸손히 연(燕)나라와 제(齊)나라 공격에 대한 가르침을 청했다. 한신이 물었다.

"저는 북쪽으로 연나라, 동쪽으로 제나라를 공격하고 싶습니다. 어떻게 해야 성공할 수 있으리라 생각하십니까?"

이좌거가 대답했다.

"제가 듣기로 패전한 장수는 용맹을 말하지 않고 망한 나라의 대부는 나라를 지키는 일을 꾀할 수 없다고 했습니다. 지금 저는 당신의 포로인데 어찌 그런 일을 말하겠습니까?"

한신이 말했다.

"옛날에 백리해(百里奚)란 자가 있었습니다. 그는 처음 우(虞)나라에 살았으나 진(晉)나라에 의해 멸망되자 다시 진나라 백성이 되어 진왕을 도와주었습니다. 우나라의 바보가 진나라에서 인재가 된 것입니다. 그의 계책을 쓰느냐 마느냐, 그의 말을 귀담아 듣느냐 마느냐에 따라 달라진 것입니다. 진여가 그대의 책략을 따랐다면 일찌감치 나를 포로로 잡았을 것입니다. 진여가 그대를 중요시하지 않았기에 그대에게 가르침을 받을 기회가 생긴 것입니다. 나는 성심성의를 다해 그대의 의견을 듣고 따를 테니 더 이상 거절하지 마십시오."

이좌거는 예의를 차리고 입을 열었다.

"장군께서는 위왕 표를 생포하고 재상 하설을 사로잡았으며 한번에 정형을 함락시켰습니다. 또한 하루아침에 조나라의 21만 대군을 물리치고 진여를 죽였으니 실로 사방에 이름을 드높이고 천하를 뒤흔드셨습니다. 이는 모두 장군이 지닌 장점입니다. 그러나 한나라 군대는 오랫동안 전쟁을 치르며 더 이상 싸우기 힘들 정도로 지쳤습니다. 지치고 피로한 군사를 데리고 연나라의 견고한 성을 공격하려 하면 짧은 시간 안에 승리할 수 없을 것입니다. 그렇게 오랫동안 대치 상태를 유지하면 한나라의 약점이 드러날 것입니다. 다시 말해 군량이나 군수물자가 문제일 것입니다. 약소한 연나라도 정복하지 못하면 제나라는 더욱 거세게 대항할 것입니다. 연과 제나라를 공격해 오랫동안 함락시키지 못하면 유방과 항우의 전쟁도 승부를 가리기가 어렵습니다. 이는 장군이 지닌 단점입니다. 제가 생각하기에 연과 제나라 공격은 장담할 수 없습니다. 군사를 잘 다루는 사람은 자신의 단점을 가지고 다른 사람의 장점을 공격하지 않습니다. 그러니 자신의 장점을 살려 상대편의 단점을 공격하십시오."

한신은 마음이 조급했다.

"그러면 어떻게 해야 하오?"

이좌거가 말했다.

"지금 당장은 병사들을 쉬게 하고 조나라를 안정시키십시오. 백성을 돌보고 장수들을 위로하며 상을 내리고 재충전한 후 연나라 변경에 병력을 배치해 공격할 듯 꾸며 놓으십시오. 그리고 사자를 보내 한나라의 강함을 연나라에 분명히 일러 주면 연나라는 명을 어기지 못할 것입니다. 연나라가 투항하면 제나라도 풍문을 듣고 전투 없이 항복할 것입니다. 이렇게 되면 천하를 가지는 일은 충분히 가능합니다."

한신은 이좌거의 건의를 받아들여 연나라를 공격하려는 계획을 바꾸었다. 그리고 사신을 보내 연나라를 설득했다. 연나라는 강대해진 한나라 군대를 보고 한신에게 투항했다. 이어 한신은 사람을 보내 유방에게 보고하면서 장이를 조왕으로 삼아 조나라의 혼란을 평정하고 민심을 가라앉히게 해달라고 청한다. 유방은 한신의 요청을 들어준다.

항우는 한신이 조 땅을 점령했다는 소식을 듣고 여러 번 군사를 보내 조나라를 습격했다. 한신과 장이도 군대를 이끌고 응전했다. 그들은 가는 곳마다 성지를 점령하고 민심을 안정시켰다. 이렇게 항우의 좌우를 점령하며 점점 항우를 고립시켰다.

제(齊)나라 왕이 된 한신

한신이 연승을 거듭할 때 항우는 병력을 모아 형양과 성고 일대를 더욱 거세게 공격했다. 유방군의 보급로를 끊어 군량이 떨어진 유방은 갈수록 힘들었다. 기원전 204년 4월에 항우는 형양에서 유방을 포위한다. 위기에 빠진 유방은 실로 낭패가 아닐 수 없었다. 그러던 중 5월에 수십 기병을 이끌고 형양에서 가까스로 관중으로 달아났다. 유방은 관중에서 다시 병사들을 모아 완(宛, 하남성 남양시)과 엽(葉, 하남성 엽현 남쪽) 지역으로 출병하여 항우와 교전하지 않고 기다리다가 항우가 동쪽을 공격하자 그것을 기회로 삼아 성고를 점령했다. 6월에 항우가 팽월을 치고 다시 서쪽으로 군사를 돌려 형양을 공격해 유방을 성고에서 포위했다. 할 수 없이 성고의 북문으로 도망 나온 유방은 황하를 건너 한신의 주둔지인 소수무(小修武, 하남성 획가현)에 도착해 몰래 객잔에 들어갔다.

이튿날 아침에 유방은 한나라의 사신이라며 한신과 장이의 장막에 들어가 그들의 인신(印信)과 병부(兵符)를 빼앗았다. 자고 있던 한신과 장이는 유방이 왔다는 사실에 화들짝 놀랐다. 유방은 한신과 장이의 군권을 빼앗아 장수들을 소집했다. 장이에게는 조 땅에 남아 지키게 하고 한신은 조나라의 상국으로 임명하여 한 부대를 주고 제나라를 공격하게 했다. 이렇게 유방은 한신의 군권을 빼앗아 세력을 키웠다. 항우가 성고를 점령하고 계속 서쪽으로 확장했다는 소식이 들려오자 병사들을 보내 공현(鞏縣)의 수비를 강화하고 방어선을 설치했다. 또한 백마진(白馬津, 하남성 활현 동북)을 지나 초나라로 들어가 팽월과 연합해 항우의 후방을 교란시켰다.

9월에 항우는 팽월이 쳐들어와 초군의 양식을 불태우고 조구를 성고성에 남겨 지키게 했다는 소식을 들었다. 이에 직접 대군을 이끌고 동쪽으로 팽월을 공격했다. 유방은 긴장스러운 형세가 점점 풀어지는 것을 보고 역이기(酈食其)를 제나라에 보내 투항을 권하게 했다. 동시에 한신도 유방의 명령에 따라 제나라를 공격할 채비를 마쳤다. 한신이 평원(平原, 산동성 평원 남쪽)에 도착했을 때 제왕(齊王) 전광(田廣)이 역이기의 말을 듣고 초나라를 등지고 투항하겠다는 소식이 들려왔다. 한신은 진격을 중지한다. 이때 괴통(蒯通)이라는 제나라의 유세객이 한신에게 말했다.

"장군께서는 제나라를 공격하라는 한왕의 명을 받으셨습니다. 그런데 한왕은 또 몰래 사신을 보내 제나라에 투항을 권고케 했는데 어디 장군께 공격을 중지하라는 조서를 내리셨습니까? 중지하라는 조서도 없이 어째서 진격을 멈출 수 있겠습니까? 역이기는 서생에 불과한 작자입

니다. 세 치 혀를 놀려 제나라의 70여 성지를 투항하게 만들었습니다. 그
러나 장군께서는 수만의 군사들을 데리고 1년이 넘도록 전쟁해서 조나
라의 50여 성지를 함락시켰습니다. 수년간 장군을 지낸 당신이 오히려
일개 서생만 못할 수 있겠습니까?"

한신은 그의 말이 옳다고 생각해 강을 건너 제나라를 향해 진격했
다. 원래 제왕 전광은 한신의 공격에 일찍부터 방비를 하기 위해 역하
(曆下, 산동성 제남 서쪽)에 대군을 준비해 두었다. 역이기가 온 후로
전광은 마음을 놓고 경계를 풀어 날마다 그와 먹고 마시며 즐겼다.

기원전 203년(漢 4년) 10월에 한신은 기세를 몰아 역하를 지키던
제군을 기습하고 잇달아 제나라의 수도인 임치(臨淄, 산동성 치박)에까
지 들어갔다. 제왕이 한신의 공격 소식을 듣고 역이기가 자기를 속였
다고 생각해 그를 삶아 죽였다. 그리고 고밀(高密, 산동성 고밀현 서남)
로 도망가 항우에게 구원을 요청했다. 한신은 임치를 점령하고 고밀
서쪽으로 추격병을 보냈다. 이때 항우는 대장군 용저(龍且)에게 군사
21만을 주어 제나라를 구원하게 했다. 제왕 전광은 용저의 군대와 연
합하여 한신과 결전을 치르려 하자 누군가 만류했다.

"한나라 군대는 먼 길을 와서 싸우니 전력을 다할 것입니다. 제나라
군사들은 제 고향에서 싸우기에 집 걱정에 제대로 당해내지 못할 것입
니다. 그러니 성벽을 높게 쌓아 지키면서 잃은 성의 성주들을 불러 모아
제왕이 건재하고 초왕 항우가 구원병을 보냈다는 사실을 알리면 한신에
게 맞서 싸울 것입니다. 2,000리 밖 제나라에 와서 싸우는 한나라 군사

들은 군량이 충분하지 못할 테니 싸우지 않아도 저절로 패할 것입니다."

용저는 거만하고 재물을 탐하는 무관으로 제나라를 구원한다는 명분을 내세웠으나 사실 제 땅을 점령하려는 속셈이 있었다.

"나는 평소 한신이란 자를 잘 알고 있소. 한신은 그렇게 대단한 인물이 아니니 쉽게 상대할 수 있소. 내가 제나라를 구원하러 먼 곳에서 왔으니 그와 싸워 투항을 받아내지 못한다면 무슨 공로가 있겠소? 지금 한신과 싸워 이기면 제나라의 절반을 얻을 수 있소."

그해 11월에 두 군대는 유하(濰河)를 사이에 두고 진을 쳤다. 용저는 동쪽, 한신은 서쪽에서 대치했다. 어느 날 밤 한신은 부하들에게 1만 개가 넘는 자루를 만들고 속에 모래를 가득 채워 유수 상류를 막게 했다. 그러고는 군사 절반을 이끌고 유하를 건너 용저를 공격했다. 용저의 군대도 약하지 않았기 때문에 돌격하는 한신군을 맞았다. 그런데 한신이 거짓으로 지는 척하고 유하의 서쪽으로 퇴각했다. 용저는 한신군이 무능하다고 생각해 기뻐하며 크게 소리쳤다.

"한신이 겁쟁이임을 내 일찍부터 알고 있었다!"

말을 마치고 용저는 전군을 이끌고 한신을 추격했다. 막 강을 건너기 시작했을 때 갑자기 한신이 상류에서 모래주머니를 터뜨리라는 명령을 내렸다. 갑자기 큰 파도가 일어 군사들의 머리까지 덮었다. 한신은 군사들에게 말을 돌려 공격하게 하니 초나라 군대는 혼란에 빠졌다. 용저도 혼란 속에서 죽었다. 유하의 동쪽에서 미처 건너지 못한 초군은 흩어져 달아났고 제왕 전광도 한나라 군사에게 잡혀 죽었다. 한신은 승세를 몰아 성양(城陽, 산동성 거현)에까지 들어가 제나라 전체를 평정하고 유방에게 자신을 제나라의 가왕(假王)으로 삼아 달라고 청하는 서신을 보냈다.

"제나라는 변덕스러운 나라라 쉽게 평정하기 어렵습니다. 또한 제나라의 남쪽은 초나라와 가까우니 나라에 왕이 없어 이번 전쟁의 승리를 공고히 할 수 없을까 걱정입니다."

당시 한왕 유방은 광무산(廣武山, 하남성 영양 동북)에서 초나라 군대와 싸우고 있었다. 유방은 항우가 쏜 화살에 가슴을 맞아 상황이 좋지 못했기 때문에 한신의 서신을 보고 화를 냈다.

"내가 이곳에서 포위당한 채로 매일 구원을 바라고 있는데 와서 돕는다는 말은커녕 스스로 왕이 되겠단 말을 하는가! "

장량과 진평은 유방의 발을 밟으며 조용히 말했다.

"현재 형세가 이렇게 불리한데 한신을 왕으로 세우지 않을 수 있겠습니까? 먼저 그를 왕으로 삼고 달랜 뒤 그가 제나라를 지키게 하십시오. 그렇지 않으면 변고가 일어날 것입니다."

유방은 바로 깨닫고 다시 말했다.

"대장부가 전쟁을 하여 제후를 평정했으면 진왕(眞王)이 될 것이지 가왕이 무슨 필요가 있느냐!"

그해 2월에 유방은 장량을 특사로 보내 그를 제 땅의 왕으로 삼고 한신의 부대에서 군사들을 징발했다.

차마 한나라를 배반하지 못하다

한신이 제나라를 평정하자 초나라와 한나라의 세력은 비슷해졌으니 한신의 역할이 컸다. 유방은 한신의 마음을 잡기 위해 부득이하게 제왕으로 봉해 형세를 안정시켰다. 한편 용저가 제나라를 구원하기는커녕 군사들만 잃게 되자 항우는 은근히 걱정이 되어 한신을 제 편으로 만들기 위해 무섭(武涉)을 제나라에 보낸다. 한신을 만난 무섭이 설득하기 시작했다.

"천하는 오랫동안 진나라의 잔악한 통치로 고통을 받았습니다. 그렇기 때문에 여러 제후가 진나라에 반기를 들고 일어났습니다. 항왕께서는 진나라를 무너뜨리고 공적을 따져 제후들에게 영토를 나누어주고 군사들을 쉬게 해주셨습니다. 그런데 지금 유방이 동쪽으로 세력을 넓히며 초나라를 공격하려 합니다. 그는 천하를 모두 가지지 못하면 절대로 그만두지 않을 테니 실로 탐욕스럽다 할 수 있습니다. 이 때문에 한왕이 내린 작위는 믿을 만하지 못합니다. 일찍이 유방은 여러 차례 한왕에게 죽을 뻔했으나 항왕께서 그를 불쌍히 여겨 살길을 열어주셨습니다. 그러나 도망간 뒤에도 유방은 맹약을 깨고 항왕을 공격했으니 정말 믿을 수 없는 자가 아닙니까? 족하는 유방을 생각해 수고로이 전쟁을 치렀으나 유방은 실로 다른 속셈이 있습니다. 다만 항왕이 건재하기에 유방이 족하를 속이지 못하는 것입니다. 한나라와 초나라의 세력이 비슷하도록 만든 주인공이 바로 족하이십니다. 항왕을 도우신다면 천하를 제패할 수 있습니다. 그러나 유방을 도와 항왕이 진다면 유방이 그 다음으로 처리할 대상은 다름 아닌 족하입니다. 족하와 항왕은 옛날부터 인연을 맺으셨는데 어찌 한나라를 배반하여 항왕과 화친하고 천하를 삼분해 그 하나를 가지려 하지 않으십니까? 좋은 기회를 놓치지 마십시오. 유방을 위해 목숨을 바쳐 항왕을 공격하는 게 무슨 좋은 계책이라 할 수 있겠습니까?"

한신은 무섭에게 거절의 의사를 표했다.

"항왕의 수하에 있을 때 저는 이름 없는 사병에 불과했습니다. 항왕은 제 말을 듣지 않고 제가 낸 계책을 따르지도 않아 실망이 컸습니다. 그래서 항왕을 떠나 한왕 유방에게 간 것입니다. 유방은 항왕과 반대로 저를 대장군으로 삼고 수만 군사를 이끌게 해주었습니다. 자기가 입고 있던 옷을 벗어 제게 입혀 주고, 자기가 먹는 음식을 제게 주었으며, 제 의견을 존중하며 따랐습니다. 그렇기 때문에 오늘날 이 한신이 제왕이 될 수 있었던 것입니다. 한왕이 이렇게 저를 신임하고 중용하는데 내 어찌 그를 배반하겠습니까? 죽을지언정 한왕에 대한 충심은 절대로 변하지 않을 것입니다. 저를 대신해 항왕께 정중히 거절해 주십시오."

무섭이 돌아가자 괴통이 한신에게 한나라를 배반하라고 꾀었다.
괴통은 스스로 관상을 잘 본다며 한신을 설득했다.

"신은 관상을 배운 적이 있습니다."
"어떻게 남의 관상을 본단 말인가?"
"사람의 골격을 보고 평생 부귀할지를 알 수 있습니다. 안색을 보고
기쁜지 슬픈지를 알 수 있고 일을 처리하는 모습을 보고 평생 성공할지
실패할지를 알 수 있습니다. 이 세 가지를 종합적으로 판단해 사람의 운
명이 어찌 되는지를 알지요. 십중팔구 들어맞습니다! "
"좋소. 그렇다면 내 관상을 봐주시오! "

괴통은 한신에게 주위를 물리쳐 달라 하고 말했다.

"면상을 보니 지위는 봉후(封侯)에 불과하여 위험하고 등을 보니 전
도가 밝아 귀하기가 말로 다 할 수 없습니다."

괴통의 말에는 숨은 뜻이 있었다. 유방을 따르면 봉후에 머물지만
배반하면 더 큰 운이 따른다는 것이다. 한신이 짐짓 못 알아듣는 체하
자 괴통이 초한의 형세를 말하며 다시 한 번 강조했다.

"초나라와 한나라가 형양에서 대치한 지 3년이 지났습니다. 왕께서

한나라를 도우면 한나라가 이길 것이고 초나라를 도우면 초나라가 이길 것입니다. 다시 말하면 초나라와 한나라 간의 승패는 모두 왕께 달려 있습니다. 왕께서는 강한 군대를 가지고 제 땅을 지키시면서 연과 제나라를 통제하신다면 천하가 솥에 달린 세 개의 발처럼 삼분되니 충분히 해볼 만한 일입니다. 하늘이 주신 기회이니 잡지 않으신다면 분명 큰 화를 입을 것입니다. 부디 십사숙고하소서."

괴통의 말에 귀가 솔깃하긴 했으나 한신은 고집을 부렸다.

"한왕이 내게 두터운 은혜를 베풀어 나를 자신의 수레에 태우고 옷과 음식을 나누셨소. 그러니 한왕과 동고동락하는 것이 마땅하지 않겠소? 어찌 사사로운 이익으로 도리를 그르친단 말이오?"

"장이와 진여는 본래 목숨을 구해준 우정이 있었습니다. 그러나 나중에는 원수가 되었습니다. 근심은 욕심에서 생기니 사람의 마음을 예측할 수 없다 하는 것입니다."

괴통의 말은 장이와 진여처럼 한신과 유방의 관계도 어떻게 변할지 모른다는 뜻을 담고 있었다.

"왕께서 위(魏), 조(趙), 연(燕), 제(齊)를 공격하여 천하에 둘도 없는 공로를 세웠기에 초왕이 설득해 오는 것입니다. 초왕은 믿을 만한 자가 아닙니다만 한왕 또한 의심이 많습니다. 지금 왕께서는 유방의 신하여서 유방이 권력으로 누르고 있습니다. 신은 진정 걱정이 됩니다! "

한신은 담담하게 생각해 본다고 말했다. 며칠 뒤 괴통은 다시 한신에게 망설이지 말라고 재촉한다.

"공적은 이루기가 어렵고 허물기는 쉽습니다. 좋은 시기는 얻기가 힘들고 잃기는 쉽습니다. 기회를 잃으면 좋은 때는 다시 오지 않는 법입니다."

한신은 오랫동안 망설였다. 그러나 유방이 큰 공을 세운 자신에게서 제나라를 빼앗아 가지 않으리라 생각했기에 괴통의 말을 따르지 않기로 했다.

해하(垓下)의 전쟁

한신은 황하 중하류 광대한 지역을 점령하여 초나라의 세력을 크게 약화시켰다. 팽월도 양 땅에서 계속 항우를 괴롭혀 초군의 군량을 부족하게 하니 항우의 상황은 나날이 불리해졌다. 반면 한나라 군대는 소하가 관중에서 군사와 군량을 끊임없이 지원하여 유방은 충분한 군사력으로 형양의 서쪽에서 진을 치고 있었다. 서쪽으로 나갈 수도 없고 후방 지원도 불안해진 항우는 유방과 화친을 하기로 한다.

기원전 203년(漢 4년) 8월에 초나라와 한나라는 홍구(鴻溝, 하남성 중모현)를 사이에 두고 한나라는 서쪽, 초나라는 동쪽을 차지하기로 한다. 그리고 9월에 항우는 병사를 이끌고 동쪽 팽월로 돌아가려 했다. 이때 유방도 관중으로 돌아가려 했으나 장량과 진평이 유방을 만류한다.

“지금 항우가 달아나면 호랑이를 키워 후환을 남기는 것과 같습니다. 한나라는 강하고 초나라는 약해진 상황이니 우리에게 유리한 이때 항우를 무너뜨리십시오.”

유방은 장량과 진평의 말을 듣고 곧바로 추격병을 보낸다.

기원전 202년(漢 5년) 10월 유방은 군사를 이끌고 양하(陽夏, 하남성 태강현) 남쪽에 주둔하여 한신과 팽월에게 사신을 보낸다. 그들에게 시일을 정해주고 고릉(固陵, 하남성 회양 서북)에서 만나 항우를 섬멸하라는 명령을 전달하고 자신은 계속 병사를 이끌고 고릉에 도착해 초군을 추격했다. 그러나 한신과 팽월의 군대가 보이지 않았다. 이때 항우는 유방의 군대가 깊이 들어왔음을 알고 말을 돌려 반격에 나섰다. 예상치 못하게 공격을 해오자 당황한 유방의 군대는 미처 막지 못하고 큰 손실을 입었다. 유방은 성으로 들어가 벽을 높이 쌓아 수비를 하고서 싸울 생각을 하지 못했다. 며칠이 지나고 마음이 조급해진 유방이 장량을 불렀다.

“한신과 팽월이 명령을 따르지 않으면 어떻게 하오?”

장량이 바로 대답했다.

“항우는 바로 무너뜨려야 할 적입니다. 그런데 한신과 팽월은 봉지가 없으니 출격 명령을 어긴다 해도 이상할 것이 없습니다. 그들에게 천하를 나누어 준다고 하면 바로 달려와 싸울 것입니다. 그렇게 되면 항우를 완전히 깨뜨릴 수 있습니다."

유방은 진(陳, 하남성 회양) 동쪽에서 동해 일대를 한신에게 주고 수양(雎陽, 하남성 상구) 북쪽에서부터 곡성(穀城, 산동성 동아 남쪽) 일대를 팽월에게 주기로 했다.

원래 한신은 제나라의 왕이 되었으나 그를 왕으로 봉한 것은 유방의 본심이 아니었다. 봉지에 대해 구체적으로 정해진 게 없었던 한신은 줄곧 마음이 편하지 않았다. 그런데 유방이 봉지를 내린다고 하자 기뻐하며 팽월의 군사와 함께 남하했다. 이때 강서(江西)와 안휘(安徽) 일대에서 활동하던 영포(英布)는 스스로 회남왕(淮南王)이 되었다. 11월 초나라 장수 주은(周殷)도 초나라를 배반하고 한나라로 와 구강에서 영포를 맞이했다. 한나라 장수 유가(劉賈)와 회합하여 북쪽에서 항우를 포위했다. 12월 항우는 해하(垓下, 안휘성 영벽현 동남)에서 한군과 각지에서 몰려든 제후들에게 두세 겹으로 포위를 당했다. 군사도 적고 군량도 떨어져 항우는 감히 정면으로 맞서지 못하다가 수백 명의 기병을 이끌고 남쪽으로 도망가 오강(烏江, 안휘성 화현 동북)에서 자결했다.

다다익선

해하의 전쟁을 막 끝낸 유방은 정도(定陶, 산동성 정도 서북)로 돌아와 한신 몰래 그의 군권을 빼앗았다. 그해 정월 한신을 초왕으로 봉하고 하비에 도읍하게 했다. 또한 팽월을 양왕으로 봉해 정도에 도읍하게 했다.

2월에 유방은 황위에 올라 한나라를 건립한다. 그리고 5월에 낙양 남쪽 궁전에서 축하연을 열어 여러 신하와 함께 초나라를 이긴 이유에 대해 논의했다. 유방이 물었다.

"내가 천하를 가지고, 항우가 천하를 잃은 이유가 무엇이라 생각하오?"

누군가 대답했다.

"폐하께서는 천하와 더불어 이익을 나누고 함께하시어 전쟁에서 공을 이룬 자들은 누구든 왕으로 봉하셨습니다. 그러나 항우는 공신들을 잔해하고 현자들을 의심했기에 천하를 잃은 것입니다."

유방이 말했다.

"그대들은 하나는 알고 둘은 모르오. 장막에서 천리 밖 전쟁을 계획할 수 있는 것은 내 장량만 못하오. 나라를 다스리고 백성들을 살피며 군량을 준비하여 전방 부대를 지원하는 것은 내 소하만 못하오. 100만 대군을 이끌고 전쟁에서 이기는 것은 내 한신만 못하오. 이 세 사람은 당대의 호걸로 내가 그들을 중용했기에 천하를 얻을 수 있었소. 그러나 항우는 범증이 있었으나 그마저 제대로 쓰지 못했기에 실패한 것이오."

유방은 속으로 한신이 자신을 도와서 항우를 물리치고 천하를 얻게 하여 한나라를 만든 공신이라고 생각했다. 그의 공로는 지혜로운 장량과 승상 소하에 견줄 만했다. 한신이 전쟁에서 이기지 못했다면, 또 항우를 해하에서 포위하지 않았다면 유방이 항우를 이기는 일은 그리 쉽지 않았을 것이다.

기원전 202년(漢 5년) 5월에 한신은 자신의 영지인 하비로 돌아갔다. 그는 젊은 시절 그에게 밥을 주었던 빨래터의 노파에게 1,000금을 주고 은혜에 보답했다. 또 고향으로 내려가 남창정의 정장에게 100금을 주면서 말했다.

"그대는 소인이오. 어떤 일을 시작했다면 끝까지 해야 하는 것인데 그대는 시작은 있으나 끝이 없소."

또 거리에서 자신에게 바짓가랑이 사이를 지나게 했던 무뢰한 자를 찾아 그를 초나라의 중위(中尉)[23]에 봉하고 다른 장수들에게 소개했다.

"이 자는 장사이다. 내가 그에게 모욕을 당했을 때 어찌 그를 죽이고 싶지 않았겠는가? 그를 죽이지 않은 것은 이유가 없어서이다. 그때 내가 인내하여 오늘날 성공할 수 있었다."

한신은 청년기에 의지할 곳 없이 거리를 떠돌면서 온갖 어려움을 겪고 사람들로부터 냉대를 받았다. 그러나 고향으로 다시 돌아와서 과거 떠돌던 곳을 모두 둘러보고 병력을 배치하는 한편 수비를 삼엄하게 하면서 위풍당당한 모습을 보여 주었다. 한편 항우의 부하 장수

가운데 종리매(鍾離昧)라는 자는 오랫동안 한신과 교분이 있었다. 항우가 오강에서 자살을 하자 종리매는 한신에게 투항했는데 유방이 그를 미워하여 한신에게 죽이라는 명령을 내렸다. 그러나 한신은 친분을 생각하여 종리매를 죽이지 않았다.

기원전 201년(漢 6년) 10월에 누군가 유방에게 한신이 모반을 꾀한다는 서신을 보냈다. 유방이 여러 장수를 모아 놓고 대처 방법을 상의하자 하나같이 같은 대답을 했다.

"어서 빨리 군대를 일으켜 그 녀석을 잡아들이십시오."

탐탁지 않아 오랫동안 침묵하고 있는 유방에게 진평이 물었다.

"한신이 모반을 꾀한다는 보고가 올라왔음을 그도 알고 있습니까?"

유방이 모른다고 대답하자 진평이 다시 입을 열었다.

"폐하의 군사가 강합니까 아니면 초나라의 군사가 강합니까?"
"초나라 군사가 강하오."
"폐하가 생각하시기에 한신보다 뛰어난 장수가 있습니까?"

유방이 대답했다.

"그보다 나은 자는 없는 것 같소."

진평이 말을 이었다.

"현재 우리 군사는 초나라 군사만 못하고, 장수들도 한신만한 자가 없습니다. 그를 공격하신다면 그에게 결전을 치르라 강요하는 것과 같은데 이 얼마나 위태롭습니까!"

조급해진 유방이 진평에게 계책을 물었다. 진평이 내놓은 계책은 바로 운몽(雲夢)[24]으로 놀러가는 척하다가 한신을 공격하는 것이다. 며칠 뒤 유방은 운몽으로 사냥을 가는데 가는 길에 진 땅에서 제후들과 만나겠다는 소식을 각 제후국[25]에 전했다. 진은 초나라의 서쪽에 있기 때문에 한신이 그곳으로 오면 유방은 큰 싸움 없이 그를 사로잡을 수 있었다. 유방이 운몽에 사냥하러 온다는 소식에 한신은 불안해하며 어쩔 줄 몰랐다. 유방이 초나라에 도착했을 때가 되어 한신은 반란을 일으켜야겠다고 생각했으나 또 한편으로는 다른 생각이 들었다.

"내가 잘못한 게 없는데 어찌 모반을 꾀한단 말이냐?"

한신은 유방을 만나고 싶었지만 또 꼼짝 못하고 잡힐까 걱정이 되기도 했다. 이때 누군가 한신에게 건의했다.

"종리매를 죽이시고 그의 머리를 유방에게 바치면 유방은 기뻐할 것입니다. 이 재앙은 면할 수 있습니다."

다른 방도가 없어 한신은 그렇게 하자고 동의한다.

한신이 종리매를 불러 상황을 이야기하자 종리매는 한신에게 말했다.

"한나라가 아직까지 초나라를 공격하지 않는 이유는 바로 내가 여기에 있기 때문이오. 나를 죽여 조정에 아첨하고 싶다면 지금 바로 여기서 죽이시오. 그러나 내일은 그대의 목이 잘려 나갈 것이오."

종리매는 한신에게 신의가 없다고 한바탕 욕을 퍼붓고 자결했다.

12월에 유방은 진 땅에서 제후들과 만났다. 한신은 종리매의 머리를 들고 유방을 조견했다. 유방이 한신을 보자마자 호위하던 군사들에게 한신을 포박하라고 명한다. 너무 놀란 한신은 그때서야 깨달았다.

"사람들이 하는 말이 맞구나. 교활한 토끼를 잡으면 쫓던 개는 삶아 먹고 높이 나는 새가 없어지면 좋은 활은 치운다 했거늘, 천하를 평정했으니 나 한신은 이렇게 죽는구나."

유방이 곁에서 말했다.

"그대가 모반을 일으켰다는 보고를 받았소!"

말을 마치자 한신에게 형구를 씌워 낙양으로 데려왔다. 낙양에서 유방은 한신을 용서하고 회음후(淮陰侯)로 강등했다. 그 후로 한신은 유방이 자신의 재능을 시기한다는 사실을 알고 항상 병을 핑계 삼아 유방을 조견하지 않고 함께 사냥도 가지 않았다. 하루 종일 가슴속에 가득한 원망 때문에 한신의 생활은 즐겁지가 않았다. 특히 유방에게 작위를 받은 자들 가운데 한신을 깔보는 이도 있었다. 수양(睢陽) 사람 관영(灌嬰)은 비단을 팔았는데 나중에 봉기군에 들어가 유방과 함께 관중으로 들어와 영음후(潁陰侯)가 되었다. 패(沛) 사람 주발(周勃)은 대나무로 발을 만드는 일을 했으나 그도 유방과 함께하여 강후(絳侯)가 되었다. 한신의 지위가 낮아지자 이런 관영 같은 자보다 낮고 주발과 동렬이 되었다. 패(沛) 사람 번쾌(樊噲)는 도축업자였으나 후에 무양후(舞陽侯)가 되고 여후(呂后)의 동생 여수(呂須)를 아내로 삼았다. 그는 유방이 가장 믿는 장수 중 하나이다. 평소 딱히 할 일이 없는 한신은 그와 종종 이야기를 나누면서 시간을 보냈다. 하루는 한신이 오자 번쾌가 무릎을 꿇고 예를 갖춰 맞이하며 자신을 신하로 칭했다.

"대왕께서 신의 누추한 집에까지 왕림해 주시니 실로 영광입니다!"

한신은 번쾌의 집을 떠나며 차갑게 웃었다.

"나 한신이 번쾌 따위와 같아졌다니 수치스럽구나!"

한번은 유방이 한가한 틈에 한신과 함께 능력에 대해 이야기를 나누었다.

"그대가 보기에 내가 지휘할 수 있는 군사는 얼마나 될 것 같소?"

한신이 대답했다.

"폐하께서 통솔하실 수 있는 군사는 10만을 넘지 않습니다."

유방이 다시 물었다.

"그렇다면 그대가 지휘할 수 있는 군사는 얼마요?"

한신이 자신감에 가득 차 대답했다.

"제 장수와 군사는 다다익선(多多益善)입니다."

유방은 못마땅했다.

"그렇다면 그대는 어째서 나에게 잡혀 있는 것이오?"

한신은 개의치 않고 말을 이었다.

"폐하께서는 군사를 지휘할 줄 모르시나 장수를 지휘할 줄 아십니다. 제가 여기에 잡혀 있는 이유가 바로 그것입니다. 그러나 폐하께서 의지하신 것은 하늘의 뜻이지 본인의 능력과는 무관합니다."

유방이 듣고 큰 소리로 웃었다.

한신의 죽음

기원전 200년(漢 7년) 겨울, 한왕(韓王) 신(信)이 모반을 일으켜 흉노에게 도망갔다. 유방은 직접 군사를 이끌고 한왕을 공격했다. 이때 진희(陳豨)가 공을 세워 양하후(陽夏侯)가 되어 조(趙)나라 재상으로 떠나게 되었다. 전해지는 이야기로는 진희가 떠나기 전에 한신을 만나 작별 인사를 했다고 한다. 한신은 좌우를 내보내고 진희의 손을 꼭 잡고 말했다.

"잠시 이야기 좀 할 수 있소?"

진희가 대답했다.

"장군께서 분부하시면 목숨을 바쳐 따르겠습니다! "

"그대가 주둔하여 지키는 곳은 천하의 정예병이 모이는 곳이오. 그대는 폐하가 신임하는 신하요. 누가 그대가 모반을 꾀했다고 처음으로 말한다면 폐하는 분명 그대를 믿지 않을 것이오. 그대가 모반했다는 말을 두 번째로 듣는다면 폐하는 마음속으로 의심을 할 것이오. 세 번째로 그대의 모반 이야기를 듣는다면 폐하는 분명 군사를 이끌고 직접 공격하러 나설 것이오. 바로 그때 내가 경성에서 군사를 일으켜 그대와 함께 안팎에서 공격한다면 천하를 나눌 수 있소."

진희는 한신이 남들보다 뛰어난 사람임을 알고 있었기에 바로 동의했다.

기원전 197년(漢 10년) 9월에 진희는 모반을 일으켜 스스로 대왕
(代王)이 되었다. 유방은 직접 군사를 이끌고 진희를 공격하려 했다.
한신은 병이 났다는 핑계를 대고 출정하지 않고 남 몰래 사람을 보내
진희와 연락을 주고받았다. 어느 날 저녁에 거짓 성지를 내려 노예와
죄인들을 모두 풀어주고 여후와 태자(太子) 유영(劉盈)을 습격하려 했
다. 모든 준비를 마치고 진희의 회답을 기다리고 있었다.

한편 한신의 문객 중에 한신에게 죄를 지어 한신이 그를 가두고 죽
이려 했던 자가 있었다. 기원전 196년(漢 11년) 정월에 이 문객의 아우
가 한신의 반역을 여후에게 알린다. 여후는 한신을 궁으로 불러 기회
를 봐서 처리하려 했으나 한신이 눈치 채고 오지 않을까 염려되었다.
이에 소하를 불러 상의한다. 소하는 여후에게 한 가지 계책을 말한다.

"폐하께서 승전 소식을 보낸 것처럼 꾸미시지요. 배반했던 장수 진희
가 폐하께 죽었다는 소식을 퍼뜨리시면 될 것입니다."

이렇게 하여 열후와 군신들이 궁으로 들어와 축하했다. 소하는 마
음을 놓지 않았다. 혹시나 한신이 오지 않을까 걱정되어 직접 한신을
찾아갔다.

"그대가 아무리 병이 있다 해도 궁으로 들어와 축하하는 게 도리가
아니겠습니까! "

한신은 거절하지 못하고 장락궁(長樂宮)²⁶)에 들어왔다. 여후는 무사

들에게 한신을 잡으라 명했다. 형을 치르기 전에 한신이 말했다.

"반란을 일으키라는 괴통의 말을 듣지 않은 게 무척 후회스럽다. 이렇게 아녀자의 속임수에 떨어졌으니 이 어찌 하늘이 정한 일이 아니겠는가?"

말을 마치기 무섭게 한신의 머리가 떨어졌다. 여후는 이후 한신의 삼족을 멸했다.
유방이 진희의 반란을 평정하고 장안으로 돌아왔더니 한신이 이미 죽은 뒤였다. 유방은 기쁘기도 하고 측은하기도 하여 여후에게 물었다.

"한신이 죽기 전에 무슨 말을 했소?"
"괴통의 말을 듣지 않아 죽음을 맞이하니 한스럽기 그지없다 했사옵니다."

이에 유방은 사람을 보내 괴통을 잡아 왔다.

"네가 한신에게 모반을 부추겼느냐?"

괴통이 대답했다.

"그렇소. 내가 그에게 모반을 일으키라 했소. 그러나 그 자가 내 말을 듣지 않았기에 결국 죽고 만 것이오. 내가 일러준 대로 했다면 폐하는 그를 죽일 수 없었을 것이오."

유방은 부아가 치밀었다.

"저 자를 삶아 죽여라! "

괴통은 되레 큰소리를 질렀다.

"억울하고 원통하구나! "

유방이 물었다.

"네가 한신의 모반을 교사했거늘 무엇이 원통하느냐?"

괴통이 스스로를 변호했다.

"처음 진나라에 반대하여 제후들이 모두 일어나고 호걸들이 운집하여 진나라를 공격할 때 능력 있는 자가 천하를 먼저 가질 수 있었습니다. 사람은 저마다 자기 군주를 위하는 법이라 나는 당시 한신만 알았고 폐하는 알지 못했습니다. 또한 제위에 오르고 싶었던 자들은 비단 대왕 하나뿐이 아니었지요. 다만 그들은 품은 마음만큼 힘이 따라주지 못했으니 대왕께서는 그들을 모두 죽일 수 있겠습니까?"

괴통의 말을 듣고 유방은 그를 풀어주었다.

한신이 죽은 지 약 70년이 지난 뒤 사마천(司馬遷)은 한신의 이야기를 쓰기 위해 그의 고향 회음을 찾았다. 그때 회음 사람들이 말하길 한신이 평범한 백성으로 지낼 때는 그냥 보통 사람에 지나지 않았다고 했다. 사람들이 한신이 모친의 묏자리를 택한 이야기를 들려주었을 때 사마천은 무척 감동받았다. 비록 곤궁한 형편이었지만 그가 가진 뜻은 무궁했던 것이다. 생활이 어렵고 세태가 어지러웠으나 그는 기세를 잃지 않고 열심히 무공을 연마하고 병법을 연구했다. 이것이 바로 훗날 그가 성공할 수 있었던 이유 중 하나가 된 것이다.

한신은 한나라 초기의 뛰어난 군사가였다. 유방을 도와 항우를 무너뜨리고 한나라를 세우는 과정에서 절대적인 공을 세운 인물이다. 옛 사람들은 한나라가 천하를 제패한 것은 한신의 공이 있었기 때문이라고 말한다. 한신은 100만의 군사를 거느리고 전쟁을 하면 반드시 이긴 군사 지휘의 천재였기에 유방도 한신의 재능에 탄복하며 자신이 그만 못함을 자탄한 것이다.

한신은 고대의 병법을 정리했다는 점에서도 군사사상의 공헌을 남겼다. 반고(班固)는 『한서(漢書)』의 「예문지(藝文志)」에서 권모, 형세, 음양, 기교로 병법을 나누고 53명의 이름과 790편을 실었다. 여기에 한신이 편찬한 병서의 개괄적인 부분을 반영하여 권모병서 부분에 세 편의 『한신(韓信)』을 지었으나 안타깝게도 지금은 남아 있지 않다. 반고는 권모 부분에서 강조하기를

"권모는, 먼저 계책을 세우고 나중에 싸우는 것으로, 형세와 겸하고

음양을 포함하며 기교를 사용한다."

이 말은 곧 우선 심사숙고하고 주도면밀하게 계책을 만든 다음에 싸워야 한다는 뜻이다. 권모에는 나머지 세 가지 병서가 지닌 특징과 장점을 포함하고 있다. 우리는 반고의 이 말을 통해 한신의 용병술과 「한신」편의 내용 및 특징을 엿볼 수 있다. 청대(淸代)의 학자 왕명성(王鳴盛)도 『십칠사상각(十七史商榷)』에서 한신의 전략이 평소 착실히 쌓은 기본 소양에서 나왔음을 지적하고 있다.

"한신이 밥을 빌어먹고 모욕을 받을 때 반복하여 사색하고 탐구한 지 오래되어 100만의 병사로도 싸우면 반드시 이겼고 공격하면 반드시 빼앗았으니 이는 모두 평소에 한 공부에서 바탕을 둔 것이지 급히 이룬 일이 아니다. 한신의 책은 전해지지 않지만 이 전기에서 전쟁 기록을 살펴보면 그의 권모를 볼 수 있으니, 이른바 신출귀몰한 용병술이라 한다."

한신과 그 용병의 특징을 이해하는 데 도움이 될 만한 기록이다. 사마천은 생동적인 필치로 한신이 지닌 군사 지휘 재능을 묘사하고 뛰어난 군사지휘가인 한신의 위대함을 그대로 그려냈으며, 필묵을 아끼지 않고 많은 편폭을 할애했다. 특이한 것은 무섭과 괴통 같은 자들이 한신에게 유방을 배반하라고 권하고, 한신이 끝까지 거절한 과정을 자세하게 서술하여 한신이 스스로 모반을 꾀했다는 설에 회의적인 평가를 내리고 있다. 『회음후열전(淮陰侯列傳)』에서 사마천은 한신을 이렇게 평가했다.

"한신이 겸손과 양보를 배워 자신의 공을 자랑하지 않고 자신의 능력을 내세우지 않았더라면 한나라 왕실에 세운 공이 주공(周公), 소공(召公), 태공(太公)과 견주었을 것이다. 또한 훗날 제사와 추모도 끊이지 않았을 것이다. 그러나 그는 그렇게 하지 못해 천하가 안정된 다음 뒤늦게 반역을 꾀했으니 멸족을 당해 마땅한 일이 아닌가! "

비극적인 결말을 맞이하는 한신에게 안타까움과 동정이 묻어난다. 누군가 이렇게 지적했다.

"이 구절을 읽으면 한신의 안타까운 속사정과 여치의 수법이 극명하게 드러난다."

그러나 『한서(漢書)』의 저자인 반고는 한신이 반역을 꾀했다는 사실에 긍정적인 태도를 취하고 있었다.

"마음이 불안하고 상황이 위태로우니 사병들이 배반하여 종국에 멸망되었다."

북송(北宋)의 사학자 사마광(司馬光)은 한신의 공적을 칭송하며 한신이 괴통의 말을 듣지 않고 순순히 진(陳) 땅으로 유방을 보러 갔으니, 한신은 반역할 마음이 없었다고 생각했다. 단지 직위를 잃으니 분한 마음에 혼란에 빠졌다고 했다. 또한 유방도 한신에게 다른 뜻을 품었고, 한신도 스스로 멸망할 수밖에 없었던 일면이 있었다고 지적했다.

명(明)과 청(淸)의 학자들도 한신의 역심에 회의적인 태도를 보이며 여후와 소하가 누명을 씌었다고 보고 있다. 한신의 묘 앞 사당에는 다음과 같은 글귀가 적혀 있다.

"생사는 한 친구에게 달리고 존망은 두 부인에게 달렸다."

여기서 친구는 소하이다. 소하 덕분에 성공했고 소하 때문에 실패했다. 두 부녀자는 빨래터의 아낙네와 여후이다. 하나는 한신의 목숨을 구해준 은인이고 다른 하나는 한신을 죽인 사람이다.

즉 한신은 아직까지도 논쟁이 끊이지 않는 인물이다. 여기서 일일이 다 말할 수 없지만 설사 한신이 반역자라 해도 그가 항우를 무찌르고 한나라를 세우는 과정에서 세운 훌륭한 공적과 군사 지휘 재능은 분명 인정받아야 할 것이다.

2부

난세엔 매뉴얼이 없다

융통성 없는 지휘관은 이길 수 없다 | 말 위의 영웅 항우

판단과 행동은 빠를수록 좋다 | 게릴라전의 대가 이광

어떤 싸움이든 장기전을 염두하라 | 흉노족을 굴복시킨 완벽주의자 위청

상황에 맞게 병법을 응용한다 | 유연한 전술 운용, 천재 장수 곽거병

초나라는 군량이 부족하고 후방 지원군을 기대할 수 없기에 속히 전투를
벌이려 했으나 달리 방법을 찾지 못하고 있었다. 그러던 중 유방의 부친을
생각해 낸 항우는 멀리 유방에게 크게 소리쳤다.

"하루빨리 투항하지 않으면 네 아비를 삶아 죽이겠다!"

유방이 대답했다.

"그대와 나는 초회왕(楚懷王)의 신하로서 형제가 되기로 약속했소. 내 아비는
그대의 아비이기도 하니, 내 아비를 삶으려거든
나에게도 한 그릇 보내시오."

항우(項羽, B.C. 232~B.C. 202)
임회군 하상현(臨淮郡 下相縣江蘇省) 출생. 사마천(司馬遷)의 『사기(史記)』에는 젊은 시절 회계산(會稽山)에
행차하는 시황제의 성대한 행렬을 보고 "저 녀석을 대신해 줄 테다"라고 호언하였다는 일화가 있다.
B.C. 209년 진승(陳勝)·오광(吳廣)의 난으로 진나라가 혼란에 빠지자 봉기하여 회계군 태수를 참살하고 인수
(印綬)를 빼앗은 것을 비롯하여 진군을 도처에서 무찌르고 관중(關中)으로 들어갔다. 이어 앞서 들어와 있던
유방과 홍문(鴻門)에서 만나 이를 복속시켰으며, 진왕 자영(子孀)을 죽이고 팽성(彭城)에 도읍을 정하고 서초
(西楚)의 패왕(覇王)이라 칭하였다. 그러나 각지에 봉한 제후를 통솔하지 못하여 해하(垓下)에서 한왕(漢王) 유
방에게 포위되어 자살하였다.

융통성 없는 지휘관은 이길 수 없다
말 위의 영웅 항우

황제의 자리를 넘본 사내

기원전 210년, 진시황(秦始皇)이 회계군(會稽郡, 강소성 오현)을 돌아보고 전당강(錢塘江)을 건너려 하자 많은 사람이 나와 구경하고 있었다. 인파 속에서 스물 남짓의 한 청년이 사람들에 둘러싸인 진시황의 위풍을 보고 말했다.

"저 자리는 내가 차지해야겠다!"

그러자 곁에 있던 사람이 황급히 청년의 입을 막았다.

"쓸데없는 소리! 일족이 몰살당한다."

이 대담한 말을 한 자는 바로 항우(項羽)이다. 그리고 그의 입을 막은 사람은 항우의 숙부 항량(項梁)이다.

항우의 이름은 적(籍)이고 자(字)는 우(羽)이다. 전국(戰國)시대 말 초나라 하상(下相, 강소성 숙천현 서쪽) 사람이다. 항씨 집안은 대대로 초나라에서 장수를 지냈다. 조부 항연(項燕)은 초나라의 명장으로 항우가 10세 때 진(秦)나라와의 전쟁에서 패하여 자살했다. 이 해 초나라는 진나라에 멸망당한다. 기원전 232년(秦 王政 15년)에 태어난 항우가 나이 3세(기원전 230년) 때부터 진나라는 한(韓), 조(趙), 위(魏), 초(楚), 연(燕), 제(齊)를 차례로 멸망시키고 중국을 통일했다. 기원전 221년의 일이다. 진나라가 중국 역사상 최초의 중앙집권 봉건왕조를 세웠으니 이때 항우의 나이는 12세였다.

항우는 어려서부터 글을 배웠지만 중도에 포기하고 검술을 배웠다. 그의 숙부 항량이 이 일을 알고 화를 내자 항우가 말했다.

"글이란 제 이름 석 자만 쓸 줄 알면 되는 거 아닙니까! 하지만 검술은 내 한 몸 지키려고 배우는 게 아닙니다. 수만 명을 지킬 수 있을 정도로 열심히 배워 기량을 닦아야 하지 않겠습니까."

항우의 말이 옳다고 여긴 항량은 그에게 병법을 가르쳐 주었다. 항우는 기뻐했으나 병법을 배워도 대략적인 대의만 알려 할 뿐 깊이 연구하지 않았다. 성장한 항우는 체격이 크고 헌칠하며 다른 사람보다 건장해서 큰 솥도 들어 올릴 정도로 힘이 좋았다. 기백과 재주도 무리 중에서 가장 뛰어났다. 그런데 어느 날 항량이 사람을 죽여 항우를 데리고 오중(吳中, 강소성 소주)으로 도망갔다. 오중에서 그들은 현지의 호걸들과 친분을 맺었는데 모두 항우를 경외하고 부러워했다. 바로 이때 진시황이 동쪽으로 순시하다가 전당강에 왔다. 항우는 스스로 감정을 억제할 수 없는 듯 진시황의 자리를 대신해 자신이 황제가 되겠다는 말을 했다. 얼마 후 진시황은 사구(沙丘, 하북성 평향현 동북)에서 병사한다. 어린 아들 호해(胡亥)가 뒤를 이으니 그가 바로 진이세(秦二世)이다. 진이세는 어리고 우둔하여 환관인 조고가 나라의 대권을 쥐고 있었으며, 이로 인해 통치집단 내부의 알력이 끊이지 않았다. 진나라의 포악한 통치로 계급 간에는 모순이 극대화되고 천하 백성들의 생활은 고통스러웠다. 한편 6국 귀족의 잔여세력도 재건할 시기를 엿보고 있었다. 진왕조는 이렇게 위태로운 시기를 보내다가 마침내 농민들의 봉기를 초래하게 된다. 젊고 건장한 항우는 농민 봉기라는 사나운 비바람을 타고 역사의 무대에 처음으로 모습을 드러낸다.

군사를 일으켜 진나라에 반기를 들다

기원전 209년(秦二世 원년)에 중국 역사상 최초의 대규모 농민 봉기가 일어났다. 같은 해 7월[27] 진승(陳勝)과 오광(吳廣)은 대택향(大澤鄕, 안휘성 숙현 동남쪽)에서 봉기하여 진현(陳縣, 하남성 회양현)에 정권을 세우고 장초(張楚)라 했다. 진승은 스스로 초나라의 왕이 되었다. 대택향에서 인재를 모으기 시작하자 천하에서 호응하여 많은 사람이 구름처럼 몰려들었으며, 순식간에 진나라에 반대하는 기치가 전국에 꽂혔다.

같은 해 9월 항우도 항량과 오중에서 병사들을 모아 봉기를 준비
했다. 당시 회계(會稽) 군수(郡守) 은통(殷通)도 진나라 정권의 위태로
움을 알고 항량에게 환초(桓楚)와 함께 대장으로 삼겠다고 제안했다.
항량은 환초가 있는 곳을 항우가 안다고 한 뒤 항우를 찾아 상의하여
항우에게 검을 가지고 밖에서 기다리라 했다. 준비를 마친 항량이 다
시 돌아와 은통에게 말했다.

"항우를 오라 하여 환초를 찾게 하시지요."

은통이 그러라 했다. 항우가 들어오자 항량이 그에게 눈짓을 보내
며 소리쳤다.

"때가 되었다! "

말이 끝나기도 전에 항우가 보검을 뽑아 은통을 죽였다. 항량은 은
통의 머리를 들고 회계 군수의 인수를 몸에 찬 뒤 흔들며 나왔다. 은통
의 죽음으로 군수부 안이 소란스러워지면서 군수의 부하들이 공격해
오자 항우가 검을 뽑아 100여 명을 죽였다. 나머지 사람들은 감히 맞설
엄두를 내지 못하고 땅바닥에 엎드렸다. 군수부가 평정되자 항량은 친
분을 쌓아 둔 호걸과 관리들을 불러 군대를 정비하라고 했다. 부근에서
병사와 병마를 모으니 금세 8,000의 정예병이 구성됐다. 항량은 이들
을 각 계급의 장수들에게 고루 배치하고 스스로 회계의 군수가 되고,
항우는 부장(副將)이 되어 정식으로 진나라에 반기를 들었다.

이때 진승이 이끄는 봉기군은 함곡관(函谷關, 하남성 영보 서남)을 쳐들어가 함양(咸陽) 동쪽 희(戱, 섬서성 임동) 땅에 도착했다. 당황한 진이세는 그제야 비로소 위급함을 깨닫고 급히 장함(章邯)에게 명을 내려 여산(驪山)에서 부역하는 죄수들을 병사로 삼아 반격하게 했다. 봉기군은 이곳저곳에서 모여든 오합지졸인 데다 힘이 분산되어 장함을 이겨내지 못했다.

기원전 208년(秦二世 2년) 1월에 진승이 죽고 그의 부하 소평(召平)이 군사를 이끌고 광릉(廣陵, 강소성 양주현 동북)을 공격했다. 그러나 진승의 병사들이 패하고 진나라 군대가 남하한다는 소식을 듣게 되자, 소평은 진승의 명령이라 가장하여 장초의 상주국(上柱國)[28]이 된 항량을 방문한다. 소평은 항량에게 군사들을 이끌고 서쪽의 진나라 군대를 격파해 달라고 부탁한다. 이에 항량은 8,000기병을 이끌고 장강(長江)을 건너 서쪽으로 진군했다. 가는 도중에 병사와 말을 더 모아 항량의 부대는 순식간에 커져 하비(下邳, 강소성 휴녕현 서북)에 도착했을 때는 이미 6만~7만에 달했다. 주력부대는 바로 젊은 장수 항우가 이끌고 있었다.

진승이 죽었다는 소식을 들은 항량은 그해 6월 설(薛, 산동성 등현 동남) 땅에서 각 지역의 봉기군 장수들을 불러 계책을 논의했다. 유방(劉邦)은 5,000~6,000의 병사를 모아 항량의 진영에 합류했다. 이때 항량이 병사 5,000과 10명의 장수를 더 보탬으로써 유방의 세력은 더 커졌다. 항량은 설 땅에서 봉기군을 정비하고 책사 범증(範增)의 건의로 민간에서 양치기로 살고 있던 초회왕(楚懷王)의 손자 심(心)을 찾아 왕으로 옹립하고 우이(盱眙, 강소성 우이현 동북)를 수도로 정했다. 항량은 스스로 무신군(武信君)이라 칭하고 군대를 통솔했다.

모든 준비를 마치자 항량은 동아(東阿, 산동성 양곡현 동북)를 포위하고 있는 진나라 군대를 격파하고 정도(定陶, 산동성 정도현 서북)에까지 지 추격했다. 같은 시각에 항우와 유방도 각각 성양(城陽, 산동성 하택현 동북)과 복양(濮陽, 하남성 복양현 서남) 동쪽에서 진나라 군대를 크게 무찔렀다. 항우와 유방은 남쪽 정양을 공격했지만 승부를 보지 못하자 서쪽 옹구(雍丘, 하남성 기현)에서 진나라를 다시 한 번 격파하고 삼천(三川) 군수(郡守) 이유(李由)를 죽였다. 승세를 몰아 동북쪽으로 방향을 돌려 외황(外黃, 하남성 기현 동북)을 점령했다. 그런데 이때 항량이 죽었다는 소식이 들렸다. 봉기군의 승세에 자만한 항량이 적을 가볍게 생각한 것이다. 장함은 항량의 자만심을 이용해 진나라의 구원병이 도착할 때까지 기다렸다가 정도에서 항량의 부대를 습격했다. 다급하게 방어하려 했지만 항량은 끝내 목숨을 건지지 못했으며, 봉기군도 큰 손실을 보게 되었다.

항우와 유방은 항량이 죽었다는 소식을 듣고 곧바로 외황에서 군대를 철수해 진류(陳留, 하남성 진류현)를 공격했지만 함락시키지 못했다. 항량이 전사하고 봉기군의 사기는 크게 떨어졌다. 항우와 유방, 여신(呂臣)은 동쪽으로 이동하여 팽성(彭城, 강소성 서주) 부근으로 군대를 옮겼다. 여신의 부대는 팽성의 동남쪽, 항우의 부대는 서쪽, 유방의 부대는 서북쪽 탕(碭, 안휘성 탕산현 남쪽)에 각각 주둔했다. 승리를 거둔 진나라 군대를 앞에 두고 봉기군은 전세가 유리해질 때까지 기다릴 수밖에 없었다.

솥을 부수고 배를 침몰시키다

진나라 장수 장함은 정도에서 승리하자 초나라 땅에서 일어난 봉기군의 역량이 보잘것없다고 치부했다. 이 때문에 봉기군은 내버려두고 그해 윤 9월에 황하(黃河)를 건너 이제 막 국호를 회복하고 왕이라 칭한 조나라를 공격했다. 대군 앞에서 조나라 군사들이 한단(邯鄲)을 지키지 못하고 패하자 조왕 헐(歇)과 재상 장이(張耳)는 거록(巨鹿, 하북성 평향)에까지 퇴각한다. 장함은 진나라 장수 왕리(王離)의 명을 받아 거록성을 포위하고 자신이 이끄는 부대는 거록성 남쪽의 극원(棘原)에 주둔시켰다. 황하에서 거록성까지 용도(甬道)[29]를 지어 군량을 운송했다. 위기에 빠진 조왕 헐은 초왕에게 거듭 구원을 요청했다.

초회왕(楚懷王)은 이때 우이에서 팽성으로 돌아와 직접 항우와 여신의 군대를 지휘했다. 초회왕은 송의(宋義)를 상장군(上將軍), 항우를 그 밑의 장수, 범증을 말단 장수로 각각 임명해 대군을 이끌고 조나라를 구원하러 출정하는 한편 유방을 서쪽 관중(關中)으로 보내 진나라의 요새로 곧장 돌진하라 명했다.

기원전 207년 10월, 송의가 이끄는 지원군이 안양(安陽, 산동성 조현 동쪽)에 도착했지만 진격하지 못하고 46일 동안 관망하고 있었다. 거록성 안의 조나라 군사들은 무척 초조했다. 성 밖에서도 답답함을 참지 못한 항우가 송의에게 말했다.

"조왕께서 포위되신 지금 형세가 상당히 위급합니다. 하루빨리 황하를 건너 우리가 바깥에서 공격하고 조나라 군대가 안에서 호응한다면 분명 진나라를 이길 수 있습니다."

그러나 속으로 다른 생각을 하고 있던 송의는 항우의 말을 듣지 않았다. 진나라 거록성 안의 조군과 싸워서 이기면 이미 한바탕 전쟁으로 지친 진나라를 공격하여 전멸시킬 수 있고, 반대로 진나라가 지면 초군을 서쪽으로 진군시켜 진나라를 공격하겠다는 심산이었다.

"적을 향해 돌격하여 적진 깊숙이 들어가는 건 내 그대만 못하고 계책을 짜는 것은 그대가 나만 못하오."

말로는 부족했던 송의는 항우를 완전히 굴복시키기 위해 지휘를 따르지 않는 자는 목을 베겠다고 명령했다.

장맛비가 연일 쏟아지고 기온은 떨어졌다. 군량이 점점 부족해지고 얇은 옷을 입은 군사들은 추위에 고통스러워 했다. 그런데 군대를 이끄는 송의가 아들을 제나라로 보낸다고 직접 먼 곳까지 데려다 주고 큰 연회도 열었다. 이를 본 항우는 조바심이 나고 화가 났다. 온 힘을 모아 진나라를 공격해야 할 상황에서는 오랫동안 꿈쩍도 하지 않고, 기근이 들어 백성들이 고통 받고 군사들의 식량이 바닥났는데도 군대를 통솔한다는 자가 큰 연회를 연다는 건 아무리 생각해도 도리에 맞지 않았다.

"조나라는 이제 막 나라를 세워 힘이 미약하고 진나라는 매우 강성하다. 진나라가 조나라를 공격해 섬멸한다면 그 기세는 더욱 커질 것이다. 그때가 된다면 전국의 형세는 더욱 나빠져서 어떤 기회조차 없을 것이다. 게다가 초군의 주력부대가 진나라에 패배한 지금 초회왕의 심기가 불편한 가운데 모든 병력을 송의에게 주고 나라의 안위를 맡기다니……. 병사들을 돌볼 줄도 모르고 사심만 채우려 하는 송의는 마음속에 나라 걱정은 두지 않는 자이다!"

11월 어느 맑은 날 항우는 송의와 만날 기회를 빌려 장막 안에서 그를 죽이고 장수들에게 선포했다.

"송의는 초나라를 배반했다. 초회왕께서 내게 그를 죽이라는 밀령을 내리셨다."

당시 전 군대의 장수들은 항우의 기세에 압도되어 아무도 반대하지 못했다.

"일찍이 초왕을 옹립한 것도 본래 항우 장군의 항씨 집안이었으니, 장군께서 송의를 죽이신 것은 반란을 진압한 것입니다."

이렇게 하여 여러 장수는 송의를 대신해 항우를 상장군 대리로 추대했다. 항우가 초회왕에게 이 사실을 알리자 왕은 그를 정식으로 상장군에 임명하고 전군을 통솔하여 조나라를 구원하라 명했다. 이로부터 항우는 봉기군의 최고 군사지휘자가 된다. 항우의 명성은 초나라뿐 아니라 여러 제후국에 퍼졌다. 이때 그의 나이는 25세에 불과했다.

송의가 군대를 움직이지 않았기에 당시 상황은 더욱 나빠졌으며, 장함이 이끄는 진나라 주력부대의 거만함은 하늘을 찌르고 있었다.

거록성 바깥에는 강력한 군대가 국경에까지 접근하였으며, 진나라 장수 왕리(王離)가 많은 병사와 충분한 식량을 가지고 맹렬하게 공격해왔다. 반면 거록성 안의 조나라 군대는 병사 수도 적을뿐더러 양식도 끊어져 하루하루 위태로운 시간을 보내고 있었다. 조나라 장수 진여(陳餘)는 항산(常山) 일대에서 몇 만의 병사들을 모아 거록성 북쪽에 주둔했고, 장오(張敖)는 대군(代郡, 하북성 울현 동북)에서 1만이 넘는 병마와 병사를 모아 진여의 군영 근처에 주둔했다. 각지에서 조나라를 구원하러 군대가 모여들어 거록성 바깥으로 10여 곳에 담을 쌓아놓았지만 누구도 감히 진나라와 싸우려 하지 않았다. 진군에게 포위당한 거록성의 조나라 재상 장이(張耳)는 진여에게 공격하라고 했다. 그러나 진여가 아군 병력이 부족하다고 판단하고 망설이자 화가 난 장이는 다시 장염(張黶)과 진택(陳澤)을 보내 그를 질책했다. 그러자 진여가 상황을 변명했다.

"제 생각으로는 지금 진나라를 공격한다 해도 조나라를 구원할 수 없습니다. 마치 굶주린 사자에게 고기를 던져주는 것과 같아 공연히 병사만 잃게 될 것입니다."

장염과 진택은 진여에게 상황이 이러하니 자신들이 진군을 공격하겠다고 했다. 진여는 그들에게 군사 5,000을 주고 진군을 공격하게 했다. 결과는 물론 대패였다. 갈수록 심각한 상황에서 진나라를 몰아내고 조나라를 구하기 위해서는 항우가 이 전쟁에 가담하느냐가 관건이었다. 그것은 또한 봉기군의 승패와도 관련됐다.

기원전 207년(秦二世 3년) 12월 항우는 비장한 각오를 하고 북쪽으로 진군하여 거록성을 향해 출병했다. 영포(英布)와 포(蒲) 장군을 선봉으로 보내 군사 2만을 이끌고 장수(漳水)를 건너 진군의 통로를 차단하여 왕리 군대의 군량 보급을 막게 했다. 뒤이어 항우가 전군을 이끌고 북쪽으로 향했다. 장수를 건넌 뒤 그들은 탔던 배에 구멍을 내 침몰시키고 밥 짓는 솥을 부수었다. 모든 사람이 각자 사흘 치 식량만 지닌 채 절대로 후퇴하지 않고 이기겠다고 결심했다.

그들의 앞에는 위풍당당한 진군이 버티고 있었으며, 뒤에는 높고 거센 물결이 이는 강이 있었다. 초군은 진군을 물리쳐 거록성을 구하는 것이야말로 그들이 빠져나갈 수 있는 유일한 출구라고 생각했다. 그렇지 않으면 전군이 몰살되고 고기밥이 될 것이다. 때문에 솥을 깨고 배를 침몰시키는 방법은 초군의 사기를 격양시켜 주었고, 투지도 왕성하게 만들었다. 항우는 강을 건너 맹렬한 기세로 왕리의 군대를 포위했다. 아홉 번의 격렬한 싸움 끝에 진군은 대패했다. 진나라 장수 소각(蘇角)은 죽고 대장군 왕리는 포로로 잡혔다가 궁지에 몰려 자결했다. 이번 거록성의 전투에서 조나라를 구원하러 온 여러 장수는 진군의 폭위에 눌려 감히 공격하지 못했다. 그런데 멀리서 초군이 용맹스럽게 공격하고 혼자서 100명을 상대하겠다는 각오로 목소리가 하늘을 찌르자 모두가 간담이 서늘해질 정도로 놀랐다. 이렇게 진군을 물리치자 구경만 하고 있던 장수들이 항우의 진영으로 몰려들었다. 그들은 하나같이 몸을 낮추어 무릎을 꿇고 감히 고개를 들지 못했다. 과감하게 지휘하고 용감하며 결사정신으로 무장해 두려울 것 없는 항우의 영웅적 기질이 이 장수들을 탄복시킨 것이다. 이로부터 각 지역의 제후들은 항우를 떠받들었으며, 항우 역시 각 제후의 상장군과 군대를 아우르게 되었다.

거록에서 진군을 물리쳤으나 진군의 병력이 완전히 소멸되진 않았다. 거록의 서남 극원(棘原)에서 장함이 진군의 21만 주력부대를 주둔시키고 있었다. 항우는 바로 병사들을 이끌고 남쪽으로 내려가 장수의 남쪽에 주둔하여 장함의 부대와 몇 달간 대치했다. 당시 아무것도 모르고 있던 진이세는 전투를 못한다며 장함에게 사자를 보내 엄하게 꾸짖었다. 장함은 왕의 눈과 귀를 가리면서 정권을 장악하고 있는 조고의 암수가 두려워지기 시작했다. 그러던 차에 조나라 장수 진여도 장함에게 서신을 보내 반진(反秦)을 권유했다. 이러지도 저러지도 못하는 사이에 항우가 포 장군에게 군대를 주어 삼호진(三戶津, 하북성 임장현 서쪽)을 건너 진군과 싸우게 했다. 그 결과 제대로 된 싸움도 못해 보고 진군은 크게 패했으며, 항우는 주력부대를 이끌고 오수(汗水, 장수의 지류, 임장현 부근)가에서 다시 진군의 잔여부대를 무찔렀다. 일이 이렇게 되자 장함도 어쩔 수 없었다.

"내 비록 전쟁에서 승리한다 해도 조고가 자신의 공로를 질투해 음모를 꾸밀 것이고, 실패하면 심하게 문책할 것이다."

장함도 진군에 반기를 들자 진나라의 주력군은 존재가 없어졌다.

거록성의 싸움은 진이세의 잔악한 통치를 뒤엎는 결정적인 전투였다. 항우가 병사를 일으키고 장함이 투항하기까지 모두 아홉 달 만에 봉기군은 승리를 거두었다. 거록성 전투의 승리는 항우의 영웅 기질과 뛰어난 군사 지휘 능력을 여실하게 보여 주었다. 게다가 봉기군이 서쪽의 관중(關中)으로 들어가 진나라를 멸망시킬 수 있는 조건을 만든 것이다.

그 후 항우가 이끄는 각지의 군사들과 진나라의 투항군은 관중을 향해 진나라를 섬멸할 준비를 한다. 그런데 제후국의 군대가 진나라의 투항군을 받아주었다며 원망 섞인 말을 했다. 항우는 혹시나 변란이 생기지나 않을까 하여 영포와 포 장군을 불러 상의했다. 신안(新安, 하남성 민지현 동쪽)에서 항우는 장함, 사마흔(司馬欣), 동예(董翳)만 남기고 진나라의 투항군 21만 명을 성의 남쪽에서 생매장시켰다.

음모와 살기가 가득한 홍문(鴻門)의 잔치

항우가 함곡관에 도착하니 유방의 군대가 관문을 지키고 있었다. 일찍이 송의, 항의, 범증이 북쪽으로 조나라를 구원하러 갈 때 초회왕은 유방을 서쪽 함양으로 보냈다. 그리고 이들에게 약속하기를 먼저 관중으로 들어간 자를 관중의 왕으로 삼겠다고 했다. 진군의 주력군은 모두 거록성 근처에 집결해 있었으며, 항우와 장함이 격렬하게 교전하고 있을 때 유방은 무관(武關, 섬서성 상남현 동남)을 점령하고 기원전 206년(漢 원년) 10월 함양에 도착했다. 이때 진이세는 조고에게 죽음을 당했으며, 왕자 영(嬰)은 유방에게 항복한 상태였다. 유방은 관중의 왕이 되기 위해 함곡관을 지키며 다른 제후들이 들어오지 못하게 한 것이다. 항우는 유방이 이미 함양에 들어갔다는 사실에 크게 분노하고 영포를 보내 함곡관을 공격하라 했다. 12월 중순 항우는 대군을 이끌고 희서(戱西)에 도착했다.

유방의 부하 조무상(曹無傷)은 항우가 유방에게 불만을 품고 있다는 말을 듣고 항우에게 잘 보일 좋은 기회라 여기고 사람을 시켜 이 내용을 밀고했다.

"패공(沛公, 유방)은 관중의 왕이 되려 합니다. 태자 영을 재상으로 삼아 진나라 궁실의 보옥을 전부 자기가 차지하려 합니다."

곁에서 항우의 참모 범증도 입을 열었다.

"유방은 산동에 있을 때 재물을 탐하고 색을 좋아했습니다. 그런데 관중에 들어간 뒤에는 재물을 취하지도, 여색을 가까이 하지도 않으니 그의 뜻이 작지 않음을 알 수 있습니다. 하루빨리 공격하지 않으면 그를 무너뜨릴 기회를 잃을 것입니다."

항우는 여러 장수의 말을 듣고 의기에 가득 찼다.

"내일 아침 군사들을 배불리 먹여라. 패공을 공격할 것이다! "

이때 항우가 가진 병력은 40만이었으나 100만이라 하고 신풍의 홍문(新豐鴻門, 섬서성 서안시 동북)에 주둔시켰다. 유방은 10만 병력을 21만으로 속이고 패상(霸上, 섬서성 서안시 동남)에 주둔시켰다. 이렇게 두 군대는 이미 병력상에서 큰 차이를 보이며 전체적으로 유방에게 불리하게 되었다.

한편 항우에게는 항백(項伯)이란 숙부가 있었다. 항백은 유방의 참모인 장량과 친분이 있었다. 일찍이 항백이 사람을 죽였을 때 장량이 도와준 것이다. 그는 이튿날 전쟁이 일어난다는 소식을 들은 항백은 밤낮을 쉬지 않고 유방의 군영으로 달려갔다. 장량에게 그 소식을 알려주며 함께하기를 권유했으나 장량은 유방을 배신하고 싶지 않았기에 항백이 가져온 소식을 곧바로 유방에게 보고했다. 유방은 항백을 맞아들여 친숙부 대하듯 예를 갖추어 직접 술을 따라주며 말했다.

"제가 관중에 들어와서 탐낸 것은 추호도 없습니다. 호적책(戶籍冊)도 잘 보관해 놓았고 창고도 그대로 봉해두어 항 장군이 오시기를 기다리고 있었습니다. 제가 함곡관을 지키게 한 것은 다른 도적들의 침입을 막기 위함일 뿐입니다. 자나깨나 항 장군이 오시길 기다리고 있는데 어찌 항 장군에게 반기를 들겠습니까. 숙부께서 돌아가시면 항 장군께 잘 말씀해 주십시오. 저 유방은 결단코 은혜를 잊고 의를 저버리는 사람이 아닙니다."

항백은 그렇게 하겠다고 하고 권유의 말을 덧붙였다.

"내일 아침 일찍 패공께서 직접 오셔서 항 장군에게 사죄하시는 게 좋겠습니다."

유방이 항백의 말대로 따르겠다고 하자 항백은 군영으로 돌아가 항우에게 사정을 말하며 설득했다.

"패공이 먼저 관중을 공격하지 않았다면 장군께서 어찌 쉽게 들어오실 수 있겠습니까? 공을 세운 사람에게 상을 주지는 못할망정 공격하신다니 정말 안 될 말입니다! 내일 패공이 사죄하러 온다고 하니 잘 대해주셨으면 합니다."

항우는 항백의 말을 듣고 일단 그렇게 하기로 했다.
이튿날 아침 유방이 시종 100여 명을 이끌고 홍문에 와 항우에게 사죄했다.

"저와 장군이 힘을 합쳐 진나라를 공격할 때 장군께서는 황하(黃河)의 북쪽에서 격전을 벌이셨고 저는 황하의 남쪽에서 싸우고 있었습니다. 그런데 뜻밖에도 제가 먼저 관중에 들어와 진나라를 항복시켰지만 저는 단지 장군이 오시기를 기다린 것입니다. 지금 어떤 소인배가 장군을 도발시키고 있는 것 같으니 이제 그만 저에 대한 오해는 푸시기 바랍니다."

"이 모든 것은 조무상 때문에 벌어진 일이오. 그자가 내게 말하지 않았다면 내 오해가 어떻게 이 지경에까지 이르렀겠소!"

항우는 화가 누그러져 연회를 베풀어 유방을 대접하기로 했다. 주연이 마련되자 항우와 항백은 서쪽, 범증은 북쪽, 유방은 남쪽, 장량은 동쪽에 각각 자리를 잡고 앉았다. 술자리가 무르익을 무렵에 범증이 항우에게 자주 눈짓을 보냈다. 동시에 허리에 찬 옥을 만지며 유방을 죽이라는 신호를 보냈다. 항우가 재차 신호를 무시하자 범증은 초조해져 밖으로 나와 항우의 사촌인 형장(項莊)에게 일렀다.

"항 장군께서 차마 패공을 죽이지 못하고 계시오. 그대가 지금 연회에서 축배를 올리고 칼춤으로 흥을 돋우겠다고 말하시오. 칼춤을 추다가 기회를 봐서 유방을 죽여야 하오. 그렇지 않으면 항씨 집안은 훗날 패공의 포로가 될 것이오."

형장은 연회가 벌어지는 곳으로 들어가 술을 올린 뒤 항우에게 말했다.

"항 장군과 패왕께서 술을 즐기시는데 군중에 즐길 거리가 아무것도 없습니다. 그러니 제가 칼춤으로 여기 계신 분들의 흥을 돋을까 합니다."

항우가 동의하자 형장은 칼을 뽑아 춤을 추기 시작했다. 항백은 형장이 칼춤을 추는 의도가 유방에게 있음을 알고 자신도 칼을 빼어 형장에게 맞서 춤을 추었다. 형장의 칼이 유방으로 향하기만 하면 항백이 받아치자 형장은 유방을 죽이기가 쉽지 않았다. 칼춤을 보던 장량도 심상치 않은 분위기를 느끼고 가만히 앉아 있을 수 없어 연회장 밖으로 나가 번쾌(樊噲)를 찾았다. 장량을 본 번쾌는 아무것도 모른 채 물었다.

"안의 일은 어떻게 되었소?"

장량이 대답했다.

"형장이 칼춤을 추면서 패공을 죽이려 하오."

장량의 말에 번쾌는 화가 치밀어올랐다.

"안 되겠습니다! 내가 들어가 패공과 생사를 함께하겠습니다! "

번쾌는 말을 하자마자 칼을 차고 방패를 들고 안으로 뛰어들었다. 그러나 문 앞에서 지키고 있던 병사가 그를 막아서며 보내주지 않았다. 번쾌가 옆에 있던 방패로 밀치니 병사는 땅바닥에 고꾸라졌다. 그 틈을 타 성큼성큼 연회장 안으로 들어간 번쾌는 머리칼을 곤두세우고 눈초리가 찢어질듯 항우를 노려보았다.

번쾌를 본 항우도 갑자기 벌어진 일에 놀라 자리에서 일어났다. 순간적으로 보검을 만지며 큰 소리로 물었다.

"너는 누구냐?"

곁에 선 장량이 바로 대답했다.

"그는 패공을 호위하는 번쾌이옵니다."
"장사로군! 그에게 술을 내려라! "

번쾌는 항우에게 예를 표하고 몸을 일으켜 항우가 주는 술잔을 단숨에 들이켰다. 그것을 본 항우가 또 말했다.

"그에게 돼지 다리를 주어라!"

시중드는 이가 돼지 다리를 가져다주자 번쾌는 방패를 땅에 놓고 돼지 다리를 칼로 잘라 그 자리에서 먹어 치웠다.

"참으로 장사구나! 술을 더 마실 수 있겠는가?"

항우가 묻자 번쾌가 대답했다.

"저는 죽음도 두렵지 않은 사람인데 술 몇 잔이 무슨 대수겠습니까! 진왕은 호랑이처럼 잔인하여 사람을 죽임에 조금도 망설임이 없어 천하 사람들이 그에 반대하고 일어났습니다. 관중으로 들어가기 전에 초회왕과 여러 장수는 먼저 함양에 들어가는 자를 왕으로 봉하기로 약조했습니다. 그런데 지금 패왕께서 먼저 함양에 입성하시어 아무것도 취하지 않고 항 장군이 오시길 기다리고 있었습니다. 창고도 그대로 봉해두고 군대도 패상으로 물렸거늘 이렇게 노고가 많고 공이 큰 패왕에게 상을 내리시기는커녕 오히려 소인배의 이간질을 들으시고 죽이려 하십니까? 이것이 어찌 망한 진나라와 다를 것이 있겠습니까? 실로 옳지 않은 일이라 생각합니다!"

항우는 어떻게 대답해야 할지 몰라 번쾌에게 그저 흥분을 가라앉히고 앉으라고 했다. 번쾌는 장량의 곁에 앉았다. 잠시 시간이 흐른 뒤 유방은 측간에 간다며 번쾌와 함께 연회장을 나왔다. 점점 위태로운 분위기 속에서 유방은 빨리 돌아가야겠다고 생각했다. 그러나 항우에게 작별인사를 하지 않은 게 마음에 걸려 번쾌에게 의견을 물었다.

"지금 저들이 식칼과 도마를 가지고 있으면서 우리를 생선으로 생각하고 있는데 무슨 인사를 한단 말씀이십니까."

이때 장량도 따라 나왔다. 유방은 장량더러 항우에게 대신 인사하라 맡기면서 백벽(白璧) 하나와 옥두(玉斗) 한 쌍을 주고 각각 항우와 범증에게 예물로 주라고 했다. 유방은 따르던 이를 모두 두고 홀로 말에 올라 번쾌와 세 장수들의 호위를 받아 여산 자락에서 지양(芷陽, 섬서성 장안현)을 거쳐 패상에 있는 군영으로 달렸다. 홍문과 패상은 40리 길이었으나 유방 일행은 지름길로 달려 21리로 단축했다. 장량은 유방이 군영에 다다를 때 즈음 연회장으로 들어가 항우에게 사정을 말하며 대신 인사했다.

"패공께서 주량이 약해 많이 취하였습니다. 직접 하직을 고하지 못하고 떠남에 특별히 제게 백벽을 대왕께 바치고 옥두 한 쌍을 범 장군께 바치라 하였습니다."

항우가 바로 물었다.

"패공은 지금 어디 있는가?"
"항 장군께서 나무라실까 봐 홀로 되돌아가셨으니 지금쯤 패상의 군영에 도착하였을 겁니다."

항우는 백벽을 받아 자리에 놓아두었다. 그러나 범증은 옥두를 가져와 땅바닥에 놓아두고 칼로 깨뜨리면서 분개했다.

"에이! 우둔한 자와는 일을 함께할 수 없구나. 앞으로 항우에게 천하를 빼앗을 자는 분명 패공일 것이다. 우리는 그들에게 포로로 잡힐 것이다! "

패상으로 돌아온 유방은 곧바로 조무상을 죽였다.

여러 제후 왕에게 분봉(分封)하다

홍문에서 연회가 끝나고 며칠 뒤 항우는 여러 장수를 이끌고 함양에 들어갔다. 진나라의 왕자 영(嬰)을 죽이고 모든 궁전에 불을 질렀다. 다섯 걸음마다 누각이 있고 열 걸음마다 고각이 있다는 아방궁도 전부 탔다. 항우가 질러 놓은 불은 석 달 내내 꺼지지 않았다고 한다. 항우가 진나라 궁전에서 빼앗은 보옥과 미녀들을 데리고 팽성으로 돌아갈 채비를 하자 주위에서 말렸다.

"관중은 산이 있고 물이 있으며 사면의 지세가 험해 수비하기가 좋습니다. 토지도 비옥하니 이곳에서 나라를 세우고 패천하(霸天下)라 칭하십시오."

　그러나 항우는 심하게 타 재만 남은 진나라 궁전을 보고 불현듯 고향이 생각났다.

　"부귀와 공명을 얻고도 고향으로 돌아가지 않는다면 비단옷을 밤에 입고 돌아다니는 것과 같다. 누가 나를 알아주겠는가! "

　누군가 항우의 뒤에서 그를 비웃으며 말했다.

　"사람들이 초나라 사람은 사람의 옷을 입고 사람의 모자를 쓴 원숭이 같다더니 이제 보니 그 말이 헛된 말이 아니었군! "

　그런데 어디선가 항우도 이 말을 듣고 그 자를 찾아내 삶아 죽이라고 명령했다.

　얼마 뒤 항우는 초회왕에게 사람을 보내 진나라를 섬멸한 뒤의 일을 물었다. 초회왕은 원래의 약속대로 처리하라는 답을 보냈다. 그 말은 곧 관중으로 먼저 들어간 유방을 왕으로 봉한다는 뜻이다. 항우는 기분이 언짢았다.

　"애초에 초회왕을 옹립한 것은 진나라를 치기 위해서였다. 그것도 우리 항씨 집안에서 세워준 왕이거늘 아무런 공로도 없으면서 무슨 권리로 맹약을 주재한단 말인가! 3년 동안 갑옷을 입고 무기를 들고 전쟁터에 나간 것은 모두 여러 장수와 나로다."

항우는 겉으로는 초회왕을 왕으로 칭하고 침(郴, 호남성 침현) 땅을 수도로 삼았으나 사실상 그 지위는 유명무실했다.

기원전 206년 2월에 항우 스스로 서초패왕(西楚霸王)이 되어 원래 초나라와 위나라 영토의 대부분을 자신의 영토로 삼았다. 지금 절강성, 강소성, 산동성 서부, 하남성 동부를 차지하여 팽성을 수도로 정한 것이다. 항우는 유방을 관중의 왕으로 세우고 싶지 않았으나 그렇다고 여러 제후와의 약속을 어길 수도 없었다. 이에 범증과 상의한 끝에 유방을 한왕(漢王)으로 봉하여 한중, 파, 촉 지역(漢中, 巴, 蜀, 섬서성 남부, 사천성 북부)을 주고 남정(南鄭, 섬서성 남정현)에 도읍하게 했다. 파와 촉 지방은 산세가 험하고 교통이 불편하여 유방이 세력을 키우기 어려운 곳이며 동시에 관중 지역이니 맹약을 깨는 것도 아니었다. 유방이 관중을 통해 동쪽으로 세력을 확장시키지 못하도록 항우는 다시 관중을 세 구역으로 나누었다. 진나라에서 투항한 장함을 옹왕(雍王)으로 세워 폐구(廢丘, 섬서성 흥평현 남부)에 도읍하게 하고, 사마흔을 새왕(塞王)으로 세워 역양(櫟陽, 섬서성 임동현 동북)에 도읍하게 하며, 동예를 적왕(翟王)으로 세워 고노(高奴, 섬서성 연안시)에 도읍하게 했다. 이렇게 하여 유방의 동부 진출로를 막고 관동 지역을 다시 14개로 나누어 제후 왕을 세운 항우는 제후 왕들의 맹주로 자칭했다.

항우가 정한 분봉제는 혼란스러운 전국시대와 진나라의 학정에 시달려온 백성들의 바람과는 거리가 멀었다. 단지 진시황이 천하를 통일하기 이전인 군웅할거 상태로 되돌아갔을 뿐 다른 게 없었다. 게다가 제후를 봉하는 데에 있어서도 기준이 공로의 크고 작음에 의해서가 아니며 뚜렷한 기준이 없어 좋은 자와 나쁜 자가 뒤섞였다. 불공평한 결정으로 인해 누구는 봉지를 받지 못하고, 누구는 봉지를 받았어도 좁은 면적 때문에 불만은 더욱 커지면서 할거세력 사이에 마찰과 투쟁이 조성됐다.

그해 4월에 영지를 받은 여러 제후는 각자 병력을 이끌고 하사받은 영지로 떠났다. 항우도 팽성으로 돌아왔다. 항우는 팽성에 있던 의제에게 도성을 침현으로 옮기라고 재촉했다. 의제가 떠난 뒤 항우는 사람을 보내 도중에서 그를 죽였다.

얼마 후 관동 지역에서 제후들 사이에 전쟁이 일어났다. 영지를 받지 못한 전영(田榮)이 항우에게 불만을 품은 것이다. 전영은 제나라 왕인 전도를 몰아내고 스스로 제왕이 되었으며, 팽월(彭越)과 연합하여 항우를 치려고 했다. 마찬가지로 영지를 받지 못한 진여는 전영과 힘을 합쳐 상산(常山)에서 그곳의 제후로 봉해진 장이를 격파했다.

이 소식을 들은 항우는 구강왕(九江王) 영포에게 제나라를 치라고 명했다. 그런데 영포가 병을 핑계로 자신은 출전하지 않고 부하에게 수천을 이끌고 항우를 도우라고 보내 항우의 기분을 상하게 했다. 기원전 205년(漢 2년) 정월에 항우는 직접 군사를 이끌고 북쪽으로 향하여 성양(城陽, 산동성 거현)에서 전영을 격파했다. 전영은 평원(平原, 산동성 평원현 남쪽)으로 달아났으나 평원 백성들에게 살해되었다. 항우는 승세를 타고 동쪽으로 북해(北海, 산동성 치박) 일대를 점령했다. 제나라 변경에서 집을 모두 태우고 병사들을 구덩이에 생매장시켜 제나라 백성들마저 항복하게 했다. 전영의 아우 전횡(田橫)이 흩어졌던 수만의 병사들을 모아 성양을 점거하여 항전했다. 전횡은 죽을 기세로 싸워 항우의 수차례 공격을 모두 막아냈다. 항우는 일단 성양 일대를 그대로 두었다.

이때 유방은 이미 대군을 이끌고 함곡관을 지나 항우의 팽성으로 향했다. 이 소식을 전해 들은 항우는 부하 장수에게 성양을 맡기고 3만 정예병을 이끌고 남쪽으로 밤낮을 달려 노(魯, 산동성 곡부현)와 호릉(胡陵, 산동성 어태현 동남)을 거쳐 팽성에 도착했다. 초나라와 한나라 사이의 대규모 전쟁이 이제 막 시작된 것이다.

팽성(彭城)에서의 대승

기원전 206년(漢 원년) 8월 항우가 서쪽 경계를 소홀히 하자 한신(韓信)이 유방에게 동쪽으로 세력을 확장시켜서 천하를 얻자고 건의한다. 유방이 한중에서 출병하여 옹왕 장함을 격파하자 새왕 사마흔과 적왕 동예가 투항해 왔다. 유방의 동쪽 확장을 막기 위해 항우는 정창(鄭昌)을 한왕(韓王)으로 봉하고 양적(陽翟, 하남성 우현)에 주둔시켰다. 유방은 관중을 얻었으니 동쪽으로 세력을 넓힐 생각이 없다는 말을 퍼뜨렸다. 사실 초나라를 멸망시키고 싶었던 건 제나라와 조나라였다. 항우는 유방이 퍼뜨린 헛소문을 듣고 그대로 믿었다. 그런데 기원전 205년(漢 2년) 3월에 항우와 전횡이 성양에서 싸우고 있을 때 위왕(魏王) 표(豹)가 유방에게 투항하고 은왕(殷王) 사마인(司馬印)도 포로로 잡혀 낙양 땅을 내주게 되었다. 동시에 유방은 의제를 장사지내기 위해 여러 제후 왕에게 사신을 보내 항우가 의제를 죽이는 대역죄를 저질렀으니 힘을 합쳐 항우를 치자고 했다. 그해 4월에 유방은 하남왕, 위왕, 은왕 등 다섯 제후 왕들의 부대를 이끌고 항우가 성을 비운 사이 팽성을 점령했다. 유방은 항우의 궁전에서 재물과 미녀들을 빼앗고 날마다 주연을 열어 승리를 자축했다. 항우가 팽성을 되찾기 위해 이끈 병력은 3만이고 팽성에 주둔한 유방의 군대는 56만이었다. 항우와 유방의 병력은 이처럼 큰 차이가 있었기에 유방은 많은 병력만 믿고 목전의 승리에 도취하여 경계를 허술히 했다. 반면에 항우는 적은 수로 반드시 팽성을 되찾겠다고 다짐하여 필사적이었다.

4월의 어느 날 아침 항우는 초군을 이끌고 팽성의 서쪽 소현(蕭縣)에서 동쪽으로 유방이 이끄는 한나라 군대를 공격했다. 오후가 되자 팽성에서 초군이 한군을 크게 무찌르고 도망가는 유방을 동북쪽으로 사수(泗水)에까지 추격했다. 사수가에 이른 한군은 더 이상 가지 못하고 물속에 빠져 익사했다. 그 수는 10만이 넘었다. 한군의 일부는 팽성에서 남쪽으로 도망쳤으나 초군이 팽성 서남쪽의 영벽(靈壁, 안휘성 숙현 서북) 동쪽 수수(睢水) 근처까지 추격해 왔다. 앞에는 수수로 인해 진로가 막혔고 뒤에는 초군의 급습으로 인해 목숨을 잃은 한나라 군사 수는 헤아릴 수 없었다. 10여 만 명이 물에 뛰어들면서까지 도망갈 수밖에 없었지만 사람은 많은 데다 물살은 매우 급했다. 사상자는 갈수록 늘어나 급기야 강바닥에 쌓인 시신들이 수수의 물을 막아 흐르지 못할 정도였다. 유방은 서북쪽을 뚫고 도망가려 했지만 서쪽이든 동쪽이든 사방이 포위되어 빠져나갈 수 없었다. 그런데 갑자기 날씨가 이상해졌다. 서북쪽에서 바람이 일더니 점점 거세져 나무가 꺾이고 집이 무너졌다. 순식간에 돌과 모래가 하늘로 휘말려 올라가 하늘이 깜깜해졌다. 엄청난 동남풍으로 놀란 초나라 군사들은 사방으로 흩어지며 혼란에 빠졌다. 유방은 이 혼잡한 틈을 타서 수십 명의 기병을 이끌고 겹겹이 둘러싸인 포위망을 뚫고 도망쳤다.

팽성의 전쟁은 초나라와 한나라가 최초로 벌인 대전이다. 초나라는 항우의 지휘 아래 적은 수로도 많은 수의 한군을 격파하고 팽성을 되찾았다. 유방에게 투항한 제후들은 다시 항우에게로 돌아섰으며, 유방의 군사는 전멸되었다. 게다가 유방의 아버지 태공(太公)과 부인 여치(呂雉)도 항우의 포로가 됐다.

초나라와 한나라의 대치

팽성 싸움에서 패한 유방은 남은 군사들을 이끌고 형양(滎陽, 하남성 형양현 서남)으로 퇴각했다. 형양에서 여기저기 흩어진 장수들이 다시 병사들을 이끌고 하나 둘 모여들었다. 소하는 관중에서 병력과 물자를 가지고 왔다. 이렇게 한나라 군대는 형양과 성고(成皐, 하남성 형양현)에서 힘을 회복시켜 갔다.

형양과 성고는 관동을 출입할 때 반드시 거쳐야 하는 중요한 도시이다. 산과 강이 있고 지세가 험준하나 북쪽에서 황하가 흘러 제수(濟水)와 만남으로써 수로가 편리한 곳이다. 또한 북쪽의 오창(敖倉)은 진나라 때 만든 관동 최대의 식량창고이고, 서쪽으로는 함곡관이 있어 관중의 물자를 끊임없이 운송할 수 있었다. 따라서 형양과 성고는 공격을 당해도 수비하기 편했으며, 공격하기에도 좋은 전략상 요지이다. 이에 초나라와 한나라 사이의 쟁탈전이 계속 이어지면서 전장은 형양과 성고 지역까지 넓혀졌다.

항우는 팽성에서 서쪽으로 진격해 형양 남쪽의 경읍(京邑, 하남성 형양현 동남)과 색정(索亭, 형양현)에서 유방과 격전을 벌였다. 이 전투에서 한나라에 밀린 초나라는 형양의 동쪽을 막고 한군과 대치했다.

한나라 군대는 형양에서 황하에 이르는 길을 만들어 오창의 양식을 운반했다. 항우가 유방군의 보급로를 끊고 군량을 빼앗으려 하자 유방은 심히 걱정이 되었다. 기원전 204년(漢 3년) 4월에 유방은 항우에게 화친을 맺자 하며 형양 서쪽 땅을 조건으로 걸었다. 항우는 더 이상 서쪽으로 진격하지 않고 유방의 요청에 답하려 하자 범증이 항우를 설득했다.

"한나라 군대를 다루기 어렵지 않으니 지금 공격하지 않으면 나중에 분명 후회하실 겁니다."

항우는 범증의 말을 듣고 형양을 포위했다. 유방의 걱정이 심해지자 진평(陳平)이 나서서 항우와 범증을 이간질하자는 계책을 냈다. 항우의 사신이 한나라 군의 진영에 와 유방을 만났다. 성대한 연회를 준비한 유방은 사신이 들어오자 짐짓 놀라는 척을 했다.

"아, 나는 아보(亞父, 범증)가 보낸 사신인 줄 알았지 항왕이 보낸 사신일 줄은 생각지 못했네."

유방은 주연에 올라온 산해진미를 치우고 거친 밥과 반찬으로 바꾸라 했다. 사신이 돌아가서 항우에게 그대로 보고하자 항우는 범증이 유방과 결탁했다고 의심하여 범증이 가진 권력을 제한했다. 얼마 후 범증이 이 사실을 알게 되자 화가 나 항우에게 고향으로 돌아가 노년을 보내겠다고 말하고 사직했다. 항우는 만류하지도 않았다. 범증은 형양을 떠나 팽성으로 가는 길에 병사한다.

5월에 항우의 공격은 더욱 거세졌다. 그런데 어느 날 밤 형양 동문이 갑자기 열리더니 성 안에서 완전무장한 2,000의 한군이 나와 초군을 향해 돌진했다. 사실 이들은 모두 부녀자였다. 이때 한왕의 표지를 한 수레가 나오고 수레 주위의 병사들이 소리를 질렀다.

"성 안의 양식이 모두 바닥났으니 한왕이 투항하겠다!"

초나라 병사들은 기뻐서 소리 높여 만세를 부르며 잇달아 동문을 바라보았다. 그런데 항우가 수레 안을 보니 유방이 아니고 그의 대장 기신(紀信)이었다.

"한왕은 어디에 있는가?"

기신이 대답했다.

"한왕께서는 이미 빠져나가셨습니다."

알고 보니 유방은 혼란을 틈타 서문으로 빠져나간 것이다. 항우는 속은 게 분해 성을 내더니 기신을 태워 죽이고 형양을 총공격하라 명했다.

관중으로 도망갔다가 돌아온 유방은 다시 군사를 모아 남쪽으로 무관에서 완현(宛縣, 하남성 남양시), 엽현(葉縣, 하남성 엽현남) 일대를

거치면서 초군을 유인했다. 더불어 초군의 병력을 분산시켜 형양을
수비하는 군사들에게 쉴 틈을 주면서 항우를 이기기 쉽게 했다. 한나
라 군대의 뜻대로 항우는 형양에서 남하하여 유방을 찾아냈다. 그러
나 유방은 담을 높이고 지키기만 할 뿐 항우에게 맞서 싸울 생각을 하
지 않았다.

일찍이 팽성에서 항우에게 내쫓긴 뒤 유방은 함곡관 동쪽, 즉 관동
지역을 삼등분하여 영포(英布), 팽월(彭越), 한신(韓信)에게 나누어주
었다. 그리고 한신을 보내 황하 북쪽의 할거세력을 평정하게 하고 북
쪽에서 초군을 압박했다. 항우의 부하인 구강왕 영포에게는 사람을
보내 투항하여 남쪽에서부터 초군을 공격할 것을 권유했다. 또한 팽
월과 연합해 그에게 초군의 후방을 압박하게 했다. 이렇게 항우는 앞
뒤에서 공격을 받게 되자 유방을 놓아두고 동쪽으로 팽월을 공격할
수밖에 없었다.

유방은 성고로 군대를 돌렸다. 항우는 팽월을 무찌르고 서쪽으로
나아가 단번에 형양을 함락시키고 다시 나아가 성고를 포위했다. 유
방이 성고에서 황하 북쪽의 수무(修武, 하남성 획가현)로 도망치자 항우
는 성고도 함락시키고 유방을 추격했다.

이때 유방은 한신의 병력을 빼앗아 세력을 보충하여 공지(鞏地, 하
남성 공현)를 지키는 한편 항우가 서쪽으로 오지 못하게 했다. 또한 군
사를 보내 백마진(白馬津, 하남성 활현 동북)을 건너 초나라 영토에 들어
가 팽월과 함께 초군의 식량을 태우고 외황을 비롯한 10여 개의 성을
공격했다. 그해 9월에 항우는 동쪽으로 팽월을 치기 위해 성고에 조구
(曹咎)를 남기기로 한다. 그가 떠날 무렵 조구에게 성고를 단단히 지

키라고 신신당부했다.

"내 15일 안으로 반드시 팽월을 섬멸하고 양 땅을 평정한 뒤 돌아와 그대와 함께 유방을 공격할 것이다. 한나라가 도발해도 절대 나가서 맞서지 말라."

과연 항우는 빠른 속도로 진류(陳留)를 함락시키고 외황을 포위했다. 그러나 외황의 수비가 견고하여 바로 함락시킬 수 없었다. 분노가 극에 달한 항우는 외황을 차지한 뒤 성 안에 있는 15세 이상 남자들을 생매장시키려고 했다. 그런데 13세의 아이가 항우를 보고 말하길

"이렇게 하시면 백성들이 대왕을 받들지 않을 것입니다. 여기서 동으로 양 땅까지는 10여 개의 성이 있습니다. 그 성의 군민들도 초왕을 두려워하여 투항하려는 자가 없을 것입니다."

항우가 그 말을 듣고 그만두었다.

항우가 성고를 떠난 후 기원전 203년 10월에 유방은 군사를 보내 조구(曹咎)를 도발했다. 항우의 명대로 조구는 성을 지키고 나오지 않았다. 그러나 한나라 군대가 초나라 군영 밖에서 연이어 5, 6일간 조구에게 욕을 하자 참지 못하고 병사들을 이끌고 성 밖으로 나갔다. 조구가 사수(氾水)의 절반 즈음 지나자 한군이 기습해 왔다. 조구의 군대는 크게 패하고 자신은 물론 동예와 사마흔도 자결하여 초군은 큰 손실을 입었다. 유방은 성고를 빼앗고 광무산(廣武山)에 군대를 주둔시

켰다.

조구의 사망과 패전 소식을 들은 항우는 곧바로 군사를 돌려 서쪽으로 향했다. 이때 초나라 장수 종리매(鍾離昧)가 이끄는 부대가 형양 동쪽에서 한나라 군대를 포위하고 이어 항우가 도착했다. 광무산에서 유방과 항우가 몇 달간 대치하기 시작했다. 초나라는 군량이 부족하고 후방 지원군을 기대할 수 없기에 속히 전투를 벌이려 했으나 뾰족한 방법을 찾지 못하고 있었다. 그러던 중 유방의 부친을 생각해 낸 항우는 멀리 유방에게 크게 소리쳤다.

"하루빨리 투항하지 않으면 네 아비를 삶아 죽이겠다!"

유방이 대답했다.

"그대와 나는 초회왕(楚懷王)의 신하로서 형제가 되기로 약속했소. 내 아비는 그대의 아비이기도 하니, 내 아비를 삶으려거든 나에게도 한 그릇 보내시오."

유방을 협박하려던 항우는 화가 나 유방의 아버지를 죽이려고 했다. 이때 항백이 서둘러 항우를 달랬다.

"천하의 승부가 아직 정해지지 않았습니다. 하물며 천하를 얻으려는 자가 제 혈육을 돌보지 않으니 그 아비를 죽인들 무슨 소용이 있겠습니까?"

항백의 말을 듣고 항우는 그대로 따랐다.

초나라와 한나라는 쉽게 승부를 가리지 못한 채 오랫동안 대치했다. 장기간의 전쟁으로 백성들은 고난에 빠졌으며 나이 들고 병든 자는 장거리 운송으로 더욱 피로했다. 항우는 양쪽 군사가 대치한 상태에서 유방에게 말했다.

"우리 두 사람 때문에 천하가 어지럽게 된 것이 벌써 몇 년째인가! 내 그대와 자웅을 가려 백성들이 더 이상 고통 받지 않게 하고 싶다."

유방이 웃으며 말했다.

"나는 지혜로 싸울지언정 힘으로는 싸우지 않겠소."

항우는 할 수 없이 날마다 군사를 시켜 유방을 도발했다. 유방의 부하 장수 중 활을 잘 쏘는 누번(樓煩)이란 자가 있었다. 누번이 도발하는 초나라 장수를 화살로 쏘아 죽이자 화가 난 항우는 직접 무장하고 진영 앞에 서서 크게 고함을 질렀다. 활을 들어 막 당기려는 누번은 너무 놀라 활을 놓은 채 허겁지겁 진영으로 도망쳤다. 유방은 항우가 나왔다는 소식을 듣고 부르르 떨며 질겁했다.

그 후로 항우와 유방은 광무에서 여러 번 부닥쳤다. 항우는 말끝마다 유방에게 싸우자고 했고, 유방은 항우에게 열 가지 죄목을 들어 공박했다.

"나는 의병을 이끌고 대역 죄인인 그대를 상대하면 그만이다. 내가
그대와 싸우는 게 뭐 그리 어렵겠는가?"

항우는 화가 나 유방의 가슴에 화살을 쏘아 맞혔다. 활에 맞은 순
간 유방은 군사들의 사기가 흐트러질까 걱정되어 일부러 발을 싸매고
크게 소리쳤다.

"이 망할 자식아, 왜 내 발에 화살을 맞히느냐! "

항우와 유방이 이렇게 대치하고 있을 때 유방이 보낸 한신은 황하
북쪽의 지역을 전부 점령하여 초나라 세력을 흡수했다. 팽월도 양 땅
에서 초나라 군대의 보급로를 차단하고 군량을 빼앗았다. 식량을 잃
은 초나라 군사들은 더욱 지쳐갔다. 반면에 관중에서 양식과 병력을
계속해서 공수한 한나라는 나날이 투지가 왕성해졌다. 전체적인 형세
가 초나라에 매우 불리하게 되었다.

기원전 203년(漢 4년) 8월 유방은 부친과 아내가 걱정돼 항우에게
사신을 보내 화친을 제안했다. 조건은 가족을 풀어주는 대신 천하를
양분하여 형양 동쪽의 홍구(鴻溝) 서쪽으로는 한나라, 동쪽은 초나라
가 각각 갖자는 것이었다. 항우는 유방의 제의를 받아들여 9월에 유방
의 가족을 풀어주고 군사를 이끌어 팽성으로 돌아왔다.

초나라와 한나라는 형양과 성고에서 2년 동안 대치했다. 이 시기
에 초, 한은 쉽게 승부를 가리지 못해 홍구를 중심으로 천하를 나누었
다. 그러나 두 군대의 병력상에는 큰 변화가 있었다. 유방은 이전보다

더욱 강한 군사력을 가지게 되었고, 반대로 항우는 약해졌다. 이러한 상황에서 유방이 어째서 결전의 시기를 놓치겠는가?

해하(垓下)에서의 결전

항우가 광무를 떠나 동쪽으로 향하자 장량(張良)과 진평(陳平)이 유방에게 건의했다.

"현재 초나라는 약해졌으니 지금이 바로 초나라를 무너뜨릴 절호의 기회입니다. 항우를 그냥 놓아두면 호랑이를 키워 후환을 남기는 일이 됩니다."

유방은 그들의 말대로 항우를 잡기 위해 군대를 보냈다. 기원전 202년(漢 5년) 10월 유방의 군대는 고릉(固陵, 하남성 회양현 서북)에서 초군을 추격했으나 오히려 항우에게 패했다. 유방은 서둘러 한신과 팽월을 불러들이고 12월에 항우의 군대가 해하(垓下, 안휘성 영벽현 동남)에 도착했을 때 항우군을 겹겹이 포위했다. 이때 항우가 가진 병력은 10만으로 양식도 떨어지고 한군에게 포위되어 사기도 말이 아니게 떨어졌다. 그러던 어느 날 밤 한나라 군사들이 초나라 진영의 사방에서 초나라 노래를 부르기 시작했다. 초나라 군사들은 고향 노래를 들으니 집 생각이 더욱 나 싸우고 싶은 마음이 없어졌다. 이를 본 항우가 놀랐다.

"한나라가 이미 초나라를 다 점령한 것인가? 어째서 한군에 초나라 사람이 이리도 많단 말인가?"

항우는 날이 갈수록 조급해지고 심란하여 밤잠을 설치다가 옷을 걸치고 일어났다. 미인 우희(虞姬)를 불러 장막 안에서 술을 마시면서 근심을 풀려고 했다. 항우는 전쟁터마다 그림자처럼 데리고 다닌 우희를 잠시 바라보더니 천리오추마(千里烏騅馬)를 쓰다듬었다. 치밀어 오르는 비분에 감정이 더욱 격해지자 이를 누르지 못하고 노래를 읊었다.

힘은 산을 뽑을 수 있고 기개는 온 세상을 덮을 만하건만(力拔山兮氣蓋世)
때가 이롭지 못하니 오추마가 닫지 않는구나! (時不利兮騅不逝)
오추마가 닫지 못하니 어찌 하면 좋을까! (騅不逝兮可奈何)
우희야 우희야, 너는 또 어쩌면 좋단 말인가! (虞兮虞兮奈若何)

항우가 반복해서 부르니 우희도 곁에서 따라 불렀다. 항우의 눈에서 눈물이 흐르니 좌우의 사람들도 고개를 들지 못하고 소리 죽여 울었다.

항우는 한밤중에 포위를 뚫기 위해 기병 800여를 이끌고 오추마에 올라 남쪽으로 말을 몰았다. 이튿날 새벽 한군이 항우가 도망친 사실을 발견하고 유방이 관영(灌嬰)에게 기병 5,000을 주어 추격하게 했다. 회하(淮河)를 건너고 나자 항우를 따르는 군사는 100여 명으로 줄었다. 그리고 음릉(陰陵, 안휘성 화현 북)에서 길을 잃게 된다. 어떤 농부에게 길을 묻자 그 농부는 왼쪽으로 가라고 일려주었다. 농부의 말을 믿고 왼쪽을 향해 말을 몬 항우는 늪지대에 빠지는 신세가 되었다. 할 수 없이 되돌아와 동쪽으로 달려 동성(東城, 안휘성 정원현 동남)에 도착했다. 이때 항우의 부하는 28명뿐이고 추격해 오는 유방의 군사는 8,000이었다. 더 이상 도망갈 수 없다고 생각한 항우는 부하들에게 말했다.

"내가 군사를 일으킨 후 지금에 이르기까지 8년이다. 그동안 크고 작은 전쟁을 70여 차례 치르면서 한 번도 지지 않았기에 패천하라 불렸다. 그러나 오늘날 이곳에서 곤경에 처하게 되었으니 이는 하늘이 나를 망하게 하는 것이지 내가 싸움에서 잘못한 것이 아니다. 지금 마지막 결전으로 너희들에게 포위를 뚫고 빠져나가게 해 주겠다. 이로써 내가 잘못 싸운 게 아니라 하늘이 나를 망하게 함을 너희에게 보여 주겠다."

말을 마치자 항우는 28명을 네 부대로 나누어 사방에서 공격했다. 이때 한나라 군대는 이미 몇 겹으로 항우를 포위한 상태였다. 항우가 군사들에게 소리쳤다.

"내 너희를 위해 먼저 장수 하나를 죽이겠다!"

네 부대가 사방으로 돌격하면서 산의 동쪽에서 다시 모였다. 항우가 크게 고함을 치면서 말을 몰자 한나라 군사들이 사방으로 흩어졌다. 항우가 정말로 장수 하나의 목을 베자 유방의 장수 양희(楊喜)가 항우를 추격했다. 항우는 그를 노려보며 소리를 지르자 놀란 양희가 후퇴했다. 항우는 말을 돌려 군사들과 약속한 장소로 향했다. 한나라 군대는 항우가 어디에 있는지 파악하지 못한 채 병사를 나누어 삼면에서 포위했다. 말에 탄 항우가 돌격하자 한나라 장수와 거의 100명에 가까운 사병들의 목이 잘려 나갔다. 항우군의 사상자는 단 두 명이었다. 이때 항우가 득의에 가득 차 물었다.

"어떤가?"
"정말 대왕께서 말씀하신 그대로입니다."

항우는 동쪽으로 오강(烏江)[30]을 건너려고 했다. 오강의 정장(亭長)은 배를 대고 기다리고 있다가 항우가 오자 말했다.

"강동(江東)이 좁다고 하나 사방이 1,000리이고 인구가 수십만이라 충분히 왕업을 이룰 수 있습니다. 빨리 강을 건너시지요. 지금 이곳에서 배가 있는 이는 우리뿐입니다. 우리가 떠나면 한군은 강을 건널 수 없습니다."

항우는 웃으며 말했다.

"하늘이 나를 망하게 하는데 강을 건넌들 무엇하겠소! 하물며 나 항적은 강동의 젊은이 8,000을 이끌고 강을 건너 서쪽으로 갔는데 지금 단 한 명도 산 자가 없으니 강동의 부형들이 나를 가엾이 여겨 왕으로 추대한다 해도 내 무슨 면목으로 그들을 대하겠소?"

항우는 오추마를 이끌고 다시 정장을 보았다.

"이 말은 내가 5년 동안 타고 다녔는데 세상에 둘도 없는 명마요. 하루에 1,000리를 가는데 내 차마 죽일 수가 없구려. 나는 그대가 덕이 높은 사람임을 알고 있으니 그대에게 주겠소."

말을 넘겨주고 장수들과 말에서 내려 걸었다. 칼을 손에 잡고 한군과 싸우는데 항우는 혼자서 수백 명을 죽이면서 수십 군데의 상처를 입었다. 그때 항우의 시선에 한나라 장수 여마동(呂馬童)이 보였다.

"그대는 내 오랜 벗이 아닌가!"

여마동은 한나라의 장수 왕예(王翳)에게 소리쳤다.

"이 자가 바로 항우입니다!"

항우는 옛 친구를 보고 말했다.

"내 목을 가져가는 이는 1,000금과 1만 봉후가 걸려 있다 하니 내 그대를 위해 좋은 일을 하겠다!"

말을 마치고 항우는 검을 들어 스스로 목을 베었다. 이렇게 오강에서 비장한 삶을 마치니 당시 항우의 나이는 31세였다.

항우는 죽었다. 오장강의 물은 여전히 밤낮으로 동쪽으로 흘렀다.

말 위의 영웅

살아서는 인걸이더니(生當作人傑)

죽어서는 귀신의 영웅이 되었구나(死亦爲鬼雄)

지금도 항우를 그리는 것은(至今思項羽)

구차하게 강동에 돌아가지 않았기 때문이라네(不肯過江東)

송대(宋代) 여류시인 이청조(李淸照)가 쓴 시(詩)이다.

항우는 천하를 뒤덮을 정도의 호기와 당당한 기세를 지닌 영웅이다. 진승이 중국 역사상 최초의 대규모 농민봉기를 일으켰을 때 항우와 항량도 병사들을 모아 그에 호응하여 진나라에 반기를 들고 잔악한 통치를 뒤엎었다. 진승이 실패하고 항량이 전사하여 농민 봉기가 위기를 맞았을 때 항우는 봉기군을 이끌고 유명한 거록의 전쟁을 치렀다. 배를 가라앉히고 솥을 부수어 진나라의 주력부대를 격파해 천하의 국면을 바꾸었다. 농민 봉기를 가속화시키고 진나라의 정권을 무너뜨리면서 항우는 영웅 기질과 뛰어난 군사 재능을 보여 주었다. 그의 공적은 중국 역사에서 결코 사라질 수 없다. 그는 실로 진나라 말기에 노도와 같은 농민 봉기 속에서 탄생한 지도자였다.

그러나 여러 번의 잘못과 수많은 실수 때문에 한편으론 비극적인 인물이 되었다. 진나라가 망하고 나서 항우는 스스로 자신을 패왕이라 칭하고 제후들에게 영토를 나누어 봉하면서 안정된 사회와 통일된 나라를 바라는 백성들의 뜻을 반영하지 못했다. 오히려 시대를 역행하여 할거와 혼전을 조성했다. 또한 관중 지역에서 초나라와 싸우면서 많은 병사를 생매장시켰고, 백성들의 재물을 약탈해 천하의 원망을 사 민심을 얻지 못했다. 항우는 단순하고 의심 많은 성격으로 아첨하는 말을 흘리지 못해 결국 참모인 범증마저 떠나게 했다. 주변 사람들을 항상 겁에 질리게 해 지키지 못하고 배반하거나 떠나게 하여 믿을 만한 지원군이나 전쟁의 기지를 만들지 못했다.

항우는 전쟁에서 잘 싸웠지만 말 위의 영웅에 불과했다. 항우보다 21세가 많은 유방의 경우 아량이 넓고 빈틈없이 정확한 계책을 가진 인물이었다. 그는 전쟁 경험이 풍부했으며, 사람을 잘 알아 적재적소에 투입하고 재능을 펼칠 수 있게 했으니 군대를 통솔하는 장수로서 부족함이 없었다. 이 때문에 구름처럼 많은 맹장과 비처럼 많은 책사를 거느리고 장막 안에서도 천리 밖의 전쟁에서 승리할 수 있는 전략을 짰다. 강성한 항우군을 지쳐 달아나게 하고 앞뒤로 공격당하게 만들었다. 이로 인해 장기간에 걸친 초나라와의 전쟁에서 유방은 처음 미약했던 병력을 강성하게 키워 여러 차례 항우를 물리쳤다. 동시에 항우의 힘을 약화시켜 결국 사면초가에 빠지게 하고 오강에서 자결하게 만들었다.

항우가 자결한 지 2,000여 년이 지났다. 그러나 항우의 영웅적 이미지는 아직까지 많은 사람의 가슴속에 남아 있다. 그가 실패한 경험 역시 사람들에게 교훈으로 남아 있다.

이광의 군사지휘는 간략함으로 더욱 유명하다.
행군 할 때는 엄격하게 부대를 편성하지 않았고
군대를 주둔함에 있어 군사들의 편의를 생각해 물과 풀이 가득한 곳을
택했다. 잡다한 업무와 문서는 간략하게 했으며,
밤에는 따로 순찰을 돌게 하지 않았다.
공격할 때도 대담하게 스스로 경계선을 넘었다.

이광(李廣, ?~B.C. 119)

농서(隴西) 성기(成紀) 출생. 한문제(漢文帝) 때에는 시랑(侍郎), 한경제(漢景帝) 때에는 기랑장(騎郎將)에 각각 임명되었고 상군(上郡), 변군(邊郡) 등 여러 군의 태수를 지냈다. 사람됨이 매우 정직하고 청렴하여 포상을 받으면 부하들과 나누었다. 말을 타고 활을 쏘는 데 능숙하여 흉노를 공격하는 데 커다란 공로를 세움으로써 '비장군(飛將軍)'이란 칭호를 받았다. 효기장군으로 있으면서 흉노와 싸우다 생포되는 바람에 그 죄로 평민으로 숨어지내다가 다시 전투에 나갔다가 패전하자 실의하여 자결하였다.

판단과 행동은 빠를수록 좋다
게릴라전의 대가 이광

중국의 고전문학 『수호전(水滸傳)』을 읽은 독자라면 양산박(梁山泊)과 108명의 호걸 중 백발백중 명수 화영(花榮)의 별명이 소이광(小李廣)임을 기억할 것이다. 잘 알다시피 화영은 원(元)나라 말엽에서 명(明)나라 초기의 소설가 시내암(施耐庵)이 만들어 낸 인물로, 실제 역사에 존재하는 사람이 아니다. 그런데 시내암은 어째서 화영에게 소이광이라는 호를 지어준 걸까? 그 답을 알기 위해서는 역사상의 실존 인물 이광에 대해 알아야 한다.

청년기의 이광

이광은 농서 성기(隴西 成紀, 감숙성 진안현 북쪽) 사람이다. 선조 이신(李信)은 진나라 장수로, 진시황(秦始皇) 영정(嬴政)이 중국을 통일하기 위해 벌인 많은 전쟁에 참가했다.

기원전 227년에 진나라 군대가 역수(易水)에 도착해 연나라에 접근했다. 연나라 태자(燕太子) 단(丹)은 진나라 공격을 막기 위해 형가(荊軻)라는 자객을 보내지만 실패하자 진왕은 이를 핑계로 연나라를 공격하여 이듬해 10월 연나라 수도 계성(薊城, 북경시 서남)을 함락시킨다. 연왕과 태자 단이 군사들을 이끌고 요동(遼東, 요령성 요양)으로 퇴각하자 진왕은 이들을 잡기 위해 추격병을 보냈다. 연왕은 할 수 없이 태자 단을 죽이고 그 목을 진왕에게 보내 사죄한다. 이때 추격병을 이끈 사람이 바로 이신이다. 그 뒤로도 이신은 초나라와의 전쟁에서 군사들을 지휘했다. 이광은 바로 초나라 장수 이신의 후손이다.

한(漢)나라 건립 초기에 수년간의 전쟁으로 사회와 경제는 어려웠으며 인구도 크게 감소해 나라 안은 무엇보다 생산력 회복이 시급했다. 이때 중국 북부의 유목민족인 흉노가 세력을 점점 키워가고 있었다. 흉노는 진나라 장수 몽염(蒙恬)이 개척한 하남(河南) 땅(내몽고 하투이극소맹 일대)을 침범하고 종종 하북, 산서, 섬서, 감숙의 북부 지역을 공격했다.

기원전 201년(高祖 6년)에 흉노가 마읍(馬邑, 산서성 삭현 동북부)을 차지하고 남쪽의 구주산(勾注山, 산서성 원평 북쪽)을 넘어 진양(晋陽, 산서성 태원)을 포위하자 한고조 유방(劉邦)은 군사 32만을 이끌고 나가 그에 맞서 싸웠다. 흉노 기병은 행동이 신출귀몰하여 정예병을 매복시켜 한고조를 북쪽의 구주산에까지 유인해 평성(平城, 산서성 대동 동쪽)에 들어가게 했다. 한나라 군은 대부분이 보병이어서 미처 평성까지 들어오지 못한 군사가 많았다. 그때 흉노가 군사를 돌려 덮치고나서 40만 정예기병으로 평성 동쪽의 백등산(白登山)에서 한고조를 7일

동안 포위했다. 군량이 떨어진 한고조는 지원을 바랄 수 없는 위급한 상황에 빠졌다. 그러나 몰래 흉노 선우의 아내에게 뇌물을 주고 이간책을 써서 안개가 자욱한 새벽에 포위망을 뚫고 빠져나왔다. 한고조가 평성에 도착하자 그제서야 후방군이 들어오고 있었지만 흉노병이 재빨리 길을 막았다. 한나라 조정은 평성에서 흉노에게 패한 일을 치욕으로 생각했다. 하지만 한나라는 흉노에게 대군을 보내 반격할 힘을 갖추지 못한 상태여서 달리 손을 쓰지 못했다. 이런 상황을 바꾸어 보고자 한나라는 사회·경제를 발전시키는 동시에 강력한 기병을 훈련시켰다. 한문제(漢文帝), 한경제(漢景帝)까지 노력하여 한무제(漢武帝) 때에는 어느 정도 기반을 갖추게 되었다.

한문제(기원전 180~157년 재위)는 즉위한 뒤 통치를 강화하기 위해 노력했다. 또한 세금과 부역을 가볍게 하여 전쟁으로 지친 백성들의 부담을 줄이고 생활을 안정시켰다. 지방의 할거 세력을 약화시켜 중앙집권 체제에 힘을 보태면서 사회 경제를 회복함과 동시에 북부 세력을 방어하기 위해 군비를 갖추었다. 이광은 이런 사회 환경 속에서 청년기를 보냈다.

한문제가 즉위할 무렵 이광은 아직 어린아이였다. 장문의 제자인 이광은 가정과 사회 환경의 영향을 받아 어려서부터 말을 타고 활을 쏘는 걸 좋아했다. 심지어 놀이를 해도 말에 올라 활을 쏘는 놀이를 하며 다른 사람과 승부를 가렸다. 이렇게 시간이 흘러 열심히 무예를 연마하면서 아울러 집안에서 대대로 전해진 비법을 배우며 내공을 길러 갔다.

기원전 166년(文帝 前元 14년)에 흉노 선우는 기병 14만을 이끌고 북지군(北地郡, 감숙성 경양 서북)에서 빠른 속도로 남하하여 조나(朝那, 영하성 고원 동남)와 소관(蕭關, 영하성 고원 동남)을 공격하고 팽양(彭陽, 감숙성 진원 동남)까지 들어왔다. 흉노의 선두 부대는 단숨에 한나라의 회중궁(回中宮, 섬서성 농현 서북)을 불태웠으며, 정찰 기병은 감천궁(甘泉宮, 섬서성 순화현 서북)에까지 근접했다. 흉노의 주력부대가 장안을 휩쓰니 당시 장안성에는 긴장된 분위기가 가득했다. 한문제는 서둘러 전차 1,000대와 기병 10만을 모아 장안성 부근에 배치시키고 병사들을 모아 흉노에게 응전했다. 그런데 흉노 기병이 한나라의 대군을 보고 퇴각하기 시작했다. 한나라 군사는 더이상 추격하지 않았다. 이것이 바로 한문제 때 있은 흉노의 대규모 첫 공격이었다.

흉노 공격을 받기 전에 이광은 양가자(良家子)[31]의 신분으로 대오에 들어가 한나라의 젊고 뛰어난 사병이 되었다. 흉노가 소관을 공격했을 때 적극적으로 전투에 참가하여 수많은 흉노군을 죽였다. 한문제는 그를 낭(郎)으로 봉했으며, 이때 이광의 나이는 약 21세였다.

낭은 황제의 시종으로, 지주계급 자제들이 승진을 위해 맡는 중요한 길이었다. 이광이 낭이란 직책을 맡아 장안에 들어와 평소에는 궁궐을 지키며 야간 경비를 맡고 황제가 외출할 때는 가마를 수행하며 황제의 안전을 맡았다. 때로 황제와 함께 사냥을 떠나기도 하고 전쟁에 참가하기도 했다. 낭을 맡은 지 오래지 않아 이광은 항상 말을 타고 황제를 호위하는 무기상시(武騎常侍)로 승진한다.

흉노의 공격이 이어지자 한문제는 후기에 줄곧 침략을 참기만 했던 상황을 바꾸고 싶었다. 나라의 병력을 키우기 위해 문제는 직접 무장하고 말에 올라 군사들과 함께 상림원(上林苑, 섬서성 서안시 서쪽)에서 사냥을 하는 한편 병법과 진법을 연마했다.

이광은 체구가 크고 헌칠했다. 두 팔이 길어 활을 쏘기 좋은 신체 조건을 갖추어 한문제의 시종 가운데 가장 뛰어났다. 그는 용감하게 적진으로 뛰어들어갔으며, 위험을 무릅쓰고 돌격해 오는 적을 막아 냈다. 또한 수차례 맹수와 싸움으로써 보통 사람을 뛰어넘는 용기와 담력을 보여주었다. 이 때문에 한문제는 이광을 높이 평가했다. 만년 에 문제는 이광을 보고 이렇게 말했다.

"그대가 때를 만나지 못한 것이 안타깝구나! 그대가 고제(古帝, 한고 조 유방) 때 살았더라면 만호후(萬戶侯)³²)만으로 족했겠는가?"

유인병으로 가장하여 흉노족을 물리치다

한문제가 죽고 한경제(漢景帝, 기원전 156~140년 재위)가 즉위했다. 이때 이광은 농서군(隴西郡, 감숙성 임조 남쪽)의 도위(都尉)³³), 얼마 후 기랑장(騎郎將)³⁴)으로 승진했다. 경제는 문제 때의 정책을 기본적으로 따르면서 조착(晁錯)이 제안한 삭번(削藩), 즉 변방 권력을 약화시키 고 중앙 권력을 강화하는 정책을 실행했다. 제후 왕들이 가진 토지를 삭감하고 중앙정부가 관할하는 지역을 점점 늘리면서 왕권을 강화시 키는 것이다. 한고조의 조카 오왕(吳王) 유비(劉濞)는 일찍부터 돈과 재물을 모으고 군대를 양성했다. 게다가 투항자나 배신자를 받아들이 면서 중앙 정권을 노리고 있었다. 문제는 유비가 반란을 일으킬까 봐 둘째 아들 유무(劉武)를 양국(梁國, 梁孝王)에 봉해 장막 역할을 하게 했다.

기원전 154년(景帝 前元 3년)에 유비는 자신의 세력을 약화시키는 삭번에 반대하여 초(楚), 조(趙) 등 여섯 제후 왕과 연합해 조조를 죽이고 군주 측근의 간신을 쫓아낸다는 명분으로 반란을 일으켜 양(梁)나라의 극벽(棘壁, 하남성 휴현)을 공격해 수만 명을 죽였다. 양효왕은 수양(睢陽, 하남성 상구 남쪽)을 지키며 오와 초 반란군에 대항하며 그들이 서쪽으로 뻗지 못하게 했다. 경제는 태위(太尉) 주아부(周亞夫)[35]에게 대군을 주고 반란군을 향해 출격하게 했다. 이때 주아부가 양나라를 내주고 식량을 끊자는 전술을 건의하여 황제의 허락을 받았다. 이에 주아부는 수양에 직접 가지 않고 양나라 동북부의 창읍(昌邑, 산동성 거야 동남)에 군대를 주둔하여 방어만 하고 나가 싸우지 않았다. 양효왕이 주아부에게 계속해서 구원을 요청하고 오와 초 반란군도 싸움을 걸어왔지만 주아부는 계속해서 성을 지키는 한편 날쌘 기병을 뽑아 회사구(淮泗口, 강소성 회음 서쪽)에서 반란군의 보급로를 차단했다. 군량이 떨어지자 반란군은 석 달을 넘기지 못하고 퇴각했다. 주아부는 대군을 이끌고 추격하여 단숨에 반란군을 섬멸했다. 오초칠국의 반란은 민심을 얻지 못했기에 더 빠르게 평정되었다.

창읍 싸움에서 이광은 주아부의 부하로 있으면서 효기도위(驍騎都尉)[36] 직을 맡았다. 그는 용감하게 싸워 반란군의 깃발을 빼앗아 다시 한 번 공을 세우며 세상에 이름을 드러냈다. 당시 한경제의 아우인 양효왕은 이광의 공적을 표창하기 위해 그에게 장군의 인수를 주었다. 그러나 이광은 서한 조정의 명관이기에 제후가 주는 상을 받아서는 안 되었다. 이 때문에 장안으로 돌아온 뒤 이광은 한나라 조정에서 아무런 상을 받지 못했다. 그리고 얼마 후 장안에서 반출되어 상곡군(上

穀郡, 하북성 회래 동남) 태수(太守)[37]로 부임했다.

상곡군은 한나라 북부에 위치하여 흉노와 인접한 까닭에 항상 전운이 감도는 지역이다. 흉노와 이광은 거의 사흘이 멀다 하고 전쟁을 했으며, 그때마다 이광은 전방에서 싸우며 갖은 고초를 겪었다. 그때 공손혼야(公孫昆邪)라는 자가 이광의 안전을 걱정하여 한경제 앞에 나가 하염없이 흐느끼며 말했다.

"이광의 재주는 천하에 둘도 없이 비범합니다. 그러나 스스로 무예가 뛰어남을 자만한 나머지 너무 자주 흉노와 싸우고 또 죽도록 전쟁에 매달리며 빨리 승부를 내려 합니다. 신은 이같이 훌륭한 장수를 잃을까 심히 걱정됩니다! "

경제는 이광을 상군(上郡, 섬서성 유림 동남)의 태수로 옮겼다. 상군은 상곡군보다 장안에서 더 먼 곳이다. 안전을 위해 상군으로 옮겼으나 그곳 또한 흉노와의 전쟁이 끊이지 않는 곳이었다. 이광이 상군으로 옮기자마자 흉노 기병 간에 의외의 사건이 생긴다.

흉노 기병이 상군으로 쳐들어왔다. 경제는 환관을 보내 이광과 함께 군대를 정비하여 흉노에게 반격하게 한다. 그러던 어느 날 환관이 수십 기병을 이끌고 대영을 벗어나 북쪽으로 달리다가 세 명의 흉노를 만났다. 수가 많으면 당연히 이기리라 생각한 환관은 흉노와 교전했다. 세 명의 흉노는 조금도 두려워하지 않고 침착하게 활을 쐈다. 여기서 수십 명이 화살을 맞았으며, 환관도 날아오는 화살 하나에 맞아 생명이 위험한 지경에 이르렀다. 중상을 입고 돌아온 환관은 황급히 이광에게 이 일을 알렸다. 이광은 그들이 활쏘기의 명수라고 생각하여 말에 올라 100여 명의 기병을 이끌고 추격했다. 단숨에 수십 리 길을 달리니 그 세 명의 흉노가 말도 없이 걸어가는 모습이 보였다. 이광은 군사들에게 좌우에서 포위하게 하고 말을 타고 빙빙 돌며 연이어 화살을 쏘았다. 두 명의 흉노가 소리를 지르며 땅바닥에 쓰러지고 나머지 한 명은 생포됐다. 이광이 생포한 흉노를 말에 묶을 즈음 갑자기 전방에서 흙먼지가 날렸다. 흉노가 수천 명의 대군을 이끌고 온 것이다. 멀리서 이광을 발견한 흉노군은 이광의 군사가 적자 한나라가 유인한다고 생각해 부근의 산비탈에 진을 치고 이광의 동태를 살폈다. 이광의 군사 100여 명은 목전에 대군을 두고 긴장하여 재빨리 말을 돌려 퇴각하고 싶었다. 그러나 위태로운 상황에서도 이광은 안정을 잃지 않고 냉정하게 상황을 분석했다. 군영까지 수십 리가 떨어진 곳에서 단 100여 명의 기병으로 서둘러 퇴각한다면 흉노군이 기습할 것은 분명했다. 그렇게 되면 100여 명의 군사는 모두 목숨을 잃게 된다. 안전하게 빠져나갈 방법은 이렇게 상황을 유지하다가 흉노가 생각하는 것처럼 그들이 유인병인 척하는 것이었다.

이에 이광은 군사들에게 자신의 생각을 말해 주고 계속 전진하라고 명했다. 그리고 흉노와 2리의 격차를 두고 멈추어 모두에게 말에서 내리고 안장을 풀게 했다. 겁에 질린 부하들이 잇달아 이광에게 물었다.

"흉노 기병이 이렇게 많고 거리도 가까운데 위급한 상황이 발생하면 어떻게 합니까?"

이광이 대답했다.

"흉노는 우리가 퇴각한다고 생각하고 있지만 우리가 여기서 일부러 말안장을 내리면 그렇게 생각하지 않을 것이다. 그래야만 흉노는 우리를 유인병으로 확신할 것이다."

정말로 흉노군은 이광의 부대를 유인병으로 착각해 어딘가에 매복이 있을까 함부로 공격하지 못했다. 이광은 이런 점을 교묘하게 이용해 위험을 무릅쓰고 자신의 군사들과 진지를 지키며 대치 상태를 유지했다. 새 우는 소리조차 들리지 않는 전장에는 이상하리만치 정적이 감돌았다. 얼마 후 백마에 올라탄 흉노의 장수가 대열 앞에서 군사들을 지휘했다. 이광이 이를 보고 바로 말에 올라 수십 명의 기병을 이끌고 돌진하여 백마에 탄 장수에게 활을 쏘았다. 장수가 죽자 다시 유유히 진영으로 돌아와 군사들에게 말안장을 풀어 놓고 풀밭에 누워 쉬라고 명령했다.

날이 점점 어두워지자 흉노는 이광의 행동이 신출귀몰하여 쉽게 행동을 개시하지 못했다. 자정까지도 매복의 습격 때문에 이러지도 저러지도 못한 흉노군은 전부 퇴각했다.

이튿날 새벽에 이광이 산비탈을 바라보니 사람 하나 없이 정적이 감돌았다. 그제야 이광은 기병 100여 명을 이끌고 진영으로 돌아왔다. 당시 한나라 군영에서는 이광이 어디 갔는지 모르고 있었다. 이광을 따른 100여 명의 군사가 식은땀을 흘리며 긴장된 하루를 보낼 때 정작 본국에서는 이를 몰랐던 것이다.

이 일을 통해 위험 앞에서도 두려워하지 않고 상황에 따라 침착하게 군사들을 통솔하는 이광의 지휘력을 엿볼 수 있다. 흉노에게 유리한 상황에서 이광은 심리전을 이용해 자신뿐 아니라 군사 100여 명의 목숨을 구했다. 이렇게 이광은 한나라의 젊고 뛰어난 장수가 되었으며 그 후 농서(隴西), 북지(北地), 안문(雁門, 산서성 우옥 남쪽), 대군(代郡, 하북성 울현 동북), 운중(雲中, 내몽고 탁극탁 동북) 등의 태수를 맡았다. 그리고 오랫동안 한나라의 변방 지역을 지키며 전쟁으로 유명해졌다.

구사일생으로 살아나오다

한경제가 죽자 한무제(漢武帝, 기원전 140~86년 재위)가 즉위했다. 무제는 중국 봉건사회에서 매우 영향력 있는 황제 중 하나이다. 한경제에서 한무제까지 60~70년의 통치 기간에 한나라는 중앙집권 체제를 공고히 다지고 사회와 경제도 공전에 없던 발전을 이루며 부강해졌다. 아울러 정치, 경제, 군사 방면에서 뛰어난 인재가 배출된 시대가 바로 무제 때이다. 그의 통치로 한나라는 상당한 발전 시기로 접어들었으며, 중국 봉건사회 최초로 전성기를 맞게 된다.

무제가 즉위했을 때 이광의 나이는 마흔이 넘었다. 무제가 신임하는 대신들이 모두 이광을 한나라 황실의 장수로 추천하자 무제는 그를 장안으로 불러 미앙위위(未央衛尉)[38]에 임명한다.

한나라의 국력이 나날이 강해지자 무제는 흉노의 공격에 대한 자세를 방어에서 적극적인 공격으로 바꾼다. 기원전 133년(武帝 元光 2년)에 무제는 군대를 정비하고 30만이 넘는 기병과 보병을 마읍 부근에 매복시켰다. 흉노를 유인하여 한 번에 섬멸할 계획이었다. 이때 이광은 효기장군(驍騎將軍)이 되어 군대에 배속되었다. 그러나 흉노 선우가 한나라의 유인책을 알아차리고 중도에서 퇴각함으로써 마읍에서의 습격 작전은 실패로 끝났다. 이로부터 한나라와 흉노는 오랫동안 전쟁 상태를 유지한다.

기원전 129년(武帝 元光 6년) 겨울에 흉노가 상곡(上穀)을 공격했다. 무제는 거기장군(車騎將軍) 위청(衛靑, 무제의 황후 위자부와 남매지간이다), 기장군(騎將軍) 공손오(公孫敖), 경거장군(輕車將軍) 공손하(公孫賀)를 상곡, 대군, 운중에서 각각 출발시키고 이광을 안문에서 출발시켰다. 각자 기병 1만을 이끌고 흉노의 공격에 응했다. 한편 이광이 용맹스럽다는 소문을 들은 흉노 선우는 병력을 집중시켜 이광을 생포하여 자신의 주둔지로 압송하라는 명령을 내렸다.

안문에서 출발한 이광은 북쪽으로 출격했다가 흉노 기병의 주력부대를 만나 한바탕 격전을 치르면서 자신의 부대 전군이 거의 섬멸되고 이광 자신도 중상을 입고 포로가 됐다. 이광을 생포한 흉노 기병들은 선우로부터 상을 받을 생각에 기뻐했다. 이광을 선우가 있는 곳으로 호송하기 위해 밧줄로 그물을 만들어 말 두 필에 묶은 뒤 중상을 입은 이광을 실었다. 이광은 그물 속에 누워 죽은 사람처럼 꼼짝도 하지 않았다. 승리에 도취된 흉노군이 환호하며 수십 리를 갔을 때 눈을 뜬 이광은 옆에서 덩치가 큰 말을 끄는 흉노군이 어린 소년임을 발견했다. 이광은 맹렬히 몸부림쳐 소년의 말에 올랐다. 어리둥절한 사이에 이광은 말뿐 아니라 활과 화살도 챙겨 달아났다. 수십 명의 기병이 쫓아왔지만 이광은 도망치면서 활을 쏘아 추격병을 말에서 떨어뜨렸다. 잡혔다가 탈출한 이광이 순식간에 수십 리를 도망치자 흉노군은 어쩔 수 없이 돌아갔다.

이번 전쟁에서 공손하는 흉노를 만나지 못해 아무런 소득이 없었지만 공손오는 군사 7,000을 잃고 크게 패하고 돌아왔다. 그나마 젊은 장수 위청이 700여 명의 흉노군을 죽이는 공을 세워 무제의 명을 받고 관내후(關內侯)에 봉해졌다. 네 명의 장수 중 가장 나이가 많은 이는 이광이었다. 이광의 출전도 소득은커녕 오히려 사지에서 구사일생으로 도망쳐 나와야 했다. 장안으로 돌아온 뒤 이광과 공손오는 관리 심판에 회부되어 군율에 따라 사형을 언도 받았다. 그러나 돈과 곡식으로 대신하고 관직 파직과 평민으로의 강등으로 목숨을 연명할 수 있게 되었다.

깊은 산에서 호랑이를 맞히다

이광은 파직된 뒤 남전산(藍田山, 섬서성 난전 동남)으로 거처를 옮겨 지냈다. 남전산은 산천이 아름다워 되직한 고관들이 사냥을 즐기는 곳이다. 평생 군대에서 생활한 이광도 산속에서 술을 마시고 사냥을 하며 유유자적하게 지냈다. 어느 날 저녁에 이광은 시종 하나를 데리고 희미한 달빛을 따라 친구와 함께 술을 마셨다. 집으로 돌아오려하니 때는 이미 한밤중이 되었다. 이광이 한문제의 능묘 패릉(霸陵, 섬서성 서안시 동북)에 도착하자 그곳을 지키던 현위(縣尉)가 술에 잔뜩 취해 있었다. 현위는 이광이 한밤중에 돌아다니자 막아서고는 크게 꾸짖었다. 이광의 시종이 서둘러 상황을 설명하며 이광임을 밝혔다. 그러나 현위는 더 불같이 화를 내더니 이광은 하는 수 없이 부근의 정자에서 밤을 보냈다.

기원전 128년(武帝 元朔 원년) 가을에 흉노가 2만 군사를 이끌고 한나라를 공격했다. 요서(遼西, 요령성 의현 서쪽) 태수를 비롯해 2,000여 명을 죽이고 연이어 어양(漁陽, 북경시 밀운 서남)과 안문을 점령하여 수천 명을 죽였다. 어양의 장군 한안국(韓安國)도 여러 차례 싸웠지만 승리하지 못하자 무제는 다시 이광을 불러 우북평(右北平, 요령성 능원 서남)의 태수를 맡겼다.

이광은 명을 받아 우북평으로 가기 전에 무제에게 전날 자신을 꾸짖은 패릉의 현위를 동반할 수 있도록 청한다. 패릉의 현위가 군중으로 들어오자 이광은 그를 단칼에 베어 죽이고 바로 무제에게 상서를 올려 사죄했다. 흉노군은 말이 살지고 건장한 때인 완연한 가을로 접어들자 한나라의 변방을 공격했다. 무제는 침입해 오는 흉노를 막기 위해 이광을 내보내야 했기 때문에 패릉의 현위를 죽인 죄를 묻지 않고 오히려 격려해 주었다. 우북평은 서쪽으로 어양에 접해 있고 동쪽으로는 요서가 있었으므로 한나라의 중요한 북부 도시였다. 이광이 우북평에 도착했다는 소식이 흉노에게도 들어갔다. 흉노의 장수들은 이광의 행동이 민첩하여 신출귀몰하고 활을 잘 쏜다는 것을 알고 그에게 '비장군(飛將軍)' 이라는 별명을 붙였다. 비장군이 군대를 주둔시켜 지키고 있던 우북평에는 수년간 흉노군이 공격하지 않았다. 흉노군이 일부러 이광을 피했기에 우북평은 오히려 평정을 되찾았다. 그러나 서북의 각 군에는 한나라와 흉노 간의 전쟁으로 긴장된 국면을 맞고 있었다.

이광이 2년째 우북평을 지키고 있는 가운데 기원전 127년(武帝 元朔 2년)에 흉노가 다시 상곡과 여양을 공격해 1,000여 명을 죽이고 약탈했다. 무제는 위청에게 4만 기병을 주어 운중에서 서쪽으로 우회하여 황하의 남쪽에서 흉노를 공격하게 했다. 흉노는 수천의 인명과 100여 만 마리의 소 및 양을 잃었다. 한나라는 단숨에 하남(河南) 땅을 수복했다. 이는 한무제가 흉노를 상대로 펼친 최초의 전투로, 하남의 전투라고 한다.

그 후 흉노는 대군, 안문, 정양(定襄, 내몽고 화림격이 서북), 삭방(朔方, 내몽고 항금기 북쪽)을 수차례 공격한다. 흉노의 공격을 받을 때마다 한나라는 막대한 손실을 입었다. 기원전 124년(武帝 元朔 5년)에 위청은 10여 만의 군사를 이끌고 600~700리를 나가 흉노 기병을 크게 무찔렀다. 무제는 위청의 공을 치하하기 위해 그를 대장군(大將軍)[39]에 임명하고 8,700호(戶)의 봉지를 주었다. 이로부터 노복 출신의 이 젊은이는 여러 장수를 통솔하는 장군이 되어 이광보다 한참이나 윗자리에 앉게 된다.

우북평에 전쟁이 뜸해졌을 때 사나운 호랑이가 자주 출몰했다. 평소 사냥을 좋아하는 이광은 이전의 각 군에서 태수로 지낼 때에도 어디에서 호랑이가 나타난다는 말을 들으면 달려 가서 사냥했다. 때로는 사나운 호랑이에게 부상을 당하기도 했지만 위축되어 뒷걸음치는 법이 없었다. 한번은 시종 몇 명과 함께 호랑이를 잡으러 깊은 산속으로 들어갔다. 작은 산을 돌아가는데 갑자기 산자락 풀숲에 보일 듯 말

듯 호랑이 같은 뭔가가 웅크리고 있다가 막 달려들 듯했다. 이광은 서둘러 화살을 시위에 매겨 호랑이를 향해 쏘았다. 이광을 따르던 시종들이 칼을 꺼내고 몽둥이를 잡고 앞으로 나가 보니 있어야 할 호랑이는 온데간데없고 그 자리에는 커다란 돌덩이가 있었다. 다시 보니 그 돌에는 화살촉이 박혀 있었다. 시종들이 화살촉을 빼내려 하였으나 빠지지 않았다. 나중에 이광이 다시 몇 발을 쏘아 보았다. 그러나 돌에 맞은 화살은 불꽃만 내고 바로 땅에 떨어졌다. 다시 온 힘을 다해 활시위를 당겼지만 화살이 돌에 박히는 일은 일어나지 않았다. 이때부터 이광은 명사수라는 미명을 얻어 전국에 퍼지게 되었다.

이광이 호랑이를 잡은 이야기는 전기적인 분위기가 강하다. 이에 당나라 때 시인 노륜(盧綸, 748~800년경)이 이 이야기를 바탕으로 「새하곡(塞下曲)」을 지었다.

울창한 숲 경풍에서(林暗草驚風)

장군이 밤에 활시위를 당기고(將軍夜引弓)

동이 틀 녘에야 찾은 화살은(平明尋白羽)

바위에 박혀 숨어 있었구나.(沒在石棱中)

이 시는 깊은 산속에서 한밤중에 활을 쏜 일을 통해 이광이 호랑이를 향해 활시위를 당기던 용맹을 생동적으로 나타내고 있다. 고대 명장군에 대한 존경과 그리움을 표현한 작품이라 할 수 있다.

겹겹이 포위되어 싸우다

기원전 127년부터 위청은 하남 땅을 수복하여 장안에 대한 흉노의 위협을 크게 완화시켰다. 북방에 대한 한나라의 방어도 그에 따라 더욱 강해졌다. 그러나 흉노의 실력도 만만치 않았기에 한나라와 흉노는 여전히 해마다 끊이지 않고 전쟁을 치렀다.

기원전 123년(武帝 元朔 6년)에 이광은 우북평으로 전출되었다. 장안에 왔을 때 낭중령(郎中令)으로 승진했는데, 낭중령은 궁의 수비와 방어를 담당하는 관직으로 당시 구경(九卿)⁴⁰⁾가운데 하나이다. 그해 봄과 여름 사이에 이광은 대장군 위청을 따라 정양(定襄), 운중(雲中), 안문(雁門) 일대를 다니며 흉노와 전투를 벌였다.

이때 처음으로 서역(西域)을 개척하고 한나라에 돌아온 장건(張騫) 덕분에 한무제는 서역의 풍속과 물산에 대해 많은 정보를 얻게 되었다. 한무제는 동서 간의 교통을 소통시키고, 나아가 흉노를 고립시키기 위해 서역과 손을 잡고 흉노에 대한 두 번째 전쟁을 준비한다. 이것이 바로 하서전역(河西戰役)이다.

기원전 121년(武帝 元狩 2년) 봄에 무제는 표기장군(驃騎將軍) 곽거병(霍去病)에게 정예 기병 1만을 주고 농서에서 출발시켰다. 엿새 동안 전투가 끊이지 않았으며, 흉노의 다섯 속국을 거쳐 언지산(焉支山, 감숙성 산단현 동남)을 넘어 1,000여 리를 지나 흉노 기병에게 심각한 타격을 주었다. 이어 같은 해 여름철에 두 부대로 나누어 대규모로 공격 태세를 갖추었다. 한쪽 길에서는 이광과 장건이 군대를 이끌고 북쪽으로 우북평에서 출발하여 서쪽으로 우회하여 호응하기로 하고, 곽거병과 공손오는 부대를 이끌고 북쪽에서 출발하여 하서를 공격했다.

이광은 정예기병 4,000을 이끌고 먼저 출발하고, 장건은 1만 기병을 이끌고 후방을 맡았다. 두 부대는 수백 리 떨어진 거리를 유지하며 진군했다. 그런데 느닷없이 이광이 4만 흉노 기병에게 겹겹이 포위가 됐다.

용감하기로 유명한 흉노군은 어려서부터 말에 올라 활 쏘는 연습을 했기에 자라서는 모두 뛰어난 기병이 되었다. 한나라 장수들은 흉노의 강한 기병을 두려워했으나 오랫동안 전쟁을 치르면서 상황은 호전되었다. 그러나 열 배가 넘는 흉노 병사들이 겹겹이 포위하자 이광군의 사기는 갑자기 떨어졌다. 군사들에게 전부터 지니고 있던 두려움이 생긴 것이다. 이러한 상황에서 사기를 안정시키고 투지를 북돋우기 위해 이광은 아들 감(敢)에게 수십 기병을 주고 흉노의 진지가 어지러운 틈을 타 뛰어들게 했다. 이감은 좌우를 가르고 다시 진영으로 돌아와 일부러 큰 소리로 이광에게 말했다.

"흉노 기병은 두려워할 것도 없습니다."

그 방법은 과연 효과가 있었다. 군사들이 안정을 되찾아 사기가 점점 고조되었다. 이어 이광은 군사들에게 공격 채비를 갖추게 했다. 흉노도 금방 공격할 태세를 갖추더니 이내 돌격 소리로 천지를 진동하며 화살을 비처럼 쏟아 부었다. 병력도 적은 데다 사방이 적으로 둘러싸인 한나라 군대는 절반이 넘는 사상자를 냈으며, 화살도 얼마 남지 않았다. 형세는 점점 바람 앞의 촛불처럼 위태로워져 갔다.

이광은 필사적으로 군사들에게 활을 힘껏 당기고 목표를 향해 정확히 조준하라고 명했다. 그리고 자신은 노란색 대형 활을 가지고 휙 휙 소리를 내며 전방의 흉노 부장들을 맞혔다. 이렇게 되자 흉노의 맹렬한 공격 태세도 점점 느슨해졌으며, 날이 저물자 전투도 잠시 중지되었다.

하루 동안 격렬한 전쟁을 치르자 한나라의 남은 군사는 몇 안 되었다. 그나마 남은 군사들의 얼굴도 사색이 되어 두려운 빛이 역력했다. 이광은 평소와 다름없이 차분하게 남은 군사를 확인하고 대열을 정돈하여 다음날 있을 전쟁을 준비했다. 이광의 용맹한 모습에 사병들은 모두 입을 모아 칭찬하지 않을 수 없었다.

이튿날 날이 밝아오자 전투가 다시 시작되었다. 흉노 기병은 우세한 병력으로 맹렬하게 공격을 퍼부어 전쟁을 빨리 끝내려 했다. 한나라 군대도 그에 맞서 완강하게 대항했다. 쌍방의 피해는 막대했다. 한나라 군대가 위태로운 시기에 마침 장건이 기병 1만을 이끌고 나타났다. 양쪽의 형세가 이제 확연히 달라짐으로써 흉노는 승리를 쉽게 예상할 수 없어 퇴각했다. 한나라 군대도 많이 지쳤기 때문에 추격할 힘조차 내지 못했다.

이 싸움에는 수적으로 큰 차이가 있었다. 어려운 전투 속에서도 선두에서 군사들을 지휘하며 용맹하고 완강한 전투정신으로 지원병이 올 때까지 시간을 벌어 전군이 몰살되는 결과를 피했을 뿐 아니라 흉노의 병력을 견제하여 곽거병의 공격을 승리하도록 유리하게 만들어 주었다.

한편 곽거병과 공손오는 각자 출발한 뒤 공손오는 길을 잃고 곽거병과 만나지 못했다. 그러나 곽거병이 기병을 이끌고 대담하게 진격하여 2,000리를 정진해 거연택(居延澤, 감숙성 액제납기 북쪽)을 넘고 소월지(小月氏)를 경유해 기련산(祁連山)에서 흉노의 투항을 받아내고 3,300명이 넘는 관리와 흉노 3만여 명을 죽였다.

한나라는 단숨에 하서 지역을 수복하여 장안성 서쪽의 흉노 위협에서 벗어났다. 그리고 하서주랑(河西走廊)을 통해 서역을 거치는 교통 요지를 뚫어 한나라와 서역 간의 우호관계를 발전시키고 경제 문화 교류를 촉진시키도록 했다.

이번 전쟁에서 곽거병은 큰 공을 세웠다. 무제는 그에게 부상으로 봉지 5,000호를 더 주었다. 이때 지위와 명성으로 보면 곽거병은 대장군 위청과 막상막하였지만 그의 나이 고작 21세였다. 그에 비하면 이광은 흉노에게 포위당해 피해가 더 컸다. 비록 흉노에게도 중상을 입혔지만 공과가 상쇄되어 상을 받지도 벌을 받지도 않았다. 장건과 공손오는 군사전략을 잘못 짰기 때문에 군법에 의해 마땅히 사형에 처해야 하지만 돈과 곡식으로 대신해 죄를 사면 받았다.

이때 이광의 나이는 회갑을 넘겨 머리와 수염이 희끗했다. 그는 평생을 전쟁터에서 지냈지만 한 번도 봉후를 받은 적이 없었다. 당나라 시인 진자앙(陳子昂, 661~702년)은 이에 대해 느낀 바가 있어 「감우(感遇)」에서 이런 시구를 지었다.

"70차례 전투를 치르면서도 제후에 오르지 못하였네.(何知七十戰 自首未封侯)"

이광은 만년에 자신에게 아무런 상도 없다는 사실에 자연스레 느낀 것이 많았다.

간곡히 출전을 청하다

이광에게는 이채(李蔡)라는 사촌동생이 있었다. 이광과 이채는 한 문제 시기에 낭(郞)을 지냈다. 경제 때 이채가 관직 2,000석(石)[41]이 되었고, 이광은 태수가 되었다. 무제 때 이광은 장군으로 승진했다가 다시 파직당하고 또 우북평의 태수가 되었다. 이채는 기원전 124년에 경거장군(輕車將軍)이 되어 수대장군(隨大將軍) 위청과 함께 출정하여 공을 세우고 안락후(安樂侯)에 책봉되었다. 기원전 121년에 이광은 하서 전투에서 흉노군에 포위당해 아무런 공을 세우지 못했지만 이채는 승상이 되어 무제를 도와 전국의 정무를 관할하여 삼공의 반열에 올랐다. 위청, 곽거병과 나란한 위치에서 이광보다 높았던 것이다. 그러나 재능으로 보면 이채는 일반 사람조차 못 되었다. 명망으로 보더라도 이광보다 한참이나 떨어졌다. 또 이광의 부하 중에 공을 세워 작위나 봉읍을 하사받은 사람이 많아지자 그렇지 못한 이광은 화가 났다. 한번은 속상한 마음을 친구에게 털어놓았다.

"흉노와 전쟁을 시작한 이래로 내가 한 번이라도 전쟁터에 나가지 않은 적이 있던가? 내 부하 중에 교위(校尉)보다 관직이 낮고 재능도 평범하나 작위나 봉읍을 받은 자가 수십 명이다. 내 결코 그들에게 뒤지지 않거늘 어찌 나는 그런 상을 받지 못하는가? 내가 자격이 안 되는 것인가? 아니면 내 공적이 조금도 없다는 말인가? 내가 봉후를 하사받지 못할 정도로 못생겼는가? 아니라면 내 운이 나쁘단 말인가?"

친구는 이광에게 흥분하지 말고 침착하게 생각해 보라고 했다.

"그대는 평생 조금의 아쉬움도 없었는가? 그대는 조금도 잘못한 일이 없었는가? 차분히 앉아 생각해 보게."

친구의 말에 잠시나마 스스로를 반성해 보았지만 황제가 내리는 상에 대한 불만은 사라지지 않았다.

하서에서 전투를 치른 뒤 흉노 세력은 점점 약해졌다. 흉노는 왕실을 북부의 대사막 북쪽으로 옮기고 자신들의 위치가 멀고 한나라가 쉽게 사막을 지나지 못하리란 생각에 우북평과 정양을 계속해서 습격했다. 이에 한무제는 사막 북쪽으로 진격하기로 결정한다. 이것이 바로 한무제가 흉노를 상대로 벌인 세 번째 대전이었다. 기원전 119년(武帝 元狩 4년) 봄에 무제는 대장군 위청과 표기장군 곽거병에게 5만 정예기병을 주고 자원병, 보병, 운송병을 더해 총 수십만 군사를 이끌고 북쪽으로 진격하게 했다.

이광은 이 소식을 듣고 수차례 무제에게 전쟁에 나가게 해달라고 청했다. 그러나 무제는 이광의 나이가 너무 많다고 생각해 쉽게 허락하지 않았다. 우여곡절 끝에 무제는 이광의 절실함을 보고 전장군(前將軍)에 임명해 위청을 따라 출정시켰다.

이때 흉노 선우도 한군의 동태를 파악하고 북쪽으로 군영을 옮겨 사막 북쪽에 주력부대를 집중시켰다. 위청은 정양에 도착하여 포로로 잡은 흉노 군사로부터 주둔지 정보를 얻고 직접 군사를 이끌고 흉노의 본진으로 돌진하고 이광에게는 동쪽 길로 진격해 흉노의 좌측을 공격하라 했다. 그러나 동쪽 길로 우회하면 길이 멀었기에 위청과 동시에 작전을 펼 수 없었다. 게다가 적진에 들어가 싸우고 싶었던 이광은 위청에게 명령을 철회할 것을 청한다.

"나는 전장군이니 마땅히 선봉에 서야 하오. 그런데 지금 나를 동쪽으로 보낸다는 말이오? 내 젊었을 적에 흉노와 싸운 경험이 있고 지금가까스로 흉노 선우를 대적하게 되었으니 내가 선봉에 서서 선우와 사생결단을 내겠소! "

그러나 위청은 아무 말도 하지 않았다. 사실 무제가 위청에게 이광이 흉노 선우와 정면으로 맞붙을 경우 분명 실패할 것이라고 말했기 때문이다. 또한 위청이 이광에게 길을 달리하게 한 것은 공손오와도 관련이 있었다. 공손오는 위청의 목숨을 구해준 둘도 없는 친구로, 위청과 함께 전쟁터로 나가 공을 세워 합기후(合騎侯)에 책봉되었으나 하서에서 패하여 파직을 당했다. 위청은 자신의 막하에서 파직당한 친구에게 공을 세울 기회를 주고 싶었던 것이다.

이광도 이 내막을 알았지만 좋은 기회를 놓치고 싶지 않았다. 그러나 무제의 신임을 받는 위청은 당연히 명령을 바꾸지 않았다. 위청은 전령을 내려 이광에게 명을 따르라 했다. 이광은 군령을 어길 수 없어 분을 참으며 부대를 이끌고 동쪽으로 출발했다.

비통하게 자살하다

위청이 가는 길에 비해 이광이 출정하는 동쪽 길은 멀기도 하려니와 물과 풀이 적어 군사들이 제대로 쉬지 못했다. 위청은 단숨에 1,000여 리를 지나 빠르게 사막을 건넜다. 그때 일찍부터 진세를 펴고 있던 흉노 선우는 한나라 군사와 싸울 준비를 마쳤다. 위청은 병영을 전차로 둘러싸고 기병 5,000을 출격시켰다. 흉노 선우도 기병 1만을 보내 맞서 싸웠다. 날이 저물면서 광풍이 크게 일어 모래와 돌이 흩날리자 두 군대는 앞을 제대로 볼 수 없었다. 한바탕 교전을 마친 한나라 군대는 다시 좌우로 진영을 펼쳐 흉노 선우를 공격했다. 한나라 군대가 점점 강하게 돌격하자 흉노 선우는 수백 명의 정예병을 이끌고 서북쪽으로 달아났다. 날이 이미 어두워지고 양쪽 부대가 너무 지쳤기에 위청은 흉노 선우가 도망간 뒤 군사를 거두었다. 나중에 위청은 포로로 잡힌 흉노군에게서 대강의 상황을 듣고 날쎈 기병을 보내 추격하게 한 뒤, 자신도 주력부대를 이끌고 뒤를 따랐다. 200리 쯤 지났을 때 동쪽에서 해가 떠올랐지만 흉노군의 종적은 보이지 않았다. 위청은 치안산 조신성(寘顏山 趙信城, 몽고 국경 안)에서 하룻밤을 지내고 돌아왔다.

한편 곽거병의 군대가 대군(代郡)에서 출발하여 북쪽으로 2,000리를 지나는데 승전 소식이 들렸다. 이광의 아들 이감은 이번 전쟁에서 공을 세워 관내후(關內侯)에 책봉되었다.

동쪽 길로 출격한 이광은 가는 도중에 방향을 잃어 위청과 만나기로 한 날짜를 지키지 못하고 흉노 선우와 싸울 기회도 잃었다. 이광은 위청이 사막의 남쪽에 도착했을 때 다시 만났다. 이때 이광의 심정은 가히 알 수 있을 것이다. 위청을 만난 뒤 다시 자신의 부대로 돌아온 이광에게 위청은 그의 장사(長史)⁴²를 보내 술과 음식을 주었다. 그리고 무제에게 보고하기 위해 중도에서 길을 잃은 상황을 자세히 물었다. 이광은 아무 말도 하지 않았다. 위청이 보낸 장사가 이광의 부하에게 이것저것 캐묻자 이광은 화가 났다.

"내 부하는 아무런 죄가 없고 내가 길을 잃은 것이다. 내 당장 대장군이 계신 곳으로 가 벌을 받겠다!"

이광은 장사의 목을 베고 그 길로 위청을 찾아가 그의 앞에서 자신의 부하에게 말했다.

"나 이광은 한평생을 흉노와 싸우며 70차례가 넘는 크고 작은 전쟁을 치렀다. 이번에 대장군과 함께 출정하여 흉노 선우와 직접 싸울 좋은 기회를 얻었으나 대장군께서 기어이 나를 동쪽 길로 보내 길을 잃게 만들었다. 이는 하늘의 뜻이 아니겠는가. 이제 와서 나는 도필의 관리(刀筆之吏)가 하는 심문을 참을 수가 없구나!"

말을 마치고 바로 칼을 뽑아 자결했다.

이광이 비통하게 죽었다는 소식에 사병과 장군들은 대성통곡했다. 백성들도 이광을 아는 자건 모르는 자건 남녀노소 모두 이광의 죽음에 눈물을 흘렸다. 천하의 모든 백성이 그의 죽음을 애통했다는 사실에서 이광의 신임이 얼마나 깊었는지 알 수 있다.

이광에게는 세 명의 아들이 있다. 장남인 이당호(李當戶)는 낭관을 지냈으나 일찍 죽었고 차남인 이초(李椒)는 대군 태수가 되었으나 이광이 죽기 전에 사망했다. 이감은 이광의 셋째 아들이다. 아버지를 닮아 용맹하여 이광의 자리를 이어 낭중령(郎中令)을 지냈다. 이감은 아버지가 비통하게 죽자 그 한을 풀기 위해 위청에게 상처를 입혔으나 위청은 그 사실을 감추고 발설하지 않았다. 얼마 후 이감이 무제를 따

라 감천궁에서 사냥을 하는데 위청의 조카 곽거병이 그를 쏘아 죽였
다. 무제는 이 일을 지켜본 자들에게 함구령을 내리는 한편 이감이 사
슴에게 부딪혀 사망했다고 일렀다. 그 후 이감의 조카 이릉(李陵)은
보병 5,000을 이끌고 10만 흉노병과 맞서 싸우다 투항했다. 이 일로
무제는 이광 가문을 멸족시켰다.

이광의 자결은 물론 잘못된 전술로 중도에 길을 잃은 탓도 있지만
봉건통치계급의 내부 싸움과 관련이 있다. 위청과 곽거병도 물론 역
사에 남는 큰 공을 세웠다. 그러나 이광의 자살사건으로 인해 그들이
왕의 외척으로서 실권을 장악하려는 봉건지배층의 옹색한 사심이 그
대로 드러난 것이다.

이광은 한나라의 명장군으로서 흉노와의 전쟁으로 목숨을 잃은
것이 아니라 자신의 칼로 생을 마감했다. 이는 봉건사회의 비극이 아
닐 수 없다.

간략한 군사지휘로 유명해지다

이광은 한나라와 흉노 간의 전쟁 속에서 탄생한 뛰어난 장수이다.
문제, 경제, 무제 황제를 거치며 평생을 전쟁터에서 지냈고 갖은 고생
을 하여 공적을 쌓았다. 오랫동안 한나라의 변방을 지키며 중앙정부
가 권력을 집중하고 사회경제 발전을 이룩하도록 도왔다.

이광은 정직하고 성실한 사람으로 보통의 농부처럼 언변이 서툴러
말이 적었으며, 평소 부하들에게 관심을 가지고 음식도 군사들과 함
께 나누었다. 황제가 하사한 물건이 있으면 아무리 사소한 것도 사병
들과 함께 나누었다. 40년 가까이 관직에 있었으나 집안에 남는 물건

이 없었으며, 가산에 대한 말은 한 번도 꺼낸 적이 없었다. 군대를 지휘하면서 양식이 끊기고 물이 부족한 상황이 닥치면 수원을 찾아 군사들의 갈증을 먼저 해소해 주었다. 또한 식량이 생기면 사병들이 먹기 전에는 입에 대지 않았다. 이 때문에 이광은 부하들로부터 존경을 받았으며, 사후에 사람들이 그의 죽음을 슬퍼한 것이다.

이광은 달리는 말 위에서 활을 잘 쏘았다. 여러 장수 중에서도 무예가 뛰어났으며, 용감하고 기지가 뛰어나고 두려움 없이 전쟁에 임했다. 전쟁을 치를 때는 군사들을 돌보느라 자신의 안전을 살피지 않았으며, 아무리 긴박한 상황에서도 침착하게 적에게 맞섰다. 적이 가까이 있어도 확신이 없으면 가벼이 활을 쏘지 않았다. 활을 쏘면 빗나가는 화살 없이 백발백중하여 적군을 땅바닥에 쓰러뜨렸다. 많은 전쟁을 치르면서 때로 적군의 수가 아군에 비해 많거나 적군에게 포위를 당하거나 하는 등 불리한 상황에 놓이기도 하였으며, 심하게는 홀로 잡힌 적도 있었다. 그러나 이광은 자신이 능동적으로 노력하여 위험 속에서 의외의 좋은 결과를 만들어 냈다. 본인의 뛰어난 능력도 있었지만 군사들이 그를 믿고 따랐기 때문에 그렇게 할 수 있었다.

유명한 역사학자 사마천은 『사기(史記)』의 「이장군열전(李將軍列傳)」에서 옛사람의 말을 빌려 이광을 설명했다.

"'자신이 바르면 명령을 내리지 않아도 실행되고, 자신이 바르지 못하면 명령을 내려도 따르지 않는다'는 말이 있다. 이는 바로 이(李)장군을 가리키는 말이다!"

관리가 정직하면 명령을 내리지 않아도 사람들이 저절로 따르고 관리가 정직하지 못하면 수차례 명령을 해도 듣지 않는다는 말이다. 사마천은 여기서 정직한 관리는 바로 이광이라고 적시했다. 사마천은 또 '복사꽃과 오얏꽃은 말이 없지만 그 아래로는 저절로 길이 생긴다'는 속담을 인용해 이광의 인품을 칭찬했다. 복사꽃과 오얏꽃은 자기의 과실이 얼마나 달콤한지 자랑하지 않는다. 그러나 사람들은 그 열매를 따먹기 위해 오랫동안 나무 아래를 서성이니 저절로 길이 생기는 것이다. 이 같은 생동적인 비유는 이광에 대한 사마천의 존경심을 엿보게 한다.

한나라 이후 중국 문학에는 이광을 이상적인 영웅으로 형상화한 작품이 많아졌다. 예를 들면 당(唐)나라 시인 왕창령(王昌齡, 698~756년경)의 「출새(出塞)」가 그러하다.

밝은 달은 진나라 때와 같고 관문은 한나라 시절 그대로이건만(秦時明月漢時關)
만리 장정에 나선 사람 아직도 돌아오지 아니 하네(萬里長征人未還)
용성을 비장(이광 장군)이 지키기만 하였어도(但使龍城飛將在)
오랑캐로 하여금 음산을 넘지 못하게 하였을텐데.(不敎胡馬度陰山)

같은 시대의 변새시인 고괄(高适, 706~765년경)이 지은 「연가행(燕歌行)」에서도 '그대는 사막 정벌의 고초를 보지 못하였는지 아직도 이 장군을 그리워하는구나(君不見沙場征戰苦 至今猶憶李將軍)'라는 구절이 있다. 이 시는 사람들이 얼마나 이광의 우국위민 정신을 그리워하는지, 이광이 역사적으로 상당히 명망 높고 영향이 있는지를 생동적으로 반영하고 있다.

이광의 군사지휘는 간략함으로 더욱 유명하다. 행군할 때는 엄격하게 부대를 편성하지 않았으며, 군대를 주둔시킴에 있어서는 군사들의 편의를 위해 물과 풀이 가득한 곳을 택했다. 아울러 잡다한 업무와 문서를 간략하게 하고 밤에는 따로 순찰을 돌게 하지 않았다. 공격할 때도 몸소 대담하게 경계선을 넘었다.

이광의 지휘관을 두고 확연히 상반된 두 가지 의견이 있다. 하나는 흉노가 이광을 두려워하고 한나라 군사들이 이광의 작전을 즐겁게 수긍했다는 것이고, 다른 하나는 모두가 이광처럼 했다면 전군이 패배한다는 의견이다. 명말청초의 진보사상가 왕부지(王夫之, 1619~1692년)는 이 두 가지 의견이 모두 편면적이라고 했다. 그는 병사의 수가 많고 적음에 따라 장수는 공격이나 수비를 결정하는 것이라 생각했다.

"이광 전술의 간략함은 군사들에게 자유를 주는 것으로, 이는 공격하는 장수가 택하는 것이다."

다시 말해서 소규모 부대를 이끌고 적을 공격할 때는 이광의 전술이 효과적이다. 이광의 전술대로 하지 않으면 적군이 아군의 적은 병력을 알아차리기 때문이다. 그러나 위청과 곽거병 같은 장수들처럼 동시에 몇 가지 길을 나누어 대군을 이끄는 큰 규모의 전쟁에서는 장막 안에서 천리 밖의 승부를 결정해야 하기에 이광의 전술을 사용하면 안 된다. 그렇기 때문에 이광이 멀리서 먼지만 바라볼 뿐 따라가지 못했던 것이다. 사실 이광은 전쟁에서 소극적으로 대처한 부분이 있었다. 물론 여러 이유가 있겠지만 이것이 그의 군사 지휘 업적에서 다소 결점이 되는 부분인 것 같다. 또한 지배계층의 일원인 이광은 위청과 곽거병처럼 역사적인 시기의 한계가 있었다. 그는 사사로이 양효왕이 하사하는 관직을 받았으며, 제멋대로 패릉의 현위를 죽였다. 또한 관직과 봉읍에 대한 미련이 많았다. 이 모든 것은 이기적이고 협소한 지배층의 속성이라 할 수 있다. 즉 사유제를 기초로 한 봉건착취제도가 이광 개인에게도 필연적으로 영향을 준 것이다. 위청이 패하지 않은 것은 천운이고 이광이 상을 받지 못한 것은 팔자 탓이라고 말하는 사람도 있다. 그러나 분명히 한 시대를 살았던 역사 인물의 공과와 성패를 운으로 치부하는 것은 바람직한 평가가 아니다.

"하늘이 장차 큰 임무를 내리려 할 적에 반드시 그 사람에게 먼저
마음과 뜻을 고달프게 하고, 근육과 뼈를 수고롭게 하며,
몸과 살을 굶주리게 한다."

위청(衛靑, ?~B.C. 106)

전한(前漢) 하동(河東) 평양(平陽) 사람. 아버지 정계(鄭季)가 평양후(平陽侯)의 가첩(家妾) 위온(衛媼)과 정을 통해 그를 낳았는데, 어머니의 성을 따랐다. 처음에 평양공주(平陽公主)의 집노비로 있었다가 누이 위자부(衛子夫)가 무제의 총희(寵姬)여서 관직에 진출하여 태중대부(太中大夫)가 되었다. 원광(元光) 6년(B.C. 129)에 거기장군(車騎將軍)이 되어 군대를 거느리고 흉노를 격파하고 관내후(關內侯)에 올랐다. 원수(元狩) 4년(B.C. 119)에 대장군으로서 곽거병과 함께 대군을 이끌고 막북(漠北)으로 나가 흉노의 주력을 궤멸시켰다. 이후 7차례에 걸쳐 흉노를 정벌하여 더 이상 한나라의 위협이 되지 못하도록 했다.

어떤 싸움이든 장기전을 염두하라
흉노족을 굴복시킨 완벽주의자 위청

섬서성 흥평현에는 한무제(漢武帝, 기원전 140~86년 재위)의 묘 무릉(茂陵)이 있다. 무릉의 동북쪽에는 두 개의 무덤이 나란히 있다. 무릉 근처에 있는 묘 아래에 묻힌 이가 바로 위청(衛青)이고 다른 이는 곽거병이다. 봉건사회에서 종법제도는 신성불가침하고 등급의 한계는 매우 엄격했다. 이런 가운데 황제와 성도 다른 위청과 곽거병이 어떻게 존귀한 황릉의 한자리를 차지할 수 있었을까? 그 이유를 알기 위해 여기서 위청의 남다른 생애를 중심으로 살펴보자.

치욕과 모욕의 소년기

한무제 때 조수(曹壽)라는 자가 있었다. 한나라 초기 조참(曹參)의 후손인 그는 평양후(平陽侯, 산서성 임분)에 책봉되었다. 조수는 무제의 누이인 양신장공주(陽信長公主)⁴³⁾를 부인으로 삼았으며, 공주는 부군의 봉호(封號)를 따라 평양공주(平陽公主)로 개칭했다.

평양공주에게는 시녀 온(媼)이 있었다. 그녀는 남편의 성을 따라 위온(衞媼)[44]이라 했다. 그녀에게는 1남 3녀가 있었다. 위온이 젊었을 때 평양공주 집안에서 일을 했던 관리 정계(鄭季)와 사통을 하여 아들을 낳았으니 그가 바로 위청이다. 위청의 누이는 후에 무제의 황후 위자부(衞子夫)가 된다.

위청의 자(字)는 중경(仲卿)이다. 어릴 때 평양후에서 모친의 손에 길러졌으나 조금 자란 뒤에는 아버지 정계의 집으로 옮겼다. 보통 관리의 아들은 어려서부터 책을 읽고 공부를 했지만 위청에게는 그런 복이 없었다. 정계의 부인이 위청을 사생아로 여겼고 그녀의 자식들도 위청을 형제로 생각하지 않았기 때문이다. 정계는 위청에게 양 치는 일을 시켰다. 천진난만한 위청은 할 수 없이 매일 아침 일찍 일어나고 밤늦게 자면서 산을 넘고 물 건너 양떼를 돌보았다. 때때로 바람이 불고 비가 내려 추위와 배고픔으로 괴로웠다. 그러나 그보다 더 힘들었던 것은 지쳐 돌아온 집안에서 조금의 온기도 느끼지 못한 점이다. 집안사람들은 위청을 노복처럼 부렸다. 말을 하지 않고 턱짓으로 일을 시키고 갖은 방법으로 그를 학대하며 조금이라도 비위에 거슬리면 욕하고 때렸다. 가정이 그에게 준 것은 모욕과 고통뿐이었다. 그렇기에 위청의 마음에 유일하게 위안이 되었던 것은 대자연의 아름다움과 친구들과의 우정이었다. 시간은 더디게 흘러 위청은 큰 돌 아래에 난 작은 풀처럼 점점 꿋꿋하게 성장했다.

냉담한 집안 분위기와 고통스러운 생활은 위청을 어려서부터 고생을 감수하게 만들고 강한 의지와 체력을 갖게 했다. 한번은 집안사람들과 함께 감천(甘泉, 섬서성 순화 부근)을 갔을 때 그곳의 죄수가 위청의 상을 보고 말했다.

"귀인이 될 상이니 훗날 후(侯)에 책봉되겠구나."

위청은 그의 말이 자신의 신분에는 어울리지 않았기에 웃으며 말했다.

"저는 노복일 뿐입니다. 욕이나 먹고 매나 맞지 않으면 다행이지요. 감히 어떻게 후가 되는 일을 바라겠습니까?"

위청은 이렇게 오랫동안 괴로운 생활을 하다가 끝내 자신의 쓰디쓴 소년기와 작별한다. 더 이상 치욕과 모욕을 당하고 싶지 않았던 그가 생모의 곁으로 돌아가기로 결정한 것이다.

처음에 평양공주는 이 똑똑하고 영특하며 열심히 배우려는 청년을 좋게 보고 자신의 기사로 삼았다. 이로부터 위청은 새로운 노복으로 살게 된다. 황실 친척인 공주의 집안에서 일하며 점점 문화적인 지식과 상류계층의 법도를 알게 되었다. 당시 그의 누나 위자부도 평양공주 집안에서 빼어난 미모와 출중한 기예로 이름이 나게 되었다. 위청 일가는 이렇게 평양공주 집안에서 생계를 유지했다.

변란에도 죽지 않다

기원전 139년(武帝 建元 2년) 3월의 어느 날 평양공주는 한무제의 방문을 맞아 큰 연회를 열었다. 당시 무제는 결혼한 지 수년이 지났으나 황후 진아교(陳阿嬌)가 아들을 낳지 못해 마음이 텅 빈 듯 쓸쓸했다. 그런데 무제가 평양공주의 집에서 경쾌하게 노래하고 가볍게 춤을 추는 위자부를 보고 한눈에 반하여 궁으로 데려온다. 위자부가 궁으로 들어가자 위청도 건장궁(建章宮)에서 일을 했다. 일개 양치기 소년이 황궁의 관리가 되었으니 그 변화는 하늘과 땅 차이라 할 수 있다.

중국의 봉건사회에서 황위는 적자가 계승한다. 황후의 자식이 없으면 후궁에게서 난 아들을 태자로 세우며, 아들이 귀해지면 후궁이라 해도 지위가 상승한다. 다시 말해서 귀한 아들 덕에 그 생모도 귀해지는 것이다. 위자부가 임신하자 황후는 자신의 위치가 불안했다. 질투심과 비분이 교차하면서 아들을 낳지 못함을 원통히 여겨 몇 번이고 목을 매려 했다. 그렇다고 위자부에게 손을 써보고 싶었지만 황제의 총애를 받았기에 직접 해를 입힐 수도 없어 황후는 자신의 모친인 대장공주(大長公主)에게 가 위자부를 험담하거나 원망을 토로했다. 한무제의 고모인 대장공주는 딸이 황제의 총애를 잃을 것 같아 적당한 구실을 찾아 위청을 잡아 가두고 죽이려 했다.

목숨이 위태로운 이때 위청의 친구인 기랑(騎郞) 공손오가 몇 명의 장사들과 함께 수비를 뚫고 감옥으로 들어와 위청을 구해 주었다. 뜻밖의 변고를 당한 위청은 친구들의 우정과 용기로 죽을 고비에서 벗어날 수 있었다.

고비를 넘긴 위청은 큰 변란 속에서도 죽지 않았다. 그리고 얼마 후 재앙 뒤에 복이 온다 했던가? 한무제가 이 소식을 듣고 위청을 건장궁의 감(監)이자 황제의 시종인 시중(侍中)으로 삼았다. 그리고 위청의 다른 형제들도 예우를 받고 많은 재물을 하사받았다. 공손오는 이 일로 더욱 신임을 받고 중용되었다. 얼마 후 무제는 위자부를 부인(夫人)으로 봉하고 위청을 태중대부(太中大夫)로 승진시켜 황제의 고문으로 삼았다.

일찍이 맹가(孟軻)는 이렇게 말했다.

"하늘이 장차 큰 임무를 내리려 할 적에 반드시 그 사람에게 먼저 마음과 뜻을 고달프게 하고, 근육과 뼈를 수고롭게 하며, 몸과 살을 굶주리게 한다."

이 말은 위청에게 딱 어울린다. 21세 이전의 위청은 많은 고통과 좌절을 겪으며 힘들게 살았다. 그런데 이 모든 역경이 바로 훗날 전장에서 말을 달리며 싸워 공을 세우는 발판이 되었다.

변새의 봉화

진나라 말기가 되자 한나라 초기의 중국 북방 유목민족인 흉노가 점점 세력을 키웠다. 흉노의 모돈 선우는 하남(河南) 땅(내몽고 하투이극소맹 일대)을 점령하고 시시각각 한나라 변방을 공격했다. 그러나 서한 개국 초기는 장기간에 걸친 전쟁으로 경제가 나빠졌으며 백성들은 도탄에 빠졌다. 당시 황제가 같은 털 색깔을 가진 말을 네 마리도 갖지 못하고 장상도 달구지를 탔으니 백성들의 생활은 이루 말할 수 없이 참담했다. 동시에 제후 왕들이 반란을 일으키자 한나라는 종국에 심각한 재정난을 겪게 되어 흉노에게 반격할 힘이 남아 있지 않았다.

기원전 198년에 고조(高祖)는 대신 유경(劉敬)의 건의를 받아들여 한나라 종실을 흉노 선우에게 시집보내고 매년 많은 재물을 보내주는 등 흉노와 화친했다. 여후(呂后), 혜제(惠帝, 기원전 195~188년 재위) 시기에도 굴욕을 참아가며 화친했으며, 한문제(漢文帝, 기원전 180~157년 재위) 때 세금과 부역을 가볍게 하고 백성들과 함께 쉰다는 정책으로 농업생산을 대대적으로 발전시켰다. 군량이 쌓이면서 한나라는 점점 국력을 키웠으며, 한경제(漢景帝, 기원전 156~140년 재위) 때는 빈곤하고 허약했던 상황을 완전히 뒤바꾸어 놓았다.

이 60여 년 사이에 북부의 군에서는 전쟁이 끊이지 않아 백성들이 삶의 터전을 짓밟혀 가며 참혹한 생활을 했다. 기원전 144년(景帝 中6년)에 흉노 기병은 안문(雁門, 산서성 우옥현 남쪽), 상군(上郡, 섬서성 유림 동남)을 공격하여 황실이 서북쪽에서 키우는 군마를 탈취하고 2,000명의 군사를 죽였다. 한무제가 즉위하기 2년 전인 기원전 142년(景帝 後 2년)에 흉노 기병은 다시 안문을 공격해 태수 풍경(馮敬)을 죽였다. 위청의 고향인 평양이 전쟁터와 가까워 위청은 어려서부터 전쟁의 호각소리를 듣고 변새의 봉화를 보며 자랐다.

밤낮으로 이어지는 격렬한 전투

한무제가 정권을 잡았을 때 형세는 이미 근본적으로 변화했다. 서한은 수십 년 동안의 노력으로 부유하여 재물이 남으며 군사와 군마가 강성하게 되었다. 각 제후 왕의 세력은 근본적으로 무너지고 중앙집권 국가가 다져져 공전에 없는 발전을 보였다. 서한의 왕조는 풍요로운 경제, 정치, 군사 실력을 키워 흉노에 대해 수동적인 방어에서 적극적인 반격으로 완벽히 변한 것이다.

한무제는 봉건 황제이다. 한나라 초기의 경험으로 그는 무력으로 반격해야만 천하를 안정시키고 자신의 통치 지위를 공고히 할 수 있음을 깨달았다. 직위 초년에 무제는 겉으로 흉노와 계속 화친을 유지하고 재물을 주며 교역했지만 안으로는 반격 준비를 하고 있었다.

한무제가 즉위한 이듬해에 흉노를 고립시키려는 움직임이 시작되었다. 무제는 황제의 특사로 장건을 서역으로 보내 흉노의 원수 대월지(大月氏, 신강성 이리하 유역)와 연합해 동서 양쪽에서 흉노를 치려 한다.

군사적으로 보면 한무제는 이광에게 국경의 관문을 지키게 하고 군사를 징집하여 변경 지방을 단단하게 했다. 흉노 기병은 말을 타고 빠르게 움직이기에 보병은 그 속도를 따라잡을 수 없다. 그래서 각 군현에 기병을 확충하고 조정에 8개의 교위(校尉)[45]를 증설했다. 8개 교위 가운데 4개는 기병을 훈련시키는 것과 연관이 있었다. 기병의 전투 기능을 향상시키기 위해 무제는 말을 타고 활을 잘 쏘는 흉노족을 데려다 젊은 기병 군사들을 훈련시켰다.

정치적인 면에서 한무제는 대신 주부언(主父偃)의 말을 귀담아 듣고 추은령(推恩令)을 내려 제후들에게 자신의 봉지를 아들들에게 물려주게 하여 제후들의 세력을 약화시켰다.

기원전 134년(武帝 元光 원년)에 주부언은 흉노를 토벌하자는 상소를 올린다. 그해 한무제는 현량(賢良)[46]을 통해 인재를 모으고 대신들과의 논의 끝에 흉노에 대한 공격을 확정한다.

이때 흉노는 대군(代郡, 하북성 울현 동북), 안문(雁門) 일대를 공격하여 백성들을 죽이고 재물을 탈취했다.

기원전 133년(武帝 元光 2년) 여름에 서한은 30만 대군을 보내고 한안국(韓安國)에게 지휘를 맡겼다. 한안국은 길을 나누어 매복하여 흉노를 유인하고, 이광과 공손하는 마읍(馬邑, 산서성 삭현) 부근의 산으로 숨어 흉노 선우가 오기를 기다렸다. 왕회(王恢)와 이식(李息)은 각각 3만 군사를 이끌고 대군으로 가 흉노의 퇴로를 끊었다. 흉노의 군신 선우는 기병 10만을 이끌고 마읍으로 달려 마읍에서 100리 떨어진 곳에서 한나라의 계책을 깨뜨렸다. 이광과 공손하의 더딘 행동 탓이었다. 왕회와 이식은 흉노 선우의 세력이 거세졌다는 소식에 퇴각한다. 마읍에서의 계책이 실패로 끝나자 서한은 흉노와 공개적으로 화친을 종결하고 장기간에 걸친 교전 상태에 들어가게 된다.

영웅의 탄생

마읍에서의 싸움으로 한무제는 깨달은 바가 있었다. 기존의 경험이 많은 일부 장수들은 신중한 나머지 공격적으로 싸우지 못했다. 앞으로 치러야 하는 수많은 전쟁에서 그런 모습은 오히려 장애 요소였다.

"위대한 공적을 세우려면 반드시 위대한 사람이 필요하다."

승리하려면 새로이 우수한 인재를 뽑아야 했다. 한무제는 먼저 위축되어 싸우지 못한 왕회를 사형에 처하고 중임을 맡을 뛰어난 인재를 물색했다. 가장 먼저 생각난 사람은 바로 위청으로, 일전에 사냥을 나가서 본 그의 재능이 인상에 남았다. 게다가 위청은 용기와 지혜를 겸비하여 장수가 될 만한 인재였으며, 황실의 외척으로 충성스럽고 믿을 만했다.

기원전 129년(武帝 元光 6년)에 한무제는 단호하게 위청을 거기장군(車騎將軍)에 임명했다. 이로부터 젊은 장수 위청은 전쟁의 무대에 올라서게 된다.

같은 해 한무제는 군대를 네 부대로 나누어 북쪽으로 출격시킨다. 이광은 안문, 공손오는 대군, 공손하는 운중(雲中, 내몽고 탁극탁현)에서 각각 군사를 이끌었고 처음으로 전쟁에 나가는 위청은 상곡(上穀, 하북성 회래현)에서 출발했다. 네 명의 장수는 각각 군사 1만을 거느렸다. 이들 중 위청을 제외한 나머지 장수들은 오랫동안 전장 경험이 있는 노장이었다. 그러나 이번 전쟁은 의외의 결과를 가져온다. 노장인 이광은 포로로 잡혔다가 구사일생으로 돌아오고, 공손오는 병력의 3분의 2를 잃었으며, 공손하는 아무런 공적이 없었다. 오직 첫 출정인 젊은 장수 위청만이 군사 1만을 이끌고 흉노의 용성(龍城, 흉노 선우가 하늘에 제사를 올리고 각 지방의 수령들과 회합을 갖는 곳)에까지 들어가 700여 명의 흉노군을 죽여 승전보를 올린 것이다.

당(唐)나라 초기 시인 양형(楊炯)의 시에서 당시의 공적을 이렇게 칭송했다.

봉화가 서경에서 피어오르니(烽火照西京)

마음을 편하게 가늘 길 없구나(心中自不平)

황제의 아장을 받아들고 대궐 문을 나서(牙璋辭鳳闕)

철기병으로 용성을 에워 쌌네(鐵騎繞龍城)

위청이 전쟁에서 이기고 돌아오자 한무제는 무척 기뻐하며 그를 관내후(關內侯)에 봉했다. 젊은 장수 위청의 공적을 치하한 것이다.

그러나 이번 전쟁으로 흉노 세력이 약해진 것은 아니었다. 그해 겨울에 흉노 기병은 다시 상곡과 어양 일대를 공격하고, 이듬해 가을에는 대군을 이끌고 남하했다. 흉노 대군은 먼저 요서(遼西, 요령성 의현 서쪽)를 공격해 태수를 죽이고, 어양으로 향해 한나라 장수 한안국(韓安國)을 죽이는 등 대대적인 공격을 퍼부었다. 그 승세를 몰아 흉노 기병은 파죽지세로 안문을 향해 돌진한다. 서한의 북부 전체에는 긴장감이 감돌았다. 장안도 공포에 휩싸였으며, 위급함을 알리며 구원을 요청하는 문서가 각지에서 조정으로 날아들고 있었다.

이때 위청이 다시 흉노와 싸우기 위해 출정한다. 한무제는 이식을 보내 대군에서 출발해 흉노의 퇴로를 막게 하고 위청을 멀리서 호응하게 했다. 위청은 당시 상황을 유심히 분석해 보았다. 흉노는 천리 길을 달려 거센 기세로 한나라 장수를 베고 성을 차지했지만 군사들은 이미 지쳤을 것이다. 그러나 한나라 군대는 넉넉한 군량과 군비, 충분한 휴식으로 사기가 고조되어 있다. 이 때문에 속전속결이 유리하리라 판단했다. 출전 명령을 받자 위청은 3만 정예기병을 이끌고 북쪽으로 올라가 쏜살같이 전선에 도착했다. 위청이 탄 말이 선두에 서서 전방으로 돌격하니 뒤에 있던 사병과 장수들이 그의 위용에 용기를 얻어 사력을 다해 돌진했다. 두 군대가 한바탕 격전을 치르자 흉노 군사들은 이리저리 흩어지고 수천 명의 군사가 주검이 되었다. 남은 군사들은 가까스로 도망쳤다.

그해 위씨 집안은 경사가 겹쳤다. 위자부가 아들을 낳아 황후에 올라 진하교의 자리를 차지했고, 위청도 전쟁에서 승리 소식을 가지고 돌아온 것이다. 위청은 두 차례의 출격을 모두 승리로 이끌면서 뛰어난 군사지휘 능력을 발휘했다. 조정에서의 위치도 나날이 높아져 일부 경험 많은 노장을 뛰어넘었다.

이번 전쟁의 승리로 한나라는 흉노에 대한 공격에 희망을 갖게 되었다. 오래지 않아 한무제는 하남과 하서 및 사막 이북에서 벌일 대규모 전쟁을 계획한다.

하남(河南)을 수복하다

하남(河南) 땅 일대는 풀과 물이 많아 농사를 짓거나 유목을 하기에 적합한 곳이다. 또한 서한의 수도인 장안과 가까워 경제적·군사적으로 중요한 곳이어서 역사상 전쟁이 끊이지 않았다. 모돈 선우가 하남 땅을 점령한 뒤 수십 년 동안 장안은 흉노의 위협에서 벗어나지 못했다. 기원전 127년(武帝 元朔 2년) 겨울에 한무제는 하남 땅을 수복하기 위해 전쟁을 일으킨다.

이번 전쟁은 서한의 역사상 최초의 전략적인 공격이었다. 막중한 임무는 다시 위청의 어깨에 놓여졌다. 위청은 두 명의 교위와 기병 4만을 이끌고 살을 에는 모래바람을 맞으며 얼어붙은 강바닥의 쌓인 눈을 밟으면서 세 번째 출정에 나선다. 이번에 위청이 선택한 전술은 바로 우회하여 측면을 공격하는 것이다. 운중을 넘어 서북으로 흉노의 후방을 돌아 하남을 지나는 북쪽의 고궐(高闕, 내몽고 항금후기)을 차지하고 하남을 지키는 백양왕(白羊王)과 누번왕(樓煩王)을 고립시키는 것이다. 위청은 군사들을 이끌고 쉬지 않고 달려 황하를 따라 수십

리를 행군하여 농서(隴西, 감숙성 임조)에 도착했다. 백양왕과 누번왕을 고립시키니 전선이 붕괴되고 포위당한 상황에서 백양왕과 누번왕은 군대의 전멸을 막기 위해 황하를 건너 계록새(雞鹿塞)에서 황급히 도 망쳤다.

위청은 한 부대를 이끌고 적진으로 들어가 수천 리를 돌아가며 싸 워 하남 땅의 흉노 세력을 섬멸했다. 이번 전쟁에서 흉노는 2,300여 명이 죽고 수천 명이 포로로 잡혔으며, 1만여 마리의 가축을 잃었다. 위청은 개선을 알리며 돌아온다. 위청의 전공을 표창하기 위해 한무 제는 그를 장평후(長平侯)에 봉하고 식읍으로 3,800호(戶)를 하사했 다. 위청과 함께 출정한 교위 소건(蘇建)은 평릉후(平陵侯), 장차공(張 次公)은 안두후(岸頭侯)에 각각 봉해졌다.

되찾은 하남 땅의 수비를 강화하기 위해 한무제는 주부언의 건의를 받아들여 하남 땅에 삭방군(朔方郡, 내몽고 화림격이 서북)을 설치하고 소 건에게 군사 10만을 주어 성을 쌓고 관문의 요새를 수리하게 했다. 그 해 여름에 한무제는 10만 대군을 모아 황무지를 개간하여 농업 생산을 발전시켜 군량의 수요를 충당했다. 이로써 장안의 안전이 보장했다.

먼 길을 달려 한밤에 습격하다

흉노는 비옥하고 풍요로운 하남 땅을 잃었다. 기원전 126년(武帝 元朔 3년) 여름에 흉노는 수만 기병을 이끌고 대군(代郡)을 공격하여 태 수를 죽이고 가을에 안문을 공격했다. 이듬해에는 길을 막고 남하하여 각각 3만의 군사를 이끌고 한쪽은 대군, 다른 한쪽은 정양(定襄), 또 다 른 한쪽은 상군(上郡)을 각각 공격했다. 이때 흉노의 좌현왕(右賢王)은 하남 땅을 여러 번 공격하고 삭방군을 습격했다. 그 두 해 사이에 흉노가 전쟁에 동원한 병력은 21만이 넘고, 죽인 백성만 1만이 넘었다. 그리고 침범한 지역의 피해는 잦은 침범 횟수만큼이나 엄청났다.

삭방군의 안전을 지키기 위해 기원전 124년(武帝 元朔 5년) 봄에 위청은 네 명의 장수와 10만 군사를 이끌고 네 번째 출정에 오른다. 공손하, 소건(蘇建), 이저(李沮), 이채(李蔡)와 함께 위청은 삭방군에서 일제히 흉노 우현왕을 공격하기 위해 길을 두 갈래로 나누어 포위하는 작전을 세웠다. 그 밖에 이식(李息)과 장차공(張次公)도 동북쪽 우북평에서 우현왕을 돕는 흉노의 주력세력을 견제하고 멀리서 위청이 이끄는 주력부대와 호응하기로 했다.

당시 우현왕의 주둔지는 삭방군과 고궐에서 매우 멀리 떨어진 곳에 위치했다. 우현왕은 한나라 군대의 출정 보고를 받았지만 길도 멀고 광활한 사막에 막혀 한나라가 쉽게 넘어오지 못하리라 생각했다. 어느 날 밤 우현왕이 장막 안에서 가무를 즐기며 술을 마시다가 거하게 취했다.

위청은 우현왕이 적을 우습게 여기고 방심하는 사이에 기습하려고 했다. 그는 단숨에 600~700리를 행군하여 한밤중에 우현왕을 포위했다. 한나라 군대가 하늘에서 떨어진 듯 위용을 떨치자 우현왕은 꿈속에서 막 깨어난 듯 정신이 혼미했다. 눈앞에는 불꽃이 튀고 사방에서는 함성이 진동했다. 흉노 군사들은 조금도 막지 못하고 손을 놓을 수밖에 없었다. 전쟁은 신속하게 이루어져 포위망이 점점 좁혀졌다. 우현왕은 군사를 버리고 수백 명의 호위병들에 둘러싸여 북쪽으로 도망쳤다. 위청은 그 자리에서 기마병을 보내 추격하게 했다.

이번 습격에서 한나라는 10여 명의 흉노 소왕과 1만 5,000 군사들을 포로로 잡고 수십만 마리의 가축을 빼앗았다. 한무제는 위청이 완승을 거두었다는 보고를 듣고 사신을 보내 그를 대장군에 임명했다.

위청이 조정으로 돌아오자 조정에서 다시 공적을 치하하여 식읍으로 8,700호를 주고 아들 위항(衛伉)을 의춘후(宜春侯), 위불의(衛不疑)를 음안후(陰安侯), 위등(衛登)을 발간후(發幹侯)에 각각 봉했다. 당시 셋째 아들은 아직 강보에 싸인 갓난아이였다.

결전할 기회를 찾다

하남 전쟁은 흉노와의 전쟁에 있어 하나의 전환점이 되었다. 사실상 이전까지는 흉노가 우세했지만 하남 전쟁을 치른 뒤 흉노는 점점 약해졌으며, 한나라는 적극적인 공격을 펼치며 전쟁의 주도권을 쥐게 되었다.

기원전 123년(武帝 元朔 6년) 2월에 내장군 위청은 장군 이저, 공손하, 공손오, 소건, 조신공과 함께 10만 대군을 이끌고 정양에서 북쪽으로 출격했다. 위청의 다섯 번째 출정이다. 이번 출정의 목적은 흉노 선우의 주력부대를 공격하는 것이었다. 목적 달성을 위해 일찍이 서역으로 사신을 다녀와 지리에 익숙한 장건이 동행했다.

흉노와 한나라는 이전에도 기병을 대규모로 동원해 전쟁을 치렀기에 흉노는 최대한 한나라의 주력부대와 부닥치지 않으려고 했다. 한나라 대군은 수백리 길을 정진했지만 선우의 주력부대를 찾지 못했다. 할 수 없이 다시 정양, 운중, 안문에서 잠시 휴식을 취하면서 군대를 정비했다.

그해 4월에 위청은 다시 전군을 이끌고 북쪽으로 향했다. 위청은 홀로 한 부대를 이끌고 흉노의 주력부대를 찾았지만 끝내 찾지 못하고 1만여 흉노군을 죽이고 돌아왔다. 반면 소건과 조신은 군사 3,000을 이끌고 흉노의 주력부대와 만났다. 그러나 엄청난 흉노 군사에 수적으로 밀려 하루 종일 싸웠지만 피투성이가 된 채 패했다. 조신은 원래 흉노 소왕이었으며, 한나라에 투항한 자이다. 상황이 불리하자 그는 다시 군사 800명을 이끌고 흉노에 투항했다. 소건은 전군을 잃고 홀로 진영으로 도망쳐 돌아왔다.

이번 전쟁은 흉노와 한나라의 무승부였다. 대장군 위청의 조카인 표요교위(驃姚校尉) 곽거병은 정예병 800명을 데리고 참전하여 재능을 발휘했다. 멀리 수백 리에 대군을 두고 홀로 진격하여 흉노의 상국과 당호, 흉노 선우의 작은 할아버지 차약후(借若侯) 산(產)을 참수하고 선우의 숙부 나고비(羅姑比)를 포로로 잡았으며, 2,000여 흉노군을 죽이고 돌아왔다. 18세의 곽거병은 산에서 나온 호랑이처럼 용맹스럽게 전군을 지휘하여 다른 장수들보다 더 뛰어남을 보여 주었다. 한무제는 이 젊은 장수를 높이 평가하여 관군후(冠軍侯)에 봉했다.

이번 전쟁으로 한무제는 위청에게 뒤지지 않는 천재적인 장수 곽거병을 발견하게 되었다. 2년 뒤 곽거병은 표기장군이 되어 단독으로 대군을 이끌고 두 차례 하서(河西)⁴⁷⁾ 원정을 떠난다. 그 가운데 한번은 혼야왕(渾邪王)의 수만 군사를 포로로 잡아 돌아오는 승리를 거두었다.

하서 전투는 한나라에 전쟁의 형세를 한 걸음 더 발전하게 해주었고 서역으로 통하는 육로를 소통시켜 서북 지역의 소수 민족과 중원 간에 왕래를 촉진시켰다.

사막의 북쪽에서 승리하다

하남과 하서에서의 대전으로 흉노는 심한 타격을 받았다. 그러나 선우의 부대와 좌현왕이 이끄는 흉노 부대는 여전히 상당한 전투력을 갖추고 있었다. 기원전 120년(武帝 元狩 3년)에 흉노가 다시 우북평과 정양을 공격해 백성 1,000여 명을 죽이고 재물을 약탈했다. 한무제는 나라의 안전을 지키기 위해 사막 이북을 공격하여 흉노를 철저히 무너뜨리기로 결정한다.

기원전 119년(武帝 元狩 4년) 봄에 한무제는 대장군 위청과 표기장군 곽거병에게 각각 기병 5만을 주고 동서로 길을 나누어 사막 이북으로 출정시킨다. 또 대군이 뒤에 따르니 참전한 군사가 수십만이 넘었다. 군대에 필요한 양식과 물자를 실은 말은 4만 마리가 넘었으니 가히 대규모 전투가 되었다.

위청은 공손하를 좌장군, 조이기를 우장군, 조양을 후장군으로 각각 삼았다. 한편 노장 이광은 싸우려는 의지가 강했다. 남은 생애를 전장에서 선우와 싸우고 싶다며 계속 출전을 요구했다. 한무제는 간신히 그의 출정을 허락해 전장군으로 임명했지만 위청을 불러 따로 언지를 해 두었다.

"이 장군은 나이가 많으니 정면으로 공격하면 일을 그르치게 될 것이다."

대군이 정양에서 출발한 얼마 후 위청은 포로로 잡은 흉노에게서 선우의 주둔지를 알아냈다. 그래서 이광에게 명하기를 조이기와 함께

동쪽으로 출정하여 전쟁터에서 만나자고 했다. 길을 나눈 뒤 위청은
정면으로 주둔지를 향했다.

이때 이치사(伊稚斜) 선우는 투항한 조신의 계책대로 대량의 군수
물자를 북쪽으로 더 멀리 운송시키고 정예 병력만 데리고 있었다. 짐
이 없으면 먼 길을 출정 나온 한나라 군대를 단숨에 공격해 승리할 수
있으리라 생각했기 때문이다.

1,000여 리를 지나온 위청은 선우의 부대가 방어를 하고 있는 모습
을 보았다. 정면으로 그 안을 뚫기는 어려웠지만 많은 전투를 겪어 왔
던 위청은 당황하지 않았다. 군사들에게 무강거(武剛車)[48]를 타고 흉노
의 진영을 둘러싸서 갑작스러운 기습에 대비하라 명했다. 동시에 기병
5,000을 보내 흉노를 공격하게 하니 양쪽 군대가 격렬한 전투를 펼쳤
다. 여기저기서 전쟁의 북소리가 들리고 일제히 호각 소리가 나면서
날이 저물 때까지 싸움이 치열하게 이어졌다. 이때 순식간에 광풍이
몰아치더니 모래와 돌이 사방으로 날려 앞이 보이지 않았다. 대장군
위청은 악천후를 이용하여 군사를 좌우로 나누어 흉노를 공격했다. 수
적으로 밀리고 기세에 압도당한 선우는 형세가 불리해짐을 알고 어둠
과 광풍 속에서 군사 수백 명의 호위를 받으며 포위망을 뚫고 서북쪽
으로 달아났다. 양쪽 부대는 적군과 아군을 구별하지 못하자 자신이
살기 위해 마주치는 이라면 누구랄 것도 없이 칼을 휘두르는 등 혼란
에 빠졌다. 한밤중까지 전투가 이어지면서 한나라와 흉노 양쪽 군대는
모두 심각한 피해를 보았다. 한나라의 군사들은 투지가 왕성했다. 반
면에 흉노군은 더이상 버티지 못하고 사방으로 뿔뿔이 흩어져 달아났
다. 이때 위청은 포로로 잡은 흉노 군사로부터 선우가 이미 도망쳤다

는 정보를 얻었다. 이에 곧바로 선우를 잡기 위해 날쌘 추격병을 보낸 뒤 자신은 대군을 이끌고 뒤따랐다.

동이 틀 때까지 200여 리를 추격했지만 흉노 선우의 모습을 찾아볼 수 없었다. 위청은 선우가 숨겨 놓은 식량을 찾아내 군사들을 배불리 먹이고 하루를 쉰 뒤 군대를 철수시켰다.

이렇게 위청이 흉노와 힘들게 싸울 때 이광과 조이기의 부대는 도중에 길을 잃어 약속한 날짜에 전쟁터에 도착하지 못했다. 위청이 전쟁에서 이기고 남쪽으로 내려오니 그제야 이광과 조이기가 보였다. 위청은 이광이 어떻게 길을 잃었는지 알아내 조정에 보고하기 위해 부하에게 술을 주어 이광에게 보냈다. 위청이 자신을 전방에 세우지 않은 게 줄곧 원망스러웠던 이광은 위청이 부하를 보내 자신을 책망하는 줄로 여겨 더욱 화가 치밀어 칼을 뽑아 이 부하의 목을 베었다.

전쟁은 한나라의 완승이었다. 흉노의 주력부대는 모두 흩어졌으며, 선우의 사활은 불분명했다. 그러자 열흘 뒤 우곡려왕(右穀蠡王)은 스스로 선우의 자리에 올랐다. 그러나 이치사 선우가 패전병을 이끌고 돌아오자 우곡려왕은 선우에서 물러났다.

동쪽에서 표기장군 곽거병이 벌인 전투도 성공적이었다. 대군에서 출병한 곽거병은 좌현왕의 주둔지에 도착해 좌현왕을 죽였다. 다시 2,000여 리를 떠나 흉노 돈두왕(頓頭王)과 한왕(韓王) 등 세 명과 상국, 장군, 당호, 도위 등 83명을 생포하고 모두 7만이 넘는 흉노군을 죽였다. 이로써 좌현왕의 부대는 전부 와해됨으로써 곽거병의 성과는 위청보다 컸다.

사막 북쪽에서 치른 전투에서 흉노는 동쪽과 서쪽에서 10만이 넘는 병력의 손실을 입었다. 그 후로 북쪽으로 더 멀리 은둔하여 사막의 남쪽으로는 선우의 왕정이 보이지 않았다. 10년 동안 전쟁을 치른 한나라는 사막의 북쪽으로 흉노 세력을 내쫓아 거의 100년 동안 받아온 위협에서 벗어나게 되었다. 한무제는 동쪽과 서쪽에서 공을 세운 대군들에게 상을 내리고 위청과 곽거병을 대사마(大司馬)에 제수하여 곽거병을 대장군과 같은 지위로 승진시켰다. 그러나 안타깝게도 곽거병은 2년 뒤 24세의 나이로 병을 얻어 사망한다.

사막 북쪽에서 전쟁을 치른 한나라는 10만이 넘는 군마를 잃었다. 군마는 금방 보충할 수 없었으며 곽거병 또한 일찍 죽으니 한나라도 손실이 컸다. 더욱 중요한 것은 장기간에 걸친 전쟁으로 막대한 인력, 물력, 재력이 소모되어 다시 흉노를 대적할 힘이 없었다는 것이다. 기원전 106년(武帝 元封 5년)에 위청이 죽고 한나라와 흉노는 휴전 상태가 되었다.

어떤 싸움이든 장기전을 대비한다

옛말에 '군사 천 명은 얻기 쉬워도 장수 한 명은 얻기 힘들다' 는 말이 있다. 위청이 바로 그 얻기 힘든 뛰어난 장수이다. 한무제는 비천한 신분임에도 위청을 등용했으니 진작부터 그의 능력을 알아보았기 때문이다. 21년 동안 노복으로 지내던 위청은 대장군이라는 높은 지위에까지 오르게 되었다. 물론 그가 황후의 동생이기 때문이기도 하지만 그가 지닌 재능과 인품은 공적을 세우는 데 더욱 중요한 작용을 했다. 역사에서 위청은 한나라 황실의 외척으로서 타고난 신분에 만족하지 않고 뛰어난 능력으로 자신의 미래를 개척했으며, 나아가 위씨 가문을 일으켰다고 평가받고 있다.

위청은 중원과 떨어진 변경에서 자라면서 어려서부터 전쟁으로 힘들고 고된 생활을 했다. 그러나 그것은 훗날 두려움을 모르고 용감하게 전장에 나가 나라를 위해 싸울 수 있는 기반이 되었다. 수년간 목동과 기사로 지내면서 익숙하게 말에 올라 활을 쏘았으며, 산과 들판을 거침없이 종횡할 수 있는 능력을 키웠다. 당시 사람들은 그가 말을 타면서 산을 내려가는 데 마치 나는 듯 힘찼다고 한다. 특히 황궁에 들어간 뒤 공손하와 공손오 같은 무관들과 친분을 쌓으면서 전쟁에 관한 지식을 쌓는 데 노력했다. 위청의 용병술을 보면 작전을 짜서 행군했고 공격과 방어, 진격과 후퇴에 다양한 전략과 전술을 운용했다. 한무제 때의 여러 장수 가운데 위청은 분명 가장 뛰어난 장수이다. 어떤 사람은 고대 중국의 명장 가운데 위청이 가장 위대하다고 평가하고 있다.

위청은 용감하게 적군을 대했을 뿐 아니라 군사 하나하나가 적진에서 용기를 낼 수 있도록 엄격하게 호령하고 공정하게 상벌을 주면서 적절하게 군사들을 이끌었다.

기원전 124년에 위청이 고궐에서 흉노를 물리치고 공을 세우자 한무제는 파격적으로 그의 세 아들들에게도 상을 내린다. 이때 위청은 완고하게 거절 의사를 밝히면서 아울러 청하길

"신은 군중(軍中)에서 대죄하게 되었으니 모든 것을 폐하의 신령하심에 힘입어 전쟁에서 승리할 수 있었습니다. 이는 모두 여러 장수가 애쓴 공입니다."

대죄라는 건 사실 겸양의 말이다. 위청이 이렇게 주청을 하자 그와 함께 전장에 나간 11명의 장수들도 관직과 봉읍을 하사받았다. 여기에는 공손하와 공손오를 비롯해 이광의 사촌인 이채(李蔡)와 이저(李沮), 이식(李息), 이삭(李朔), 조불우(趙不虞), 한열(韓說), 두여의(豆如意), 공손융노(公孫戎奴)가 포함되어 있다.

전인(田仁)은 위청의 시종으로 식견과 담력이 뛰어나 여러 차례 위청을 따라 전장에 나가 공을 세웠다. 위청은 이 노복도 공이 있다고 조정에 알렸으며, 한무제는 전인을 낭중(郞中)에 임명했다. 신분이 낮은 노복의 공도 덮지 않았으니 그 청렴함이 그대로 드러난다. 때로 황후가 위청에게 재물을 주기도 했는데 위청은 그때마다 장수들에게 똑같이 나누어 주었다.

대장군이라는 높은 지위의 위청은 항상 군사들과 함께 고생하고 즐거움을 나누었다. 밖에서 진영을 만들 때 군사들은 우물을 파서 물을 얻는데 모든 군사가 다 물을 마시기 전까지 위청은 한 모금도 입에 대지 않았다. 또한 군대가 지치고 힘들면 전군이 강을 건널 때까지 기다렸다가 자신은 가장 마지막에 건넜다.

위청은 대부분 먼 길을 떠나 싸웠고 대규모의 군사를 지휘했다. 10여 년 동안 일곱 차례 전투를 치르면서 매번 길을 잘 아는 사람을 대동해 풀과 물을 찾아 군사들이 지치지 않도록 했다. 옛말에 군사와 군마가 움직이지 않았을 때 양식을 먼저 출발시키라는 말이 있다. 전쟁에서 군량과 물자 공급의 중요성을 위청은 잘 알고 있었던 것이다.

장거리의 출정에서 군사들의 체력 소모는 매우 중요한 문제다. 흉노는 종종 한나라 군대의 피로를 약점으로 이용하려 했다. 위청도 아군의 약점을 알고 있었기에 대부분 속전속결의 전술을 취해 승전했다. 하남을 수복하기 위해 한밤중에 우현왕을 습격한 일이 바로 속전속결의 전술을 제대로 보여 주고 있는 대목이다. 실전에서 위청은 평소와는 다른 기지와 과감한 모습을 발휘했다. 사막 이북의 원정에서 여러 일을 겪으면서도 당황하지 않고 적당한 시기에 적절한 전술로 지휘하여 불리한 조건 속에서 결국 흉노를 물리치고 승리했다.

위청의 공은 한 세대를 뛰어넘을 정도로 높고 여러 대신보다 높은 지위에 있었지만 조정에 대한 충심과 군사들을 아끼는 마음에는 변함이 없었다. 그래서 역사에서는 그를 온화함으로써 천자에게 아첨했다고 평가했다. 그러나 사실 위청은 권력을 독점하지 않았으며, 스스로 낮추며 모든 것을 황제의 뜻에 따라 움직였을 뿐이다. 한나라 초기에 여러 제후에게 영토를 나누어 주니 제후들은 힘을 키우기 위해 뛰어난 장수와 책사를 구했다. 그러나 그 결과는 결코 좋지 못했다. 위청은 바로 선대를 귀감으로 삼았다. 소건이 고대 명 장군들을 본받고, 여러 빈객과 사귀며, 사인들을 불러 자신의 세력을 키우라고 위청에게 말하자 바로 불만을 표시했다.

"사대부를 친히 대하고, 어진 이를 뽑으며, 그렇지 못한 이를 쳐내는 것은 황상께서 하시는 일이오. 신하 된 자는 법을 받들고 임무를 준수하면 그만인데 어째서 사인을 양성하라 하시오!"

위청이 이렇게 행동하는 데에는 개인적인 경험도 있었다. 주부언이 장안에 왔을 당시 위청의 문하에 있을 때 위청은 무제에게 여러 번 주부언을 추천했다. 그러나 황제는 그의 말을 듣지 않았다. 나중에 주부언이 스스로 조정에 나갈 길을 찾고 한무제에게 부유한 관리를 무릉(茂陵)으로 옮겨 조정을 통제하시라는 청을 올렸다. 위청은 관동대협(關東大俠) 곽해(郭解)의 사정을 잘 알았기에 한무제에게 주청하였으나 오히려 오해를 샀다.

"그 가난하다는 곽해가 대장군을 꼬드겨 나에게 주청할 정도로 힘이 있다니, 실로 그 집안이 가난한 게 아니구나."

결국 곽해는 무릉으로 옮겨야 했다.

조정에 대한 충심이 깊은 위청은 자신의 사생활에도 한무제의 명령에 순종했다. 위청이 대장군이 된 뒤 평양공주의 남편 조수는 병을 얻어 자신의 봉국으로 돌아갔다. 때문에 홀로 된 평양공주가 주변 사람들과 장안의 열후 중 자신의 남편이 될 만한 사람을 상의하자 좌우에서 위청을 추천했다. 그러자 공주가 물었다.

"그는 일전에 내 기사로 나를 내리고 안팎을 오갔던 사람인데 그대들은 어째서 그가 내 남편으로 적당하다고 하시오?"

사람들은 서둘러 공주에게 그 이유를 설명했다.

"공주, 그런 말씀은 하지 마십시오. 지금 대장군의 누이가 황후이시고 그 세 아들이 모두 후(侯)에 봉해졌으니 천하를 움직일 부귀를 가졌습니다. 공주께서는 대장군을 우습게 여기지 마십시오."

공주는 그 말에 동의하고 황후를 통해 황제에게 청했다. 한무제의 한마디 말에 위청은 그해 기사에서 평양공주의 남편이 되었다.

기원전 123년에 위청이 전장에서 돌아오자 한무제는 그에게 1,000금을 하사했다. 예물을 받고 궁을 나오는데 한 번도 본 적 없는 이가 그의 가마를 가로막고 보고할 일이 있다고 말했다. 위청이 가마를 세우자 그가 가마로 다가와 위청에게 말했다.

"지금 황제께서는 왕부인을 총애하십니다. 그런데 왕부인의 모친이 가난하다고 하니 상금의 절반을 모친에게 주면 분명 황제께서 기뻐하실 것입니다."

위청은 그의 말대로 500금을 왕부인의 모친에게 주었다. 나중에 한무제가 이 사실을 알고 매우 기뻐했다. 가마를 막은 영승(寧乘)이란 자는 가난한 문인으로 그 후에 조정에 중용되었다.

위청은 군사나 정치를 막론하고 아무리 낮은 신분이라 해도 인재로 등용했다. 회남왕(淮南王)이 반란을 꾸밀 때 먼저 위청을 죽이기 위해 장안으로 사람을 보냈다. 그러나 후에 누군가 자수하여 음모에서 모면할 수 있었다. 대단한 명성과 위세를 지닌 위청은 그 사람됨이 겸손하여 양보를 잘했으니 역사의 기록으로도 "사람됨이 어질고 선하며 겸손했다"고 남아 있다.

한번은 위청이 군마를 사오라고 사람을 보냈는데 그가 돌아와 하동부(河東府)의 감선(減宣)이라는 관리가 정직하고 공평하다고 했다. 위청이 한무제에게 감선을 추천하자 한무제가 그를 대구승(大廏丞)으로 삼았다.

급암(汲黯)은 한무제 때 용감하게 직언을 한 대신이다. 당시 사람들은 위청에게 아첨해야 한다고 말했지만 급암은 대등한 예로써 위청을 대했다. 그러자 누군가 급암에게 그러지 말라고 하자 당당하고 힘 있게 말했다.

"대장군의 지위라 해도 현자를 존중하기에 읍만 하고 배알을 하지 않는 자가 있다는 게 더욱 대장군을 높이는 일이지 않소?"

그의 말이 위청의 귀에도 들어가자 그 후로 위청은 더욱 급암을 존중하고 나라의 대사를 물으며 가까이 지냈다.

곽거병도 전쟁하는 모습이나 장수의 풍격에서 위청과 많이 닮아 있었다. 더욱 중요한 것은 위청과 곽거병 둘 다 봉건중앙집권을 강화시켰고 한나라의 안정과 통일을 지켰다는 점이다. 이들은 경제가 발전할 수 있도록 전장에서 평생을 보내며 탁월한 공적을 쌓았기에 한무제로부터도 예우를 받은 것이고, 사후에도 무릉의 한 편을 차지할 수 있었다.

전해지는 바에 따르면 위청의 묘는 흉노의 노산(盧山), 곽거병의 묘는 기련산(祁連山)을 각각 닮았다고 한다. 이 두 영웅이 묻힌 묘는 그들이 생전에 쌓은, 결코 지울 수 없는 훌륭한 공적처럼 아직까지 남아 있다.

혹독한 바람과 된서리로 해초처럼 풀은 시들고(嚴風吹霜海草凋)
기세 좋은 오랑캐 말들은 교만스럽게 날뛰네.(筋干精堅胡馬驕)
삼십만 군사로 전쟁에 나선 한나라(漢家戰士三十萬)
곽표요(藿驃姚)가 통솔하는도다.(將軍兼領藿驃姚)

곽거병(霍去病, B.C. 140~B.C. 117)

곽중유(霍仲孺)가 위소아(衛少兒 : 대장군 위청의 손윗누이)와 밀통하여 낳은 아들로, 무예에 뛰어나고 용감하였다고 한다. 18세 때 시중이 되어 곧 위청(衛靑)을 따라 흉노 토벌에 나섰고, 공을 세워 관군후(冠軍侯)에 봉해졌다. 흉노 토벌에 나간 일이 여섯 차례였으며, 정예부대를 이끌고 대군보다 먼저 적진 깊숙이 쳐들어가는 전법을 운용, 한제국의 영토 확장에 큰 공을 세웠다. 위청과 함께 대사마(大司馬)에 봉해졌으나 불과 24세의 나이로 죽었다. 이에 한무제는 크게 슬퍼하여 장안 근교의 무릉(茂陵)에 일찍이 곽거병이 대승리를 거둔 기련산(祁連山)의 형상을 따서 무덤을 짓고 그의 무공을 기렸다.

상황에 맞게 병법을 응용한다
유연한 전술 운용, 천재 장수 곽거병

나라를 위해 집을 잊은 장사(壯士)

한(漢)나라 사람 순열(荀悅)이 지은 『한기(漢紀)』에 이런 글이 있다.

"흉노가 아직 망하지 않았으니 집은 필요치 않습니다!"

이 말은 중국에서 수천 년 동안 나라에 대한 충성을 나타내는 명장군의 명언으로 꼽히고 있다. 그 주인공은 바로 곽거병이다. 흉노와의 전쟁에서 공을 세우고 돌아온 그에게 한무제는 저택을 지어주고, 그를 불러 만족하는지를 묻자 이렇게 대답한다.

"흉노가 아직 전멸되지 않았는데 어찌 좋은 집에서 편안하게 살겠습니까!"

이 한마디에서 나라를 걱정하는 마음이 여실히 드러난다.

곽거병(기원전 140~117년)은 한(漢)나라 하동군(河東郡) 평양현(平陽縣, 산서성 임분) 사람이다. 그의 부친 곽중유(霍仲孺)는 평양현의 관리로 평양공주(平陽公主) 집에서 일을 했다. 그의 모친 위소아(衛少兒)는 평양공주의 집에서 시녀로 지냈다. 곽거병은 황실 친척의 집에서 태어나 자라면서 힘든 유년 시절을 보냈다. 고된 생활에도 곽거병은 열심히 공부하고 말 타기, 활쏘기 등 갖가지 무예를 연마했다. 그리하여 열여섯 살 무렵 군대에 들어가 대장군 위청을 따라 흉노와 싸워 표요교위(驃姚校尉)에 임명됐다. 교위(校尉)는 병사들에게 무예를 연마시키는 관직이고, 표요(驃姚)는 행동이 민첩하고 용맹스러운 모양을 일컫는다. 관직의 명칭만 보아도 곽거병이 용감하게 전진하고 씩씩했던 청년 군사임을 알 수 있다. 정말로 곽거병은 용맹하고 과감하여 흉노의 전략과 전술을 전체적으로 파악했다. 21세에 또 표기장군으로 승진하고 수십만 대군을 지휘하여 향후 거의 100년 동안 한나라를 북방 세력으로부터의 위협에서 벗어나게 했다. 이로 인해 곽거병은 역사상 가장 뛰어난 장수로 평가받고 있다. 후세 사람들은 곽거병을 기념하여 그를 추앙하는 시를 적었다.

당(唐)나라 시인 이백(李白)은 여러 편의 시를 통해 곽거병의 찬란한 공적을 칭송했다. 그 가운데 「새상곡(塞上曲)」을 보자.

위대한 한나라에 대책이라곤 없는데(大漢無中策)[49]
흉노족이 위교를 침범하였도다.(匈奴犯渭橋)
가을빛 푸르른 오원에서(五原秋草綠)

오랑캐 말들은 이 어찌 교만한가.(胡馬一何驕)

장수에게 명하여 서극에 출정시키니(命將征西極)

음산에서 종횡무진 거침이 없구나.(橫行陰山側)

연지산이 한나라에 떨어지니(燕支落漢家)

(흉노)아낙은 어여쁜 자태 잃었도다.(婦女無花色)[50]

전장을 누비며 황하를 건너(轉戰渡黃河)

쉬는 병사 즐거운 일만 남았네.(休兵樂事多)

만리장성은 소리도 없이 스스로 청아하고(蕭條淸萬里)

한해는 물결조차 일지 않고 한가롭구나.(瀚海寂無波)[51]

이백의 또 다른 악부시(樂府詩)이다.

혹독한 바람과 된서리로 해초처럼 풀은 시들고(嚴風吹霜海草凋)

기세 좋은 오랑캐 말들은 교만스럽게 날뛰네.(筋干精堅胡馬驕)

삼십만 군사로 전쟁에 나선 한나라(漢家戰士三十萬)

곽표요(藿驃姚)가 통솔하는도다.(將軍兼領藿驃姚)

보검 유성과 백우전을 허리에 두르고(流星白羽腰間插)[52]

검을 뽑으니 찬란하고 추련도는 빛을 발하네.(劍花秋蓮光出匣)

황제의 군대 보무도 당당하게 옥문관을 내려오니(天兵照雪下玉關)

오랑캐 화살이 모래 뿜은 듯 갑옷으로 쏟아지네.(虜箭如沙射金甲)

구름 뚫는 용처럼 바람 가르는 범처럼 온 힘을 다하여(雲龍風虎盡交回)

금성이 달을 잡아먹듯이 오랑캐를 쳐부수어라.(太白入月敵可摧)[53]······.

이 시들은 씩씩한 곽거병을 칭송하고 있으니 이 얼마나 감동적인가! 이제 여기서 이 중대한 역사 사적을 간단하게 이야기하려 한다.

끊임없는 흉노의 공격

곽거병이 세운 공은 무엇일까? 그것은 바로 한나라를 위해 군사들을 이끌고 나가 흉노와 싸워 격퇴한 것이다.

곽거병의 이야기를 하려면 반드시 한나라와 흉노 간의 관계를 먼저 이야기해야 한다. 일찍이 주(周), 진(秦)시대부터 흉노는 중국 북부를 위협해 왔다. 전국(戰國)시기 연(燕)나라와 조(趙)나라는 성을 쌓아 흉노의 공격을 방어했다. 진(秦)나라 때는 더 많은 노동력을 동원하여 장성을 쌓았으며, 몽염(蒙恬) 장군에게 군사 30만을 주어 하투(河套) 지대를 지켜 흉노를 막았다. 기원전 2세기 초에 흉노는 몽고고원을 중심으로 신흥 부족으로 발전했다. 흉노의 모돈 선우(冒頓單于, 기원전 209~174년) 시기에는 세력을 더욱 확장하여 주변의 촌락을 모두 병합했다. 흉노의 통치 집단은 인근의 거주민들을 무력으로 촌락의 노예로 삼았으며, 그들에게 굴복한 촌락은 매년 공물과 노예를 바쳐야 했다.

기원전 3세기 말에 한나라가 막 건립되었다. 중원의 각 지역 백성들은 다년간 겪은 내전으로 생활이 안정되기를 바랐다. 그러나 흉노가 장성을 공격하고 하투 지역을 점령했다. 불시에 하북, 산서, 섬서, 감숙 등 북부 지역을 공격하여 재물과 가축을 빼앗았으며 백성들을 데려가 노예로 삼았다.

기원전 201년(漢高祖 6년) 가을에 흉노의 모돈 선우는 기병을 이끌고 마읍(馬邑, 산서성 삭현 동북)과 안문(雁門, 산서성 우주 남쪽), 진양

(晉陽, 태원군 수현)을 공격한다. 이듬해 한고조 유방은 32만 대군을 직접 통솔하여 흉노에 대항했다. 흉노는 퇴각하는 척하며 한나라 군사들을 북쪽으로 유인하여 백등산(白登山, 산서성 대동 동쪽)에서 갑자기 말을 돌려 싸운다. 그곳에는 미리 매복시킨 기병 40만이 있었으므로 한나라 군대는 꼼짝없이 포위되었다. 당시 한나라 군대는 대부분 보병이어서 흉노의 기병과 맞서 싸우기가 힘들었다. 유방은 간신히 백등산에 올라 군대를 정비했으나 7일을 포위당하고 양식과 구원병이 끊겨 금방이라도 군대가 전멸당할 위기에 놓였다. 이에 모돈 선우에게 예물을 보내 화친을 제안하면서 흉노의 공격을 완화시키는 한편 정예 병력을 뽑아 안개 낀 새벽에 포위망을 뚫었다. 모돈 선우는 잠시 병사를 물렸지만 한나라 황제는 큰 치욕을 맛보았다.

흉노의 공격은 끊이지 않았다. 한나라는 흉노와의 마찰을 완화시켜 보고자 기원전 198년(漢高祖 9년)부터 화친 정책을 실시했다. 한고조는 대신 유경(劉敬)을 보내 흉노 모돈 선우에게 공주를 시집보내고 비단, 쌀, 금, 은 같은 많은 예물을 함께 보냈다. 기원전 192년(漢惠帝 3년)에 한나라는 모돈 선우에게 또 다른 공주를 보냈다. 기원전 174년(漢文帝 6년)에 모돈 선우가 병사하고 노상 선우(老上單于)가 그 자리를 잇자 한나라는 다시 노상 선우에게 공주를 시집보냈다. 한나라는 화친 정책을 유지하기 위해 매년 농산품과 수공예품을 포함하여 술과 약품 등 대량의 예물을 흉노에게 보냈다. 흉노의 선우들은 한나라와 친척이 되고 매년 후한 예물을 받으니 약탈을 잠시 중단했으나 한나라 조정에 지속적으로 압력을 가했다. 예를 들어 기원전 177년(漢文帝 3년)에 흉노 우현왕이 상군(上郡, 섬서성 북부)을 쳐들어 왔으니 이는 비교적 큰 규모의 침범이었다. 한나라는 여러 차례 흉노에게 사신을 보내 교섭하며 어째서 화친을 깼는지 책문했다. 그런데 선우는 도리어 막무가내로 한나라 사신을 꾸짖고 겁주었다.

"쳇! 너희는 흙으로 지은 집에서 살면서 농사만 지을 줄 알지 싸울 줄을 모르는구나. 다시는 찾아와서 예의고 어쩌고 하는 말을 늘어놓지 마라! 매년 바치는 예물들도 최상품으로 하지 않으면 곡식이 익는 가을에 우리 기병이 너희 농토를 몽땅 못 쓰게 만들 것이다!"

흉노는 장막 안에서 살았기 때문에 일부러 한나라 사람들이 토담집에 산다고 말한 것이다. 흉노는 이처럼 거만했다.

기원전 166년(漢文帝 14년) 겨울에 노상 선우는 다시 대규모의 남침에 발동을 걸었다. 기병 14만을 이끌고 북지군(北地郡, 감숙성 경양 서북)에서부터 소관(蕭關)과 조나(朝那, 영하성 고원 서북)에 주둔한 한나라 군대를 공격했다. 이때 북지군의 도위(都尉)가 전쟁 중에 사망했다. 흉노 기병은 가는 곳마다 횡포를 부려 백성들의 재산을 약탈했다. 게다가 순식간에 장안에까지 접근하여 팽양(彭陽, 감숙성 진원현 동남)에 주둔했다. 흉노의 선발부대는 회중궁(回中宮, 섬서성 농서)을 불태웠으며, 정탐을 보낸 기병은 감천궁(甘泉宮, 섬서성 순화 서북)에까지 접근했다. 흉노의 주력부대는 곧바로 한나라 장안을 공격했다. 당시 장안은 이미 위태로운 상황에 빠졌다. 한문제는 중군도위(中軍都尉) 주사(周舍)와 낭중령(郎中令) 장무(張武)를 장수로 파견하여 병거 1,000대와 10만 기병을 주고 장안 부근에 배치시켰다. 동시에 상군, 북지, 농서의 병거와 군마를 모아 흉노의 공격에 대비했다. 또한 동양후(東陽侯) 장상여(張相如)를 대장군, 성후(成侯) 동적(董赤)과 내사(內史) 난포(欒布)를 장군으로 삼아 장안으로 병력을 증원했다. 위하(渭河) 북쪽에서 이미 수많은 전리품을 얻은 노상 선우는 한나라의 병력이 많아지자 불리하다고 판단해 퇴각했다. 한나라 군대는 관망만 할 뿐 추격하지 않았다.

그 후 흉노는 해마다 대군을 이끌고 내려왔다. 특히 운중군(雲中郡, 산서성 내몽고 탁극탁 동북)과 요동군(遼東郡, 요령성 요양) 일대 백성들에게 잔혹한 피해를 줬다. 매년 북방에 위치한 각 군·현에서는 수만 명의 사상자가 속출했다. 그러나 한나라는 이렇다 할 대책 없이 흉노와 화친을 맺으려 하니 흉노는 한나라를 우습게 여겼다.

한문제 후기부터 한나라는 오랫동안 노력하여 경제를 회복하면서 나라의 재정과 군사력을 키웠다. 각지의 농업생산도 발전하여 더 이상 흉노에게 무시당하지 않을 만큼 실력을 갖추었다. 한문제는 나라의 수비와 군대 문제를 적극적으로 계획하고 식견을 갖춘 대신 가의(賈誼)와 조조(晁錯)를 등용했다. 그리고 조조의 건의로 북부를 견고하게 방어하기 위해 북방에서 농사를 지으며 생활할 농민들을 모집하여 이들로 하여금 수비를 강화했다. 그러나 흉노와의 화친 정책은 완전히 깨지 않았다. 문제가 죽고 나서 경제가 즉위했으나 흉노에게 공주를 시집보내고 예물을 바치는 일은 계속되었다. 한무제 즉위 초년에도 표면적인 화친은 이어졌다.

이러한 상황으로 볼 때 한나라 초년에 한나라는 흉노에게 굴욕을 당하고 있었으며, 북부 지방 백성들의 피해는 심각했다. 한나라는 흉노에게 반격할 계획을 세웠지만 형세는 한 번에 뒤바뀌지 않았다.

표요(驃姚) 장군의 돌격 전술

한나라가 흉노의 위협에 대응할 생각을 하게 된 것은 당연히 실력이 커졌기 때문이다. 기원전 133년(漢武帝 元光 2년)에 한무제는 공경 대신들을 모아 놓고 흉노에 대해 적극적인 공격을 결정한다. 그리고 6월에 어사대부(禦史大夫)[54] 한안국(韓安國)을 호군장수로 임명하여 장수 이광, 공손하, 왕회, 이식과 30만 정예 병력을 이끌고 마읍성 부근의 산에 매복한다. 먼저 부유한 상인 섭일(聶壹)을 마읍의 관리에게 죄를 짓고 도망간 것처럼 꾸며 흉노 선우에게 보냈다. 섭일은 마읍성을 점령할 수 있게 도와주겠다며 흉노 선우를 꼬드겼다.

"제가 한밤중에 마읍성으로 들어가서 현령과 관리들을 죽일 테니 군사들을 이끌고 오십시오. 안팎에서 공격하면 성 안의 많은 재물과 백성을 비롯해 소와 말은 모두 흉노 선우의 손안에 떨어질 것입니다."

섭일의 말을 들은 흉노는 매우 기뻐했다. 이에 직접 기병 10만을 이끌고 무주(武州, 산서성 좌운) 북쪽 장성을 공격하고 상간하곡(桑幹河 穀) 일대 촌락을 약탈했다. 마읍성으로 돌아간 섭일은 죄인 몇 명을 죽여 그 머리를 현령의 머리인 양 성 밖에 매달아 두었다. 흉노 주력부대가 마읍성과 100리쯤 떨어진 곳에 도착했을 때 포로로 잡힌 한나라 관리가 유인책임을 토로했다. 선우는 크게 놀라 그 즉시 병사들을 북쪽으로 퇴각시켰다. 매복해 있던 한나라 군대가 빠르게 추격했지만 전광석화처럼 빠르게 도망간 흉노군을 찾을 수 없었다. 아무런 소득을 얻지 못한 채 한나라는 그렇게 휴식을 취할 수밖에 없었다. 이것이 바로 역사에서 이르는 '마읍의 계책'이다. 한나라가 흉노를 상대로 벌이는 대규모의 방어성 전쟁의 서막은 이로부터 시작된다.

그 후 흉노와 한나라 간의 화친 정책은 단절되었다. 흉노는 한나라 북방을 잇달아 공격해 셀 수 없이 많은 백성과 가축을 약탈해 갔다. 그러나 한나라는 아무런 대응도 하지 못한 채 흉노족과 물자를 교환하는 시장인 관시(關市)를 열어 두니 흉노는 관시를 통해 재부를 취함과 동시에 약탈할 기회를 노리고 있었다.

기원전 129년(漢武帝 元光 6년)부터 기원전 124년(漢武帝 元朔 5년)까지 6년 동안 흉노는 해마다 한나라를 공격해 백성을 죽이고 재물을 빼앗으며 세력을 키웠다.

한나라는 이렇다 할 대책과 방어를 하지 못하다가 기원전 127년에 하투 지역을 수복하기로 결정한다. 그해 겨울 무제는 위청과 이식에게 기병 4만을 주고 운중에서 출발하여 서쪽으로 흉노를 공격하게 한다. 이 결과 한나라는 대승을 거두고 수천 명의 흉노를 포로로 잡고 100여 마리의 가축을 얻어 황하 이남 지역의 대부분을 수복한다. 한 무제는 이곳에 삭방군을 설치하고 10만 농민을 이주시켜 하투 지방을 개간한다. 또한 국고를 열고 전국에서 물자를 모아 삭방군으로 보내 군량과 물자를 충족시켰다.

삭방군의 안전은 안팎에서 지켜야 한다. 우선 삭방군 안에서의 농지 개간은 군사 방어의 승부를 결정한다. 군량을 얻지 못하면 군사력을 키울 수 없기 때문이다. 당시 흉노도 삭방군의 중요성을 인지하고 전력을 동원해 공격해 왔다. 그러다가 기원전 126년 겨울에 군신 선우(軍臣單于)가 병사하면서 흉노 내부에 권력 다툼이 일어났다. 이로 인해 삭방군의 공격은 잠시 완화되었으나 이듬해 봄이 되자 흉노의 이치사(伊稚斜) 선우가 즉위하면서 수만 기병을 보내 대군을 공격했다. 대군 태수를 죽이고 포로로 1,000여 명을 잡아갔다. 동시에 흉노 우현왕의 삭방군 공격도 잦았다. 흉노가 이처럼 맹공격을 퍼부은 것은 삭방군 남쪽의 교통을 끊어 하투 지방을 전부 차지하기 위해서였다.

기원전 124년에 한나라는 최초로 대규모 반격을 펼친다. 한무제는 위청을 기거장군으로 삼고 기병 3만을 주는 한편 위청의 지휘 아래 소건, 이저, 공손하, 이채가 장수로 함께하여 모두 10여 만 대군을 이끌고 일제히 삭방군과 고궐(高闕)에서 북쪽으로 공격하게 했다. 이 공격으로 흉노는 우현왕이 한나라 대군에게 크게 패하여 도망갔고, 5,000여 흉노 군사가 포로로 잡혔으며, 100만 마리 가축을 잃었다. 가을이 되자 흉노는 기병 1만을 이끌고 반격해 한나라의 도위 주영(朱英)을 죽이고 1,000여 명을 포로로 잡았다. 기원전 123년(漢武帝 元朔 6년) 봄에 대장군 위청은 여섯 장군을 이끌고 정양에서 출발하여 다시 흉노를 공격했다. 이렇듯이 양쪽은 서로 승리와 패배를 여러번 주고받았다.

기원전 124~123년 2년에 걸쳐 한나라는 여러 차례 병사들을 보내 흉노와 격렬한 전쟁을 치렀다. 몇 번의 전쟁으로 한나라에는 뛰어난 전사가 점점 두각을 나타냈다. 그는 바로 곽거병이다.

곽거병은 기원전 123년에 처음 대장군을 따라 전장에 나갔다. 흉노의와 전쟁을 하기 전부터 한무제는 그의 능력을 높이 평가하여 황제의 신변을 호위하는 시중(侍中)으로 삼았다. 그해 위청은 출병을 명받았다. 이때 그의 나이는 18세였다. 말을 잘 타고 말을 탄 채 활을 쏘는 실력도 뛰어난 위청은 영민하고 용맹했다. 한무제는 대장군 위청에게 정예기병 800명을 곽거병에게 주고 그가 직접 지휘하게 하라고 명했다. 그리고 곽거병에게 표요교위(驃姚校尉)라는 관호(官號)를 하사했다. 곽거병은 기병 800명을 이끌고 한나라의 주력부대와 수백 리 떨어져 공격에 유리한 목표를 향해 번개처럼 맹공을 퍼부었다. 격렬한 전투 중에 곽거병은 군대가 고립되는 어려움 속에서도 적군의 수뇌부에 맹렬히 돌격하여 흉노군을 혼란에 빠뜨리며 대승을 거두고 돌아왔다. 나중에 한무제는 그의 전공을 말하며 상을 내렸다.

"표요교위 곽거병은 2,028명을 베고 흉노의 상국(相國)과 당호(當戶), 선우의 할아비뻘 되는 차약후(借若侯) 산(產)을 참수했다. 또한 선우의 숙부인 나고비(羅姑比)를 포로로 잡았다. 누차 제일의 공을 세웠으니 곽거병을 관군후(冠軍侯)에 봉한다."

곽거병은 새로이 조직된 기병으로 흉노를 물리쳤다. 이전까지 줄곧 흉노의 기병 앞에서 아무런 대항도 하지 못한 한나라는 무제 때 이르러 기병을 훈련시켜 기존의 전세를 바꾸면서 흉노를 격퇴시킬 수 있었다. 이는 수년간 군대를 정비하여 실력을 확충한 결과이다. 동시에 말에 올라 활을 잘 쏘며 용감하게 적군을 죽였던, 또 맹렬하게 돌격하는 전술을 잘 운용했던 곽거병이 있었기에 가능했던 일이다.

하서대첩(河西大捷)

기원전 123년 이후 한나라는 새로이 바뀐 전황의 형세에 따라 하서주랑(河西走廊)을 공격해 흉노의 여러 촌락을 점령하기로 했다. 하서주랑은 몽고고원과 청해고원 사이에 난 중요한 교통 요지이다. 기련(祁連, 감숙성 장액 서남쪽에 위치하여 남산 또는 설산이라고 부름)과 합려(合黎, 장액 북쪽) 두 산이 남북쪽에 위치하고 중간에 낮은 평지가 있어 천연의 주랑을 형성하는데, 황하의 서쪽에 위치하고 있어 예부터 하서(河西)라 불렸고, 복도처럼 늘어진 형세로 하서주랑이라 이름 한다. 하서주랑은 서역으로 통하는 요지이다. 당초 흉노가 이 지역을 점령하여 혼야왕(渾邪王)과 휴도왕(休屠王)이 통제하면서 남쪽의 강인(羌人)과 연합하여 한나라 서부를 위협했다. 한나라가 이 지역을 점령한다면 서북쪽의 흉노 선우 왕정에 압력을 가할 수 있고 적어도 장안의 안전을 지킨다는 효과를 기대할 수 있다. 또한 서남쪽으로 흉노와 강인의 관계를 차단하며 나아가 더 멀리 서쪽으로 각 나라와 연합하여 서쪽에서 흉노를 공격할 수도 있었다. 이 때문에 하서전쟁의 성패는 한나라에 매우 중요한 문제가 되었다.

기원전 121년(漢武帝 元狩 2년) 봄, 한무제는 곽거병을 표기장군에 임명하고 기병 1만을 이끌고 농서에서 출정시킨다. 하서주랑을 점령하려는 계획의 첫걸음인 셈이다. 곽거병이 이끄는 기병은 민첩하고 맹렬하게 공격하면서 강한 위력을 발휘했다. 오려산(烏戾山)을 넘어 흉노를 격파하고, 호노하(狐奴河)를 건너 다섯 흉노 촌락을 소탕했다. 곽거병은 엿새 동안 이곳저곳에서 전쟁을 치르며 연기산(燕支山)을 지나 1,000여 리를 갔다. 그곳에서 다시 흉노를 만나 완승을 거두었다. 이번 전쟁으로 곽거병의 군대는 흉노 촌락의 수장인 절란왕(折蘭王)과 노호왕(盧胡王)을 죽이고 혼야왕의 아들과 상국, 도위를 생포했다. 대군이 섬멸되자 흉노의 혼야왕과 휴도왕은 심각한 타격을 받았다. 그해 여름 한무제는 다시 양쪽으로 군대를 보내 흉노를 공격했다. 한쪽은 표기장군 곽거병과 합기후(合騎侯) 공손오가 북지군, 다른 쪽에서는 박망후(博望侯) 장건과 낭중령(郞中令) 이광이 우북평에서 각각 출발했다. 장건과 이광의 군대는 하서에서 곽거병과 만나 함께 공격하기로 했다. 한편 공손오와 길을 달리한 곽거병은 공손오가 길을 잃는 바람에 곽거병과 만나 공격하려는 곳에 도달하지 못하게 됐다. 이에 곽거병은 단독으로 군사들을 이끌고 대담하게 진입하여 균기하(鈞耆河)와 거연수(居延水)를 지나 소월지(小月氏)에 도착해 기련산을 향해 공격하고 흉노의 각 부족을 섬멸했다. 곽거병이 이끄는 군대는 이렇게 또 한 번 대승을 거두었다. 이번 전투에서 선우 수하의 단환왕(單桓王), 추도왕(酋塗王), 상국, 흉노의 첩인 알(閼)씨, 왕자 등 100여 명을 포로로 잡고 투항해온 2,500여 명을 받아들이는 한편 3만 200명을 참수했다. 곽거병은 이제까지 흉노와의 전쟁에서 세운 공으로 점점 식읍이 많아졌으며, 정치상 지위도 높아졌다. 또한 군사들에게 위엄과 명성도 더욱 커지면서 그야말로 당시 대장군과 명성을 나란히 할 정도였다.

한나라의 두 차례 맹공으로 하서 일대의 흉노 촌락은 심각한 피해를 보았다. 이치사 선우는 한나라 기병이 그렇게 강한지 미처 몰랐고, 혼야왕과 휴도왕이 그렇게 맥없이 쓰러질 줄은 생각도 하지 못했다. 화가 난 선우가 두 왕을 죽이려 하자 혼야왕과 휴도왕은 기원전 121년 가을 한나라에 투항하기로 결정했다. 이 사건은 흉노의 내부 분화를 일으켜 쇠락으로 치닫게 하고 한나라가 승리하는 계기가 됐다.

혼야왕은 한나라에 투항하는 문제로 휴도왕과 상의하여 한나라에 사신을 보냈다. 농서에 있던 한나라 대행(大行)[55] 이식은 사신을 만나 황급히 한무제에게 이 일을 알렸다. 흉노의 복잡한 상황을 눈치 챈 한무제는 혼야왕의 투항이 음모가 아닐까 하는 걱정도 했지만 일단 곽거병에게 두 왕을 받아들이라고 명했다.

투항을 받아들이는 일은 전쟁에서 적진을 뚫는 일만큼이나 위험했다. 상황이 어떻게 변할지 모르기 때문이다. 투항을 핑계 삼아 자칫 습격을 당할 수도 있었다. 그런데 곽거병이 하서에 도착하기도 전에 휴도왕이 한나라에 투항하려는 생각을 바꾸었다. 혼야왕은 조급한 마음에 휴도왕을 죽이고 그의 군대를 흡수했다. 곽거병이 이끄는 1만 정예병이 황하를 건너자 혼야왕의 군사도 나와 기다렸다. 양쪽이 멀리서 대열을 두고 바라보다 서서히 접근했다. 매우 긴장된 순간에 혼야왕의 군사 중 본래 투항 의사가 없었던 군사들이 한나라의 위풍을 보고 겁이 나 도망가기 시작했다. 혼야왕의 부대가 소란스럽자 곽거병이 말을 타고 혼야왕의 진영으로 들어갔다. 직접 혼야왕을 만난 곽거병은 도망가는 군사 8,000을 죽이고, 혼야왕에게 장안으로 가 한무제를 알현하라 명했다. 이때 곽거병에게 투항한 흉노군은 4만이 넘었다.

혼야왕의 투항에서 곽거병의 용기와 지혜를 엿볼 수 있다. 그가 하서에서 투항을 받아내는 데에 성공한 일은 큰 공을 세운 것이며 아울러 한나라가 두 차례 하서 지방으로 출병한 결과이기도 하다.

혼야왕이 한나라로 투항하자 한무제는 장안에서 환영회를 열어 흉노 장수와 사병들을 맞이했다. 그 후 투항병들은 농서, 북지, 상군, 삭방, 운중의 관문 요새 지역에 배치되었다. 이를 오속국(五屬國)이라 했다. 흉노 장수들은 한나라의 도위가 되어 변경을 지키고, 그 밖의 투항병들도 원래의 생활습관과 풍속을 가지고 아무 일없이 잘 지냈다. 이제 서북 방면의 형세는 완전히 한나라에 유리해졌다.

하서주랑은 기련산 일대의 풀과 물이 풍부한 지역을 포함한다. 숲이 무성하여 겨울에는 따뜻하고 여름에는 시원해 목축을 하기에 적합하니 흉노에게는 상당히 중요한 곳이었다. 혼야왕을 한나라에 투항하게 만든 것은 선우의 큰 실수였다. 그 후로 흉노는 연지산(燕支山) 이북으로 퇴각했고, 한나라는 하서 일대의 안전을 지키기 위해 영거(令居, 감숙 영등현 서북) 남쪽 기련산으로 이어지는 염택(鹽澤)에까지 성을 쌓았다. 염택은 지금의 착강현(婼羌縣, 신강성) 북쪽에 위치한 로프노르로, 지금의 감숙과 난주 일대에서 시작해 신강의 백룡퇴에까지 이르는 곳이다. 따라서 흉노는 완전히 퇴각할 수밖에 없었다. 당시 흉노에는 이런 노래가 유행했다고 한다.

"우리가 기련산을 잃었으니 우리 가축은 번식할 수 없구나. 우리가 연지산을 잃었으니 우리 아낙들은 어여쁜 자태를 잃었구나."[56]

선우의 기병은 기련산에서 상심하여 눈물을 흘렸다고 한다.

기원전 127년부터 한나라는 삭방군을 설치하기 시작하여 백성들을 변경으로 이주시키고 황하 이북의 옛 진나라 성들을 정비했다. 곽거병이 하서 지역을 점령하자 한나라는 관문의 요새를 늘려 하서 지역의 정치와 경제를 다시 세운다. 우선 기원전 115년에 주천군(酒泉郡)을 만들고, 그 뒤 무위군(武威郡)도 세웠다. 얼마 후 무위군을 무위와 장액(張掖)으로 나누고 주천군을 주천과 돈황으로 나누니 이를 하서사군(河西四郡)이라 불렀다. 한나라는 하서 일대를 개간하여 농사를 지으면서 점점 서북 지역을 발전시켰다. 기원전 120년에 한무제는 70만 농민을 삭방 이남으로 이주시켜 농사를 짓고 생활하게 했다. 또한 흉노의 농서와 상군 일대 공격 횟수가 줄자 그곳의 병력을 절반으로 줄였다. 이렇게 하여 서북쪽의 백성들은 생활과 경제에 새로운 국면을 맞게 됐다.

곽거병이 하서에서 대승을 거두고 21년이 흘렀을 때 즈음(기원전 101년 전후) 한나라는 서쪽으로 더 멀리까지 성을 쌓고 돈황에서 염택에 이르는 교통로에 역참을 설치했다. 당시 돈황의 서쪽 옥문관(玉門關)과 양관(陽關)은 서역의 남북을 왕래하는 데 중요한 곳이 되었다. 한나라의 영토는 지금의 구자(龜玆), 언기(焉耆), 윤태(輪台, 신강성 윤태), 오루성(烏壘城, 고차현 동쪽) 근처에까지 이르렀다. 한나라의 서역 교통은 이처럼 종전에 없던 발전을 이루어 이후 서역의 여러 물자와 문화예술이 중원에까지 들어왔고, 반대로 중원의 생산기술과 문물은 멀리 서역 각지에 전해졌다.

한해(瀚海)에 울리는 승리의 노래

혼야왕이 한나라에 투항하자 흉노의 우방은 완전히 힘을 잃었다. 그러나 선우의 주력부대는 여전히 한나라를 상대로 공격 태세를 늦추지 않았다. 혼야왕이 투항하여 장안으로 들어온 이듬해인 기원전 120년 가을에 흉노는 수만 기병을 이끌고 다시 정양과 우북평을 공격해 1,000여 명을 죽였다. 이듬해에 한무제도 병력을 모아 흉노를 상대로 대규모 반격에 들어갔다.

기원전 119년(漢武帝 元狩 4년) 봄 한나라는 최정예 기병 10만을 동원하고 옷과 양식 등 전쟁에 필요한 물자를 4만 마리의 군마에 실었다. 모두 14만 필의 병마부대와 뒤따르는 보병까지 합하니 수십만 부대가 되었다. 대장군 위청과 표기장군 곽거병은 각각 5만 정예기병을 이끌고 대사막 한해(瀚海) 깊은 곳으로 진격했다.

위청이 이끄는 대군은 북쪽으로 1,000여 리를 달려 대사막을 지나 선우가 직접 지휘하는 정예병과 대진했다. 선우는 일찌감치 준비를 하여 모든 군사물자를 더 북쪽으로 옮기고 사막 이북으로 진지를 확고히 하고 기다렸다. 위청은 멀리 흉노의 부대가 보이자 무강거로 흉노의 진영을 둘러싸고 정예기병 5,000을 적진으로 보냈다. 흉노도 기병 1만으로 그에 대응하면서 쌍방은 해질녘까지 격렬한 전투를 펼쳤다. 그런데 갑자기 큰 바람이 불더니 모래와 돌이 휘날려 앞이 보이지 않았다. 한나라 군대는 좌우로 나누어 양쪽에서 흉노를 공격하여 선우를 포위했다. 한나라의 대군이 다가오자 선우는 당황하여 100여 명을 데리고 서북쪽으로 도망쳤다. 한나라 군사들과 흉노의 군사들은 어둠 속에서 싸우고 있었기에 선우가 이미 도망간 사실을 눈치 채지 못했다. 얼마 후 흉노의 장수를 포로로 잡아 그를 통해 선우의 행방을 묻고 즉시 추격병을 보냈다. 대장군 위청은 주력부대를 이끌고 추격했지만 새벽녘이 되도록 찾아도 선우의 흔적을 찾을 수 없었다. 한나라는 1만 9,000여 흉노 장수를 참수했다. 한나라는 치안산 조신성(置顏山 趙信城, 몽고 과벽성 옹금하 동쪽)에서 흉노가 숨겨 놓은 군량을 찾아 모두 불태우고 하루를 머문 뒤 다시 돌아왔다. 이번 싸움에서 선우의 주력부대는 대부분 사방으로 흩어졌고 선우의 생사나 행방도 알수 없었다. 열흘 뒤 선우가 다시 나타났지만 그동안 흉노가 심한 혼란에 빠질 정도로 치안산 전투가 준 타격은 예상보다 심각했다.

곽거병이 이끈 부대는 대군(代郡)에서 출발해 북쪽으로 2,000여리를 갔다. 이번의 곽거병 기병은 모두 엄격한 훈련을 받아 선발된 정예병으로, 저마다 패기에 가득 차 있었다. 대열을 인솔하는 장수는 우북평 태수 노박덕(路博德), 북지 도위(都尉) 형산(邢山), 교위(校尉) 이감(李敢)과 서자위(徐自爲)처럼 뛰어난 용사들이었다. 군사들 가운데는 한나라에 투항한 흉노군 복륙지(複陸支), 이즉견(伊卽軒), 조파노(趙破奴)는 군교(軍校)가 되어 각각 큰 공을 세웠다. 이들은 북방 지리를 잘 알고 있어 사막을 행군하는 데 큰 어려움이 없도록 했다. 곽거병은 원정에서 여러 방면의 유리한 조건과 각 장수가 지닌 특징을 충분히 활용했으며, 군사들에게 행장을 가볍게 꾸리게 하여 북쪽으로 길을 떠났다. 군대는 이후산(離侯山)을 넘어 궁려하(弓閭河)를 지나 흉노의 좌현왕을 무너뜨리고 그의 주력부대를 섬멸시켰다. 한나라 군대는 도처에서 흉노의 군량을 탈취했기에 먼 곳까지 흉노를 추격하고, 추격할 목표를 분명히 정하여 민첩하게 작전을 세움으로써 여러 부대와 함께 대승을 거둘 수 있었다. 곽거병이 직접 이끈 부대는 둔두왕(屯頭王), 한왕(韓王), 장군, 상국, 당호, 도위를 비롯한 38명을 포로로 잡는 등 눈부신 전과를 올렸다. 이번 전투에서 포로가 된 흉노군은 7만이 넘음으로써 흉노의 좌방 부대마저 거의 전멸되었다.

마지막으로 곽거병의 부대는 한해(瀚海)[57]에서 대승을 거두고 돌아왔다. 그리고 승리를 자축하기 위해 낭거서산(狼居胥山)[58]에 높은

대를 세우고 고연산(姑衍山) 옆에 넓은 마당을 만들어 승리의 횃불 1,000만 개를 밝혔다. 곽거병은 천지에 제사를 지내 열사들을 추모하고 전군을 위로했다.

곽거병이 도착한 낭거서산과 고연산, 위청이 갔던 치안산 조신성은 모두 대사막 북쪽에 위치한 흉노의 영토다. 두 갈래로 군사를 나누었던 한나라의 원정은 북방으로 1,000여 리를 나아간 엄청난 성과를 거두고 승리의 노래를 부르며 돌아왔다. 10여 차례의 대전에서 한나라의 기병 10만도 적지 않은 피해를 보았다. 특히 먼 원정길에서 죽은 군마가 10만 필이 넘었으니 흉노와의 전쟁이 얼마나 힘들었는지 미루어 알 수 있다. 엄청난 대가를 치렀지만 흉노에 대한 한나라의 반격 전쟁은 결국 한나라 승리로 끝나 흉노는 한동안 숨어 지냈다.

능수능란한 병법 운용

당시 한나라는 봉건사회로 정치, 경제, 문화가 비교적 발달했으나 흉노는 노예사회를 유지하여 정치, 경제, 문화는 낙후를 벗어나지 못했다. 흉노는 상대적으로 발달한 한나라의 영토를 침범하여 백성들을 죽이고 재물을 빼앗아 갔다. 비록 한나라의 통치계급과 백성들의 정치적인 성향이 달랐을 수도 있지만, 흉노에 대한 반격은 분명 한나라 사회의 발전과 백성의 이익에 부합했으니 객관적으로 말하면 진보성을 띤 정의로운 전쟁이라 할 수 있다. 따라서 곽거병과 그의 군사들이 이루어낸 승리는 긍정적으로 평가받아야 할 것이다. 곽거병은 분명 중국 역사상 위대한 군사 지휘자 중 하나였다.

곽거병은 열심히 공부하고 선인들의 경험을 민첩하게 운용하는 자세를 가졌고 또 용감하고 과감했다. 『사기(史記)』와 『한서(漢書)』 같은 역사 기록에 따르면 곽거병은 평소 말수가 적어 여러 일을 하면서도 엄격하게 비밀을 지켰다. 또한 사람됨이 진실하고 겸손하며 온화했다. 전쟁에 임할 때는 멀리까지 바라보았으며, 담력과 기백이 충만하여 대군을 이끌면서 용맹하게 적진을 향해 돌격했고, 항상 군사들의 전방에 서서 직접 대열을 선도했다. 한무제가 손무와 오기의 병법을 공부한 곽거병에게 전쟁에 관해 묻자 곽거병은 이렇게 대답했다.

"고대의 병법을 배우는 것만으로는 충분치 않습니다. 당면한 전쟁에 적합하도록 다방면에서 세세하게 연구하여 전술을 세워야 합니다."

그는 실제 전투에서 풍부한 경험을 쌓아 무조건 옛사람들의 병법에만 매달리지 않고 때에 맞게 전술을 세워 운용했다.

그가 큰 공을 세울 수 있었던 것은 바로 전술 운용에 있다. 한무세는 일찌기 흉노에게 반격하기로 했을 때부터 기병을 조직하여 엄격하게 훈련시켰다. 곽거병은 바로 이 기병부대에서 가장 뛰어난 장수였다. 말을 잘 타고 활을 잘 쏘는 곽거병은 그 밖에도 몇 가지 장점이 있었다. 먼저 그는 적군에 불리하고 아군에 유리한 곳을 잘 찾아내어 병력을 집중시켜 맹격을 했다. 마치 예리한 칼로 적군의 심장을 찌르는 듯, 이른 기습을 잘했다. 기습은 바로 그가 지닌 최고의 장기이다. 두번째는 군량의 운용이다. 먼 길을 출정해야 했던 한나라 군대에는 군량 운송이 매우 중요한 문제였다. 곽거병은 종종 흉노의 군량을 탈취하여 자신의 군사들에게 주었다. 마지막으로 투항한 흉노 병사를 잘 이용했다. 곽거병은 투항한 흉노를 장수로 삼았다. 그들은 북방 지리에 익숙했고 사막에서 찾기 힘든 풀과 물의 위치를 잘 알았기 때문에 원정에서 큰 어려움을 피해 갈 수 있었다. 어떤 사람은 곽거병이 큰 공을 세운 것은 운이 좋았기 때문이라고 하지만 사실 이러한 기량을 지닌 자를 두고 단순히 운이 좋았다고 치부할 수는 없다.

곽거병은 기원전 123년에 표요교위(驃姚校尉)를 맡았다. 그의 나이 겨우 18세에 불과했다. 곽거병은 그해 봄과 여름의 흉노에 반격하는 전쟁에 두 차례 참여했으며, 그 후로 4년 동안 표기장군으로 있으면서 한나라 대군을 이끌고 북방으로 진격해 흉노를 섬멸했다. 특히 하서 지방을 점령하여 흉노 혼야왕의 투항을 받아내고 사막 이북 한해에까지 접근했다. 이로 인해 한나라의 외교상·군사상 형세를 우세한 상황으로 바꾸어 놓았다. 그러나 기원전 117년(漢武帝 元狩 6년)에 불행하게도 병을 얻어 사망한다. 그의 나이 겨우 24세였다. 곽거병이 죽자 한무제는 극히 상심하며 오군(五郡)의 흉노 백성들에게 검은 갑옷을 입혀 곽거병의 영구를 장안에서 무릉으로 호송케 했다. 또 그를 위해 기련산 모양의 무덤을 만들어 그의 전공을 기념했다. 이 무덤은 지금까지 섬서성 흥평현 무릉에 남아 있다.

곽거병은 용감하고 열정적이며 지혜로운 사람이다. 정력이 충만하고 행동이 민첩하며 영웅적 기질이 다분한 청년이었다. 한나라에는 곽표요(霍驃姚)라는 호칭으로 전쟁에서 용감했던 영웅 곽거병을 찬미했다. 역대 문학가들의 시문에도 곽표요 또는 표요라는 호칭이 상당히 많이 보인다. 짧은 생애에도 곽거병은 사람들로부터 많은 존경과 흠모를 받은 것이다.

외부 상황에 흔들리지 말라

풍문과 비방에 부화뇌동하지 않는다 | 믿음의 통솔자 마원
신념은 타협의 대상이 아니다 | 서역(西域)의 백발노장 반초

"너희가 다른 사람들의 잘못을 들었을 때 부친의 이름을
듣는 것처럼 귀로는 듣고 입으로는 망령되이 발설하지 마라.
남의 단점을 지적하고 옳고 그름을 가리지 못하는 것은
내가 가장 싫어하는 것이다. 차라리 죽을지언정
내 후손이 나쁜 습관에 젖었다는 말은 듣고 싶지 않다."

마원(馬援, B.C.14~A.D.49)

중국 후한 때의 무장이자 정치가. 광무제 때 강족(羌族)을 평정하였으며, 기원후 41년 이후에는 복파장군(伏波將軍)에 임명되어 교지(交趾 : 지금의 북베트남) 지방에서 봉기한 징칙(徵側)과 징이(徵貳) 자매의 반란을 토벌하고 하노이 부근 낭박(浪泊)에까지 진출하여 그곳을 평정하였다. 45년 이후는 북방의 흉노와 오환(烏丸)의 토벌에 활약하였다. 노령에도 불구하고 남방의 무릉만(武陵蠻)을 토벌하러 출정하였으나, 열병 환자가 속출하여 고전하다가 진중에서 병사했다.

풍문과 비방에 부화뇌동하지 않는다
믿음의 통솔자 마원

아름다운 풍경의 계림(桂林)에는 험준한 복파산(伏波山)이 있다. 푸른 산봉우리를 오르면 멀리 탑산(塔山)과 천산(穿山)이 보이고, 아래를 굽어보면 짙푸른 복파담(伏波潭)과 주동(珠洞)이 보인다. 산 정상에는 복파묘(伏波廟)와 복파사(伏波祠) 유적지가 있다. 이곳은 바로 한나라 때의 장군 마원(馬援)을 기념하여 만든 곳이다. 역사서와 민간에서 전해오는 많은 이야기 속에서 우리는 복파장군(伏波將軍) 마원과 관련한 감동적인 이야기를 찾아볼 수 있다. 비범한 기개로 천하에 위엄을 떨친 마원은 무궁한 힘을 가지고 활을 쏘면 산을 뚫고 거대한 동굴까지 맞혔다고 전해진다. 사람됨이 어질고 순박하며 청렴하고 공평하여 전쟁에서 무수한 공을 세웠어도 사사로운 이득을 취하지 않았다. 그가 남쪽 정벌에서 백성들의 병을 치료하기 위해 수레 한가득 율무쌀을 싣고 돌아오는데 이를 두고 간신들이 진주를 착취했다고 모함

했다. 화가 난 마원은 율무쌀을 복파담 곁에 두었다고 하는데 이것이
바로 그 유명한 환주동(還珠洞)이다.

사실 마원의 남쪽 정벌에서 계림을 지났다는 일은 사실이 아니었
다. 이런 전설은 당시의 시대적 분위기 속에서 탄생했지만 1,000여 년
동안 전해진 전설로, 사람들이 마원에 대해 많은 애정과 그리움을 가
졌다는 사실을 알 수 있다. 이 때문에 마원을 기념하는 유적지와 민간
의 전설은 후대로 갈수로 더욱 많아졌다. 예를 들면 광서(廣西)의 홍
안(興安), 횡현(橫縣), 용주(龍州), 빙상(憑祥), 숭좌(崇左), 영명(寧明),
흠주(欽州), 합포(合浦) 등의 지역과 광동(廣東), 운남(雲南) 등의 수많
은 지역에는 오늘날까지 복파묘, 복파사, 영제사(靈濟祠), 보공사(報功
祠), 반부인묘(班夫人廟)와 같은 명승지가 있다. 마원이 만들었다고
전해지는 동선(銅船), 동고(銅鼓), 동마(銅馬), 동주(銅柱), 문연성(文淵
城)도 남아 있다. 마원은 분명 인구에 회자되는 역사적인 인물임에 틀
림없다.

어려서 큰 뜻을 품다

마원(기원전 14년~기원후 49년)의 자(字)는 문연(文淵)으로, 한나라
시대 부풍 무릉(扶風 茂陵, 섬서성 홍평) 사람이다. 당시 사람들은 마원
을 복파(伏波)장군이라 불렀다.

마원의 선조는 전국 시기 조나라의 장수 조사(趙奢)로, 처음에는
세금을 걷는 작은 관직에 있었다. 조혜문왕(趙惠文王)의 아우인 평원
군(平原君) 조승(趙勝)은 당시의 세력가로, 왕법을 무시하여 세금을
내지 않았다. 이에 권세를 두려워하지 않는 조사가 평원군의 관리 9명

을 형법에 따라 죽이자 화가 난 평원군이 조사를 죽이려 했다. 이때 조사가 평원군에게 이렇게 말했다.

"평원군께서는 황실의 친척으로 마땅히 공무에 충실하고 법을 지켜야 합니다. 솔선수범하셔야만 나라가 부강해집니다. 나라가 부강해야 평원군도 부귀를 누리실 것입니다."

조사의 말을 들은 평원군은 그의 말이 옳다고 여기고 인재라 판단하여 조혜문왕에게 천거한다. 조혜문왕은 조사에게 전국의 세금을 관리하게 했다. 그 후부터 백성들은 풍요롭게 생활할 수 있게 되었으며, 나라의 창고도 가득 차게 되었다.

후에 진나라가 한나라를 공격하여 알여(閼與, 산서성 화순)에까지 들어갔다. 전쟁은 조나라 국경에까지 이어져 조나라도 위태로운 상황이 되었다. 조왕은 염파와 악승(樂乘)을 불러 한나라에로의 출병 여부를 물었으나 길이 멀고 험해 쉽게 움직일 수 없었다고 망설이자 조왕은 다시 조사를 불러 물었더니 그가 말하기를

"비록 한나라에까지 이르는 길이 멀고 험난하나 구원할 수 있습니다. 예를 들어 두 마리 늙은 쥐가 동굴 안에서 싸우는 격이니 용맹한 쥐가 이기는 법이지요."

조왕은 조사를 장수로 임명해 한나라를 구원하게 한다. 이때 진나라가 조나라의 무안(武安, 하북성 무안)에까지 들어와 나팔을 불고 북을

치며 엄청난 기세로 군사훈련을 했다. 조나라 군대는 한단(邯鄲, 하북성 한단)에서 출발하여 30리 떨어진 곳에서 수비를 견고히 하고 28일이 지난 뒤 습격했다. 다시 진나라가 지칠 때까지 수비를 하다가 기회를 틈타 공격을 재개하니 진나라를 크게 격파했다. 진나라 군대는 사방으로 흩어졌고 조사는 승리의 기치를 날리며 고국으로 돌아왔다. 조혜문왕은 그의 공을 높이 사 마복군(馬服君)이란 호를 내려주고 염파, 인상과 같은 지위로 승진시켜 주었다. 이로부터 조사 후손의 성이 마씨로 바뀌게 되었다.

한무제 때 마씨 집안은 한단에서 무릉(茂陵)으로 거주지를 옮겼다. 마원의 증조부 마통(馬通)은 한선제(漢宣帝) 때 공을 세워 중합후(重合侯)에 봉해졌으나 후에 그의 형인 마하라(馬何羅)가 모반을 일으켜 형과 함께 처형당했다. 그 후 마씨 일가의 지위는 하락하게 되었다. 마원의 조부 마빈(馬賓)은 한선제 때 황제의 시종관(侍從官)을 지내 사군(使君)이라 불렸고, 마원의 부친 마충(馬仲)은 현무사마(玄武司馬)를 지내며 군대에서 일을 보았다. 왕망이 난을 일으켰을 때 그의 세 형제 마황(馬況), 마여(馬餘), 마원(馬員)은 군수와 같은 2,000석을 받았다고 한다. 마원은 바로 이러한 가정에서 성장했다.

마원은 키가 크고 건장했다. 살갗이 검고 머리털과 수염은 밝았으며, 행동이 시원스러웠다. 겉으로는 제멋대로 행동하는 것처럼 보였으나 속으로는 예의가 밝고 조심스러웠다. 다른 사람들에 비해 월등히 총명했으며, 민첩하게 생각하여 평소 말투와 태도가 물 흐르는 듯 유연했다. 역사 이야기와 평론하는 일을 좋아하고 훌륭한 견식을 갖추고 있어 보는 사람들을 놀라게 했다. 마원이 이야기를 하면 종종 곁에 앉아 듣는 사람에게 주의를 집중시켜 피곤함도 잊게 했다.

마원은 12세 때 아버지를 여의었다. 젊었을 때 마원은 원대한 포부를 품어 형들을 크게 놀라게 하고 감탄하게 했다. 그러나 그의 사촌 동생 마소유(馬少遊)는 오히려 이런 마원을 걱정했다.

"세상에 살면서 배불리 먹고 따뜻하게 입고 여유롭게 말을 타고 군에서 작은 관리를 지내면서 마을 사람들에게 칭찬받으면 그만인 걸요. 형님께서 크나큰 포부를 품으시는 것은 스스로 사서 고생만 할 뿐이 아니겠습니까."

마소유의 충고에도 젊은 청년 마원은 크게 신경을 쓰지 않았다.

한편 큰형 마황은 마원에게 영천(潁川, 하남성 우현)의 만창(滿昌)을 스승으로 모시게 하고 『시경(詩經)』을 공부하게 했다. 당시 시를 공부함은 장을 나누고 구를 나누어 외울 뿐이어서 마원에게는 큰 흥미를 주지 못했다. 마원이 정말 배우고 싶었던 것은 시가 아니었다. 나중에 마황은 하남(河南, 하남성 낙양 동쪽)의 태수로 임명되었고 마여와 마원도 낙양에서 작은 관직을 맡았으나 가정형편은 여유롭지 못했다. 이에 마원은 형에게 변방으로 가서 목축을 하겠다고 말하자 마황이 그를 격려해 주었다.

"내 보기에 너는 재주가 뛰어나 대기만성(大器晚成)할 인물이다. 그러나 좋은 목수는 사람들에게 좋은 나무를 보여주는 게 전부가 아니다. 좋은 나무로 훌륭한 것을 만들어야만 좋은 목수가 되는 것이니 하고 싶은

대로 해 보거라.”

　그러나 마원이 떠나기 직전에 마황이 병으로 사망한다. 마원은 형의
장사를 치르기 위해 떠나지 않고 1년 동안 상복을 입고 형의 묘지를 떠
나지 않았다. 과부가 된 형수를 존중하여 평소 집에 있어도 모자를 쓰지
않고 단정하게 의관을 갖추며 절대로 형수의 방 문턱을 넘지 않았다.
　왕망(王莽)이 정권을 찬탈했을 때 마원은 마을의 관리인 독우(督
郵)직을 맡고 있었다. 그런데 어느 날 그가 사명부(司命府)로 죄인들
을 압송하는데 그 가운데 중죄를 지은 자에게 동정심이 생겨 중도에
서 풀어주었다. 이 일로 자신도 북지(北地, 감숙성 경양 서북)로 도망을
갔고, 얼마 후 죄를 사면 받아 자유를 되찾았으나 북지에 계속 남아
목축을 했다. 당시 수많은 빈객이 사방에서 몰려들어 마원에게 의탁
했다. 마원은 빈객들에게 종종 이렇게 말했다.

　“대장부는 뜻을 세움에 힘들어도 더욱 의지를 다져야 하며, 나이가
들어도 넘치는 기백을 가져야 한다.”

　마원은 무슨 일이든 상황에 따라 적합하게 처리하고 일정한 기준으
로 관리하여 목축 사업이 나날이 번창했다. 소와 말과 양 같은 가축이
수천 마리에 달하고, 수확한 곡식도 수만 곡이나 될 정도였다. 자신의
눈앞에 산처럼 쌓인 곡식과 떼를 지은 가축들을 보고 마원은 생각했다.

　“무릇 집안을 일으켜 부자가 된 자의 가장 고귀한 행동은 자신의 재물

로 다른 사람을 구제하는 것이다. 그렇지 않고서는 수전노에 불과하다."

마원은 가진 재산을 형제와 친구들에게 고루 나누어 주고 자신은 전처럼 떨어진 양가죽 옷을 걸치며 검소하게 생활했다. 왕망 말년에 사방에서 병사들이 일어났다. 왕망의 사촌동생 왕림(王林)은 왕망이 세운 신(新)의 통치를 유지하기 위해 천하의 인재들을 모았다. 마원도 그 가운데 하나로, 왕망에게 추천되어 신성(新成, 섬서성 안강)의 태수로 임명된다. 그러나 왕망이 무너지자 마원은 양주(新成, 감숙성 청수 북쪽)로 숨는다.

25년에 동한(東漢) 광무제(光武帝) 유수(劉秀)가 낙양에서 즉위했다. 이 소식을 들은 마원은 바로 광무제에게 투항하고, 광무제는 그를 전처럼 상군(上郡)의 태수로 삼으려 했다. 그러나 어지러운 세상에 섞이고 싶지 않았던 마원은 계속 양주에 남는다. 당시 공손술(公孫述)은 촉나라 땅을 점령하고 스스로 황제가 되었고, 외효(隗囂)는 천수(天水)를 점령하여 스스로 서주대장군(西州大將軍)이 되었다. 외효는 포부가 크고 능력과 재능을 갖춘 마원을 좋아하여 수덕장군(綏德將軍)으로 삼아 함께 대사를 상의했다. 이로부터 마원은 두각을 나타내기 시작한다.

외효(隗囂)를 격파하다

공손술이 촉나라 땅에서 세력을 키우자 외효는 그를 알아보기 위해 마원을 보낸다. 마원과 공손술은 동향 사람이기에 마원을 보내면 마치 옛 친구를 다시 만난 것처럼 일이 순조로울 것이라는 생각에서였다. 그러나 외효의 예상은 완전히 빗나갔다. 공손술은 호위무사들을 배치하고 경계를 삼엄히 한 뒤 마원을 불렀고 인사를 나눈 뒤에는 궁 밖으로 내보내 객잔에 머물게 했다. 그리고 객잔에 마원이 입을 새 의복과 의관을 보내 사당에서 정식으로 연회를 베풀었다. 공손술이 연회장에 모습을 드러내니 천자의 난기(鑾旗)로 앞을 꾸미고 그 뒤로 모기(旄騎)를 달아 치장하는 등 위세가 대단했다. 성대한 연회상을 차려 군신의 예를 다하는 듯 거드름을 피우는 공손술은 마원에게 대장군의 지위를 제안하며 남기를 제안했다. 연회를 마치고 돌아온 마원은 속이 불편했다. 그러나 그를 따라 온 수행원들은 오히려 기뻐하며 남자고 하자 마원이 그들을 나무랐다.

“지금 천하의 자웅이 결정되지 않았거늘 공손술은 주공(周公)이 밥을 세 번이나 토해 뱉고 인재를 맞아들이는 것처럼 하지는 못할망정 걸치레나 하고 있으니 정말 바보 같다. 이런 자에게 어찌 천하의 인재들이 오래 붙어 있겠느냐! ”

마원은 공손술에게 하직을 고하고 외효에게 돌아가 보고했다.

“공손술은 우물 안의 개구리와 같습니다. 스스로 지나치게 평가하고 있으니 차라리 동쪽의 유수(劉秀)와 화친을 하시는 편이 낫겠습니다.”

외효는 마원의 견식을 믿고 그의 말을 따랐다. 광무제 건무 4년(建武, 28년) 겨울에 외효는 마원에게 다시 물었다.

"내 한나라에 귀속하고 싶은데 형세를 잘 몰라 결정하지 못하겠소."

"그대가 한나라에 귀속해도 된다고 생각한다면 우리 유수를 따릅시다."

마원은 외효를 설득하여 곧바로 낙양으로 갔다.

마원이 낙양에 왔다는 소식을 들은 광무제는 사신을 보내 선덕전(宣德殿)으로 안내했다. 마원이 도착하자 광무제는 그를 윗자리로 불러 웃으며 말했다.

"그대는 두 황제 사이를 오가는 자로 오늘 보니 정말 대단하시오!"

마원이 예를 갖추고 겸손을 표하며 물었다.

"지금 같은 세상에는 군주가 신하를 선택할 뿐 아니라 신하도 군주를 선택할 수 있습니다. 황제께서는 반드시 이 점을 아셔야 할 것입니다. 가령 공손술 같은 자를 보면 그는 저와 고향이 같습니다. 어려서부터 그자와 저는 좋은 친구로 지냈지요. 한데 제가 촉 땅에 갔을 때 공손술은 경계를 삼엄하게 하고 나서야 저를 들였습니다. 지금 먼 길을 온 제가 자객일지도 모르는데 경계를 하지 않으시는 이유는 무엇입니까?"

광무제는 웃으며 말했다.

"그대는 자객이 아니라 세객(說客)이 아니오!"

"지금 어지러운 천하에서 세상을 속이고 이름을 훔치는 사람이 그 수를 다 헤아릴 수 없습니다. 그러나 이제 대왕의 너그러운 마음과 응대한 기백을 보니 마치 한고조(漢高祖)와 같아 진정한 제왕이 세상에 있음을 알겠습니다! ”

광무제는 마원이 마음에 들었다. 얼마 후 광무제는 순행을 떠날 때 마원을 불러 함께 떠나 남방의 여구(黎丘, 호북성 의성 서북)를 거쳐 동해(東海, 산동성 담성)를 둘러보았다. 그리고 다시 낙양으로 온 뒤 마원을 자신의 고문관으로 삼아 14차례나 만나 허심탄회하게 이야기를 나누었다. 시간이 지나 마원이 떠날 때가 되자 광무제는 태중대부(太中大夫) 내흡(來歙)에게 천수(天水)까지 정중히 배웅케 했다.

마원이 천수로 돌아오니 외효가 마원에게 낙양의 상황을 물었다.

“광무제께서는 저를 10여 차례 불러 새벽까지 이야기를 나누셨습니다. 광무제께서 지니신 재능, 용기, 지략은 보통 사람들에 비할 바가 아닙니다. 게다가 사람을 대할 때는 사심 없이 진심으로 대합니다. 한없이 너그러운 마음은 마치 고조(高祖)와 유사합니다. 경서를 두루 읽으시니 정사와 문장은 전인과 비교할 수 없을 정도입니다.”

외효가 물었다.

“그렇다면 고조와 비교해 봤을 때 어떻소?”
“비할 바가 아닙니다. 고조는 할 수 있는 것과 할 수 없는 것의 기준이 없었습니다. 그러나 지금의 황제께서는 정사를 좋아하시고 절제 있는 행동과 법도 있는 태도를 하셨으며 술을 즐겨 마시지도 않습니다."

외효는 속으로 기뻤다.

"그대가 말한 대로라면 고조보다 뛰어난 분이 아니시오?"

외효는 마원의 말을 듣고 한나라에 귀속하기로 했다. 그리하여 장자 외순(隗恂)을 인질로 낙양에 보내니 마원도 식솔을 이끌고 함께 낙양으로 향했다.

몇 달이 지나고 마원이 아무런 직책 없이 지내자 적지 않은 빈객을 부양할 수 없을까 걱정이 되었다. 그러던 중 삼보(三輔) 지역[59]의 토지가 비옥함을 알고 광무제에게 상림원(上林苑, 섬서성 장안, 호현 일대)에 가서 농사를 짓게 해달라고 청했다. 광무제는 마원의 청을 허락해 주었다.

마원이 농서(隴西)를 떠난 뒤 외효의 대장군 왕원(王元)이 외효에게 농서 지역을 차지하고 왕이 되라고 부추겼다. 외효는 왕원의 계책을 듣고 마음이 동하여 사사건건 의심을 하게 되었다. 마원이 이 사실을 알고 여러 차례 서신을 보내 만류했으나 외효는 도리어 마원이 자신을 배반한다며 크게 화를 냈다. 결국 외효는 군사를 일으켜 한나라를 공격한다.

상황이 이렇게 될 줄을 생각하지 못한 마원은 외효가 일으킨 반란으로 자신에게 화가 미칠까 걱정이 되었다. 이에 광무제에게 전후 사정을 말하며 자신은 한나라에 충성하겠다는 결심을 보이고 외효를 진압할 계책을 낸다. 광무제는 마원에게 기병 5,000을 주었고 마원은 농서와 섬서 사이를 오가며 외효의 장수 고준(高峻)과 임우(任禹), 강족(羌族)의 수령을 설득하여 외효의 내부를 분열시켰다. 외효의 우장군 양광(楊廣)에게도 당시의 형세를 분석하고 이치를 따져가며 외효를 설득하라고 했다. 양광은 마원의 서신에 답을 보내지 않았지만 이 일이 알려지면서 외효의 군영은 한바탕 소란이 일기 시작했다.

마원의 권고에도 외효는 고집스럽게 한나라를 적으로 삼으려 했다. 건무 8년(建武, 32년) 봄에 외효는 군대를 5개로 나누어 한나라를 공격한다. 이때 공손술도 외효를 도와 약양(略陽, 감숙성 장가천 서쪽)을 공격했다. 광무제는 외효 토벌에 모든 힘을 기울여 그해 여름에 직접 군사를 이끌고 출정한다. 당시 동한의 대사마(大司馬) 왕준(王遵)의 친구 우한(牛邯)이 외효의 대장수였는데 이전부터 한나라에 의탁하고 싶은 마음이 있었다. 왕준도 우한의 마음을 알아채고 서신을 통해 한나라에 투항하라고 권했다. 얼마 후 우한이 낙양에 왔고 광무제는 그를 태중대부로 임명했다. 그 일로 파장이 일어 외효의 대장수 13명과 16개의 속현, 10만여 군사가 한나라에 투항했다.

얼마 후 광무제는 대군을 이끌고 칠현(漆縣, 섬서성 빈현)에 도착했다. 이때 대부분의 장수들은 황제인 광무제가 직접 적진까지 들어가는 걸 반대했다. 주위에서 의론이 분분하자 광무제는 이러지도 저러지도 못하고 있었다. 그러던 차에 마원이 도착하자 광무제는 기뻐하며 그에게 의견을 구했다. 마원은 침착하게 양쪽의 상황을 분석하며 외효가 내부적으로 이미 분열되어 일단 공격을 가하면 파죽지세로 격파될 것이라고 했다. 또한 한나라는 충분한 군량은 가졌고 지세에 익숙하니 공격에 큰 장애가 없으리라 판단했다. 광무제는 마원의 말을 들으며 곰곰이 생각하다 갑자기 기뻐하며 말했다.

"적군은 모두 내 시야에 있구나!"

이튿날 아침 마원의 계책대로 한나라는 출전하여 순식간에 고평 제일성(高平第一城, 감숙성 고원)을 공격했다. 결국 외효는 패하고 부하들은 사방으로 흩어졌다. 이번 전투에서 마원의 뛰어난 지휘력이 분명하게 드러나고 있다.

손쉽게 농서(隴西)를 취하다

강족(羌族)은 중국 서북부에 거주하는 소수민족으로, 150곳의 촌락에 살고 있었다. 서한 말에서 동한 초까지 강족은 선령강(先零羌, 청해 동부 해안과 동인 사이에서 거주), 소당강(燒當羌, '燒羌'이라고도 하며 지금의 청해성 공화와 귀덕 일대에 거주하면서 동한 시기에 선령강의 거주 지역을 점거함), 참랑강(參狼羌, 감숙성 민현에서 사천성 남평 일대 거주), 백마강(白馬羌, 사천성 약이개에서 남평의 민산 일대 거주) 등의 부족이 있었다. 원래 강족은 지금의 청해(靑海) 일대에 거주하는 유목민족이었으나 후에 내륙으로 이주하여 양주(涼州)에서 한족과 섞여 살았다.

변방의 강족은 왕망이 난을 일으킬 때 혼잡한 틈을 타 금성(金城, 감숙성 난주 서북) 일대를 점령했다. 동파(東波) 초년에 이들은 유목생활을 하며 때때로 양주 지역에 넘어왔다.

광무제가 중원을 통일한 뒤 서북 지역에 주의를 기울여 내흡(來歙)

을 보내 장안성을 지키게 했다. 이때 마원도 함께 보냈다. 내흡은 광무제에게 공손술이 농서 천산 지역을 장벽으로 삼고 있으니 이곳을 평정하여 공손술을 무너뜨리자고 제안한다. 그에 따른 준비로 군대를 증원하고 군량을 확보해야 한다고 건의했다. 광무제는 내흡의 의견에 동의하여 일련의 준비를 허락했다. 건무 10년(建武, 34년)에 광무제 유수는 대군을 이끌고 농성(즉 隴縣으로, 지금의 감숙성 청수 북쪽)에 도착하여 마원을 보내 외효의 대장군 고준에게 투항 권고를 받아 고평제일성을 수복했다. 내흡이 이끄는 대군도 낙문(落門, 감숙성 무산)에서 북상하여 무위(武威, 감숙성 무위)를 평정했다. 내흡은 기세를 몰아 금성군(金城郡)과 농서군(隴西郡, 감숙성 임조)에서 강족을 격파했다. 이렇게 하여 대부분의 농서 지역이 평정되고, 양주에서 서역으로 이르는 길이 순조롭게 되었다. 광무제는 군대를 이끌고 다시 낙양으로 돌아왔다.

건무 11년(建武, 35년) 여름에 한나라 군대가 되돌아가자 선령강이 다시 임조(臨洮, 감숙성 민현) 일대를 빼앗았다. 내흡은 다시 상소를 올려 강족과 공손술이 자주 농서 지역을 침범하니 지모와 용기를 갖춘 장수를 파견하자고 제안했다. 내흡은 여러 장수 중 마원이 적합하다고 판단했으며, 광무제 또한 내흡의 말을 따라 마원을 농서 태수로 삼아 수비를 맡겼다.

마원은 명을 받고 3,000 기병을 이끌고 임조에서 선령강의 주력부대를 격파하니 요새를 지키고 있던 강족 8,000명이 잇달아 마원에게 투항했다. 남은 강족은 다시 호문(浩門, 청해 악도와 감숙 영등 사이)을 점거하여 한나라에 대항했다. 마원과 양무장군(揚武將軍) 마성(馬成)은 정예부대를 이끌고 몰래 강족의 군영을 습격하자 놀란 강족 부대는 당익곡(唐翼穀, 청해성 해안 부근)으로 도망쳤다. 마원이 이를 놓치지 않고 계속 추격하니 강족은 북산으로 들어가 마원과 대치했다. 마원은 앞에 대군을 주둔시킨 상태에서 후방에 날쌘 기병이 습격하게 했다. 한밤중이 되자 큰 불을 놓고 북소리를 울리며 사방에서 공격하라는 함성이 울려퍼졌다. 강족이 놀라 어쩌지 못하고 패주하자 마원도 더 이상 쫓지 않고 군대를 모아 돌아왔다. 마원은 투항한 강족을 한양(漢陽, 감숙성 천수 서북), 농서, 우부풍(右扶風) 등지에 나누어 보냈다.

이번 전투에서 마원은 허벅지에 활을 맞아 피가 멈추지 않았다. 광무제가 그 소식을 듣고 바로 사람을 보내 마원을 위로하며 3,000마리의 양과 소를 보냈다. 평소 마원은 줄곧 부하 장수와 사병들을 아껴 너그럽게 대했기에 친구들과 빈객들이 멀리서도 찾아와 날마다 문전성시를 이루었다. 광무제가 많은 가축을 보내자 마원은 조금도 망설이지 않고 부하 장수들에게 하사품을 나눠주었다.

당시 조정의 대신들은 금성파강(金城破羌, 청해성 악도 동쪽) 서쪽 지방으로 가는 길이 멀고 험하여 조정에 큰 부담이 된다고 생각했다. 이에 파강 지역을 포기하자는 의견이 일었다. 그러나 마원이 이에 반대했다. 비록 멀고 외지나 험한 지형이 오히려 수비를 견고히 할 수 있었기 때문이었다. 게다가 토지도 비옥하고 수로도 편리하여 다방면으로 유리한 지역이었다. 한나라가 이 지역을 포기하여 강족이 황중(湟中, 청해 황수)을 차지하면 한나라는 심각한 손해를 볼 수 있었다. 광무제는 마원의 말을 따라 무위 태수 양통(梁統)에게 명하여 금성으로 이주한 무위의 백성들을 다시 돌려보내게 했다. 마원의 건의로 고향으로 돌아간 이주민들은 3,000명이 넘었다. 이들은 군사들을 따라 밭을 개간하고 관개수로를 만들어 농업 생산력 향상에 힘썼다. 또한 한 나라 백성들과 화합시키기 위해 강족 양봉(楊封)을 보내 변방의 강족들을 설득하게 하니 마원은 안팎으로 존경하는 백성이 많았다. 특히 무도(武都, 감숙성 성현 서쪽)의 소수민족도 공손술을 배반하고 마원에게 의탁해 왔다. 마원은 광무제에게 청해 그들을 군장으로 삼았다. 이로부터 금성파강 서쪽의 각 민족은 평화롭게 생활했다.

건무 12년(建武, 36년)에 참랑강이 여러 강족과 연합하여 무도를 공격해 관리를 죽이자 마원은 4,000여 군사를 이끌고 출격하여 달씨도(達氏道, 감숙성 무산과 예현 사이)에 도착했다. 강족이 요새를 점령하여 공격이 쉽지 않자 마원은 형세를 자세히 살펴보고 강족의 수원과 초지를 장악했다. 그리고 싸우지 않고 그들이 지칠 때까지 기다렸다. 얼마 지나지 않아 마실 물이 떨어지고 말에게 먹일 풀이 없자 참랑강은 수십만 강족을 이끌고 변새 밖으로 도망갔고, 남은 1만여 강족은 투항했다. 마원은 한 명의 군사도 쓰지 않고 승리를 이루었다. 이로부터 농서 일대에는 평화가 찾아왔다.

마원은 줄곧 은덕과 신의를 중시했다. 일단 관리를 임용하면 그들이 가진 직권을 간섭하지 않았다. 때로 부하들이 세세한 일을 보고하려 하면 완곡히 거절했다.

"이런 일들은 모두 맡아 처리하는 사람이 있거늘 어찌 내가 사사건건 간섭하겠느냐! 날 불쌍히 여기고 그만 내버려 두게. 혹시나 백성들을 괴롭히고 법을 따르지 않거나 모반을 꾀하는 자가 있다면 태수가 알아서 할 것이네."

마원은 침착하고도 냉정했다. 어떤 일을 하기 전에 미리 속으로 모든 계획을 세워두었는데 조금도 과장되지 않았다. 하루는 바깥이 소란스럽더니 누군가 크게 소리를 질렀다.

"강족이 모반을 꾀했다!"

백성들은 물밀듯 성 안으로 들어와 숨었으며, 적도(狄道, 감숙성 임조)의 관리도 허겁지겁 성문을 닫아걸고 군사들을 준비시켰다. 그때 손님과 한창 술을 마시고 있던 마원은 그 소식을 듣더니 큰 소리를 내며 웃었다.

"강족이 어찌 감히 우리를 침범한단 말이냐! 적도의 관리에게 겁먹지 말고 빨리 관사를 살펴보라 일러라. 그리고 혹시나 두려워하는 자가 있다면 침상 아래로 숨으면 된다 일러라."

사실을 알고 보니 강족이 모반을 일으킨 게 아니라 원한이 있던 어느 시골 사람이 벌인 일이었다.

마원은 농서군에서 6년 동안 태수를 맡으면서 훌륭한 업적을 쌓고 조정으로 돌아왔다. 그리고 얼마 후 금위장군(禁衛將軍)에 해당하는 호분중랑장(虎賁中郎將)으로 승진되었다. 일찍이 마원이 농서에 있을 때 이런 말을 했다.

"백성들을 부유하게 하려면 가장 먼저 양식을 생산하고 물자를 교환하는 일을 살펴야 한다. 이를 위해서는 화폐를 통일해야 하는데 지금의 화폐는 무척 혼란스럽다. 옛날의 오수전(五銖錢)처럼 화폐가 통일되어야만 천하의 모든 백성이 편해질 것이다."

자신의 생각을 삼부(三府, 승상부를 말함)에 알렸지만 삼부에서는 행하지 않고 내버려두고 있었다. 그러나 마원이 조정으로 돌아온 뒤 자신의 의견에 반대하는 13가지 조목에 하나하나 반박하여 다시 상소를 올렸다. 건무 16년(建武, 40년) 12월에 광무제는 마원의 생각대로 전국의 화폐를 통일하여 오수전을 주조했다. 이로부터 혼란스러웠던 통화 유통이 순조롭게 되었다.

또 한 번은 마원이 심양(尋陽, 호북성 광제 동북)에서 산속의 도적을 소탕하는 일에 대해 다음과 같은 상소를 올렸다.

"산속에 숨은 도적을 소탕하려면 반드시 그 근거지를 멸살해야 합니다. 그들이 살고 있는 산을 없애면 도적들이 숨을 곳은 없어집니다. 어린아이 머리에 이가 많으면 머리를 깎는 것과 같은 이치입니다. 머리를 깎으면 이가 자랄 곳이 없습니다."

광무제는 마원의 상소를 읽고 매우 기뻐하며 재미 삼아 궁중의 환관을 불러 머리털을 모두 깎아 이(蝨)를 없애 주었다.

나라에 충성하고 공을 세워도 자만하지 않는다

일찍이 진(秦)나라 때 진시황(秦始皇)은 영남(嶺南)[60] 지역에 계림

(桂林, 광서성 귀항), 남해(南海, 광주), 상군(象郡, 광서성 숭좌)을 설치해 50만 명을 이주시켜 월인(越人)과 함께 살게 했다. 한무제 때는 이 지역에 교주(交州)를 설치하고 교지(交趾, 베트남 하내 부근), 구진(九眞, 베트남 청화 부근), 일남(日南, 베트남 광치 부근), 남해(南海), 창오(蒼梧), 옥림(玉林), 합포(合浦) 등 7군을 관할했다. 후에 남해, 창오, 옥림, 합포 등 4군은 교통이 편리하고 문화가 발달하여 한족의 정치와 문화에 많은 영향을 주면서 한족과 융합하여 발전했다. 그러나 교지, 구진, 일남은 상대적으로 교통이 불편하여 한족의 영향을 덜 받았다.

진한(秦漢) 시기에 중원은 봉건사회였으나 교지, 구진, 일남 지역은 씨족사회 말기와 노예사회 초기를 거치고 있었다. 낙왕(雒王), 낙장(雒將), 낙후(雒侯)가 집권하면서 진한 왕조에 관직을 하사 받았다. 처음 교주(交州) 자사(刺史)는 매년 8월에 한 번 순시를 했다. 그러다가 동한 초기에 봉건집권이 더욱 강화되자 자사 태수(太守)가 각 지방에 고정적으로 배치되었다. 예를 들면 교지(交趾) 태수 석광(錫光)과 구진(九眞) 태수 임연(任延)이 그러하다. 건무 13년(建武, 37년)에 소정(蘇定)이 교지 태수에 임명받아 백성들을 교화시키고 농경지를 개간했으며, 학교를 세워 시서(詩書)를 교육했다. 객관적으로 보면 씨족사회와 노예사회에서 봉건사회로 넘어가는 과정에 이러한 정책은 도움이 되지만, 동한 정부의 봉건통치와 마찰을 빚었고 관리 소정의 부패로 백성들의 원망을 샀다.

한편 미령(麊泠, 베트남 영부성 동영 부근) 촌장의 여식 정측(征側)과 동생 정이(征貳) 자매는 교지에서 영향력이 컸다. 고집이 세고 용감한 정측은 주연(朱鳶, 베트남 하서, 남하 지역)의 귀족 시색(詩索)에게 시집을 갔다. 어느 날 정측이 법을 어겨 소정이 그녀를 처형하려 했으나 정측이 불복하자 남편인 시색을 죽였다. 화가 난 정측과 정이 자매는 군사를 일으켜 소정을 공격했다. 당황한 소정은 성문을 닫고 미령성 안에 숨었고, 정측과 정이는 교지와 구진 지역을 점령했다. 구진, 일남, 합포 등지에서 그녀들의 반란에 동조하니 정측은 미령에서 스스로 왕이 되어 동한 조정과 관계를 끊었다.

당시 동한은 교지 지역의 중요성을 인식하고 있었기에 교지 태수 소정의 죄를 물어 하옥시키고 대군을 준비한다.

건무 17년(建武, 41년)에 광무제는 장사, 합포, 교지에 병거와 배를 만들고 길을 닦으라고 명한다. 군사들과 군량을 모아 마원에게 복파장군(伏波將軍)이란 칭호를 내리고 대군을 이끌게 했다. 마원은 부악후(扶樂侯) 유륭(劉隆)과 누선장군(樓船將軍) 단지(段志)를 부장수로 삼아 육군과 수군을 통솔하여 교지로 향한다. 그런데 마원이 합포에 도착하자 수로를 이용한 누선장군 단지가 병으로 사망한다. 이에 광무제는 마원에게 수군의 통솔까지 맡겼다. 이렇게 마원은 장사, 계양, 영릉, 창오에서 1만여 군사와 함께 모두 2만 대군과 2,000척의 전함을 이끌게 되었다.

출정하기 전에 마원은 부인과 자식들에게 작별을 고했다.

"남방에는 장독(瘴毒)이 많다고 한다. 게다가 이번 출정은 매우 위험하니 내가 전장에서 죽더라도 슬퍼하지 말거라."

마원은 군률에 대해 엄격하여 군사들이 백성들을 괴롭히지 못하게 단속했다. 전하는 바에 따르면 마원의 선행관(先行官)으로 간생양(艮生陽)이란 자가 있었다. 간생양은 군법에 매우 엄격한 사람으로 한나라 군대가 가는 곳마다 백성들 문 앞에 깃발을 꽂아두게 하여 군사들이 침범하지 못하게 했다. 혹시라도 군사가 백성들의 집을 침입하면 참수하였으니 그를 따르고 존경하는 백성이 많았다. 후에 민간에 전염병이 돌아 그해 많은 군사가 죽었다. 이때 죽은 군사의 문 앞에 간생양의 표지를 해두었다. 원한 맺힌 사병이 흉사의 원인이라 생각하여 간생양의 표지가 흉사를 막아 주리라 생각해서였다. 이 때문에 간생양의 신위를 모시는 사람이 많았다고 전해진다.

마원은 산을 만나면 길을 만들고 물을 만나면 다리를 놓아가며 군대를 이끌었다. 가는 곳마다 양식을 주는 백성들은 그 수를 헤아릴 수 없었다. 특히 반촌(班村, 광서성 유반촌)에 사는 반정(班靚)이란 부녀자는 마원의 부대가 일시적으로 군량이 끊기자 자신이 가지고 있던 곡식을 모두 주었다. 후에 한나라 조정은 그녀를 태위부인(太尉夫人)에 봉하고 사람들은 반부인(班夫人)이라 부르며 사당을 지어 기념했다. 교지 지역에서는 월인들도 마원의 부대로 잇달아 투항해 왔다. 당시 마원의 부하 중 약 2,000명의 월인은 활을 잘 쏘고 전투에 능숙했다.

건무 18년(建武, 42년) 봄에 마원은 육군과 수군을 이끌고 남하하여 상강(湘江)과 영거(靈渠)를 거쳐 이강(漓江)과 계강(桂江)에 들어갔다. 그곳에서 다시 길을 나누어 좌강(左江)에서 용주(龍州), 흠강(欽江)에서 흠주(欽州), 남류강(南流江)에서 합포(合浦)로 각각 향하여 3월에 교지에 도착해 낭박(浪泊, 지금의 베트남 하북성 선산) 일대에 주둔했다. 낭박의 지형은 매우 험준하고 비가 자주 내려 안개가 자욱했다.

게다가 독기가 가득하고 모기와 뱀이 많았다. 고개를 들어보면 하늘 높이 솟은 봉우리를 맴도는 검은 독수리 떼가 있어 행군이 쉽지 않았다. 열악한 조건에서도 마원은 낭박에서 정측을 물리치고 계속 진군하여 건무 19년(建武, 43년)에 구진을 평정했다.

마원은 현지의 행정기구를 정돈하고 봉건 군현제를 바탕으로 관료기구를 정비했다. 한 예로 마원은 3만 2,000호의 매우 넓은 지역인 교지군 서우현(西於縣, 베트남 하내 서북)을 조정에 건의하여 봉계(封溪)와 망해(望海)로 나누게 했다. 또한 한나라의 법률을 참고하여 현지의 법률을 정리하고 현지인에게는 옛 제도를 명시하여 관리했다. 이처럼 마원이 봉건법제를 완비했기에 역사서에서는 이렇게 기술됐다.

"그 후로 낙월(雒越)은 마 장군의 이야기를 받들어 시행했다."

이 밖에도 마원은 성지를 재건하고 관개시설을 설치했으며, 철기를 보급하고 농사에 소를 이용하게 했다.

건무 21년(建武, 45년) 가을 9월에 마원은 군대를 돌려 조정으로 돌아왔다. 군사 수를 헤아리니 사상자는 14, 15명이었다. 조정은 마원을 신식후(新息侯)에 봉하고 식읍으로 3,000호를 하사하여 구경(九卿)과 동렬로 임명했다. 마원은 소를 잡고 술을 풀어 모든 군사를 위로했다. 주연에서 마원은 웃으며 지난날 자신이 큰 뜻을 품었을 때 사촌동생이 우려하던 일과 교지 전투에서의 감회를 군사들에게 이야기했다.

"교지에서의 전투는 무척 힘들었다. 그러나 오직 나라를 걱정하는 마음을 가졌으니 어찌 다른 생각을 할 수 있었겠느냐! 이제 오랑캐를 상대로 우리가 대승을 거두었으니 이 모든 공로는 전부 너희에게 있다. 그러나 나 홀로 상을 받아 구경의 자리에 올랐으니 기쁘면서도 부끄럽구나!"

겸손을 표하는 마원의 말에 사람들은 존경을 표하고 잇달아 축하했다. 이때 맹기(孟冀)라는 지략가가 마원에게 축하 인사를 하자 마원이 말했다.

"나는 그대가 좋은 말을 해 주기 바라오. 그대는 보통 사람이 아닌데 남들처럼 내 공을 치하하는 말을 하고 있으면 되겠소? 과거 복파장군께서 7군을 개척하셨기에 수백 호를 하사받으실 수 있으나 지금 나는 그분에게 훨씬 미치지 못하는 공로로 3,000호를 받으니 공적은 적은데 상은 오히려 후하게 되었소. 계속 이렇게 받는다면 어떻게 되겠소! 부디 조언을 부탁하오."
"신이 미처 생각지 못한 문제입니다."

마원이 말을 이었다.

"지금 나라에는 많은 일이 생기고 북방은 여전히 평온하지 못하오. 사나이로 태어나 집과 나라를 보전하는 데 뜻을 가져 전쟁터에서 죽을지언정 어찌 집안에서 편히 보내며 시간을 헛되이 보내겠소!"

맹기는 감격했다.

"옳으신 말씀입니다! 백성들이 바라는 것은 대업입니다. 부디 죽음을 두려워하지 않는 장군이 되시기 바랍니다!"

마원은 전쟁이 난무한 시대에 태어나 계급이라는 한계 속에 살았지만 오직 나라를 생각하는 마음에 자신의 공로를 자랑하지 않았다. 그래서 지금까지 그의 업적이 찬란히 빛나는 것이다.

전쟁터에서 전사하다

마원이 교지에서 돌아온 지 한 달이 지나 다시 흉노와 오환(烏桓)이 우부풍을 침범했다. 잇달아 삼포 지역이 점령당해 황실의 원릉까지 짓밟히자 마원은 광무제에게 출정을 청한다.

건무 21년(建武, 45년) 12월에 마원은 양국(襄國, 하북성 형태)에서 군대를 주둔시켰으며, 광무제는 백관에게 마원을 전송하라 명했다. 이때 광무제의 사위 황문랑(黃門郎) 양송(梁松)이 나오자 마원이 말했다.

"높은 지위에 있어도 검소하게 살면 그뿐이오. 당신들처럼 높은 지위에 있으면서 스스로 대단한 인물인 양 자리만 지키고 있으면 안 된다는 말이오. 내 말을 잘 생각해 보시오."

마원은 이런 황실의 친척을 멸시했다. 한번은 마원에게 병이 나 양송이 찾아왔다. 마원은 그가 제아무리 황실의 친척이라 하더라도 자신에게 예를 갖추기를 원했지만 양송은 거만한 태도를 보였다. 이에 마원은 대꾸도 하지 않았다. 양송이 떠나자 어떤 이가 마원에게 그 이유를 물었다.

"내가 그의 부친 친구이다. 제가 아무리 존귀해도 인륜대서(人倫大序)가 없을 수 있느냐?"

마원의 말을 전해 들은 양송은 속으로 마원을 미워했다.

이듬해 가을에 마원은 3,000기병을 이끌고 고류(高柳, 산서성 양고 북쪽)에서 안문(雁門, 산서성 대현 서북, 삭현 동남), 대군(代郡), 상곡(上穀, 하북성 부래 동남)을 거쳐 험장(險障)에 도착했다. 오환이 한나라 군대를 보자마자 도망을 가 마원은 하는 수 없이 군사를 되돌렸다.

건무 23년(建武, 47년) 겨울에는 무릉(武陵, 호남성 상덕)에서 오계만(五溪蠻)[61]이 폭동을 일으켜 이들을 진압하기 위해 무위장군 유상을 보냈다. 오계만의 수령은 지세의 험준함을 이용해 한나라 군대를 깊숙이 유인했다. 그러나 유상은 적을 가볍게 생각하고 그 계책에 빠져 전군이 전멸하게 되었다. 이에 다시 이숭(李嵩)과 마성(馬成)을 보냈으나 역시 실패하자 한나라 조정은 혼란에 빠졌다. 이때 마원의 나이는 62세였다. 수십 년 동안 전장에서 보내며 수많은 시련과 고난을 겪어 몸도 이미 지쳤지만 마원은 다시 광무제에게 출전을 청한다. 광무제도 이런 마원을 불쌍히 여겨 대답을 하지 않고 있자 마원이 간곡히 말했다.

"저는 아직도 갑옷을 입고 말에 오를 수 있습니다!"

광무제는 마원에게 한번 해보라고 했다. 갑옷을 입고 창을 든 채 마원은 말에 올라탔다. 말채찍을 꽉 움켜쥐고 돌며 광무제를 보았다. 당당한 모습에서 빛이 나는 듯했다. 광무제는 그의 모습을 보고 감동을 받았다.

"진정 용맹한 노장이오!"

건무 24년(建武, 48년) 가을에 마원은 12개 군에서 4만여 군사들을 모아 무릉으로 향했다. 출정 전날 마원은 절친한 친구 두음(杜愔)에게 말했다.

"내가 나라의 성은을 입었지만 나이가 많아 오래 살지 못할 것이네. 평소 나라에 헌신하지 못할까 걱정되었으나 지금 이렇게 소원이 이루어지니 비록 전장에서 죽더라도 편안히 눈을 감을 수 있을 것이야. 다만 걱정이 되는 것은 일부 귀족 자제들이 방해하여 제대로 지휘하지 못할까 하는 것이네!"

여기서 일부 귀족 자제는 그와 함께 출정하는 마성과 경서(耿舒)를 두고 하는 말이었다.

건무 25년(建武, 49년) 봄에 마원이 군사를 이끌고 무릉 임향(臨鄉, 호남성 상덕 고성산)에 도착하자 적군이 산으로 달아났다. 한나라 군대가 하준(下雋, 광서성, 호남성 원릉 동북)에 도착하니 길이 두 갈래로 나뉘어졌다. 하나는 호두산(壺頭山, 원릉 동북)을 거치는 길로 산세가 험했지만 빨랐고, 다른 하나는 충현(充縣, 호남성 상식)을 거치는데 길이 편리한 반면 시간이 오래 걸렸다. 경서는 편하게 행군하고 싶어 멀리 돌아가려 했지만 마원은 군량과 시간을 아끼기 위해 빠른 길을 주장했다. 이견이 좁혀지지 않자 마원이 이 일을 조정에 알리니 광무제가 마원의 의견을 들어주었다. 그해 3월 호두산을 지나고 보니 오계만이 높은 곳을 점거하여 수비를 하고 있었다. 물살이 급해 한나라 군대가 탄 배는 앞으로 나아가지 못하고 있었다. 엎친 데 덮친 격으로 무더운 날씨에 대책 없이 군사들은 죽어나갔다. 마원도 병이 나자 동굴을 만들어 더위를 피하라 명령했다. 이때 산 위에서 적군이 소리를 지르며 도발해 오자 마원은 건강을 돌보지 않고 밖으로 나가 적의 동태를 살폈다. 그런 모습에 감동받은 부하들은 눈물을 흘렸다. 한편 경서는 형호지후(好畤侯) 경엄(耿弇)에게 편지를 보내 마원을 질책했다.

"일찍부터 내가 충현으로 향하자 했소. 길이 멀어 군량을 옮기기 쉽지 않지만 군사와 말이 이렇게 지치지는 않았을 것이오. 내 말을 들었다면 지금쯤 수십만 군사가 용맹하게 앞 다퉈 싸웠을 것인데 지금 군사들이 죽어나가니 안타깝기 그지없소. 그러나 한밤중에 습격하면 적들을 섬멸할 수 있소. 마복파가 서역의 상인처럼 군대를 이끄니 가는 곳마다 지체하여 기회를 잃었소. 지금 대군이 모두 병에 걸렸으니 애초의 내 예상대로입니다."

경서의 서신은 바로 광무제에게 전해졌다. 광무제는 호분중랑장(虎賁中郞將) 양송(梁松)을 보내 마원을 문책하고 대신 군대를 이끌라고 명했다. 그해 여름에 마원은 전장에서 병사한다. 양송이 도착했을 때 마원은 이미 죽었다. 양송은 죽은 마원의 한을 풀어주기는커녕 오히려 더 심하게 헐뜯었다. 광무제는 양송의 말만 듣고 크게 노하여 마원의 봉호와 봉지, 인수까지 전부 몰수했다.

안타깝게 전장에서 병사한 마원은 생전에도 권세가들의 공격을 받았고 죽어서도 그들의 모략에 빠져 명예를 훼손하게 되었다. 그러나 그가 가진 진실한 충성심과 나라에 헌신하려 했던 노력은 많은 사람이 그를 위해 억울함을 호소함에 힘입어 만천하에 드러났다. 후에 한 장제(漢章帝)는 유달(劉炟) 3년(78년)에 마원을 충성후(忠誠侯)에 봉하고 추모했다.

청렴하고 공평한 장수

마원은 귀신처럼 적을 정확히 파악하고 뛰어난 군사 지휘력을 발휘한 장수이다. 그는 집안에서도 엄격하여 마원의 부인은 항상 검소하게 집안을 꾸려갔다. 아들들도 요절한 막내아들을 제외하고 모두 후(侯)에 봉해졌다. 장자인 마료(馬廖)는 호분중랑장(虎賁中郞將)과 위위(衛尉)를 지내면서 순양후(順陽侯)에 봉해졌고, 차남 마방(馬防)은 중랑장(中郞將)과 성문교위(城門校尉) 및 거기장군(車騎將軍)을 지내고 영양후(穎陽侯)에 봉해졌다. 셋째 아들 마광(馬光)은 월기교위(越騎校尉)와 집금오(執金吾)를 지내고 위허후(爲許侯)에 봉해졌다. 동한 명제(東漢明帝) 유장(劉莊)의 황후가 된 마원의 딸은 10세 때부터 집안일에 관여했다고 한다. 황후가 된 뒤에도 낡은 솜옷을 입는 등 검소하게 생활하고 책읽기에 열중했다. 때로 명제가 고민하는 일이 있으면 함께 상의했으며, 항상 사욕을 부리지 않고 조리 있고 명쾌하게 분별했다고 전해진다.

마원은 친척들에게도 엄하게 대하여 충성과 정직을 가르치며 학문과 무예에 힘써 나라에 공을 세우도록 지도했다. 그런데 마원은 둘째형의 아들 마엄(馬嚴)과 마돈(馬敦)이 가는 곳마다 사람들을 헐뜯고 자만한 자와 사귀자 남쪽 정벌을 떠날 때 그들에게 서신을 보내 훈계했다.

"너희가 다른 사람들의 잘못을 들었을 때 부친의 이름을 듣는 것처럼 귀로는 듣고 입으로는 망령되이 발설하지 마라. 남의 단점을 지적하고 옳고 그름을 가리지 못하는 것은 내가 가장 싫어하는 것이다. 차라리 죽을지언정 내 후손이 나쁜 습관에 젖었다는 말은 듣고 싶지 않다. 이제 내 말을 알아들었을 테니 얼굴을 씻고 마음을 새로이 잡아 잘못을 고치거라."

마원은 조카들이 청렴하고 학식이 높았던 용백고(龍伯高)에게 배우길 바랐으나 말을 듣지 않았다.

마원은 청렴하고 공평한 관리였다. 뇌물을 받거나 법을 어기는 일에 대해서는 엄격하게 처벌하겠다는 원칙을 세웠다. 건무 16년(建武, 40년) 9월에 마원이 호분중랑장에 올랐을 때 여러 신하가 처벌을 받은 일이 있었다. 광무제는 크게 한탄했다.

"내가 많은 군수를 죽였구나. 후회스럽다!"

마원이 말했다.

그 말에 광무제도 웃었다. 마원은 교지에 가 부패한 관리 소정을 보고 조정에 고해 법에 따라 처벌했다. 신식후에 봉해진 마원은 식읍으로 3,000호를 받았지만 검소하게 생활했다. 그것을 본 어떤 사람들이 의심하고 시기했으며 심지어 광무제도 곧이 믿지 못했다고 한다. 마원은 교지 정벌에서 율무쌀을 발견하고 근육통에 효과가 있음을 알게 되어 돌아오는 길에 종자를 수레에 한 가득 실었다. 사람들은 마원이 진주를 수레에 실었다고 생각했다. 이 소문은 중원으로 빠르게 퍼졌다. 평소 마원을 눈엣가시로 여기고 있던 조정의 관리들이 광무제 앞에서는 아무 말도 하지 못한 채 뒤에서 헐뜯기 시작했다. 그러다가 마원이 전장에서 병사하자 누군가 상소를 올려 마원이 재물을 탐했다고 모함했다. 광무제는 그 말을 믿고 화를 냈다. 마원의 식솔들은 두려워 아무 말도 하지 못했다. 마원을 고향에 안장할 생각도 하지 못하고 그냥 변방에 묻었다. 마원이 살아 있을 때 친했던 친구들과 빈객도 감히 조문을 하지 못했다. 후에 마원의 식솔들이 광무제에게 사죄할 기회를 보아 여섯 차례 상소를 올려 진상을 밝힌 뒤에야 비로소 고향으로 유해를 이장할 수 있었다.

빈번한 전투 속에서도 마원은 민간의 풍물에 관심을 가졌다. 교지로 원정을 떠나는 중 마원은 여포(荔浦, 광서성 여포)에서 총순(蔥筍)이라 불리는 맛있는 겨울 죽순을 발견하여 광무제에게 헌납했다.

평생 말에서 떠나지 않은 마원은 말에 대해서도 각별했다. 명마를 만나면 많은 돈을 주고서라도 반드시 샀다. 한번은 남쪽 정벌에서 돌아오는 길에 시어사(侍禦史) 두림(杜林)의 말이 죽자 명마를 보내주었다.

"벗에게 병마를 보내니 부족하나마 잠시 타시게."

두림은 마원의 성의를 거절하지 못해 명마를 받고 다시 5만 전을 보냈다. 마원은 그 돈을 대부분 말을 사는 데 썼다. 말을 사랑하는 각별한 마음이 있었으니 마원은 명마를 알아보는 데도 일가견이 있었다. 일찍이 양자아(楊子阿)를 스승으로 모시고 마골법(馬骨法)을 배운 마원은 후에 자신의 경험을 바탕으로 명마를 연구하여 『동마상법(銅馬相法)』이란 책을 펴내 광무제에게 바쳤다. 마원은 책에서 나라와 군대에 명마가 얼마나 중요한지를 설명하고 사람들이 천리마를 잘 알아본다는 백락(伯樂)처럼 되기를 바랐다. 『동마상법』을 본 광무제는 매우 기뻐했다고 한다.

고대 남월과 전월 지역(南越, 滇越 운남성 남쪽)에는 동으로 만든 북이 매우 많았다. 민간에서 예악에 사용하는 이 북은 높은 곳에 매달아 두고 금속 물건을 던져서 치는 독특한 타법으로 그 소리가 맑고 멀리까지 간다. 마원은 이 북을 전투에 사용하였으며, 동을 입히고 화려하고 정교한 꽃을 가득 그려 넣었다. 이 북은 가죽으로 만든 북에 비해 비가 오거나 습한 남방에서 사용하기에 편리했다.

마원은 배가 항해하는 중에 암초를 만나는 것을 예방하기 위해 배를 동으로 만들었다. 옛날 석강허(石康墟, 광서성 합포 석강)에 동선호

(銅船湖)가 있었다고 하는데 마원이 이곳에서 배를 만들었다고 전해진다.

마원은 전장에서 공을 세운 것 외에 법률, 화폐, 도장, 수로, 교량 등에도 많은 공헌을 했다. 또한 나무 심기를 중시하여 지금의 광서성 흥안현에는 마원이 손수 심었다고 전해지는 나무가 있다.

1,000여 년 동안 사람들은 마원이 지닌 뛰어난 재능과 품성을 존경해 왔기에 마원이 원정간 곳에는 신기한 이야기들이 민간에 남아 전해지고 있다. 당대(唐代)의 맹호연(孟浩然), 이백(李白), 두보(杜甫), 유우석(劉禹錫), 백거이(白居易), 이상은(李商隱) 등과 송대(宋代)의 유극장(劉克莊), 범성대(范成大), 소식(蘇軾), 육유(陸遊) 등 중국의 유명한 시인들은 마원을 그리며 시를 적었다. 특히 두보는 마원을 칭송하는 10여 편의 시를 지으면서 「봉기별마파주(奉寄別馬巴州)」에서 "모든 공은 마복파에게 있다"고 극찬했다. 또 다른 시 「제장오수(諸將五首)」에서도 마원을 묘사했다.

뜨거운 바람 북풍한설로 황제의 땅 어지러우나(炎風朔雪天王地)
충직한 신하 여기 있어 성조를 돕는구나.(只在忠臣翊聖朝)

후대 문인들은 마원의 삶에 영향을 받아 나라에 대한 충심을 마원을 빌려 표현하였다. 특히 중국이 외부로부터 침략을 받았을 때의 문인들이 더욱 절실하다. 『가정흠주지(嘉靖欽州志)』에 실린 시에 잘 나타나 있다.

마복파는 볼 수 없지만(不見當時馬伏波)

옛날 영웅이 힘써 지켰네(英雄千古事難磨)

지금 변경은 봉화가 대신하니(只今邊境多烽警)

화급함 닥치면 이 어찌 할거나!(控禦無人可奈何)

물론 통제 불가능한 시대는 다시 오지 않는다. 마원은 중국 동한 시기의 유명한 장수로, 비록 시대라는 한계성을 가졌지만 탁월한 군사 지휘 능력과 훌륭한 성품으로 본받을 만한 인물이다.

“이읍은 장군을 모함한 자입니다. 장군의 업적을 무너뜨리려고
한 자에게 황제의 명령도 있는데 어찌 그냥
돌려보내신단 말입니까?”
“그가 나를 모함했기에 내 그를 다시 낙양으로 보낸 것이다.
부끄러울 것이 없는데 어째서 다른 사람의 헛소문을
두려워하겠느냐? 내 혹시나 사심을 품었다면 그를 남겨
내 힘을 보여 주었을 것이다.”

반초(班超, A.D. 32~102)

중국 한(漢)나라의 장군이며 식민지 통치자. 역사학자 반고(班固 : 32~92)의 동생으로 일찍이 학문의 길을 포
기하고 군무(軍務)에 뜻을 두었다. 73년 중국의 북쪽 국경 지역을 침략하는 흉노족을 평정하기 위해 소규모
군대를 이끌고 출병하여 적의 내부에 분란을 일으키는 방법으로 신속하게 임무를 완수했다. 몇 년 후 타림
분지 전체(지금의 신장웨이우얼 자치구)를 장악했고, 91년에는 서역 도호(都護)가 되어 파미르 고원을 가로질
러 카스피아 해 연안까지 정복한다. 중앙아시아에 대한 중국의 지배권을 재확립하는 데 크게 기여했다.

신념은 타협의 대상이 아니다
서역(西域)의 백발노장 반초

중국 중원과 서북 민족은 오래전부터 왕래를 해왔다. 한무제 때 장건(張騫)이 서역을 다녀온 뒤 실크로드가 열렸다. 당시 한나라 내륙에서 서역으로 왕래하던 주요 간선은 바로 남도(南道)와 북도(北道)이다.

남도의 경로는 양관(陽關)을 나와 서쪽으로 염택(鹽澤, 로프노르)을 넘으면 타림분지가 나온다. 그곳에서 동쪽 끝 누란(樓蘭, 지금의 신강 자치구 약강)을 지나 곤륜산 북쪽에서 서쪽으로 향해 차말(且末, 로프노르 서남), 정절(精絕, 신강 민풍), 우미(扞彌, 신강 어전), 우전(于闐, 신강 화전), 사차(莎車, 신강 사차)를 거친 뒤 총령(파미르 고원)을 넘는다. 그 후 대월지(大月氏, 아프가니스탄 북부)와 안식(安息, 이란)에 도착하는 것이다.

북로는 옥문관을 나와 천산 남쪽에서 서쪽으로 향한다. 차사 전왕정(車師 前王庭, 신강 토로번), 위리(尉犁, 신강 위리), 언기(焉耆, 신강 언기), 구자(龜茲, 신강 고거동), 고묵(姑墨, 신강 온숙, 아극소 일대), 온숙(溫

宿, 신강 오십), 위두(尉頭, 신강 아합기), 소륵(疏勒, 신강 객십)을 지나 총령을 넘으면 대완(大宛, 페르가나)과 강거(康居, 지금의 발하슈 호와 염해 사이)에 도착하게 된다.

기원전 60년(漢宣帝 神爵 2년)에 한나라는 서역에 도호부(都護府)를 설치하여 관할하면서 그 후 60, 70년 동안 각 방면에서 서역과 밀접한 관계를 맺으며 평화롭게 지냈다. 천산의 남북쪽과 옥문관 안팎으로 곳곳에 가축을 풀어 놓은 백성들이 편안하고 평화롭게 살았다.

왕망(王莽)이 반란을 일으키고 잔악한 통치를 일삼자 나라 안팎으로 백성들은 몸살을 앓았다. 서역 각 나라의 원망이 커지자 북방의 흉노가 그 사이 궐기하여 왕망의 말년에는 다시 서역을 통제하기 시작했다. 그러나 동한 초년에 흉노의 압박을 견디지 못한 서역의 여러 나라가 연합하여 대항한다. 기원후 45년(漢光武帝 建武 21년)에 선선국, 차사국, 언기(焉耆) 등 18국이 한나라에 아들을 보내 질자(質子)[62]로 삼게 하고 대량의 예물을 바치며 서역에 도호부를 설치해 달라고 청한다. 그러나 광무제는 중원 지역을 통치하느라 서역을 신경 쓰지 못했다.

얼마 후 흉노가 거주하는 사막 북쪽에서 큰 가뭄이 들었다. 게다가 내부에 마찰이 생겨 남북으로 나뉘게 되면서 남쪽 흉노가 한나라에 투항하여 동한과 함께 흉노에 대항했다. 동한 조정은 남쪽 흉노를 하서 미직(美稷, 하서) 일대로 이주시켜 장막 삼아 흉노의 남하를 막았다. 그러나 형세는 호전되지 못하여 때로 남북 흉노가 서로 결탁하고 한나라를 공격하여 하서 일대의 성문을 굳게 닫게 되었다.

동한은 기원후 40~50년에 경제를 회복하여 상당한 힘을 쌓아 한 명제(漢明帝) 유장(劉莊) 때에는 흉노의 위협을 해제하고 서역을 새로

이 소통한다. 이때 중국의 외교가이자 군사 지휘가인 반초(班超)가 역사의 무대에 올라오게 된다.

붓을 내던지고 군대로 들어가다

반초의 자(字)는 중승(仲升)이며, 동한(東漢) 부풍군(扶風郡) 평릉현(平陵縣, 섬서성 함양 서북) 사람이다. 32년(漢光武帝 建武 8년)에 대대로 글을 읽는 집안에서 태어났다.

반초의 부친인 반표(班彪)는 당시 유명한 역사학자로, 일찍이 사마천(司馬遷)의 『사기(史記)』를 읽고 미흡함을 느껴 65편의 『후전(後傳)』을 썼다. 이후 반초의 형인 반고(班固)는 부친의 유업을 이어 『후전』을 기반으로 하여 서한의 역사를 다룬 『한서(漢書)』를 집필하기 시작했다. 그리고 누이인 반소(班昭)가 보충하여 완성했다. 학술적 성향이 강했던 반초의 집안 분위기는 반초 개인에게 상당한 영향을 주었다.

당시 북방 흉노의 위협을 받고 있었던 한나라는 흉노와 서역 형세에 모든 관심을 기울이고 있었다. 한나라의 역사를 연구하는 반씨 일가도 흉노와 서역의 중요성을 인식하고 『한서』에 흉노의 흥망성쇠와 시기마다 중원과의 관계에 대해 체계적이고 상세하게 기록했다. 반표와 반고는 풍부한 지식을 바탕으로 흉노와 서역에 대한 대책을 내놓았고, 반초도 흉노와 서역을 공부하면서 장건과 부개자(傅介子)[63]에게 감탄하여 그들을 본받기로 결심한다.

반초는 체구가 크고 헌칠하며 풍채가 늠름했다. 말재주가 뛰어났으며, 사고가 민첩하여 문제를 세심하게 생각했다. 평소 사소한 일에 연연하지 않았으며, 굳세고 의연했다. 어려서부터 형인 반고와 함께 부친에게 배우면서 하나에 집착하지 않고 여러 분야를 섭렵하고 그 속에서 자기의 뜻과 맞는 유용한 지식을 가렸다.

30세가 되던 62년(漢明帝 永平 5년)에 반초는 뜻밖의 재난을 만난다. 그가 반고와 함께 『한서』를 쓰고 있는데 누군가 황제에게 반고가 사사로이 국사를 고친다고 밀고한 것이다. 조정을 비방한다는 혐의를 뒤집어 썼기에 심판을 앞두고 반고는 『한서』를 마치지 못한 채 감옥으로 끌려갔다. 반초의 집안은 큰 충격에 빠지게 되었다. 이때 그의 부친 반표는 일찍이 세상을 뜨고 누이인 반소는 어렸다. 더욱이 반소는 계집아이였으니 반초가 형 대신 황제에게 억울함을 호소하기 위해 낙양으로 향한다. 반초의 고향에서 낙양까지는 꽤 먼 거리였다. 당시 교통 상황도 좋지 못하였으므로 낙양으로 가는 길에 반초는 갖은 고난을 겪어야 했다. 드디어 낙양에 도착한 반초는 한명제에게 하소연했다.

"제 형이 『한서』를 쓰는 목적은 조정을 비방하려는 뜻이 아니라 나라의 은덕을 칭송하려는 것입니다. 누군가 아무런 근거 없이 모함하고 있음이 틀림없습니다."

때마침 아직 완성되지 않은 『한서』도 낙양에 도착하니 한명제는 반고가 쓴 『한서』를 보고 조정을 비방하려는 뜻이 없음을 확인했다. 오히려 반고의 역사서 편찬 능력을 높이 평가하여 반고를 풀어주고 낙양으로 불러 난태령사(蘭台令史)[64]직을 맡겼다. 이 일로 한명제는 반초의 언변과 학식에 깊은 인상을 받게 된다.

반고가 낙양에서 관직을 맡게 되자 반초와 모친도 그를 따라 낙양으로 옮겼다. 고관 귀인들이 모인 낙양에는 매일 술자리가 열리는 사치스러운 생활이 이어졌다. 그러나 하급 관리와 백성의 생활은 그리 순탄치 않았다. 하급 관리인 반고는 넉넉지 못한 봉급으로 모친과 아우까지 봉양하려니 생활이 매우 어려웠다. 형의 부담을 덜어주기 위해 반초도 관부에서 문서 베끼는 일을 했다. 그러나 반초는 뜻이 크고 원대한 사람이었다. 단지 똑같은 글자만 베껴 쓰는 일이 반초에게는 형벌과 다름없이 괴로웠다. 책상에 엎드려 글을 베끼다가도 틈틈이 자신의 큰 포부를 생각해 보았다. 지금 눈앞에 놓인 일은 조금도 재미를 주지 못했으니 마치 새장에 갇힌 새처럼 높고 먼 하늘을 날 수 없었다. 그러던 어느 날 반초가 책상을 치고 일어나 붓을 던지며 크게 소리쳤다.

"대장부는 달리 생각할 것도 없이 마땅히 부개자와 장건을 본받아야 할 터, 어찌 붓과 벼루만으로 살아가겠는가!"

반초의 갑작스러운 행동에 주위 사람들은 순간 놀랐다가 이내 웃기 시작했다. 그 모습을 본 반초는 더욱 화가 났다.

"당신들처럼 평범한 사람들이 어찌 장사의 뜻을 알겠소!"

훗날 반초는 그의 형 반고처럼 난태령사직을 맡는다. 문서를 베끼는 일보다는 나았지만 그 역시 자신의 포부와는 달리 붓과 먹으로 한

평생을 살아야 했다. 얼마 지나지 않아 반초는 이 미관말직에서도 파직된다.

73년(漢明帝 永平 16년) 한나라는 봉거도위(奉車都尉) 두고(竇固) 등 장수를 보내 네 길로 나누어 흉노를 공격하면서 동한 왕조와 흉노 간 전쟁의 서막을 열었다. 이번 전쟁에서 반초는 필묵 생활에서 군대 생활로 전향한다. 그가 꿈에도 그리던 새로운 생활이 시작된 것이다.

반초는 가사마(假司馬)[65]가 되어 두고를 따라 흉노 정벌에 나섰다. 군대는 주천새(酒泉塞, 감숙성 주천)에서 출발해 북쪽의 천산(天山)에서 흉노 호연왕(呼衍王)을 크게 격파하고 포류해(蒲類海, 신강 파리곤 호)에까지 추격했다. 이오려(伊吾廬, 신강성 합밀)를 점령하여 의화도위(宜禾都尉)를 두고 군사를 남겨 수비를 했다. 이오려는 한나라를 공격하기 위해 흉노가 반드시 거치는 곳이자 흉노가 서역으로 갈 때도 꼭 지나야 하는 곳이다. 한나라가 이오려를 점령함으로써 흉노의 남쪽 진입을 막고 아울러 흉노와 서역 각 나라 간의 연락을 차단하게 되었다. 반초는 이번 전쟁에서 처음으로 두각을 나타내며 두고로부터 재능을 인정받았다. 한나라는 서역 나라들과의 연합으로 흉노를 고립시키기 위해 다시 이를 나라와 화친을 맺기로 했다. 이때 두고는 반초를 서역으로 보낸다. 종사(從事)[66] 곽순(郭恂) 등 36명과 함께 금방 준비를 마친 반초는 갖은 고난 속에서 서역으로 출발한다.

호랑이를 잡으려면 호랑이 굴로 들어가라

선선국(鄯善國)은 타림분지의 동쪽 끝에 위치하여 한나라에서 서역으로 갈 때 남북 양쪽 노선의 출발점이어서 반드시 거쳐야 하는 곳이다. 반초는 먼저 흉노의 통제가 덜한 남도의 여러 나라를 가기 위해 남쪽 선선국으로 향했다.

오랫동안 걸어 끝이 보이지 않는 염택을 지나 반초 일행은 선선국에 도착했다. 한나라 대군이 흉노를 크게 무찌른 상황이어서 선선국은 한나라 사신을 환영했다. 선선국의 왕 광(廣)은 반초 일행에게 극진히 예를 갖추고 직접 사신이 머무는 곳에 와 여러 가지를 살피는 등 정성을 다했다. 그러나 며칠도 안 돼 왕의 대접은 소홀해지기 시작했다. 반초는 필시 이유가 있으리라 단정하고 부하에게 물었다.

"선선왕 광이 우리를 대하는 게 박해진 것 같지 않으냐?"

부하가 아무렇지도 않게 대답했다.

"우리가 너무 오랫동안 머문 탓이겠지요. 다른 이유가 있겠습니까?"
"아니다. 분명 흉노의 사신이 선선국에 다녀간 것이다. 흉노가 보낸 사신의 협박으로 선선왕은 이러지도 저러지도 못하고 있으니 어느새 우리에게 소홀해진 것이다. 총명한 자는 앞으로 일어날 일을 미리 감지해야 하는데 하물며 이 일은 이미 분명하게 벌어진 것 아니냐!"

반초는 시중을 보던 선선인을 불렀다. 선선인이 들어오자마자 반초가 갑자기 질문을 해댔다.

"흉노가 보낸 사신은 언제 왔느냐? 어디에 묵고 있느냐?"

급작스러운 질문에 당황한 선선인이 실수로 그만 대답을 하고 말
았다.

"사흘 전에 도착하여 지금 30리 밖에 머물고 있습니다."

반초는 가만히 고개를 끄덕이더니 선선인에게 입단속을 시키고 대
책을 고민했다. 얼마 후 반초는 처음 한나라를 떠날 때 함께 왔던 36
명을 모두 불러 연회를 열었다. 귀가 붉어질 때까지 술을 마시던 반초
가 크게 소리쳤다.

"그대들이 나를 따라 서역에 온 것은 공을 세우기 위함이오. 그런데
지금 흉노가 보낸 사신이 온 지 사흘이나 지났고 이로 인해 선선왕이 이
처럼 무례하구려. 그가 우리를 흉노에게 넘겨주면 꼼짝없이 잡힐 테니
어떻게 하면 좋겠소?"

사람들이 일제히 소리쳤다.

"생사가 달린 중요한 시기에 우리는 모두 반공의 말씀을 따르겠습
니다."

반초는 과감하게 말했다.

"호랑이를 잡으려면 호랑이 굴로 들어가야 하는 법! 지금 상황으로

볼 때 한밤중에 불로 흉노 사신을 공격해야 할 것이오. 큰불이 나면 상대가 우리의 수를 파악하기 힘들어 당황하며 놀랄 것이고 그 틈에 우리가 흉노 사신을 단번에 무찌릅시다! 그렇게 되면 선선왕도 소식을 듣고 두려울 것이고 우리는 공을 세울 수 있소."

반초의 계책을 들은 사람들 가운데 누군가 조심스레 말을 꺼냈다.

"이 일은 종사 곽순과 의논해 보는 것이 좋겠습니다."

그러자 반초가 노기충천하여

"승패는 오늘 결정되오. 종사는 겁 많은 서생이라 내 계책을 들으면 분명 두려워할 것이오. 또 혹시나 이 일이 새 나가면 우리는 죽어서 귀신이 될 것이오!"

"좋습니다. 그대로 행하시지요!"

여러 사람의 생각이 하나로 모아졌다. 공교롭게도 그날 밤 큰바람이 불어 불을 놓기에 아주 좋았다. 반초는 부하들을 이끌고 흉노 사신이 머물고 있는 곳으로 가 10명에게 큰 북을 숨겨 뒤쪽에 대기하라고 했다. 그들에게 불이 보이면 바로 북을 치고 고함을 지르라고 명령하고 그 외의 부하들에게는 문 옆에서 무기를 들고 매복하게 했다. 그런 뒤 반초는 바람의 방향에 따라 불을 놓았다. 순식간에 함성이 진동했다. 흉노 사신들은 무슨 일인지 몰라 혼란스러워 하다가 잇달아 밖으로 도망쳤다. 반초가 순조롭게 3명을 죽이고 그의 부하들도 30여 명의 흉노 사신단을 죽였다. 짧은 시간 안에 한바탕 소규모 전투가 끝났다.

이튿날 반초는 곽순에게 간밤에 일어난 일을 알렸다. 곽순은 순간 놀랐다가 이내 질투심이 일었다. 반초는 곽순의 얼굴에서 눈치를 채고 곽순을 안심시켰다.

"비록 간밤에 함께 싸우지는 않았지만 결코 나 혼자 공을 독차지하지는 않겠습니다."

곽순은 그제야 기쁜 안색을 보였다.

반초는 선선왕 광을 모셔와 그 앞에 흉노 사신의 목을 올려놓았다. 불안해하는 선선왕에게 반초는 좋은 말로 흉노와 연락을 끊고 한나라를 따르라고 권하자 선선왕은 그렇게 하겠다고 대답하고 자신의 아들을 한나라의 인질로 보냈다.

한나라로 돌아온 반초는 두고에게 그동안의 일을 보고했으며, 두고는 다시 한명제에게 선선국의 일을 알렸다. 일찍이 반초의 언변에 깊은 인상을 받은 한명제는 이번 일로 반초의 용기와 지략에 다시 한번 감탄하면서 보기 드문 인재라고 생각했다. 이에 그를 사마(司馬)로 승진시켜 다시 한 번 서역으로 보냈다.

두고가 반초의 부하가 적다고 생각해 군사와 병마를 더 보태주려는데 반초는 호의를 사절했다.

"처음의 36명으로 충분합니다. 일이 생기면 오히려 많은 인원이 거

이렇게 하여 반초는 원래의 36명을 이끌고 다시 서역으로 향했다.

우전(于闐)과 관계를 맺고 소륵(疏勒)을 안정시키다

반초 일행은 옥문관(玉門關)을 나와 선선국을 거쳐 우전(于闐)에 도착했다.

우전은 남도에 위치한 대국으로 흉노에 복속되어 있었다. 흉노는 우전국에 상주 사절을 파견하여 우전을 보호한다고 했지만 사실상 보호라는 명분 아래 우전의 대권을 장악하고 있었다. 이 점은 반초에게 불리한 상황으로 큰 문제였다.

흉노의 사절이 우전국에 상주했기에 우전왕은 반초 일행을 반기지 않았다. 물론 반초도 예상한 일이었다. 우전은 본래 미신이 만연한 나라로, 백성들의 삶에서 나아가 국가의 대사까지 모두 무당에게 묻고 나서 행했다. 그런데 하루는 무당이 우전왕 광덕(廣德)에게 말했다.

"천신이 노하셨습니다. 어째서 한나라를 따르지 않으십니까? 한나라의 사신에게 흑마가 있으니 하루빨리 그 말을 데려와 제사를 올려야 합니다. 그래야만 화를 면할 수 있습니다!"

우전왕은 무당의 말을 듣고 반초에게 사람을 보내 말을 부탁하자 반초가 시원하게 허락했다.

"말을 원하신다면 드릴 수 있습니다. 그러나 무당이 직접 와서 끌고
가게 하십시오."

　　이어 무당이 거들먹거리며 오자 반초가 칼을 꺼내 곧바로 무당의
목을 내리쳤다. 그 목을 들고 우전왕에게 보내니 일찍이 반초가 선선
국에서 흉노 사신을 벤 일을 알고 있는 우전왕은 반초를 두려워하여
자국에 상주한 흉노 사신을 죽이고 한나라를 따르기로 했다. 반초는
금은보화를 가지고 우전국의 왕과 신하들에게 나누어 주었다. 한나라
에 복속하겠다는 소식에 우전국의 백성들은 모두 기뻐했다.
　　이렇게 하여 선선국과 우전국은 흉노의 통제에서 벗어나 한나라와
화친을 맺었다. 서역 남도의 소국들도 잇달아 한나라와 교류를 시작
하면서 전체 남도의 형세가 크게 바뀌기 시작했다. 74년(漢明帝 永平
17년)에 반초는 다시 서쪽의 소륵(疏勒)으로 향한다.
　　소륵은 남도와 북도가 서쪽에서 만나는 지점에 위치하여 지리적으
로 매우 중요했다. 한나라와 총령 서쪽의 각 나라는 반드시 소륵을 거
쳐야 소통이 가능했다. 당시 소륵은 북도에 위치한 강국 구자(龜玆)의
통제를 받고 있었다. 구자왕 건(建)은 흉노에게 의지하여 그 힘을 믿
고 소륵의 왕을 죽이고 두제(兜題)라는 구자 귀족에게 소륵을 다스리
게 했다. 소륵의 백성들은 두제의 잔악한 통치 아래 비참하게 생활하
면서 두제에게 원한을 품고 있었다.
　　반초는 소륵에 도착하기 전에 전반적인 상황을 면밀히 분석했다.
그는 우선 아무도 모르게 부하들을 궁벽한 작은 길로 이끌어 두제가
살고 있는 성에서 90리 떨어진 곳에 도착했다. 그러고는 전려(田慮)를

두제에게 보내 투항을 권한다.

"두제는 본래 소륵 사람이 아닌데 그의 잔인한 통치로 소륵 사람들의 원한이 뼈에 사무쳤다. 지금 네가 가서 그에게 투항하라 권하라. 듣지 않는다면 바로 잡아 오너라."

전려는 홀로 두제가 머무는 왕궁으로 갔다. 평소 교만한 두제는 몸집이 왜소한 전려를 보자 하찮게 보고 기본적인 경계도 하지 않았을 뿐 아니라 전려가 투항을 권고해도 말을 들을 리 없었다. 이때 전려가 갑자기 위로 뛰어올라 두제를 포박했다. 두제를 호위하던 군사들은 갑자기 벌어진 일에 깜짝 놀라 이리저리 흩어졌다. 전려는 두제를 데리고 말에 올라 날아가는 듯이 빠른 속도로 반초에게 갔다. 두제를 사로잡은 반초 일행은 두제의 궁 안으로 들어갔다.

그곳에서 반초는 소륵의 문무백관을 불러와 구자의 압박과 두제의 포악한 정치를 무찔렀다고 선포했다. 아울러 대신들의 동의 아래 죽은 소륵왕을 이어 그의 아들 충(忠)을 새로운 소륵의 왕으로 추대했다. 소륵 백성들은 큰 재난을 해결해 준 반초에게 감사하며 기뻐했다.

소륵의 군신과 백성들은 두제에 대한 원한이 깊었다. 소륵왕 충과 그의 신하들은 반초에게 두제를 즉시 죽여 달라고 했다. 그러나 두제를 어떻게 처리할지 이미 마음속에 결정을 내린 반초가 오히려 그들을 설득했다.

"두제를 죽이는 건 쉽소. 그러나 그냥 죽이는 게 무슨 이득이 되겠습니까? 오히려 소륵과 구자 간의 원한만 커질 뿐이오. 차라리 두제를 그냥 보내주면 구자도 우리의 덕망과 신의를 알 것이오."

　이렇게 풀려난 두제는 구자로 도망갔다.

　반초가 서역에서 활약하고 있던 그해 11월 한나라는 두고와 경병(耿秉)을 보내 북도의 차사국(車師國)으로 출병시켜 반초와 호응하게 했다. 이들은 짧은 전투로 차사국 왕의 투항을 받아 한나라로 돌아왔다. 이로써 서역의 형세는 큰 변화가 생겼다. 남도는 기본적으로 전부 소통이 되었고 북도도 동서 양쪽을 한나라가 통제하게 되었다. 이러한 형세를 바탕으로 한나라는 서역 지역의 도호부를 새로이 설치하기로 결정했다. 진목(陳睦)을 서역도호로 임명하여 구자의 타간성(它幹城), 경공(耿恭)을 무교위(戊校尉)로 임명하여 차사국 뒤쪽의 금포성(金蒲城), 관총(關寵)을 기교위(己校尉)로 임명하여 차사국 앞쪽의 유중성(柳中城)에 각각 주둔시켰다.

　왕망 이후로 없어진 이 행정기구가 이때 부활했다. 이로부터 한나라와 서역의 여러 나라는 다시 활발한 물자 교류와 사신의 왕래를 하게 되었다. 그러나 서역의 형세 변화로 한나라와 서역 간의 교류는 오랫동안 유지되지 않았다. 이런 상황은 곧 반초를 곤경에 빠뜨렸다.

┃ 홀로 군사를 이끌고 용감히 싸우다

　북방의 흉노는 오랫동안 서역의 백성들에게 강제로 노역을 시켜 이를 기반으로 끊임없이 한나라를 침략했다. 당시 한나라가 서역의 여러 나라를 포섭하고 화친을 맺자 흉노는 달가워하지 않았다. 물론

두고와 같은 한나라 장수가 북방을 정벌하여 크게 승리했지만 흉노의 세력은 쉽게 사라지지 않았다. 흉노는 다시 기병을 정비하고 새로운 계획을 세우기 시작했다. 75년(漢明帝 永平 18년) 봄에 흉노는 기병 3만을 이끌고 차사국을 습격하여 차사국 대부분의 영토를 점령하자 차사왕이 한나라를 배반하고 흉노를 따르기로 했다. 차사국에 남아 있는 한나라 세력은 무교위와 기교위의 병력뿐이었다.

같은 해 4월에 한명제가 병으로 죽었다. 북도의 언기(焉耆) 같은 나라는 흉노의 힘을 믿고 서역도호를 공격하여 서역도호인 진목을 죽였다. 구자와 고묵(姑墨)도 수차례 소륵을 공격하여 반초와 소륵왕은 머리와 꼬리가 되어 성을 수비하여 적은 병력으로 1년 넘게 버텨 나갔다.

76년(漢章帝 建初 원년)에 한장제(漢章帝)는 서역을 포기하자는 일부 주장에 따라 서역도호부와 두 교위를 철폐하고 옥문관을 겹겹이 막으라고 명했다. 한장제는 또 반초의 일행이 못미더워 한나라로 돌아오라는 명을 내렸다. 이제 막 회복한 한나라와 서역의 교류는 이렇게 단절됐다.

가슴에 품은 뜻을 미처 펴지 못했으나 그렇다고 황명을 거역할 수 없었던 반초는 묵묵히 행장을 꾸렸다. 그가 떠난다는 소식은 순식간에 퍼졌으며, 소륵 사람들은 일반 백성이고 대신이고 할 것 없이 모두 불안해 했다. 특히 여엄(黎弇)이란 이름의 도위는 비분하여

"한나라 사신이 우리 소륵국을 버리면 다시 구자에게 멸망당할 것이 뻔하다. 진실로 한나라 사신이 떠나는 걸 차마 볼 수 없구나."

하고 말하고는 칼을 꺼내 자결했다. 그 소식을 들은 반초도 참을 수 없이 비통했지만 달리 방법이 없었다.

반초 일행은 갖은 고난을 겪고 우전국에 도착했다. 우전의 왕후와 백성들도 반초의 귀국 소식을 듣고 저마다 눈물을 흘리며 반초 일행을 만류했다.

"우리는 한나라 사신을 부모처럼 의지했습니다. 제발 떠나지 말아 주십시오!"

많은 우전국 백성이 반초 일행의 말을 부둥켜안고 붙잡았다. 살을 에는 듯한 바람이 불어와 누런 모래가 날리고 사방에서 흐느끼는 울음소리로 인해 비통해 하는 사람들은 더욱 처량한 신세가 됐다. 반초의 머릿속에는 소륵국 여안 도위가 자살한 일이 떠오르고 지난날 부개자와 장건을 본받겠다고 결심했던 일이 귓가에 울렸다. 특히 우전국의 백성들이 어떻게든 자신을 막아보겠다고 하는 모습에서 반초는 더욱 괴로웠다. 그러다 잠시 생각을 한 반초는 서역에 남기로 결정하자마자 말채찍을 공중에 던지고 소륵으로 내달렸다. 우전 사람들은 무거운 짐을 벗은 듯 환호하며 기쁜 소식을 사방에 알렸다.

한편 소륵의 상황은 백성들이 걱정하던 대로 심각해졌다. 반초가 도착하기도 전에 소륵의 두 수령이 배반하여 구자에 투항했으며, 아울러 위두국(尉頭國)과 연합해 전체 소륵을 휩쓸려고 했다. 그러나 전광석화처럼 빠르게 말을 달린 반초가 도착하여 배반한 수령을 죽이고 위두국을 물리치자 소륵은 비로소 안정을 되찾았다.

반초는 서역의 형세를 분석하고 앞으로의 계책을 고민했다. 이때 북도의 몇 나라는 흉노의 통치 아래 있었으며, 사차(莎車)를 제외한 남도의 여러 나라는 한나라와 화친을 맺고 있었다. 한나라가 비록 옥문관을 철통처럼 막고 있어 잠시 교류가 끊겼지만 서역의 대다수는 흉노의 억압에서 벗어나고 싶어 했다. 이 때문에 남도의 여러 나라는 한나라와 쉽게 연합을 맺을 것이고 나아가 북쪽으로 확장하면 결국 남도와 북도 양쪽 노선을 모두 소통시킬 수 있었다. 그러나 이 계획을 실현하려면 반초가 이끄는 36명으로는 도저히 불가능한 일이었다. 여러 번 심사숙고 끝에 반초는 소륵을 기점으로 하여 이웃한 나라와 연합하고 세력을 확장하기로 결정했다.

78년(漢章帝 建初 3년)에 반초는 소륵, 우전, 강거(康居)에서 1만여 군사를 모아 고묵(姑墨)을 공격했다. 당시 고묵은 구자에게 복속되어 흉노의 서쪽 거점이 되어 있었다. 고묵을 점령하면 일단 북쪽에서부터 가해지는 흉노의 위협에서 소륵의 안전을 지키고 아울러 북방의 강국 구자를 고립시킬 수 있었다.

80년(漢章帝 建初 5년)에 반초는 한장제에게 서역에서의 일을 보고했다. 반초는 서역 각 나라의 형세를 정확히 분석하고 그에 맞는 계책을 올리면서 한나라가 오손(烏孫)과 연합하여 흉노를 견제해야 한다고 건의했다. 옥문관을 닫은 한나라 조정은 반초가 어떤 일을 하고 있었는지 전혀 모르고 있었다. 그러나 그가 올린 상주문을 본 한장제는 반초가 서역에서 큰 공을 세웠음을 알고 상당히 만족했다. 이에 반초에게 계속 서역에 남게 하고 평릉(平陵) 사람 서간(徐幹)을 대리사마(代理司馬)로 삼아 1,000여 명의 군사와 함께 보내 주었다.

서간이 소륵에 도착하자 마침 소륵도위 번진(番辰)이 사차의 꼬임에 넘어가 반란을 일으켰다. 서간은 반초와 함께 번진을 죽이고 신속하게 반란을 평정했다. 반초가 가진 병력은 서간이 데려온 1,000여 명과 후에 한나라에서 또 보낸 800여 명을 합하니 모두 1,800명이 넘었다. 강해진 군사력을 바탕으로 서역의 각 나라와 힘을 합치자 남쪽으로 사차를 격파하고 북쪽으로 구자의 세력을 약화시키려는 계획은 빠르게 진행되었다.

계책으로 사차(莎車)를 공격하다

사차는 남도에 위치한 강국으로, 과거 서역의 대부분을 정복했다. 당시 여러 나라 국왕은 사차의 왕이 파견했다. 북도의 강국인 구자도 그 가운데 하나였다. 그러나 지나친 전쟁과 가혹한 착취로 원망을 사 각 나라는 사차에서 파견된 국왕을 죽이고 저마다 독립했다. 이 과정에서 사차의 국력은 대대적으로 약해졌다.

사차는 원래 한나라 사신을 맞아들여 화친을 맺으려 했으나 한나라가 옥문관을 닫고 서역과 교류를 끊는 바람에 북방의 강국 구자에 투항했다. 구자의 힘을 입은 사차는 반초가 남도를 소통하는 데 큰 장애가 되었다.

반초는 오랜 기간 준비하여 84년(漢章帝 元和 원년)에 1,800명의 군사를 이끌고 소륵국과 연합하여 사차를 향해 대규모 공격을 하기로 했다. 그러나 뜻밖의 상황이 발생했다. 반초의 공격을 감지한 사차국이 소륵왕에게 뇌물을 주어 반란을 부추긴 것이다. 반초가 본격적으로 공격을 펼치기도 전에 소륵왕 충은 오즉성(烏卽城)에서 반란을 일으킬 계획이었다. 사차국의 계획대로 소륵왕이 반란이 성공한다면 반초는 안팎으로 곤경에 처하게 되는 형편이었다.

반초는 우선 근거지를 평정하기 위해 잠시 사차국 공격을 유보하고 군대를 몰아 내부 반란자인 소륵왕 충을 진압하러 갔다. 충은 오즉성에서 반란을 일으킨 뒤 강거국에 도움을 청했다. 반초는 소륵 사람들에게 충을 공격하게 했지만 강거국의 원조를 기다리는 충이 성 밖으로 나오지 않아 양측은 반 년간 대치 상태를 유지했다. 반초는 내부 반란을 진압하기 위하여 병력을 소모할 수가 없다는 생각이 들었다. 그의 주된 목표는 바로 사차국이기 때문이었다. 그러나 강거의 협력을 잃는다면 사차국 정벌도 큰 문제였다. 이에 반초는 대월지로 사신을 보내 왕에게 많은 예물을 주고 강거왕을 설득해 달라고 했으며, 강거왕은 소륵왕을 데리고 강거국으로 돌아왔다. 후에 소륵왕 충은 구자와 결탁하고 투항하는 척하다가 소륵으로 돌아와 내부 반란을 꾀했다. 그러나 이 모든 계책을 간파한 반초는 상대의 계책을 반대로 이용하여 충이 소륵에 도착하자마자 그를 죽였다.

87년(漢章帝 章和 원년)에 반초는 우전 등 여러 나라와 연합하여 2만 5,000여 군사를 모아 사차국으로 진군했다. 사차는 구자국에 도움을 요청하고 구자왕은 고묵, 위두, 온숙(溫宿) 등지에서 5만여 병사를 모아 사차국에 보냈다. 두 군대는 사차국을 경계로 진영을 펼쳤다.

병력상의 큰 차이를 보이며 형세가 불리해진 반초는 고심 끝에 계책을 쓰기로 했다. 우선 군사계책을 논의한다는 명분으로 부하 장수들과 우전왕을 불러 일부러 겁을 먹은 척 하였다.

"저들의 병력은 5만이고 우리는 2만인데 어떻게 승리할 수 있겠소? 차라리 각자 흩어집시다! 우전왕은 군대를 이끌고 동쪽의 고국으로 돌아가시지요. 우리도 소륵으로 돌아가겠습니다. 한밤중에 북소리가 들리면 각자 떠납시다."

소문을 퍼뜨리기 위해 반초는 포로를 감시하는 군사에게 경비를 풀라고 했다. 그래야만 구자국의 포로가 도망가 이 일을 보고할 것이었다. 반초의 생각대로 구자국의 포로는 구자왕에게 달려가 반초의 퇴각 소식을 전했다. 구자왕은 크게 소리 내어 웃었다. 반초의 명성이 대단하다더니 손을 써보지도 못하고 도망간다고 생각했기 때문이다. 적의 실력이 하찮다고 느낀 구자왕은 기병 1만을 서쪽에 매복시켜 소륵으로 돌아가는 반초를 습격하는 한편 온숙왕에게 기병 8,000을 주어 동쪽에 매복하여 우전왕의 길을 막으라고 명했다.

반초는 구자왕과 온숙왕의 행군 소식을 듣고 속으로 기뻐했다. 비밀리에 장수들을 소집하여 사차의 진영을 향해 습격했다. 사차의 진영 안에는 대부분의 군사가 반초군을 습격하려고 밖으로 나간 터여서 본국의 군사들만 남아 있었다. 진영 안의 군사들은 승전보를 기다리면서 흥겹게 술을 마시거나 장막 안에서 잠을 자고 있었다.

첫 닭이 울자 반초와 우전왕이 이끄는 2만 5,000 대군이 신속하게 사차의 진영으로 진격했다. 달게 자고 있던 사차군은 무슨 일이 일어났는지 파악하지 못하고 소란스러운 소리를 들으면서 무기력하게 공격을 당했다. 대세가 기울어졌음을 안 사차왕은 다시 반초군에 투항했다. 한편 매복해 있던 구자왕과 온숙왕은 반초군이 보이지 않자 사차로 되돌아왔다. 그러나 사차 진영에서 반초의 복병을 만나자 황급히 각자 나라로 돌아갔다.

이번 전쟁에서 반초는 소기의 목적을 달성하면서 서역 전역에 명성을 떨쳤다.

성을 지키며 대월지(大月氏)를 물리치다

이제 막 사차를 점령한 반초가 북도를 소통시키는 작업을 하던 중에 뜻밖의 일이 발생했다. 90년(漢和帝 永元 2년)에 대월지(大月氏)의 부왕(副王) 사(謝)가 7만 군사를 이끌고 총령(蔥嶺)을 넘어 한나라와 서역 쟁탈전을 벌인 것이다.

총령 서쪽에 위치한 대국인 대월지는 돈황(敦煌)에서 기련산(祁連山) 일대에 살던 유목민족이었다. 서한(西漢) 때 흉노의 모돈 선우에 의해 거의 멸망당한 유민들이 총령의 서쪽으로 이주해 대하(大夏)를 정벌하고 그곳에 터를 잡았다. 대하 지역은 자연 조건이 우세하고 물산이 풍부해 대월지의 세력은 빠른 속도로 커졌다.

대월지와 한나라는 오랫동안 우호적인 관계를 맺었다. 일찍이 서한 시기에 장건이 서역으로 가 월지와 연합하여 흉노를 공격하기로 한 적이 있었던 대월지는 반초가 소륵왕의 반란을 진압할 때도 반초를 도와 강거왕의 출병을 그만두도록 설득했다.

87년에 대월지의 왕은 반초의 주둔지로 사자를 보내 보물과 사자를 예물로 주고 한나라의 공주를 시집보내길 청했다. 반초가 조정에서 어떤 대답을 내릴지 몰라 일단 대월지왕의 요청을 거절하자 대월지왕은 화가 나 줄곧 동쪽으로 침략할 기회를 노리고 있었다.

대월지의 7만 대군이 국경에 다다랐지만 반초가 동원할 수 있는 병력은 기껏해야 3만뿐이었다. 병력상의 큰 차이로 반초의 군사들은 모두 당황하고 두려움에 떨었으나 반초는 오히려 냉정하고 침착했다. 그는 대월지의 약점을 찾아 불안해 하는 병사들을 안정시켰다.

"대월지의 병력은 7만이 넘는다. 그러나 그들은 이미 먼 길을 온 터라 이미 지쳐 있다. 게다가 군사 물자가 넉넉지 않으니 이는 그들이 가진 치명적인 약점이다. 상황이 이러한데 수가 많다고 겁낼 필요가 있느냐? 우리는 식량만 충분히 비축하고 성을 지키면서 싸우지 않으면 대월지는 지쳐 배고픔에 투항할 것이다. 수십 일이 지나면 승부는 자연히 드러난다!"

반초의 조리 있는 말에 장수들은 저마다 근심을 털었다. 한나라 군사들은 양식과 물자를 후방에 비축하고 진영 앞으로 담을 높이 쌓는 한편 도랑도 깊이 파면서 대월지의 공격에 맞설 준비를 했다.

대월지는 자신들의 많은 병력 수만 믿고 소륵을 점령하여 전 서역을 정복하리라 생각했다. 그러나 소륵의 반초 진영 앞에 도착하자 아무도 나와 싸우려 들지 않았다. 대월지가 여러 차례 도발했으나 반초의 지휘 아래 군사들은 성을 굳게 지키고 한 발짝도 나가지 않았다. 쌍방이 한동안 대치하면서 대월지는 점점 군량이 바닥나기 시작했다. 후방의 지원도 끊기자 대월지는 사방에서 약탈을 하려 했으나 반초가 미리 모든 물자를 후방으로 옮겨둔 뒤여서 아무것도 얻을 수 없었다. 군량도 없이 전쟁을 치를 수는 없었다. 배고픔에 허덕이는 군사들의 원성이 높아지면서 대월지 군대는 공황에 빠지고 전의를 상실했다. 마냥 손놓고 기다릴 수 없는 대월지의 부왕은 구자국에 사신을 보내 물자를 요청했다.

반초는 대월지가 군량이 떨어지면 분명 구자에게 원조를 요청하리라 예상했다. 이에 구자로 가는 길에 미리 군사를 매복시켜 대월지 사신을 전부 소탕했다. 대월지의 부왕은 이 소식을 듣고 크게 놀라면서 자신이 곤경에 빠졌음을 알았다. 앞으로 나가기도 어렵고 그렇다고 뒤로 물러서기도 힘든 상황에서 부왕은 다른 방법을 찾지 못하고 사신을 보내 반초에게 사죄한 뒤 대월지로 돌아갔다.

반초는 사실 대월지와 원한을 맺고 싶지 않았다. 이를 기화로 이전의 우호관계를 맺으려고 대월지의 군사들을 죽이지 않고 돌려보낸 것이다. 이로부터 반초에게 감동한 대월지는 해마다 한나라에 사신을 보내 예물을 바치며 예전처럼 화친을 맺었다.

양쪽에서 협공하여 대승을 거두다

반초는 서역에 온 뒤 군사와 외교 방면에 대대적인 성공을 거두었다. 우선 남도를 소통시키고 북도에 위치한 강국의 세력을 약화시켜 최후에 서역 길을 개통함에 있어 착실하게 기초를 다졌다. 다만 흉노를 배후로 북도를 완전히 개통시키지 못하고 있자 조정에서는 서역을 포기하자는 의견이 점점 사라지면서 다시 한 번 흉노를 공격할 준비를 했다. 89~91년(漢和帝 永元 원년~3년)의 3년 동안 한나라는 두헌(竇憲)에게 대군을 주고 여러 차례 흉노를 공격했다. 이 결과 이오려(伊吾廬)와 차사(車師)를 수복하고 금미산(金微山, 알타이 산)에서 흉노의 주력부대를 크게 무찔렀다. 이로써 흉노는 서쪽으로 거점을 옮기고 한나라를 위협하지 않았다.

구자와 그 속국인 고묵과 온숙은 더 이상 사차의 원조를 받지 못하고 흉노의 힘에 의지할 수도 없게 되자 91년(漢和帝 永元 3년)에 반초에게 투항할 뜻을 전했다. 이때에 이르러 서역의 형세는 대체적으로 안정을 찾아갔다. 그해 12월 한나라는 서역에 다시 도호부를 세우고 반초를 도호로 삼아 구자국의 타간성(它幹城)에 주둔하여 서역 각국을 관리하게 했다.

서역의 나라 중 언기(焉耆), 위리(尉犁), 위수(危須)는 일찍이 75년(漢明帝 永平 18년)에 서역도호 진목을 죽인 일로 겁을 먹고 한나라에 복속하지 못하고 있었다. 이에 94년(漢和帝 永元 6년) 가을에 반초는 구자국과 선선국 등 8개국에서 7만 군사를 모아 이 세 나라를 공격했다. 이들은 모두 북도의 중간에서 위수는 북쪽, 위리는 남쪽, 언기는 중부에 각각 위치하고 있었다. 이 가운데 언기국이 가장 강했다. 반초는 대군을 이끌고 위리 국경에서 각 나라에 사신을 파견해 국왕을 설득했다.

"우리가 이곳에 온 것은 삼국과 친분을 맺기 위함입니다. 지난날 당신들이 도호 진목을 살해한 일을 스스로 뉘우친다면 더 이상 잘못을 추궁하지 않겠습니다. 다만 먼저 고관을 보내 우리를 맞이하길 바라는 바입니다. 아울러 우리는 국왕과 대신들에게 귀중한 예물을 주겠습니다. 예물을 건넨 뒤에는 바로 군사를 돌려 돌아갈 것이니 그 증표로 지금 500필의 비단을 보내는 바입니다."

언기국의 왕은 좌장(左將) 북달지(北韃支)를 보내 반초를 맞이했다. 북달지는 흉노가 언기국에 보낸 시자(侍子)로 사실상 언기국의 대권을 장악하고 있었다. 반초는 그를 보자마자 크게 나무랐다.

"그대는 언기국의 시자로 와 있으면서 감히 실권을 장악하고 있구나. 이 반초가 왔는데 왕이 직접 나와 맞이하지 않으니 이는 분명 그대의 농간이렷다! "

주위 사람들은 반초에게 북달지를 죽이라 했지만 반초는 고개를 흔들었다.

"그대들은 멀리 보지 않는구나. 이 자의 권력이 국왕보다 높은데 우리가 아직 언기에 들어가지 않은 상태에서 이 자를 먼저 죽인다면 우리의 계책이 빤히 드러나지 않겠는가? 언기국이 눈치를 채고 수비를 강화하면 더 곤란하게 될 것이야."

반초는 북달지에게 많은 예물을 주고 돌려보냈다. 언기왕은 북달지가 안전하게 돌아오자 마음을 놓고 직접 예물을 가지고 반초를 맞이하러 나왔다. 이런 상황에도 언기는 다른 두 나라에 비해 강하다는 생각에 반초가 이끄는 군대를 무시했다. 더욱이 언기는 사방이 산으로 둘러싸여 지세가 험준하니 공격하기가 쉽지 않았다. 특히 국왕이 머무는 남하성(南河城)은 큰 강으로 둘러싸여 있어 반초군이 공격한다 해도 쉽지 않았다. 언기국의 국경에 위치한 산 입구에는 언기로 통하는 위교(葦橋)가 있었다. 언기 왕은 반초가 위교를 통해 들어오지 못하도록 다리를 무너뜨려 진입로를 차단했다.

그러나 반초도 철저하게 준비하여 언기의 지형을 미리 상세히 파악해 두었다. 언기국 변경에 물이 깊지 않아 건널 수 있는 강을 찾아내 군대를 이끌고 왕성과 21리 떨어진 곳에까지 접근해 군대를 주둔시켰다.

반초가 나라 안으로 들어왔다는 소식을 들은 언기왕은 크게 놀랐다. 문득 왕성을 버려야겠다는 생각에 백성들에게 자신을 보호하게 하고 산채로 피신하려 했다. 막 행동을 개시하려는데 갑자기 반초가 서신을 보내왔다. 서신의 내용은 바로 반초가 각국의 국왕을 모일에 만나서 후한 상을 내리기로 했다는 것이다.

약속한 날이 되자 언기왕과 위리왕, 북달지 등 30명이 넘는 사람들이 잇달아 회합장에 도착했다. 연회가 시작되기를 기다리는데 반초가 갑자기 낯빛을 바꾸며 노기충천하여 언기왕을 꾸짖었다.

"위수왕은 어째서 오지 않았는가?"

서로가 얼굴을 쳐다보며 놀라서 아무 말도 하지 못하자 반초가 큰 소리로 그들을 끌어내 처형하라는 명령을 내렸다.

이어 반초는 일찍이 한나라의 인질로 있던 원맹립(元孟立)을 언기 왕으로 삼고 위수와 위리국에는 새로이 왕을 세웠다. 반초는 언기에서 반 년 동안 머물면서 정세를 안정시켰다.

이때에 이르러 서역의 크고 작은 50여 개 나라는 흉노의 강압에서 벗어나 한나라와 화친했다. 반초는 서역에서 맡은 일을 성공적으로 끝내고 서역을 소통시킨 공으로 95년(漢和帝 永元 7년)에 정원후(定遠侯)에 봉해졌다. 후에 사람들은 그를 반정원(班定遠)이라 불렀으니 반초가 지난날 자신 있게 했던 말은 이미 실현된 것이다.

살아서 옥문관으로 들어가길 바라다

반초는 서역 전체를 통일하고 곧이어 한나라와 서역의 여러 나라 간 관계를 공고히 다지는 일에 착수했다. 지난 몇 년 동안 서역은 흉노의 포악한 정치에서 벗어나 전쟁의 상처를 치료하고 생산력을 높이며 사회생활을 발전시켰다. 그리하여 천산 남북 일대에 평화로운 모습이 나타났다.

반초는 그동안 자신이 이룬 성과를 돌아보며 흡족함을 느꼈다. 어려서 품은 큰 뜻을 이루고 나니 고향으로 돌아가고픈 생각이 절로 났다. 그가 처음 서역 땅을 밟을 때는 40세였다. 그 후로 22년이 흘러 지금은 늙어서 뼈만 앙상하게 남은 노인이 되었다. 20년이 넘게 말을 타면서 격렬한 전쟁 속에서 살았기에 반초의 건강은 이미 크게 나빠졌다. 100년(漢和帝 永元 12년)에 반초는 한화제에게 아들 반용(班勇)을 낙양으로 보내고 싶다는 청을 올렸다.

"고향을 그리는 마음이 실로 간절하여 일찍부터 돌아가고 싶었습니다. 바람 앞에 놓인 촛불처럼 위태로운 삶 속에서 제 후대가 공을 세우지 못할까 걱정입니다."

반초는 생사가 불안한 곳에서 만감이 교차하자 흐르는 눈물을 멈출 수 없었다.

봉건사회에서 제왕은 공을 세운 신하들에게 종종 토사구팽, 즉 토끼 사냥을 하고 난 뒤에 사냥개를 잡아먹는 태도를 보였다. 서역 길이 열리자 조정은 나이가 들어 질병이 끊이지 않는 반초를 잊었다. 반초가 주청을 드린 지 3년이 지났지만 아무도 신경을 쓰지 않았다. 반초의 누이 반소도 한화제에게 반초의 공적과 그의 어려운 상황을 세세하게 알리며 가족이 함께하기를 청하자 그제야 한화제는 반초에게 귀향을 명했다. 반초는 102년(漢和帝 永元 14년) 8월까지 30년 동안의 서역 생활을 마감하고 낙양으로 돌아왔다.

사실 반초는 이때 이미 심장병을 앓고 있었다. 낙양으로 돌아와 가족들을 만나면서 흥분을 가라앉히지 못한 바람에 심장병은 더욱 악화되었다. 그해 9월에 용기와 지모를 겸비한 영웅 반초는 71세의 나이로 세상과 영원한 이별을 고했다.

부친을 이어 서역으로 가다

30년 동안 반초의 노력으로 한나라는 서역과의 관계를 회복했으나 반초가 서역을 떠난 뒤 서역과 한나라는 다시 갈수록 위태롭다가 결국 단절되기에 이르렀다.

반초가 막 서역을 떠날 때 한나라는 그를 대신해 임상(任尙)에게 서역도호를 맡겼다. 임상은 떠나는 반초에게 업무를 인수하면서 가르침을 청했다.

"장군께서는 30년이 넘게 서역에 계셨습니다. 그동안 크나큰 공적을 쌓으시며 분명 풍부하게 경험하셨을 것입니다. 이제 제가 장군의 뒤를 잇게 되었으나 견식이 부족하여 자칫 일을 망칠까 걱정입니다. 부디 조언을 해 주시기 바랍니다."

반초가 겸손하게 대답했다.

"제가 나이를 먹으니 머리도 흐리멍덩해졌습니다. 도위께서는 여러 번 요직을 맡으셨으니 경험으로 보면 제가 비할 바 아닙니다. 그러나 한 가지 드리고 싶은 말이 있습니다. 서역은 중원 지역에 비할 수 없습니다. 서역의 군사는 대부분 죄를 짓고 귀양을 온 자들이어서 관리하기가 쉽지 않습니다. 또한 서역의 주민들은 풍속과 습관이 중원의 백성들과는 다르기에 그들에게 엄격하게 대하면 안 됩니다. 모든 일을 천천히 가르쳐 주면서 명령해야 합니다. 제가 보기에 도위의 성격은 다소 급한 것 같습니다. 맑은 물에는 큰 고기가 없다고 했습니다. 너무 엄격하게 관리하고 감독하면 사람들의 마음을 잃게 됩니다. 그러니 만사를 너그럽게 하십시오."

반초가 떠난 뒤 임상은 주위 사람들에게 비웃으며 말했다.

"나는 반초에게 무슨 좋은 계책이라도 있는 줄 알았더니 그냥 평범한 말이나 늘어놓는 사람이군!"

임상은 반초의 조언을 무시하고 제멋대로 하다가 결국 민심을 잃었다. 서역의 여러 나라가 잇달아 반란을 일으켰으며, 한나라 사신들이 서역의 각국에서 공격을 당했다. 107년(漢 安帝 永初 원년)에 한나라와 서역의 관계는 단절되었다. 반초가 서역을 떠난 지 5년 만에 일어난 일이다.

한나라가 서역을 잃은 이유는 서역도호를 잘못 임명한 데도 원인이 있지만 무엇보다 근본적으로 한나라의 경제력과 군사력이 한무제 때에 비해 떨어졌기 때문이었다. 이 때문에 실크로드는 오랫동안 열리지 못했다.

한나라와 서역의 관계가 소원해지자 북방의 흉노는 절호의 기회를 맞게 되었다. 흉노는 그동안 흩어졌던 군사들을 모아 기병을 재정비하여 서역의 각 나라를 통제하기 시작했다. 서역을 다시 개통시키는 임무는 바로 아버지의 업을 이은 반용에게 떨어졌다.

반용은 서역에서 태어나고 자랐다. 100년(漢和帝 永元 12년)에 한나라에 공물을 바치러 떠나는 오손국의 사신을 따라 한나라로 왔지만 반용은 사실상 완전한 서역 사람이었다. 반용은 부친 반초를 따라 사방에서 전쟁을 치르면서 서역의 지리와 풍토, 각국의 정치와 경제 상황을 잘 알고 있었다. 그 역시 서역과의 관계를 회복해야 한다고 주장했기에 그에게 내려진 임무는 더없이 적합했다.

123년(漢安帝 延光 2년)에 한나라는 반용을 서역 장사(長史)에 임명하고 500여 명을 주었다. 이듬해 반용은 선선국에 도착하여 선선왕의 투항을 받아냈다. 구자왕 백영(白英)은 한나라의 세력에 압도되어 어쩔 줄 몰라 하고 있을 때 반용이 설득하자 고묵과 온숙을 이끌고 투항했다. 유리한 형세를 타고 반용은 각국에서 1만여 기병을 모아 차사국으로 향하여 그곳의 흉노 세력을 격파하고 차사국의 5,000 군사를 흡수하여 세력을 키웠다. 차사국까지 점령하자 서역으로 이르는 북도는 다시 열리게 되었다.

125년(漢安帝 延光 4년)에 반용은 돈황·장액(張掖)·주천(酒泉)에서 기병 6,000을 모으고 선선·소륵·차사에서 5,000여 기병을 모아 차사 후왕(後王) 군취(軍就)를 공격했다. 한바탕 격렬한 전투를 치른 뒤 군취와 흉노의 사신을 생포하고 후왕의 아들 가특노(加特奴)를 새로운 차사왕으로 세웠다.

그 해 겨울에 반용이 이끄는 군대가 흉노의 호연왕(呼衍王)을 공격하자 호연왕은 도망가고 2만여 흉노군이 투항했다. 반용은 흉노 선우의 사촌을 생포하고 가특노에게 그를 처형케 하여 차사국에서 흉노의 퇴로를 차단했다.

이때 한나라에 투항하지 않은 북도의 국가는 오직 언기(焉耆)뿐이었다. 반용은 조정에 군사를 일으켜 언기를 공격하고 싶다는 청을 올렸다. 조정은 돈황태수 장랑(張朗)에게 하서 지방의 군사를 모아 반용과 함께 움직이라고 명했다. 서역 각 나라에서 모은 군대는 4만이 넘었다. 반용과 장랑은 길을 나누어 반용은 남도, 장랑은 북도를 통해 각각 진격하기로 했다. 두 군대는 날짜를 정해 언기에서 회합하기로 약속했다. 그런데 장랑이 그 전에 지은 죄를 사면 받고자 전쟁에서 공을 세우기에 급급하여 길을 서둘러 언기에 먼저 도착했다. 언기왕 원맹(元孟)이 대군을 보자 싸울 엄두를 내지 못하고 투항했다. 장랑이 투항을 받아내자 반용은 그냥 돌아왔으나 장랑이 반용의 전략을 트집 잡아 조정에 고발했다. 반용은 감옥에 갇혀 고생하다가 출옥 후 얼마 뒤 울분을 풀지 못하고 죽었다.

반용의 업적은 반초에 비할 바가 아니다. 그러나 한나라의 국력이
쇠약해진 상황으로 미루어 볼 때 반용이 이룬 성과는 실로 작지 않다.
서역으로 이르는 길을 개통시켰다는 점 외에도 반용의 업적은 안제
말년에 적은 『서역기(西域記)』이다. 『서역기』는 자신의 경험을 바탕으
로 서역의 방위, 거리, 풍토, 물산, 지리, 형세 등의 정보를 상세하게
기록했다. 반용의 책은 이후 반고의 『한서(漢書)』「서역전(西域傳)」의
부족한 부분을 보충하고 오류를 바로잡을 수 있게 했다. 『서역기』의
「서역기」는 『후한서(後漢書)』「서역전(西域傳)」 안에 완전하게 남아
후대 서역의 역사 연구와 아시아 역사 연구에 중요한 자료가 되었다.

후세에 공적이 드리우고 백대에 명성이 드날리다

역사상 뛰어난 인물은 생전에 이룬 업적이 후세에 전해져 오랫동
안 기억하고 존중하기 때문이다. 그러나 근본적으로 그들은 역사 발
전의 수요에 부합했고 백성들의 바람과 요구를 반영했기에 더욱 인정
받는다. 역사적으로 당시 상황이 뛰어난 인물에게 폭넓은 무대를 마
련해 주어 자신의 재능을 마음껏 펼칠 수 있게 했다.

한무제 때 장건이 서역에 다녀온 뒤 한나라는 오랫동안 서역과 좋
은 관계를 유지했으며, 이로 인해 서역과 중원 지역의 경제 발전 및
문화 교류가 촉진되었다. 동한 시기 40년 동안의 안정적인 발전으로
사회·경제와 군사력은 점점 강대해져 다시 서역과 왕래할 수 있었
다. 반초는 서역 각 민족의 지지와 도움으로 중국과 서역의 교통사에
길이 남을 찬란한 업적을 남겼다. 『후한서』의 「서역전」에 당시 상황을

그대로 묘사하고 있다.

"한나라로 이르는 길에는 서역 각국의 사신들이 말을 타고 왕래함이 잦았으며 사방에서 상인들이 모여들었다. 이 길은 한나라의 중원과 서역, 한족과 서북의 소수민족을 연결해 주었다. 서로 간에 왕래가 잦아서 이해도 깊어져 경제와 문화 발전을 촉진시켰다. 이 길을 통해 중국은 강거, 대월지, 조지(條支, 이라크 국경), 신독(身毒, 인도), 안식(安息) 등의 나라와 화친을 맺었다."

98년(漢和帝 永元 10년)에 반초가 대진(大秦, 고대 로마제국)의 사신으로 파견한 감영(甘英)은 바로 최초로 지중해에 간 중국인이다.

반초가 지닌 외교 및 군사 재능, 강인한 정신력, 인재를 알아보는 혜안, 너그러운 품성은 그가 성공할 수 있었던 중요한 원인 중 하나이다. 반초는 서역에서 열악한 기후와 빈번한 전쟁을 겪으면서 30년 동안 생활했다. 그에게 강한 의지와 정신이 없었다면 불가능했을 일이다.

반초가 지닌 너그러운 품성은 한 일화를 통해 엿볼 수 있다. 78년(漢章帝 建初 3년)에 한나라는 반초의 건의로 오손과 화친을 맺으러 온 사신을 이읍(李邑)에게 배웅케 했다. 이읍이 우전국에 도착했을 때 마침 구자국이 소륵을 공격하여 겁을 먹고 더 가지 못했다. 하지만 자신의 나약함을 감추기 위해 도리어 조정에 반초가 서역에서 향락에 빠져 한나라를 잊었다며 밀고했다. 반초는 이 사실을 알고 나서 달리 변명하지 않고 머리를 흔들며 탄식했다. 그러나 한편으로 조정이 이읍의 말을 듣고 자신을 의심할까 걱정되어 자신의 부인을 한나라에 보냈다. 반초가 서역에서 어떻게 생활하고 있는지 잘 알고 있었던 한 장제는 이읍의 말을 듣지 않았다. 오히려 반초를 모함한 이읍을 질책하여 그에게 서역에 남아 반초의 처분을 기다리게 했다. 반초는 이읍에게 벌을 주지 않고 다시 낙양으로 돌려보냈다. 곁에서 보던 반초의 부하 서간(徐幹)이 알 수 없다는 표정으로 반초에게 물었다.

"이읍은 장군을 모함한 자입니다. 장군의 업적을 무너뜨리려고 한 자에게 황제의 명령도 있는데 어찌 그냥 돌려보내신단 말입니까?"

"그가 나를 모함했기에 내 그를 다시 낙양으로 보낸 것이다. 부끄러울 것이 없는데 어째서 다른 사람의 헛소문을 두려워하겠느냐? 내 혹시나 사심을 품었다면 그를 남겨 내 힘을 보여 주었을 것이다."

반초의 너그러운 품성으로 열악한 조건에서도 부하들이 그를 믿고 함께 오랫동안 전쟁에 임할 수 있었던 것이다.

반초는 서역을 통하게 하기 위해 평생 동안 한나라와 서북 지역의 관계 개선에 노력했다. 물론 당시 시대와 계급이라는 한계가 있고, 그 자신이 봉건지주 계층의 사고가 분명했지만 반초가 중국 역사 발전과 통일에 남긴 업적은 분명 대단한 것이다. 오랫동안 사람들은 반초에게 높은 평가를 내리고 있고 그의 공적을 칭송하여 "부개자보다 뛰어나고 장건보다 훌륭하다"고 한다. 후세 사람들은 반초의 고향에 기념당을 세워 그를 존경하고 그리워하고 있다.

함께할 동지를 찾아라

목적이 같은 경쟁자는 아군이다 | 조나라의 두 기둥, 염파와 인상여
적은 잠재적인 내 편이다 | 안사지란(安史之亂)의 영웅 곽자의

"강성한 진나라가 우리 조나라를 침범하지 못하는 이유는 염 장군과
내가 있기 때문이라고 생각한다. 그런데 내가 염 장군과 충돌하면 누가 지고
이기건 간에 나라에 득 될 것이 없다. 도리어 진나라에 공격할 틈을
주는 것이니 그렇게 되면 나라는 위험에 빠질 것이다. 지금 중요한 것은
개인적인 원한보다 국가 안전을 우선하는 것이다."

염파(廉頗, B.C. 3세기경)
조(趙) 나라 혜문왕(惠文王) 때의 명신. 한때 인상여의 출세를 시기하여 그와 불화하였으나, 끝까지 나라를 위
하여 참는 인상여의 넓은 도량에 감격하여 인상여와 평생 동안 둘도 없는 사이가 됐다.

인상여(藺相如, B.C. 3세기경)
내시 '무현'(繆賢)의 문객. 담대함과 기지가 돋보이는 인물로, 그 재능을 인정받아 외교관으로 발탁됐다. 진나
라 왕의 무리한 요구를 일축하고 나라의 명예와 실리를 동시에 확보하는 성과를 거두면서 약관의 나이에 재
상 자리에 올랐다.

목적이 같은 경쟁자는 아군이다
조나라의 두 기둥, 염파와 인상여

전국시대의 형세

주(周)나라 초기에 천자가 제후들에게 영토를 나누어 봉함으로써 수많은 소국이 생겼다. 이로 인해 주왕의 세력은 점점 약화되었고, 제후들은 힘을 키우기 위해 이웃나라와 전쟁하여 많은 소국들을 합병했다.

역사학자들은 기원전 770년 이후부터 200~300년 간을 춘추시대(春秋時代)라고 부른다. 이 시기에 제후들은 영토를 겸병하기 위해 격렬하게 싸웠다. 제후국의 대부에게도 토지를 나누어 주었다. 이 토지는 채읍(采邑)이라 한다. 채읍은 사실상 하나의 소국이었다. 춘추시대 말엽에 각 나라 대부들의 세력도 갈수록 커졌다. 이런 식으로 하여 진(晉)나라의 한(韓), 조(趙), 위(魏) 삼가대부(三家大夫)들은 각자 세 개의 나라를 만들었다. 기원전 403년부터 기원전 221년까지를 중국 역사에서는 전국시대(戰國時代)라 한다. 한, 조, 위뿐 아니라 제(齊), 초(楚), 연(燕), 진(秦)도 강대한 제후국으로 성장하여 이들 7개의 제후국은 상대방의 토지와 인구를 빼앗으며 250여 년 동안 혼전을 벌였다.

이들의 위치는 다음과 같다. 제나라는 지금의 산동(山東) 지방, 초나라는 지금의 호북(湖北)과 하남(河南) 남부 및 안휘(安徽) 일대를 차지했다. 초나라의 북쪽에 위치한 한나라는 지금의 하남 중부 일대, 진나라는 지금의 섬서(陝西)와 위수(渭水), 연나라는 하북(河北) 북부를 각각 차지했다. 위나라의 토지는 분산되어 있었다. 섬서에서부터 동쪽으로는 산서(山西)와 하북의 남부를 차지하고 하남의 북부와 산동 서부로 진, 조, 한, 제나라와 인접해 있었다. 조나라의 영토는 지금의 섬서 동북부, 산서 중동부, 하북 동남부, 산동 서쪽의 일부와 하남의 북부를 포함한다. 조나라의 수도는 진양(晉陽, 산서성 태원시)으로, 기원전 425년에 중모(中牟, 하남성 탕음현 서쪽)로 옮겼다가 기원전 386년에 다시 한단(邯鄲, 하북성 감단시 서남)으로 옮겼다. 한단의 동쪽에는 부양하(滏陽河), 서쪽에는 태행산(太行山)이 있어 대대로 군사요충지였다. 현재 한단성의 동북쪽에는 2,300여 년 전인 전국시대 고적인 조무령왕(趙武靈王) 유적이 있다.

전국시대 초기는 위나라의 전성시대이다. 그러나 위혜왕(魏惠王) 때 동쪽의 제나라와 서쪽의 진나라, 남쪽의 초나라 공격을 받아 세력이 점점 약해졌다. 반면에 제나라와 진나라는 외부로 세력을 넓혔으나 전국시대 초기만 해도 진나라의 정치와 경제는 비교적 낙후했다. 당시 진나라는 노예주 귀족이 권력을 잡고 있었다. 진효공(秦孝公, 기원전 361~338년 재위) 때 노예제는 사회 발전에 심각한 걸림돌이 되었다. 진나라를 강국으로 만들고 싶었던 진효공은 먼저 자국의 노예주 귀족 세력을 약화시켜 자신에게 권력을 모으고 백성들을 직접 다스리기로 했다. 이에 현자들을 초빙한다는 명을 내려 재능 있는 인사들을 모아 정치 개혁을 실행했다. 바로 이때 위나라의 공손앙(公孫鞅)이 진나라에 온다. 그는 원래 위나라 왕실의 친족으로, 진효공의 신임을 얻어 어(於) 땅과 상(商) 땅 등 15개 읍을 하사받았다. 이 때문에 후에 상군(商君) 또는 상앙(商鞅)이라 불렸다. 진효공은 기원전 359년(秦孝公 3년)과 기원전 350년(秦孝公 12년)에 상앙이 내놓은 정치 변법을 실행했다.[67] 진나라는 철저한 개혁을 바탕으로 단기간에 정치력과 군사력이 증강되어 강력한 중앙집권 국가가 되었다.

동시에 다른 나라들도 변법을 실시하여 점차 힘을 길렀다. 이렇게 전국시대는 강한 봉건국가들이 토지와 재화를 빼앗으며 서로 격렬한 전쟁을 벌인 시기였다.

상앙의 변법 이후 진나라는 이웃나라의 토지를 점령하고 여러 나라의 연합공격을 막아내며 동쪽으로 세력을 확장했다. 한, 위, 초의 공격을 받고 때때로 이웃한 조나라로 세력을 뻗치기 위해 전쟁을 일으켰다. 그러던 중 기원전 307년에 진(秦)나라의 무왕(武王)이 죽고 소양왕(昭襄王, 기원전 306~251년 재위)이 즉위했다. 소양왕 초기에 왕위를 놓고 나라 안에서 발생한 변란으로 진나라는 일시적으로 대외 전쟁을 할 수 없었다. 한편 기원전 299년에 조나라의 무령왕(武靈王)은 아들에게 왕위를 물려주었다. 이 왕이 바로 조혜문왕(趙惠文王)이다.

진나라의 정세가 안정되자 소양왕은 조나라를 공격하기 위해 군대를 일으켰다.

당시 조나라의 군대는 대장군 염파(廉頗)가 통솔하고 있었다. 염파는 용감한 무장으로, 그의 지휘 아래 조나라 군대는 몇 차례 진나라의 공격을 막았다. 진나라의 소양왕은 염파의 방어를 꺾지 못해 기원전 285년(秦昭襄王 22년)에 조나라 혜문왕과 중양(中陽, 산서성 중양현 서쪽)에서 만나 화친을 맺었다. 기원전 283년(趙惠文王 16년)에 염파는 제나라를 공격해 양진(陽晉, 산동성 운성현 서쪽) 땅을 빼앗았다. 이로부터 염파의 명성이 각 제후국에 퍼지기 시작했다. 염파가 여러 번 전쟁에서 큰 공을 세우자 혜문왕은 그를 상경(上卿)[68]으로 봉했다. 고대 역사학자 사마천(司馬遷)이 쓴 『사기(史記)』에는 「염파인상여열전(廉頗藺相如列傳)」이 있다. 여기에서 사마천은 전국시대 후기의 진나라와 조나라 간의 전쟁 및 대외 정세를 기록했고 화씨벽을 가지고 조나라에 돌아온 인상여의 지략과 염파의 용맹을 생동적으로 기술했다.

화씨벽을 가지고 조나라에 돌아오다

이 일은 기원전 283년에 발생했다.

조혜문왕(趙惠文王)은 일찍부터 초나라의 화씨벽(和氏璧)[69]에 대해 들었다. 화씨벽은 희귀한 보옥으로 각국의 군주가 탐내는 물건이었다. 진나라 소양왕은 혜문왕이 화씨벽을 손에 넣었다는 소문을 듣고 15개의 성과 교환하자는 서신을 보냈다. 진왕의 사신이 조나라에 도착해 서신을 보여 주자 조왕은 쉽게 결정하지 못했다. 화씨벽을 진나라에 준다 해도 15개의 성을 줄지 확실치 않았고, 그렇다고 화씨벽을 넘기지 않으면 강국인 진나라가 군사를 일으킬지도 모르기 때문이었다. 조왕은 염파를 비롯한 여러 대신과 논의한 뒤에도 결정을 내리지 못하자 진나라와 교섭할 사신을 파견하기로 했다. 그러나 여기서 또 사신으로 보낼 적당한 사람을 찾지 못했다. 모두가 우왕좌왕할 때 환자령(宦者令) 무현(繆賢)이 조왕에게 사람을 추천했다.

"저희 집에서 일을 하는 인상여(藺相如)란 자가 있습니다. 재주가 있고 무슨 일이든 침착하게 처리하여 진나라에 보내도 될 것입니다."

조왕이 물었다.

"그대는 그 자를 어떻게 확신하시오?"

무현은 지난 일을 들려주었다.

"일전에 신이 대왕께 죄를 지어 몰래 연(燕)나라로 도망가려 했습니다. 그런데 인상여가 이를 알고 저를 말리며 연왕을 어떻게 생각하느냐고 물었습니다. 신은 일전에 대왕을 따라 조나라 변경에서 연왕을 본 적이 있었습니다. 당시 연왕은 몰래 제 손을 잡고 친구가 되자고 했습니다. 이 때문에 연왕에게 의탁하기로 결심한 것인데 인상여가 이 말을 듣고 말하길 당시 조나라는 강하고 연나라는 약한데 제가 총애 받는 조왕의 신하이기에 연왕이 친분을 맺으려 한 것이라 했습니다. 제가 죄를 짓고 조나라를 떠나 연나라로 간다면 연나라는 강국인 조나라가 두려워 저를 받아주지 않으리라 했습니다. 그렇게 된다면 제 목숨은 보장할 수 없었습니다. 인상여는 제게 옷을 벗고 부질(鈇鑕)[70]에 올라 대왕께 사죄하라 했습니다. 그러면 분명히 대왕께서 용서해 주실 것이라 말했습니다. 그리하여 신이 그의 말대로 따랐고 대왕께 은혜를 입었습니다. 인상여는 뛰어난 용사가 아닙니다. 그렇지만 지모가 있고 주도면밀하게 문제를 생각합니다. 때문에 사신으로 진나라에 보내 교섭을 진행할 수 있는 자입니다."

조왕은 인상여를 직접 보기 위해 불렀다.

"진왕이 15개의 성과 화씨벽을 교환하자고 한다. 그대라면 어떻게 대답하겠는가?"

인상여가 대답했다.

"진나라는 강국이고 조나라는 약국입니다. 우리는 어떻게든 대답을 주지 않을 수 없습니다."

조왕은 다시 물었다.

"진왕이 화씨벽을 얻고도 성을 주지 않는다면 어떻게 해야 하는가?"

"대왕께서 염려하시는 것도 옳습니다. 그러나 신이 보기에 진나라에 화씨벽을 보내지 않으면 그들에게 내세울 만한 명분이 없습니다. 반대

로 화씨벽을 보냈는데 진나라가 성을 주지 않는다면 그것은 진나라의
잘못입니다. 두 가지 상황을 비교하면 차라리 그들에게 화씨벽을 보내
는 게 나을 듯합니다. 화씨벽을 주었으나 성을 내주지 않는다면 천하의
사람들이 진나라가 억지를 부린다고 생각할 것이니 그에 따른 책임을
피할 수 없습니다."

"그렇다면 그대는 누구를 사신으로 보내면 좋겠다고 생각하는가?"

"왕께서 진실로 보낼 만한 인물이 없다고 생각하신다면 신이 가겠습
니다. 진왕이 15개의 성을 주면 화씨벽을 넘기고, 그렇지 않으면 반드시
도로 가져오겠습니다."

이렇게 하여 조왕은 인상여를 사신으로 하여 진나라에 보냈다. 화
씨벽을 가지고 진나라에 도착한 인상여가 궁전 장태(章台)에서 왕을
만났다. 인상여가 두 손으로 보옥을 바치자 이리저리 둘러본 진왕은
매우 기뻐하며 곁에 있던 희빈과 문무 대신들에게 차례로 보여 주었
다. 대신들은 만세를 외치며 진왕에게 축하의 인사를 건넸다.

인상여는 한쪽에서 오랫동안 보옥을 감상하는 진왕을 지켜봤다. 그
러나 진왕이 15개의 성을 넘겨줄 의사가 없어 보이자 왕에게 말했다.

"이 보옥은 훌륭합니다만 안타깝게도 한 가지 문제가 있습니다.
다른 사람은 찾을 수 없으니 신이 대왕께 보여드리지요."

진왕은 바로 화씨벽을 넘겨주면서 어디가 문제인지를 보려 했다.
인상여는 화씨벽을 되찾으면서 자신의 목숨도 이 보옥과 함께해야만
한다고 생각했다. 몇 걸음 뒤로 물러난 인상여는 기둥에 기대어 머리
털이 솟도록 화를 냈다.

"대왕께서는 이 화씨벽과 15개의 성을 교환하자는 서신을 보내왔습니다. 조왕께서는 문무 대신들과 상의했으나 모두가 말하길 진나라는 탐욕스러우니 성을 넘겨줄 리가 없다고 했습니다. 강대해진 세력을 믿고 빈말로 조나라를 속이려는 심산이라 생각했기에 모두가 반대했습니다. 그러나 신은 보통 사람이 만나 교우를 맺는데도 속이는 일이 없는데 하물며 진나라 같은 대국이 그럴 리 없다고 생각했습니다. 보옥 하나를 가지고 두 나라의 우정을 깰 수 없다며 직접 대신들을 설득했고 조왕께서도 신의 의견을 존중해 주셨습니다. 게다가 조왕께서는 닷새 동안 재계[71]하시고 직접 조정에서 국서를 주셨기에 신이 이렇게 화씨벽을 드리게 된 것입니다. 조왕께서는 엄숙하고 진지한 태도로 진나라에 대한 존중을 표하셨습니다. 그러나 진나라에 와 보니 상황은 생각과 다릅니다. 대왕께서는 조정의 정전이 아닌 평소 거주하시는 곳에서 저를 만나셨습니다. 예도 간단히 하시고 또 태도도 교만하십니다. 이렇게 진귀한 보옥을 마음대로 궁녀들에게 보여 주시니 그야말로 저를 희롱하시고 조나라를 우습게 여기시는 게 아니겠습니까! 신이 보기에 대왕께서는 성과 바꾸려는 마음이 없으십니다. 그래서 신이 잔꾀로 보옥을 다시 손에 넣은 것이니 만에 하나 대왕께서 강제로 빼앗으려 하신다면 신의 머리와 화씨벽을 함께 기둥에 부딪쳐 깨뜨리겠습니다!"

말을 마친 인상여는 화씨벽을 높이 들고 기둥을 보며 던질 태세를 보였다. 진왕은 인상여가 정말로 화씨벽을 던질까 우려해 황급히 예를 갖추고 달래며 지도를 가져오라고 명했다. 신하가 가져온 지도를 펼치며 진왕은 인상여에게 이곳에서 저곳까지 15개의 성을 조나라에 주겠다고 했다. 인상여는 진왕이 성의도 없고 거드름을 피우면서 끝내 성을 줄 생각이 없다고 생각되자 다시 말했다.

"이 화씨벽은 천하가 인정한 보물입니다. 조왕께서도 매우 아끼셨으나 진나라의 세력이 두려워 할 수 없이 진왕께 드리는 것입니다. 그리고 앞에서 말씀드렸듯이 닷새간 재계하시고 조정에서 의식을 거행하셨습니다. 그러니 대왕께서도 닷새간 재계하시고 조정에서 구빈(九賓)[72]의식을 행하신 뒤 보옥을 거두십시오. 그렇게 하셔야만 신은 화씨벽을 대왕께 넘길 것입니다."

진왕은 인상여의 손에 들린 화씨벽을 억지로 빼앗을 수 없다고 생각해 그렇게 하겠다고 했다. 그리고 사람을 보내 인상여를 쉬게 하라고 했다.

숙소에 도착한 인상여는 속으로 진왕이 결국엔 자신의 요구를 들어주지 않으리라 생각하여 수행원에게 시켜 백성들이 입는 옷을 구해 화씨벽을 감추게 했다. 그리고 진왕이 재계할 때 비밀리에 조나라에 보냈다.

닷새 뒤 진왕이 재계를 끝내고 조정에서 구빈의식을 치르며 인상여에게 보옥을 가져오라 명했다. 인상여가 침착하게 조정으로 나가 진왕에게 아뢰었다.

"진나라는 목공(秦穆公, 기원전 659~621년 재위) 이후로 21개 국가를 소유한 나라가 되었으나 그 후로 신용을 지킨 적이 없었습니다. 이 때문에

신은 대왕이 속이실까 걱정되어 화씨벽을 조나라에 보냈습니다. 지금쯤 도착했을 겁니다."

인상여의 말을 들은 진왕은 매우 화를 냈지만 인상여는 아무렇지도 않게 말을 이었다.

"천하의 제후들이라면 누구나 진나라는 강하고 조나라는 약하다는 사실을 알고 있습니다. 때문에 대왕께서도 조나라가 거절하지 못할 것을 알고 화씨벽을 달라고 하신 것 아니십니까! 대왕에서 정말로 조나라에 15개 성을 주실 생각이시라면 다시 조나라에 사신을 보내 화씨벽을 가져오십시오. 조나라가 어찌 대왕의 명을 어겨 화씨벽을 넘기지 않는 죄를 짓겠습니까? 신이 대왕을 속인 죄는 면할 수 없으니 끓는 솥에 넣어 주시옵소서. 어떻게 하시든 대신들과 상의하셔서 벌하십시오! "

진왕은 자신의 속내가 가차 없이 드러났지만 다른 방법이 없어 억지로 웃고만 있었다. 좌우의 신하들은 인상여를 벌할 준비를 했지만 진왕은 큰 소리로 불러 세웠다.

"지금 그를 죽인다 해도 화씨벽을 얻을 수 없다. 오히려 조나라와의 우의를 깨뜨릴 뿐이다. 이번 기회에 그를 잘 대해서 다시 조나라로 돌려보내라. 보아하니 조왕은 보옥 하나 때문에 우리 진나라를 속이지 못할 것이다."

진왕은 계속해서 구빈의식을 거행했다. 그리고 조정에서 인상여를 맞아 정성껏 대해 주고 조나라로 돌려보냈다. 인상여는 강성한 진나라를 상대로 겁내지 않고 용감하고 당당하게 맞섰다. 그 결과 화씨벽을 안전하게 조나라로 되가져옴으로써 조왕으로부터 받은 사명을 완수했다. 인상여가 돌아오자 조왕은 그동안의 일을 듣고 진왕에게 속지 않고 나라의 존엄을 지킨 그를 사신의 적임자라 생각하고 상대부(上大夫)[73]에 임명했다. 그 후로도 진나라는 15개의 성을 조나라에 주지 않았다. 물론 조나라도 진나라에 화씨벽을 내주지 않았다.

민지(澠池)에서의 회합

기원전 282년에 진나라는 대장군 백기(白起)를 보내 조나라의 인(藺, 산서성 이석현 서쪽)과 기(祁, 산서성 기현) 지방을 공격하게 했다. 기원전 281년(趙惠文王 18년)에 또다시 조나라를 공격하여 석성(石城, 하남성 임현 서남쪽)을 점령하고 1년이 지난 뒤 군대를 보내 공격했다. 2만여 병사를 잃었지만 조나라 군대는 계속해서 반격하여 진나라 군대의 공격을 막았다. 기원전 279년(趙惠文王 20년)에 진나라 소양왕은 양쪽이 팽팽하게 대치 상태를 유지하자 일단 조나라와 화친을 맺고 초나라를 공격하기로 했다. 바로 그 해 진왕은 조나라에 사신을 보내 서하(西河) 밖 민지(澠池, 하남성 민지현)에서 만나 화친을 맺자는 서신을 전했다.

조왕은 진왕이 두려워 만남을 거절하고 싶었다. 그러나 대장군 염파와 상대부 인상여에게 말하자 좋은 생각이 아니라는 의견을 들었다.

"대왕께서 진왕과의 만남을 거절하시고 나가시지 않는다면 우리 조나라가 힘이 약하고 겁쟁이라 생각할 것입니다. 그러니 가서 만나시는 게 좋을 듯합니다.”

이에 조왕은 민지에 나가기로 결정했다. 인상여가 조왕과 함께했으며, 대장군 염파가 조왕을 변경에까지 호위했다. 변경에 도착해 헤어질 때가 되자 염파가 조왕에게 말했다.

“대왕께서 민지로 가셨다가 돌아오는 데 걸리는 시간은 전후로 30일을 넘지 않을 것입니다. 예상치 못한 일이 벌어져 대왕께서 기일 내에 돌아오지 못하실 수도 있으니 태자를 후계자로 정해 두십시오. 그래야만 진나라가 대왕을 잡아두지 못할 것입니다.”

조왕은 염파의 말에 동의했다. 염파는 변경에 군대를 배치하고 있을지도 모를 진나라의 공격에 대비했다. 민지에 도착한 조왕은 진왕을 만났다. 쌍방이 예를 갖추고 주연을 열어 터놓고 이야기를 나누었다. 진왕은 술을 마시면서 조왕에게 모욕을 줄 구실을 찾았다. 그는 조왕에게 서슴지 않고 말했다.

“듣자 하니 왕께서는 슬(瑟)[74] 타는 걸 좋아하신다지요. 제게 슬이 있으니 한 곡 들려 주시지요! ”

조왕이 거절하지 못하고 한 곡을 연주하자 진왕 곁에 있던 어사(禦史)[75]가 다가와 죽간에 이렇게 적었다.

'모년 모월 모일에 진왕과 조왕이 민지에서 연회를 즐기는데 진왕이 조왕에게 슬을 타라고 명하셨다.'

이를 본 인상여가 조나라에 대한 모욕이라 생각해 참을 수 없이 화가 났다. 이에 앞으로 나가 진왕에게 말했다.

"조왕께서 진왕의 흥을 위해 진나라 악기 연주를 하시니 제가 또 하나의 진나라 악기인 분부(盆缶)[76]를 드리지요. 박자를 맞추시면서 모두를 즐겁게 해 주시지요."

순간 화가 난 진왕은 얼굴을 붉히며 아무 말도 하지 않았다. 인상여가 분부를 들고 진왕에게 다가가 바쳤지만 진왕이 꿈쩍도 하지 않자 인상여가 말했다.

"지금 저는 대왕과 다섯 발걸음 떨어져 있습니다. 대왕께서 제 요구를 들어주지 않으신다면 제 머리를 찔어 대왕의 몸을 더럽힐 수도 있습니다."

인상여의 말은 바로 진왕과 함께 죽겠다는 뜻이다. 진왕의 곁에서 호위하던 대신들은 진왕이 협박을 당하자 칼을 뽑아들고 인상여를 죽이려 했다. 그러나 인상여는 오히려 눈을 부릅뜨고 크게 소리를 질렀다. 놀란 대신들은 뒤로 물러나야 했으며, 진왕은 할 수 없이 분부를 들고 박자를 맞추었다. 인상여는 고개를 돌려 조나라의 어사를 불러

자기가 부르는 대로 쓰라고 소리쳤다.

'모년 모월 모일에 조왕과 진왕이 민지에서 연회를 즐기는데 조왕이 진왕에게 분부로 흥을 돋우라 명하셨다.'

진나라 대신들은 상황이 불리하게 돌아가자 조왕에게 말했다.

"오늘의 회합은 쉽지 않은 일이니 조왕께서 15개의 성을 떼어 진왕에게 복을 빌어주시기 바랍니다."

이에 인상여도 지지 않고 말했다.

"우리 조왕께서 성을 바쳐 진왕의 복을 빌어드려야 한다면 진왕께서도 수도인 함양(鹹陽, 섬서성 함양현 동쪽)을 떼어서 조왕의 복을 빌어주시지요! "

주연이 끝날 때까지 인상여는 나라의 존엄을 지키기 위해 기지를 발휘하여 진나라 신하들에게 용감하게 대했다. 이로 인해 진나라는 처음부터 끝까지 조나라에 압도당할 수밖에 없었다. 진나라는 조나라 대장군 염파의 부대가 국경에서 군대를 주둔시켰다는 사실을 알고 있었던 터여서 경솔하게 무력을 쓸 수도 없었다. 그 후로 진나라와 조나라는 잠시 전쟁이 중단되었다.

진나라는 대장군 백기에게 대군을 주어 초나라를 공격해 언(鄢,

호북성 의성현 서남)과 등(鄧, 하남성 등현) 등 5개 성을 함락시켰다. 기원전 278년에 진나라는 초나라의 수도인 언영(鄢郢, 호북성 의성현 서남)을 점령하고 동정호(洞庭湖) 일대까지 진격했다. 이 때문에 초나라의 경양왕(頃襄王)은 진(陳, 하남성 회양현) 땅으로 수도를 옮기고 이를 영진(郢陳)이라 칭했다. 그 후로 초나라의 세력은 점점 약해져 갔다.

민지에서의 회합은 진나라와 조나라 간의 정치·외교상의 싸움이었다. 인상여는 목숨이 위태로운 상황에서도 용감하게 기지를 발휘하여 진나라의 기세를 눌러 조나라를 함부로 넘보지 못하게 했다.

생사를 함께할 절친한 벗

민지 회합 후에 조왕은 인상여의 공을 높이 사 염파의 윗자리인 상경(上卿)을 맡겼다. 인상여가 자기보다 높은 자리에 오르자 염파는 기분이 상해 사람들에게 공개적으로 험담을 하고 다녔다.

"내가 대장군이 된 건 다 전쟁에서 죽을 고비를 넘기면서 여러 번 공을 세웠기 때문이다. 하지만 인상여는 신분도 비천한 자가 세치 혀로 순식간에 나보다 높은 상경 자리에 올랐으니 화가 치미는구나! 나중에 그를 만나게 되면 반드시 면전에서 창피를 줄 것이다."

염파의 말은 인상여의 귀에도 들어갔다. 인상여는 염파와 마주치지 않으려고 매번 조회에 나가야 할 때 병을 핑계로 가지 않았다. 염파가 겁이 나서가 아니라 그와의 부질없는 충돌을 피하고 싶었기 때문이다.

인상여의 부하들은 그가 병이 난 체하자 뒤에서 수군대기 시작했다.

"우리 주인은 겁쟁이야!"

얼마 후 인상여가 가마를 타고 나갔다가 멀리서 오고 있는 염파를 보았다. 인상여는 가마를 돌려 좁은 골목으로 피하라 했다. 염파의 가마가 지나가자 인상여는 원래대로 가던 길로 돌아왔다. 이런 일이 있자 인상여의 부하들은 참지 못하고 불만을 말했다.

"저희는 멀리 고향을 떠나 가족과 친구들과 헤어져 주인님을 모시고 있습니다. 주인님의 정의와 용기와 높은 명망을 보고 모시는 것입니다. 지금 주인님은 염파보다 높은 지위에 계시는데 그가 험담을 하고 다니니 만나서 따져도 모자랄 판에 오히려 무서워 숨으시니 정말 알 수가 없습니다. 주인님의 이런 행동은 보통 사람도 치욕스럽게 여기는데 하물며 한 나라의 장상이 된 분은 더 말할 것도 없습니다. 저희는 다른 재주가 없어 주인님을 돕지도 못하니 차라리 저희들에게 고향으로 돌아가라고 하십시오!"

인상여는 고향으로 돌아가려는 그들을 말리며 물었다.

"내가 염 장군을 왜 피한다고 생각하느냐?"

부하들이 일제히 대답했다.

"잘 모르겠습니다."

인상여가 다시 물었다.

"너희들은 염 장군과 진왕 중 누가 더 대단한 것 같으냐?"
"당연히 진왕이 대단하지요!"
"그렇다! 진왕은 천하의 제후들도 두려워하는 인물이다. 하지만 내
일찍이 진나라의 조정에 들어가 그에게 큰 소리로 욕을 했고 옆에 앉아
있던 진나라의 대신들도 내 말에 부끄러움을 감추지 못했다. 내 아무리
무능해도 염 장군을 두려워 하겠느냐?"

가만히 듣고 있던 부하들이 아무 말도 하지 못하자 인상여가 말을
이었다.

"강성한 진나라가 우리 조나라를 침범하지 못하는 이유는 염 장군과
내가 있기 때문이라고 생각한다. 그런데 내가 염 장군과 충돌하면 누가
지고 이기건 간에 나라에 득 될 것이 없다. 도리어 진나라에 공격할 틈을
주는 것이니 그렇게 되면 나라는 위험에 빠질 것이다. 지금 중요한 것은
개인적인 원한보다 국가 안전을 우선하는 것이다."

부하들은 그의 말에 진심으로 탄복했다.
한편 염파는 인상여가 진왕을 상대로 이긴 일의 의미를 알지 못하
고 자신의 공로만 과장하면서 인상여와 사이좋게 지내지 못했다. 인

상여가 부하들에게 한 말은 금세 염파에게도 전해져 그도 감동을 받
았다. 그는 인상여의 말을 다시 한 번 생각하고 깊게 뉘우쳤다. 염파
는 자신의 잘못을 깨닫고 옷을 벗은 채 형조(荊條)[77]에 드러누워 눈물
을 흘렸다. 그리고 빈객의 안내로 인상여 집에 가 문 앞에서 무릎을
꿇고 용감하게 자신의 잘못을 말했다.

"저는 견식도 없는 사람입니다. 당신이 나라를 생각하는 마음이 그리
도 깊은 줄 모르고 사사롭게 평가했습니다."

인상여는 염파를 부축해 일으켰다.

"우리는 모두 나라의 대신입니다. 나라의 안전을 지키는 게 가장 중
요하지 개인 간에 생긴 문제가 무슨 대수이겠습니까! "
"과거에 제가 당신을 함부로 대했으나 이렇게 용서를 해 주시니 진실
로 염치가 없습니다! "

이렇게 하여 이 둘은 근심과 어려움, 생사를 함께 나누는 좋은 친
구가 되었다.

간언을 무시한 조왕이 군사를 잃다

염파와 인상여의 아름답고도 교훈적인 이야기는 오랫동안 사람들
입에 오르내렸으며, 나아가 다양한 희극으로 만들어져 무대 위에서
공연되었다. 유명한 현대 경극 『장상화(將相和)』가 바로 염파와 인상

여의 이야기이다. 『장상화』 이야기가 생기고 9년이 지난 뒤 진나라와 조나라 사이에 전쟁이 일어났다. 기원전 270년 진나라는 조나라의 알여(閼與, 산서성 화순현 서쪽)를 공격했다. 조나라는 조사(趙奢)를 보내 알여를 구하게 했다. 지모가 뛰어난 장수인 조사는 진나라를 크게 격파했다. 전쟁에서 세운 공을 높이 사 조왕은 그를 마복군(馬服君, 마복은 하북성 감단시 서북의 산)에 봉했다.

다시 8년이 지난 기원전 262년(趙孝成王 4년)에 진나라의 대장군 백기가 한나라를 크게 무찌른 뒤 승세를 몰아 조나라의 장평(長平, 산서성 고평현 서북)을 공격했다. 이때 조사는 이미 세상을 떠난 뒤여서 조나라는 염파를 보내 진나라 군대에 대항하게 했다. 염파는 진나라의 강렬한 공격 앞에서 싸우지 않는 전술을 구사해 성을 지킴으로써 백기의 수차례 공격에도 승리할 수 있었다. 이렇게 두 나라의 군대는 장평에서 장장 3년을 대치했다.

오랜 전쟁으로 지친 진나라는 한 가지 계책을 생각해 냈다. 조나라에 첩자를 보내 이간질하는 것이었다. 진나라 첩자는 조나라에 도착하여 나라 안에 헛소문을 퍼뜨렸다.

"진나라가 가장 겁내는 것은 조사의 아들인 조괄(趙括)이다. 조괄이 조나라 군대를 이끈다면 진나라는 감당하지 못할 것이다."

조왕의 귀에도 헛소문이 들어갔다. 조왕은 소문을 사실로 여기고 염파를 대신해 조괄에게 군대를 통솔하게 했다. 그러자 인상여가 조왕에게 헛된 명성을 가진 조괄에게 지휘를 맡기지 말라고 권했다. 조괄은 몇 권의 병서를 읽었을 뿐 실제 전쟁에서 상황에 따라 병법을 적용할 수 없는 공론가에 불과했다. 그러나 조왕은 인상여의 의견을 따르지 않았다. 조괄은 어려서 부친 조사에게 병법을 배우긴 했지만 군대를 지휘하는 능력은 키우지 못한 채 허황된 말만 늘어놓았다. 병서상의 글귀는 청산유수처럼 줄줄이 외웠으며, 병법에서 말하는 이치에 대한 변론은 부친조차 반박할 수 없을 정도였다. 그러나 조사는 단 한 번도 아들을 칭찬한 적이 없었다. 아들이 말만 과장되고 실전은 모른다고 생각했기 때문이었다. 일찍이 조사의 아내는 남편에게 아들이 못마땅한 이유를 물었다.

"전쟁은 위험하고 복잡한 일이오. 그러나 조괄은 전쟁을 너무 쉽게 말하고 있소. 그 아이가 군대를 이끌지 않는다면 문제될 게 없겠지만 그렇지 않다면 분명 전쟁에서 지고 조나라 군대를 잃을 것이오."

훗날 아버지가 죽고 조괄이 조왕의 신임을 얻어 대장군이 되어 병사를 이끌게 되자 조괄의 모친은 왕에게 권유했다.

"괄에게 병사들을 통솔하지 말게 하여 주십시오."
"어째서 그렇게 말씀하시오?"

의아하게 여긴 조왕이 묻자 조괄의 모친이 대답했다.

"제가 괄의 아비를 모실 때 그는 이미 군대를 이끄는 장수였습니다. 높은 지위와는 달리 언제나 겸손하였고, 다른 사람의 가르침을 구하며 직접 10여 인 분의 밥과 국을 나르기도 했습니다. 마치 학생이 스승대하듯 사람들을 존중했습니다. 이 때문에 그에게는 수 명의 친구가 있었으며, 서로가 서로로부터 배우고 군사학을 연구했습니다. 대왕과 대왕의 친족께서 하사하신 많은 재물은 군관과 막료들에게 고루 나누어 주었습니다. 출정하라는 명을 받으면 온 마음을 바쳐 나라를 위하였으며 일신과 가정의 일은 묻지 않았습니다. 그러나 지금 제 자식은 군대의 통솔자가 되었다고 거드름을 피우며 허세를 부려 하급 군관들이 겁을 내고 있습니다. 대왕께서 하사하신 금은과 비단도 모두 자기가 가져가 값싼 토지와 가옥을 사들이고 있습니다. 대왕께서 보시기에 어디가 아비와 닮았다고 생각하십니까? 그들 부자의 품행은 전혀 다릅니다. 청컨대 대왕께서는 그의 대장군 임명을 거두어 주십시오."

그러나 조왕은 그녀의 청원을 듣지 않았다.

"이미 결정한 일이니 상관하지 마시오! "
"대왕께서 꼭 그 아이를 보내시겠다면 전쟁에서 패하더라도 저를 연루시키지 말아 주십시오."

조왕은 그렇게 하겠다고 대답해 주었다. 이리하여 조괄은 군대를 이끌고 장평으로 출발했다.

기원전 260년에 조괄은 염파를 대신해 대장군을 맡은 뒤 모든 일을 자기 고집대로 처리했다. 군대 규칙을 전부 고치고 많은 군관을 바꾸었다. 진나라의 대장군 백기는 조괄의 임명 소식과 그가 임명된 뒤 어떻게 행동했는지를 듣고는 때가 되었다고 생각했다. 이에 조괄이 예상치 못한 사이에 기병을 보내 공격하게 했다. 조괄은 당시 적군과 아군의 상황을 제대로 파악하지 못하고 염파가 성을 지켰던 전략도 생각지 못한 채 막연히 이길 수 있으리라 생각해 병사들을 내보냈다. 진나라 군대는 조나라의 주력부대가 성 밖으로 나오자 거짓으로 도망가는 척하며 후퇴했다. 조나라 군대는 그들이 진짜로 도망가는 줄 알고 추격해 들어갔다. 이때 백기가 다른 쪽으로 부대를 보내 조나라 군대의 후방 보급로를 끊었다. 이렇게 하여 조나라 군대는 양쪽으로 나뉘어 앞뒤를 살필 수 없는 형세에 빠졌다. 군량 보급도 어려워지고 병사들의 사기도 해이해져 전투를 치르기가 매우 힘든 상황이었다. 40여 일이 지나면서 병사들이 배고픔을 견디지 못하자 조괄은 하는 수 없이 정예부대를 이끌고 진나라 군대와 격전을 벌였다. 그러나 병사들을 주도면밀하게 배치하지 못하고 명확하게 지휘를 하지 못한 탓에 싸우자마자 조괄은 진군의 화살을 맞고 죽었다. 40여 만 명의 조나라 병사들은 수장이 죽자 전부 진나라에 투항했다. 백기는 조나라의 무기를 모두 빼앗고 40만이 넘는 병사들을 모두 생매장하라 명했다. 이것이 바로 전국 시대에 가장 크고도 가장 잔인했던 '장평의 전쟁'이다. 자만에 가득 차 죽어라고 병서만 읽은 공론가 조괄은 참혹한 실패를 저질러 40만여 명의 생명을 잃게 만들었다.

　장평에서의 전쟁으로 조나라는 큰 손해를 보았다. 6년 뒤에 연나라가 많은 병력을 이끌고 조나라를 공격하자 조왕은 다시 염파를 기용했다. 염파는 많은 사람의 기대를 저버리지 않고 연나라를 무찔러 신평군(信平君)에 봉해졌다. 후에 염파와 인상여는 정치에서 물러났다. 비록 이후 이목(李牧)과 같은 명장이 있었지만 하나의 목각이 큰 건물을 지탱할 수는 없었다. 기원전 222년에 조나라는 끝내 진나라에 의해 멸망당했다.

"회흘 병사들은 호랑이와 이리처럼 흉악하다고 합니다. 아버님께서는 이 나라
의 군대를 총지휘하시는 분인데 어찌
생명이 위험함에도 그들과 담판을 지으려고 하십니까?"

곽자의가 단호하게 말했다.

"회흘과 싸우기 시작한다면 우리 부자의 생명뿐 아니라 국가의
운명도 위험에 빠진다. 국가가 보존되지 못하면 우리가 있을 곳은 어디더냐?
그냥 앉아서 죽음을 기다리느니 회흘왕과
담판을 지어 도리로 그를 설득하는 편이 낫다."

곽자의(郭子儀, A.D. 697~781)

중국 당나라 중기의 무장. 현종(玄宗)·숙종(肅宗)·대종(代宗)·덕종(德宗)의 4대에 걸쳐 당조를 위해 일했으
며, 755~757년에 안사(安史)의 난을 진압한 것으로 유명하다. 760~765년에는 탕구트족을 비롯한 오목미의
침입으로부터 중국 서부지방을 방어하는 일에 전념했다. 763년에 침입한 토번(吐蕃 : 티베트)을 4,000의 병력
만으로 물리치고 당의 수도였던 장안(長安)을 되찾았다. 이에 대한 감사의 표시로 태종은 그에게 작위를 내리
고 공주를 그의 막내 아들에게 시집보냈다.

적은 잠재적인 내 편이다
안사지란(安史之亂)의 영웅 곽자의

이백의 도움으로 목숨을 구하다

중국의 희곡(戲曲) 가운데『단기견회홀(單騎見回紇)』『타금지(打金枝)』『만상홀(滿床笏)』같은 작품은 당(唐)나라 때 유명한 군사가 곽자의(郭子儀)를 묘사하고 있다.

곽자의(697~781년)는 당나라 화주(華州) 정현(鄭縣, 섬서성 화현) 사람이다. 부친 곽경지(郭敬之)는 자사(刺史, 州의 장관)를 지냈다. 곽자의는 체구가 크고 헌칠하며 준수한 외모에 예사스럽지 않은 눈빛을 지녔다. 강직하고 용감하며, 공정하고 권세에 굴하지 않았으며, 세력을 두려워하지 않았다. 그는 현종(玄宗), 숙종(肅宗), 대종(代宗), 덕종(德宗) 4대 왕조에 걸쳐 관직을 지내 당나라의 사조원로(四朝元老)라한다. 이 때문에 당시 남녀노소를 불문하고 곽자의의 이름을 모르는이가 없었다.

곽자의는 어려서부터 책을 읽고 무공을 연마하기를 좋아했다. 자신을 엄격하게 단속하면서 밥을 먹고 잠자는 것도 잊을 정도로 책과 무공에 열중했다. 전해지는 바에 따르면 곽자의는 20세 때 하동(河東, 산서성 태원)에서 군대에 있었다. 그런데 그만 잘못을 하여 군법에 의해 참수형을 당하게 되었다. 곽자의는 형장으로 압송되면서도 고개를 들고 걸을 때도 보폭을 넓게 하며 조금도 불안한 기색을 보이지 않았다. 때마침 당시 유명한 시인 이백(李白)이 그 앞을 지나게 되었다. 이백은 곽자의의 비범한 모습을 보고, 또 이전부터 그의 재능이 출중하다는 말을 들은 터여서 안타까운 마음에 탄식했다.

"이 자는 훗날 나라에 큰일을 할 인물이 될 텐데 죽인다니 정말 안타깝구나! "

이백은 곽자의를 불쌍히 여겨 자신의 관직을 걸고 그의 목숨을 구해 주었다. 이를 계기로 이백과 곽자의는 절친한 친구가 되었다. 후에 이백이 영왕(永王) 이린(李璘)의 막부에 있을 때 이린의 반란에 연루되어 하옥되자 곽자의는 그를 대신해 속죄하여 전날 자신의 목숨을 구해준 은혜를 갚았다. 곽자의의 청년기는 부유한 나라와 번성한 사회, 이른바 개원지치(開元之治)이다. 이 시기에 많은 백성의 노력으로 나라는 경제적으로 부유해지고 사회도 점차 발전했으며, 이에 따라 국력도 매우 강대해졌다. 당나라는 나라를 다스리는 방법을 고심하여 누적된 폐단을 제거하고 어질고 재능 있는 자들을 등용하여 정치를 개선하는 등 새로운 분위기를 만들고 있었다. 이러한 분위기는 당시 애국시인(愛國詩人) 두보(杜甫)가 쓴 시 「억석(憶昔)」에 잘 나타나 있다.

> 지난날 개원의 풍요로운 때를 추억하니(憶昔開元全盛日)
> 작은 고을이라 해도 만백성을 품었네(小邑猶藏萬家室)
> 기름진 입쌀과 잘 여문 좁쌀이(稻米流脂粟米白)
> 나라나 백성이나 곳간마다 넘쳐 나누나.(公私倉豐俱實)

개원(開元)이라는 가장 좋은 시기에 아주 작은 마을에도 1만여 가구가 있었으며 향기롭고 하얀 쌀이 풍성하고 관청의 창고나 백성들의 곳간에 물건이 가득 쌓일 만큼 풍요로웠음을 알 수 있다. 곽자의는 바로 이런 환경 속에서 성장하며 후에 군사를 이끌고 전쟁에 나가는 장수가 되겠다고 결심한다.

곽자의는 처음에 좌위장사(左衛長史, 황제 금군막부의 막료장)를 맡았다. 그리고 전쟁에서 여러 차례 공을 세워 승진했다. 749년(天寶 8년)에 천덕(天德, 내몽고 오랍특전기 서쪽) 군사(軍使)와 겸구원(兼九原, 오랍특 전기 북쪽) 태수직을 맡았다. 이때는 대외적으로 큰 전쟁이 없었다. 전쟁이 없으니 대부분의 백성들은 편안하게 지냈으며, 일부는 물질을 향유했다. 그러나 곽자의는 혹시 모를 전쟁에 대비하여 병마를 훈련시키며 변방 수비를 강화했다. 당시 중국 변방에는 중국의 소수민족들이 거주하고 있었으며, 이들의 노력으로 중국은 통일과 발전을 이룰 수 있었다.

중국 북부 색릉하(色楞河) 일대에 위구르의 선조인 회흘인(回紇人)

이 살고 있었다. 744년에 회흘족의 수장 골력배라(骨力裴羅)가 각 부족을 통일하여 당나라에 회흘 점령 지역에 도독부(都督府)를 세워줄 것을 청했다. 당나라는 회흘을 6부 7주(六府七州)로 나누고 골력배라를 회인가한(懷仁可汗, 가한은 왕의 칭호)으로 봉했다. 이로부터 당나라는 회흘과 빈번하게 교류한다. 당나라는 비단을 회흘의 말과 바꾸는 등 경제·문화상의 교류가 많았다. 훗날 숙종은 자신의 딸을 회흘 수장에게 시집보내 한족과 회흘족 간의 우호를 표시했다.

청장고원(靑藏高原) 일대에는 장족(藏族)의 선조인 토번인(吐蕃人)이 살고 있었다. 그들은 소와 돼지 등을 기르며 유목생활을 하는가 하면 보리를 심으며 정착생활을 하기도 했다. 641년에 당태종(唐太宗)은 문성공주(文成公主)를 토번에 보내 토번 왕인 찬보(贊普) 송찬간포(松贊幹布)와 혼인시켰다. 문성공주는 토번에 갈 때 채소 종자, 수공예품, 의약, 서적 등을 가지고 갔다. 이로부터 한족과 장족 간의 관계는 더욱 친밀해졌다.

당나라는 변방의 각 부족과 전쟁을 하기도 했지만 경제·문화 교류를 더욱 중요시했다. 고종(高宗) 이후로 당나라는 변방에 줄곧 군대를 주둔시켰으며, 현종(玄宗) 때는 수비를 더욱 강화해 중요한 곳에 10개의 군진(軍鎭)을 설치했다. 매 군진에는 또 하나의 절도사를 설치했다. 절도사는 처음에 몇 개의 주(州)나 도(道)의 군사만 관리했지만 나중에는 행정과 재정도 함께 관리하여 세력이 점차 커졌다. 당나라 중앙의 금군(禁軍)은 13만에 불과했으나 변방 10곳의 절도사가 보유한 병력은 19만이 넘었을 정도였다. 당시 당나라 황제는 안록산(安祿山)을 중용하여 평로(平盧, 요령성 조양), 범양(範陽, 북경시), 하동(河東, 태원시 서남)의 절도사로 임명했다. 안록산의 부친은 서역인이고 모친은 돌궐족이었다. 이들은 안록산이 절도사가 되어 삼진의 군사정권을 장악하게 되자 북방의 수많은 유목민을 모아 병력으로 키움으로써 세력이 점차 강대해졌다. 안록산은 평소 장안에 자주 들어가 당나라의 내부 상황을 잘 알고 있었다. 그러나 우둔한 황제는 우물 안의 개구리처럼 아무런 의심도 없이 안록산의 감언이설에 빠져 양귀비의 양아들로 삼았다.

당현종 통치 후기의 정치는 나날이 부패해졌다. 특히 양귀비가 궁에 들어간 뒤부터 현종은 「장한가(長恨歌)」의 한 구절처럼 "온밤 내내 쾌락을 좇다가 해 높아야 일어나니 더 이상 황제는 아침 조회에서 보지 못하네(春宵苦短日高起 從此君王不早朝)"와 같은 상황일 정도로 늘 주색에 빠져 살았다. 재상 이임보(李林甫)가 양귀비의 이복오빠 양국충(楊國忠)과 번갈아 국정을 장악하며 갖은 횡포를 부리고 부정한 사람을 등용하는 등 사회의 모순은 나날이 첨예해졌다.

당나라는 여러 해 동안 전쟁이 일어나지 않았기 때문에 군사력은 약해지고 병사들의 사기 또한 저하되었으며, 군수물자는 바닥이 났다. 황제는 나라와 백성들이 편안하니 군대가 필요 없다고 생각했다. 관부의 무기는 오랫동안 쓰지 않아 녹이 슬었으며, 각 요새에서는 별다른 방어를 하지 않았다. 당나라는 백성들에게 무기를 소유하지 못하게 했다. 이런 상황에서 야심에 찬 안록산은 정권을 찬탈할 기회가 왔다고 생각했다. 755년(天寶 14년) 11월 9일 안록산은 양국충을 토벌한다는 명분으로 범양(範陽)에서 15만 대군을 이끌고 파죽지세로 남하했다. 각 지방관은 반군이 온다는 소식에 성을 버리고 도망가는가 하면 문을 열고 맞이하기도 했다. 안록산의 군대는 특별한 저항 없이 황하에까지 진격하여 석 달이 되기도 전에 낙양을 점령했다. 안록산은 스스로를 대연황제(大燕皇帝)라 불렀다. 몇 개월이 지나서는 동관(潼關)을 지키는 당나라의 20만 대군을 격파하고 계속 서쪽으로 진출했다. 반란이 일어났다는 소식이 장안에 알려지자 현종은 혼비백산했으며, 조정 대신들은 솥에서 달궈지는 개미처럼 다급해했다. 위기가 닥친 상황에서 당나라는 임시로 6만 병사를 모아 반격에 나섰다. 그러나 군사 대부분이 떠도는 유민이다 보니 엄격한 군사 기율이나 전술을 갖추지 못하여 전투마다 패하였다.

반란군의 계속되는 침략을 저지하기 위해 당나라는 서북 변방에서 대대적으로 병력을 모았다. 그러나 변방을 지키는 장수들은 하루 종일 술을 마시고 도박을 하며 군량을 낭비하는 데만 정신이 팔려 배불리 먹지 못한 사병들의 전투력은 보잘것없었다. 756년 여름에 반란군이 장안의 10여 리 밖에까지 이르자 현종은 황실의 친척들과 대신들을 이끌고 황급히 도망쳤다. 이렇게 장안은 반란군의 수중에 들어갔다.

현종 일행은 곧바로 마외역(馬嵬驛, 섬서성 흥평 서쪽)으로 도망쳤다. 장수들은 나라와 백성에게 해를 입힌 양국충을 죽이고 황제에게 양귀비를 벌하라며 불만의 목소리를 높였다. 민심이 격분하자 현종은 할 수 없이 양귀비를 처형시켰다. 이때 마외역의 백성들은 황제에게 이곳에 남아 반란군에 대항하자고 간청했다. 그렇지만 목숨을 잃을까 두려워 한 현종은 아들 이형(李亨)만 남기고 사천(四川)으로 도망갔다.

안록산이 반란군을 일으켜 장안을 점령하기까지는 단 몇 개월밖에 걸리지 않았다. 반란군의 진군이 이처럼 신속하게 이뤄졌다는 사실은 당나라 정부의 부패 및 무능함과 나라 및 백성의 안위를 돌보지 않은 추악한 면모를 여실히 드러낸 것이었다.

힘을 합쳐 공을 세우다

안록산은 가는 곳마다 부녀자들을 농락하고 재물을 약탈했으며 건장한 남자들을 강제로 징병했다. 백성들은 집과 가족을 잃고 머물 곳 없이 도처를 유랑했지만 논밭이 황폐해져 농사를 지을 수 없어 도처에서 밥 짓는 연기가 사라지고 천리가 적막해졌다. 반란군이 장안으로 들어와 백성들을 죽이고 재물을 약탈해 가며 집들을 태우는 통에 문화로 이름난 도시가 폐허로 전락했다. 잔혹한 반란군의 죄행에 분노한 백성들은 곳곳에서 저항하기 시작했다. 하북(河北) 일대의 백성들부터 스스로 군대를 조직하여 반란군에 맞서고 일부 지방관들도 힘을 합쳤다. 이와 관련해 감동적인 이야기가 많이 전해졌다. 예를 들면 상산(常山, 하북성 정정) 태수(太守) 안고경(顏杲卿)은 하북에서 군대를 일으켜 17곳의 현성(縣城)을 수복하여 반란군을 견제했다. 안고경의 저항세력이 일어났다는 소식에 분노한 안록산은 부하 사사명(史思明)을 보내 상산(常山)을 탈취하게 했다. 안고경은 6, 7일 동안 포위되어 식량 보급로가 끊기고 지원군의 도움을 받지 못한 채 실패하고 말았다. 사사명이 안고경을 사로잡아 낙양으로 압송하여 안록산에게 데려갔다. 안고경은 안록산을 보자마자 심한 욕설을 퍼부었다.

"이 반역자야, 내 너를 갈기갈기 찢어죽이지 못한 게 한이다!"

잔악한 안록산은 안고경을 다리에 매달아 혀를 자르고 능지처참의

형에 처하라고 큰 소리로 명령했다. 안고경은 입에서 붉은 피를 쏟아
내면서도 욕설을 멈추지 않은 채 장렬하게 희생되었다.

현종이 사천으로 도망가자 숙종은 영무(靈武, 영하성 영무)에서 황제
에 즉위했다. 그리고 장안성을 되찾기 위해 곽자의를 삭방(朔方, 영하성
일대) 절도사로 임명하고 삭방군을 주요 반격부대로 하여 군사력을 키
웠다. 아울러 이광필(李光弼)에게 곽자의와 함께 전쟁을 준비하라고 명
했다. 곽자의와 이광필은 원래 안사순(安思順) 수하의 장수였다. 두 사
람은 직위도 똑같고 실력도 비슷했다. 이 때문에 안사순을 대신해 곽자
의가 삭방군의 전도사에 임명되자 이광필은 이에 불복하고 떠나기로
결심했다. 그러나 곽자의와 함께 반란군을 평정하라는 황제의 칙명이
이르자 다시 남기로 마음을 바꾸었다. 곽자의는 삭방군의 절반을 이광
필에게 주었고, 이로부터 두 사람은 적을 물리치기로 힘을 모았다.

사사명이 상산을 점령하자 안고경에게 빼앗긴 지방은 다시 반란군
의 수중에 들어갔다. 사사명은 하북 일대에서 세력을 키웠다. 곽자의
는 반란군의 사기를 꺾기 위해 이광필을 상산의 정면으로 진격시키고
자신은 대군을 이끌고 뒤쪽으로 습격했다. 이광필이 연이어 7개의 성
을 수복하고 상산을 포위하니 겹겹이 포위된 사사명은 빠져나갈 틈이
없자 다급히 2만 정예기병으로 포위망을 뚫고 도망가려 했다. 이광필
은 사방에 병사들을 배치하고 상산으로 진격했다. 전투를 알리는 북
소리가 울려퍼지고 병사들의 함성과 날뛰는 말 울음소리가 가득한 채
반란군들은 서로 밟아가며 이리저리 도망쳤다. 사사명은 놀라 허둥대
며 어쩔 줄 몰라 하다가 패잔병을 이끌고 항양(恒陽, 하북성 영수)으로
퇴각했다. 승세를 탄 이광필의 군대가 추격하여 두 군대는 항양에서

40여 일을 대치했다. 후에 반란군이 항양에서도 물러나는 듯하자 이광필의 군대는 항양성 안으로 들어갔다. 이때 반란군이 다시 군사를 돌려 돌진해 와 이광필은 반대로 성 안에서 포위를 당하게 되었다. 이광필은 곽자의에게 황급히 구원을 청했으며, 곽자의는 기병 1만여 명을 이끌고 밤낮으로 달려왔다. 곽자의와 이광필의 대군이 안팎에서 협공을 펴자 사사명은 추풍낙엽처럼 많은 병사와 장수를 잃고 겨우 살아남은 병사들을 모아 범양으로 도망쳤다.

사사명의 패전 소식을 들은 안록산은 부아가 치밀어 당나라 군대를 소멸시키기 전까지 절대로 그만두지 않겠다며 큰소리쳤다. 그리고 최정예 기병 2만을 뽑아 우정개(牛廷玠)에게 주어 출병시켰다. 반란군은 머릿수만 믿고 기세등등했다. 곽자의는 이런 반란군의 사기를 저하시키기 위해 장수들을 불러 대책을 세웠다.

"반란군은 많은 병사만 믿고 전쟁에 임하고 있으나 산을 넘고 물을 건너며 먼 길을 와야 할 테니 이곳에 도착하면 분명 지칠 것이다. 적을 우습게 여기면 싸우려는 의지도 해이해지게 마련이니 이 전쟁은 우리 당나라의 승리가 분명하다."

곽자의는 진지를 고수하다가 반란군이 지치면 병력을 몰아 한 번에 치기로 했다. 드디어 두 군대가 싸우기 시작했으나 한참 동안 승부가 나지 않았다. 그러다 당나라 군대가 후퇴하던 적들을 죽이면서 사기가 크게 진작되었으며, 사병들은 저마다 앞 다투어 용감히 싸웠다. 막을 힘만 있고 반격할 힘이 없는 반란군은 하는 수 없이 퇴각했다.

곽자의와 이광필은 승세를 몰아 박릉(博陵, 하북성 정현)에까지 추격했다. 박릉은 성벽이 높고 수로가 깊을 뿐 아니라 험난한 지세로 수비하기가 좋은 곳이었다. 곽자의와 이광필은 박릉에 주둔한 반란군을 여러 번 공격했으나 함락시키지 못하자 다시 항양으로 돌아왔다. 사사명도 범양으로 돌아왔다. 곽자의는 수로를 깊게 파고 보루를 높게 지어 수비를 튼튼히 하는 한편 적극적으로 공격할 준비도 했다. 그는 반란군이 공격해 오면 방어하고 도망가면 쫓으며, 낮에는 병기를 닦고 밤에는 기습을 하는 작전을 쓰면서 반란군들에게 숨 돌릴 기회를 주지 않았다. 아닌 게 아니라 며칠 뒤 반란군은 사기가 떨어지면서 지치기 시작했다. 그러나 당나라 군대는 충분히 휴식을 취해 병사와 말이 모두 힘이 넘쳤다. 곽자의는 이제 반란군을 섬멸할 시기가 되었다고 생각하고 군사를 양쪽으로 나누어 돌격했다. 당나라 군대는 마치 날카로운 칼처럼 적들의 양 옆구리를 베어 나갔으며, 반란군은 무기를 버리고 사방으로 뿔뿔이 흩어져 달아났다. 대승을 거둔 당나라 군대가 죽인 반란군의 수는 4만 명이고 생포한 이는 5,000명이며, 군마 5,000필까지 노획했다. 혼란스러운 틈을 타 도망가던 사사명은 갑자기 날아온 화살에 맞고 말에서 떨어졌다. 선혈이 흐른 채로 맨발의 사사명은 가까스로 박릉으로 돌아가 감히 나올 생각을 하지 못했다. 이때 하북 수십 개의 성에서 연이어 반란군의 수장을 죽이고 당나라 군대를 맞아들였다. 이로부터 곽자의의 이름은 사방에 두루 퍼지게 되었다.

양경(兩京)을 수복하다

당나라는 장안(長安)을 서경(西京), 낙양(洛陽)을 동경(東京)이라 각각 부르면서 수도를 장안으로 정했다. 장안은 당나라의 정치, 경제, 문화의 중심지로, 번화한 도시이다. 공업과 상업이 발달하고 교통도 편리하여 천보(天寶) 초년에는 30여 만 명이 거주했다. 장안은 동과 서로 나뉘어 고관 귀인들의 저택이 있는 거주지역과 상인들이 운집하는 상업지역이 있었다. 낙양은 제2의 수도로, 정치와 군사상 매우 중요한 도시였다. 안록산의 반란군이 장안과 낙양을 점령하자 전반적인 상황이 급변하여 당나라는 조석으로 위기에 놓였다. 백성들은 갖은 유린과 착취를 당하면서 힘들게 생활했다. 심지어 낙양 부근에는 인육을 먹는 참혹한 일까지 벌어졌다. 백성들은 당나라 군대가 하루빨리 오기만을 바랐다. 당시 상황으로 보면 장안과 낙양을 되찾아 백성들을 구해내는 문제는 상당히 중요했다.

숙종은 곽자의와 이광필을 보내 하남에서 잃은 땅을 수복하고 방관(房管)에게 명해 장안을 되찾으라 명했다. 그런데 방관은 현실과 맞지 않는 고담준언(高談峻言)만 좋아하고 탁상공론을 일삼는 장군이었다. 방관이 출병하기 전에 숙종에게 크게 허풍을 떨었다.

"이번에 병사들을 이끌고 나가면 순조롭게 승리할 것입니다. 전승하지 못하면 신은 결코 폐하를 뵙지 않겠습니다!"

방관은 큰 공을 세우려 했지만 상황을 면밀히 분석하지 못하고 융통성 없이 옛날 사람들이 썼던 전거법(車戰法)을 전략으로 내세웠다. 2,000대의 병거를 길게 늘어세우고 기병과 보병을 각각 양쪽에 배치해 진격했다. 전투가 시작되자 반란군은 북을 치고 깃발을 흔들며 함성을 쳤으며, 어디선가 갑자기 큰 불이 났다. 불길은 바람을 타고 점점 번졌다. 불꽃이 갑자기 하늘로 치솟더니 하늘은 온통 붉게 물들었다. 놀란 병마가 사방으로 흩어져 이리저리 날뛰면서 불길을 옮겨 붙이는 바람에 군량과 병영은 순식간에 불에 탔다. 방관의 병마는 앞뒤를 분간하지 못하고 사방으로 날뛰다가 흩어졌다. 병사들도 우왕좌왕하면서 허둥대다가 4만 명이 저희끼리 밟히거나 불에 타서 죽었다. 방관도 거의 목숨을 잃을 뻔했다.

반란군은 크게 승리하자 다시 기세가 살아나기 시작했다.

숙종은 반란군을 섬멸하고 두 도시를 수복함에 있어서 곽자의의 중요성을 깊이 깨달았다. 757년 9월에 곽자의는 숙종을 알현했다. 곽자의는 영무에서 숙종을 만나 나라를 위해 충성하겠다는 결심을 밝혔다. 숙종은 나라가 큰 어려움을 겪고 있는 이때 하루빨리 장안과 낙양을 수복하라는 명을 내렸다. 곽자의는 방관의 실패를 교훈 삼아 먼저 동관(潼關)을 탈취하고 섬주(陝州, 하남성 섬현)를 쳐서 그 사이에 있는 반란군을 격파시켜 퇴로를 끊어야 장안을 얻을 수 있으리라 생각했다. 곽자의의 판단은 정확했다. 숙종도 이 작전을 듣고 칭찬하며 전군에 곽자의를 따르라 명령했다. 과연 곽자의가 출병한 지 오래지 않아 동관을 탈환함으로써 반란군에 일침을 가했다. 당나라 군대의 사기가 크게 올라간 상태에서 숙종은 전군에 상을 내리고 따로 곽자의에게 간곡히 당부했다.

"장안과 낙양을 되찾는 문제는 모두 그대에게 달려 있도다. 온 힘을 다하라."

곽자의는 단호하게 대답했다.

"이번에 나가면 먹을 것과 살 길은 승리하지 않으면 없다는 파부침주(破釜沈舟)의 각오로 싸우겠습니다. 설령 단 한 명의 병사만 남았다 해도 끝까지 싸울 것입니다. 반란군을 섬멸하지 못하면 이 몸 죽음으로써 불충을 사죄하겠나이다!"

숙종은 곽자의가 중부의 군대를 이끌고 이사업(李嗣業)이 전방의 군대, 왕사례(王思禮)가 후방의 군대를 각각 이끌라고 명했다. 아울러 곽자의에게는 15만 전군을 통솔하게 했다. 곽자의는 회흘로부터 기병 5,000을 빌려 전군이 세 갈래로 길을 나누어 밤낮으로 쉬지 않고 진격했다. 장안 서쪽의 향적사(香積寺) 부근에 이르러 군용은 정연하고 호령도 엄격하게 30여 리로 군대를 정렬시켰다. 10만 반란군은 북쪽에 위치하여 당나라 군대와 대치했다. 반란군의 수장(守將) 이귀인(李歸仁)과 안수사(安守思)는 방어 진지를 구축하는 한편 많은 병사 수만 믿고 도발을 했다. 당나라 군대가 직접 나와 반란군의 도발에 응대하여 재빠르게 반란군의 진영에까지 접근했다. 이때 반란군이 북을 울려 전군이 돌격해 들어오니 당나라 군대는 손쓸 틈도 없이 순식간에 패했다. 이사업은 말을 타고 적진으로 들어가 군도를 흔들며 고함을 질렀다.

"우리는 이미 반란군에 포위되었으니 목숨을 걸고 싸우지 않으면 살아나갈 수 없다!"

이사업은 군도를 높이 들어 군사들을 지휘했다. 반란군의 머리가 추풍낙엽처럼 떨어져 나가면서 당나라 군대는 안정을 되찾고 사기도 올라갔다. 때마침 도착한 곽자의가 이끄는 대군이 이사업과 함께 반란군을 공격했다. 천지가 이내 함성과 북소리로 뒤덮였다. 반란군의 진영은 순식간에 흐트러지면서 당나라 군대에 포위를 당하는 처지가 됐다. 한낮에 시작된 격렬한 전투는 저녁까지 이어졌으며, 6만이 넘는 반란군이 이 전투에서 목숨을 잃었다. 나머지는 갑옷과 무기를 버리고 장안성으로 도망쳤다.

그해 반란군 내부에 변란이 일어났다. 안록산이 아들 안경서(安慶緖)에게 살해된 것이다.

곽자의가 이 소식을 듣고 대군을 움직여 장안을 공격했다. 당나라 군대와 반란군 간의 한바탕 전투가 시작되고 얼마 지나지 않아 반란군은 화살에 놀란 새처럼 흩어졌다. 당나라 군대는 승리의 노래를 부르며 장안성으로 들어왔다. 당나라 군대가 돌아왔다는 소식을 들은 백성들은 예상치 못한 기쁨에 길거리로 뛰쳐나와 환호하며 닭을 잡고 술통을 내어와 당나라 군사들을 환영했다.

장안을 수복하자 숙종은 영무에서 장안으로 옮겨왔다. 당나라 군대는 승세를 몰아 낙양으로 진격했다. 당시 낙양에 주둔하고 있던 안경서는 곽자의의 군대가 온다는 소식을 듣고 엄장(嚴莊)과 장통유(張通儒)에게 15만 대군을 주어 맞서 싸우게 했다. 반란군은 살기등등한 기세로 신점(新店, 섬서성 섬현 서쪽)에서 당나라 군대와 맞붙었다. 반란군은 산에 진을 치고 전투준비를 했다. 신점은 지세가 험준하다. 산이 높고 암벽이 가파르며 산길이 굽어 반란군이 높은 곳에서 공격하려고 진을 치자 당나라 군대는 매우 불리한 상황이 됐다. 곽자의는 열세를 우세로 만들기 위해 능동적인 전투태세를 갖추고 반란군에게 쉴 틈을 주지 않았다. 날쌔고 용감한 기병 2,000을 뽑아 적군의 진영으로 돌격하게 하는 한편 명사수 1,000여 명을 산 아래에 매복시키고 회흘 부대로 하여금 반란군의 뒤쪽에서 산을 올라 습격하게 했다. 자신은 주력 부대를 몰아 정면에서 싸웠다. 모든 부대를 적절히 배치한 뒤 북을 치며 돌격했다. 반란군은 굶주린 늑대처럼 산 위에서 맹렬히 대응하며 내려왔다. 곽자의가 패하여 도망가는 척하자 반란군이 기뻐서 날뛰며 모든 병력을 동원해 추격해 왔다. 전투는 해질 녘까지 이어졌다. 날이 어두워지자 반란군은 이미 수만 명의 사상자를 내고 기진맥진하여 단 한 걸음도 더 갈 수 없었다. 이때 갑자기 우레와 같은 돌격 함성이 산 골짜기를 뒤흔들며 울려왔다. 매복해 있던 명사수들이 신들린 듯 땅에서 튀어나오면서 수만 개의 화살을 쏘아댔다. 화살은 마치 장대비처럼 반란군 진영으로 쏟아졌으며, 말을 탄 당나라 군대는 맹렬히 좌우에서 거침없이 돌격해 들어갔다. 반란군은 바람 소리와 학의 울음 소리조차도 적병으로 의심할 정도여서 초목까지 적병으로 보였다. 당나라 군대와 회흘 부대의 연합 공격을 받은 반란군은 대오도 갖추지 못한 채 도망쳐 뿔뿔이 흩어졌다. 엄장은 죽을힘을 다해 낙양으로 도망쳐 황급히 안경서에게 건의했다.

"삼십육계에는 줄행랑이 상책입니다."

안경서는 궁지에 몰린 끝에 남은 군사들을 모아 낙양을 버리고 황하를 건너 상주(相州, 하북성 성안, 광평 위현 일대)로 물러났다. 곽자의는 비로소 낙양을 되찾았다.

곽자의가 낙양 전투에서 이기고 돌아오자 숙종은 대단히 기뻐하며 직접 의장단을 이끌고 파상(灞上, 섬서성 서안시 동쪽)에까지 마중을 나왔다. 곽자의를 본 황제는 감격했다.

"그대가 있으니 물 만난 고기 같구려. 우리 당나라를 지킬 수 있었던 것은 모두 그대가 용맹하게 싸운 덕분이오!"

곽자의는 당치도 않다며 겸손을 표했다. 장안과 낙양을 되찾은 숙종은 현종을 성도(成都)에서 불러 태상황(太上皇)으로 모셨다. 이 전쟁에서 곽자의는 여러 번 큰 공을 세워 당나라 황실을 안정시키는 데 큰 역할을 했다. 그의 전쟁 공적은 재빨리 전국으로 퍼지면서 명성이 더욱 높아졌다.

눈물을 훔치며 경사(京師)로 돌아오다

장안과 낙양을 수복했지만 이씨 왕조는 여전히 비바람 속에 흔들리는 나뭇가지처럼 불안했다. 숙종은 장안으로 돌아와 환관(후에는 太監이라 칭함) 이보국(李輔國)과 어조은(魚朝恩)을 중용하여 이보국에게 군권을 장악하게 했다. 세력이 커진 이보국은 국가의 대사를 도맡았기에 누구도 그에게 이의를 제기하지 못했다. 또한 어조은에게는 신책군(神策軍)을 맡기고 섬주(陝州)에 주군하여 동관을 방비하게 했다. 숙종은 이보국과 어조은의 간언을 들으면서 애국충신을 멀리했다. 한편 반란군의 세력은 여전히 강했다. 안경서는 업군(鄴郡, 하남성 안양)에서 7개의 현을 강제로 점령하고 사사명도 범양에서 7개 현을 차지하고 있었다. 그의 동료인 고수암(高秀岩)도 하동 지역에 수만 병력을 거느리고 있어 당나라에 큰 위협이 되었다. 그리고 얼마 뒤 안경서와 사사명은 다시 남쪽을 공격해 장안과 낙양은 일시적으로 위기에 빠져들었다.

758년 9월에 당나라는 삭방(朔方)의 곽자의, 하동(河東)의 이광필, 관내(關內)의 왕사례, 북정(北庭)의 이사업, 양등(襄鄧)의 노경(魯炅), 형남(荊南)의 계광침(季廣琛), 하남(河南)의 최광원(崔光遠), 활복(滑濮)의 허숙기(許叔冀), 평로(平盧)의 동태(董泰) 등 아홉 곳의 절도사들에게 안경서를 토벌하라는 명을 내렸다. 이들 절도사는 모두 지위가 같고 직권도 같았다. 숙종은 한 명에게 권력이 기울까 걱정되어 총지휘관을 세우지 않고 특별히 어조은을 관군용사(觀軍容使, 전쟁에 나간 장수들을 감독하는 최고 관직)에 임명해 여러 장수를 감시하게 했다. 어조은은 명의상으로 총지휘관이 아니지만 실질적으로 모든 절도사의 병권을 쥐고 있었다. 그러나 그는 근본적으로 병법을 이해하지 못하는 자였다. 어떻게 군사들을 부려야 하는지도 모르는 자가 전쟁을 지휘하는데 어떻게 승리할 수 있겠는가?

안경서가 낙양에서 상주(相州)로 달아날 때 엄청난 사상자를 내고 보병 1,000여 명과 기병 300여 명만이 남았다. 때마침 하동에서 절도사 이광필의 대군을 만났다. 이광필은 1만이 넘는 군사를 이끌었으니 병력상으로 큰 차이가 있었다. 이미 수세에 몰렸으나 안경서는 최후의 몸부림을 치기로 했다.

"지금 상황이 매우 위급하다. 공격한다 해도 살아남기 힘들고 공격하지 않는다 해도 죽음을 면할 수 없다. 차라리 포위망을 뚫으면 살아나갈 수 있을지도 모른다."

안경서는 말을 마치고 병력을 여덟 갈래로 나누어 사방에서 이광필의 군대를 공격하라고 명하는 한편 군사들에게 큰 소리로 승전보를 울리게 했다.

"우리가 승리했다! 당나라 군대는 패했다!"

이광필의 군대가 그 소리를 듣고 어쩔 줄 몰라 했다. 안경서는 포위망을 뚫고 나가 며칠 뒤 다시 수만 병력을 모아 상주를 사수하면서 상주를 안성부(安成府)로 고쳤다. 아홉 절도사의 60만 병력이 일제히 출동하여 상주성을 포위하자 안경서는 그물에 걸린 고기처럼 공격도 후퇴도 하지 못한 채 꼼짝없이 갇히게 되었다.

곽자의는 반란군을 일망타진하기 위해 명령했다.

"건물을 높이 올리고 제방을 쌓아라. 진지를 견고하게 수비하고 물을 끌어다가 상주성에 대라."

그러자 상주성 전체에 물이 가득 차기 시작했다. 반란군은 지붕으로 오르거나 나무에 매달리며 수십 일을 보냈다. 식량이 떨어지자 전쟁에서 싸우던 말을 잡아먹었으며, 말고기를 다 먹고 나면 말가죽으로 허기를 채웠다. 마침내 먹을 것이 아무것도 남지 않자 반란군은 살기 위해 쥐를 잡아먹을 수밖에 없었다. 당시 쥐 한 마리의 값이 4,000문 (文)에 달했다고 한다. 성 안의 반란군은 투항하고 싶어도 높은 성과 깊이 찬 물 때문에 나오지 못했다. 상주성이 바로 함락되려 하는 위기 의 순간에 사사명이 5만 정예 병력을 이끌고 안경서를 도우러 왔다.

사실 아홉 절도사는 충분한 병력으로 반란군을 한 번에 섬멸시킬 수 있었다. 그러나 안타깝게도 우두머리가 없어 장수들이 제각기 작 전을 지휘하며 누구의 지휘도 들으려 하지 않았다. 한편 사사명의 군 대는 충분히 사기를 올리고 전투력을 길렀다. 사사명은 매우 교활한 사람으로, 당나라 군대의 수가 아군의 10배가 넘는다는 사실을 미리 알고 있었다. 당나라 군대를 이기기 위해서는 반드시 적군의 사기를 저하시킬 약점을 잡아야 했으며, 정예군으로 돌격해야만 승산이 있다 고 확신했다. 그는 상주성 밖으로 나와 병사를 움직이지 않고 기회를 엿보며 10여 일을 보냈다. 그러다가 갑자기 당나라 군대와 격전을 펼 치기 시작했다. 양쪽 군대가 한창 교전을 치르는 가운데 느닷없이 광 풍이 휘몰아치더니 순식간에 천지가 어두워졌다. 그리고 흙먼지가 일 어 앞이 제대로 보이지 않았다. 당나라 군대는 멀리서 반란군이 추격 해 온다고 착각하고 저마다 서둘러 도망쳐 흩어졌다. 대세가 불리해 졌음을 파악한 곽자의는 남은 군대를 정비하여 낙양으로 퇴각했다.

이번 전쟁으로 당나라 군대는 엄청난 손실을 입었다. 1만 필의 병 마는 겨우 3,000필만 남았으며, 10만 기가 넘는 무기도 거의 잃었다. 9명의 절도사 가운데 여덟 명은 원래의 주둔지로 돌아갔다. 곽자의만 낙양에 남았다.

이번 전투의 실패는 마땅히 어조은에게 죄를 물어야 했지만 사리가 분명하지 못한 숙종은 어조은을 벌하기는커녕 관직을 올려주고 더욱 중시했다. 황제의 총애를 얻은 어조은은 나날이 허세를 부리며 사람들을 깔봤다. 특히 곽자의를 질투하여 혹시나 그가 큰 공을 세워 자신이 불리해지지 않을까 걱정했다. 어조은은 틈만 나면 숙종 앞에 나가 곽자의를 비방하면서 그를 위험에 빠뜨리기 위해 상주성 싸움에서 실패한 책임을 그에게 물어야 한다고 상주(上奏)했다. 어리석은 군주는 그의 말을 참으로 믿고 마침내 곽자의의 병권을 이광필에게 넘기게 한 뒤 이광필을 장안으로 보냈다.

황제의 명을 받은 곽자의는 밤새 달려 장안으로 돌아갔다. 장수들은 곽자의가 떠난다는 말을 듣고 모두 뛰어나와 붙잡았다. 하염없이 흐느끼며 서운한 마음을 표현하는 이가 있는가 하면 곽자의와 함께 장안으로 가려는 이도 있었다. 곽자의도 그들과 헤어지기 싫었으나 황제의 명을 거역할 수는 없기에 장수들을 달랬다.

"나는 수도에서 파견된 사신이어서 어디서든 너희들과 헤어져야 한다. 그러니 너희는 명령에 복종하라!"

말을 마친 곽자의는 눈물을 닦고 말을 몰아 떠났다. 평소 곽자의는 사병들에게 따뜻하게 대하며 관심과 사랑을 보여 주었다. 때리거나 벌하지도 않았으며, 마치 집안사람 대하듯 하여 관병들의 존경과 지지를 받았다. 곽자의가 떠난 뒤 이광필이 삭방군으로 왔다. 그는 삭방군의 장수들이 자신에게 반감을 가지고 있지나 않을까 걱정하여 한밤중까지 기다렸다가 낙양성으로 들어왔다. 과연 곽자의의 부하 장용제(張用濟)가 하양(河陽, 하남성 맹현)에 군대를 주둔하여 새로 부임하는 이광필을 저지하려 했다. 이광필을 막으면 곽자의가 다시 돌아오리라 생각했기 때문이다. 그런데 누군가 그를 말렸다.

"당신이 이렇게 하면 조정에 곽 장군을 해할 구실을 주는 것 아니겠소?"

장용제는 그 말이 옳다고 여기고 마지못해 이광필을 맞았다.

당나라 군대에 포위된 안경서를 구해준 사사명은 스스로 큰 공을 세웠다고 생각하고 안경서에게 병권을 똑같이 나눠달라고 했다. 하지만 아무 대답을 듣지 못한 사사명은 안경서를 죽이고 그의 군대를 병합했다. 그리고 범양으로 돌아와 스스로 대연황제(大燕皇帝)라 칭했다.

한편 곽자의가 관직에서 내쫓겨 병권을 잃었다는 말을 듣고 속으로 기회가 왔다면서 기뻐한 사사명은 759년 5월에 대군을 이끌고 낙양 땅을 침범했다. 이에 당나라는 겁을 먹고 당황해하며 대책을 세우지 못하고 있는데 이때 누군가 조정에 곽자의의 존재를 확인시킨다.

"곽자의는 나라를 위해 수차례 전공을 세운 자입니다. 용병에 능한 그를 두고 어째서 등용하지 않으시고 반란군이 횡포를 부리게 놓아두십니까?"

숙종(肅宗)은 그 말이 옳다고 여겨 곽자의를 병마도관사(兵馬都管

使, 수도를 방어하는 장관)에 기용하려 했다. 그러나 하명이 막 떨어지려는 찰나 어조은이 이를 막았다. 곽자의의 존재가 눈엣가시였던 어조은은 항상 음모를 꾸며 그를 위험에 빠뜨리려 했기 때문이다. 한번은 곽자의가 전쟁에서 공을 세우고 조정에 돌아왔기에 어조은이 그를 장경사(章敬寺)로 초청했다. 그런데 누군가 곽자의에게 넌지시 말했다.

"어조은이 장군을 음해하려 하니 결코 그의 계책에 말려들어가서는 안 됩니다."

그러나 곽자의는 그 말을 듣지 않았다. 장수들이 호위하여 함께하겠다고 해도 거절했다.

"나는 나라의 대신이다. 황제의 명이 없다면 어조은도 감히 나를 해하지 못한다."

이렇게 곽자의는 시동 몇 명만 거느린 채 어조은을 만나러 갔다. 그를 본 어조은이 무척 놀라자 곽자의가 부하들과 나눈 이야기를 해주었다. 어조은은 곽자의의 말을 듣고 매우 부끄러워 했다.

한편 사사명은 낙양을 공격하여 그곳을 지키는 이광필의 부대를 연이어 격파했다. 이광필은 낙양 성을 버리고 하양으로 퇴각했다. 당시 어조은도 병사들을 이끌고 출전했으나 적군의 그림자조차 보이지 않는 곳에서 겁을 집어먹고 섬주로 퇴각하여 나올 생각을 하지 않았다.

사사명이 낙양을 점령하고 난 얼마 뒤 그의 아들 사조의(史朝義)가 아버지를 죽였다. 숙종은 곽자의가 탐탁지 않았으나 자신의 통치 지위를 지키기 위해 그를 다시 중용했다.

762년 2월 하동(河東, 태원) 일대에 주군한 군대가 낙양성을 잃었다는 소식을 듣고 동요하기 시작했다. 조정은 그들이 반란군에 힘을 보탤까 걱정이 되었다. 그렇다고 출병하여 이들을 진압하고자 해도 군대를 통솔할 덕망 있는 장수가 없어 괴로웠다. 이리저리 생각한 끝에 곽자의를 하북(河北)의 부지위관으로 임명하고 진강주(鎭絳州, 산서성 신강)로 파견보냈다. 용감하고 충성스러운 곽자의는 개인의 득실을 따지지 않고 황명을 받아 바로 출발하려 했다. 이때 갑자기 숙종의 병이 위중하다는 소식이 전해져 숙종을 알현하러 갔다. 병색이 완연한 숙종은 의미심장하게 말했다.

"내가 죽으면 하동(河東)의 모든 군사 전권을 그대에게 맡기네."

곽자의가 출병하고 나서 며칠 뒤 숙종은 숨을 거둔다. 그의 뒤를 이어 대종(代宗)이 즉위했다. 대종 때 국고는 텅 비고 백성들의 재물도 다해 극도로 힘든 상황이 되었다. 그러나 관부는 세금과 각종 명분으로 소금, 철, 차, 술 같은 200여 종의 물품을 거두었다. 이 부담은 자연히 백성들에게 지워졌다. 대종은 또한 환관 정원진(程元振)을 등용해 정권을 장악하게 했다. 사실 환관의 권력 독점은 숙종 때부터 시작되었다고 볼 수 있다. 예를 들면 환관 이보국은 황제인 숙종에게 이렇게 말했다.

"폐하께서는 그냥 궁 안에 계시고, 일을 처리할 때는 이 노부의 처분
에 따르시오."

권력을 독차지한 환관은 황제도 눈에 들어오지 않았다. 조정의 상
벌과 재상의 임명을 마구잡이로 정하고 심지어 황제의 폐위 문제를
결정하는 등 환관의 횡포는 실로 대단했다. 정원진 역시 권세를 틀어
쥐고 제 마음대로 휘두르며 황제를 꼭두각시처럼 조종하고 속박했다.
큰일이든 작은 일이든 대종은 정원진의 입에서 나오는 대로 백이면
백 그대로 따랐다. 정원진은 공신과 명장을 미워했다. 특히 곽자의를
깊이 증오했다. 이에 황제 앞에서 그를 험담하면서 부지휘관직을 파
면하고 숙종의 묘를 지키는 산릉사(山陵使)의 직을 맡게 했다. 그러나
곽자의는 황제가 정원진의 꾐에 말려들어가 나라의 대사를 그르칠 것
을 알고 상소를 올렸다.

"소신은 당나라의 부강을 위해 샛별을 등지고 나가고 달을 등지고 들
어오면서 남으로 북으로 전투를 치렀습니다. 청컨대 당나라에 대한 신
의 충심을 폐하께서 헤아려 주시옵소서. 폐하께서는 어진 이를 가까이
두시고 간신을 멀리하셔야 하옵니다. 그렇지 않으면 당나라의 위태로움
은 바로 눈앞에 있을 것이옵니다!"

그러나 곽자의의 충언은 황제의 마음을 움직이지 못했다. 조정 안
에서는 여전히 환관이 권력을 독점했으며, 조정 밖에서는 번진이 할
거하고 있어 당나라는 혼란에서 헤어나지 못했다.

안경서와 사사명은 죽었으나 사조의가 여전히 낙양 땅을 점령하고 있었다. 조정은 옹왕(雍王) 이적(李適, 후의 덕종)을 총지휘관, 곽자의를 부지휘관으로 각각 임명하고 사조의를 토벌하기 위해 출병시켰다. 어조은과 정원진은 곽자의에게 부지휘관을 맡기는 일에 극구 반대했지만 그렇다고 다른 대안을 받아들일 상황이 아니었다. 옹왕과 곽자의는 당나라 병력만으로는 반란군을 섬멸할 수 없다고 판단하여 회흘에게 10만 대군을 빌려 함께 낙양을 공격했다. 공격을 막아내지 못한 사조의는 패군을 이끌고 막주(莫州, 하북성 임구 북쪽)로 도망갔다. 763년 정월에 사조의의 부하 전승사(田承嗣)와 이회선(李懷仙)은 대세가 기울었다고 판단하고 당나라에 투항했다. 측근마저 떠나자 궁지에 몰린 사조의는 스스로 목숨을 끊었다. 이렇게 장장 7년 3개월 만에 역사에서 이르는 '안사지란(安史之亂)'은 완전히 평정되었다.

안사의 난은 통치계급 내부의 싸움이었으나 백성들에게는 큰 재난이었다. 전란 중에 대다수의 백성들이 살 곳을 잃고 떠돌았으며, 수많은 성이 무너졌다. 안사의 난을 겪으면서 강대했던 당나라는 하루하루 내리막길을 향해 갔다.

비록 안사의 난을 평정했다고는 하지만 안사의 부하 장수들은 여전히 하북 일대의 절도사가 되어 강력한 군대를 보유했다. 지방의 재정과 정권을 장악하여 당나라 조정에 복종하지 않았으며, 그들이 죽고 나서 그들의 자손들이 절도사를 이어가면서 번진이 할거하는 형세가 만들어졌다. 백성들의 삶은 여전히 고통스러웠다. 이러한 상황에서 서남의 토번은 틈틈이 당나라를 침략할 기회를 엿보고 있었다.

성동격서의 계책으로 토번을 물리치다

안사의 난이 일어난 뒤 사회 내부의 모순이 쌓이고 국력은 약해져 원래 서쪽 변방에서 주군했던 군대가 대부분 북쪽의 반란군을 토벌하기 위해 북상했다. 이때 토번은 당나라 내부까지 깊이 들어갈 기회를 노리며 빈주(邠州, 섬서성 빈현) 북쪽을 비롯해 10여 개의 성을 점령했다. 763년 10월에 또 봉천(奉天, 섬서성 건현)을 점령하여 당나라 조정을 크게 흔들어 놓자 황제는 긴급히 곽자의에게 출병을 명하여 1만여 병력을 이끌게 했다. 그러나 당시 토번의 병력은 10만이 넘었다. 곽자의는 정원진에게 병력을 늘려 달라고 여러 번 청했으나 통하지 않았다. 토번군이 빠른 속도로 장안을 함락시키자 대종은 섬주로 달아났다. 곽자의는 함양에서 진군하여 장안에 도착했으나 황제는 보이지 않았으며 군대 또한 없었다. 이때 성을 지키던 장수 왕헌충(王獻忠)이 반란을 종용했다.

"황상께서는 일찌감치 도망가셨습니다. 현재 나라의 군주가 없으니 장군께서 총지휘를 맡아 주십시오. 명령만 내리신다면 황제를 폐위시키고 나라의 대권은 장군 손에 떨어질 것입니다."

그러나 곽자의는 그를 호되게 질책했다. 그리고 며칠 뒤 토번은 장안을 점령했다.

대종이 섬주로 달아날 때 당나라 군사들은 상주(商州, 하남성 상현)로 도망쳐 뿔뿔이 흩어졌다. 곽자의의 부하 왕연창(王延昌)이 재빨리 상주로 가 그들을 다시 불러 모으자 탈주했던 군사들은 곽자의가 온다는 소식에 저마다 환호하며 기쁘게 명령을 따랐다. 며칠이 지나자 이렇게 다시 불러 모은 병사가 4,000이 넘었다.

곽자의는 형세를 자세히 분석한 뒤 '동쪽을 칠 듯이 속이고 서쪽을 치는' 성동격서(聲東擊西) 전략을 세웠다. 먼저 단수실(段秀實)을 빈녕(邠寧, 섬서성 빈현과 감숙성 환강 일대)에 보내 절도사 백효덕(白孝德)을 설득하여 군사를 보태게 하고, 다시 황제의 호위병인 좌우림(左羽林)을 보내 남전(藍田, 섬서성 남전)성 북쪽에서 낮에는 북을 치고 고함을 지르고 밤에는 횃불을 밝혀 마치 공격해 들어갈 것처럼 행동하면서 토번을 견제했다. 군대가 완비되자 곽자의는 남전을 향해 동쪽으로 진군한다며 거짓말을 흘린 뒤 은밀하게 남전성 서쪽으로 주력부대를 이끌었다. 과연 토번은 곽자의의 계책에 넘어가 남전성 동쪽으로 돌격했으나 허탕을 쳤다. 이때 곽자의는 토번이 대응할 틈을 주지 않고 재빨리 병력을 집중시켜 공격했다. 토번 부대가 혼란에 빠져 헤매고 있을 때 사방에서 함성이 터져 나왔다.

"곽 장군이 이끄는 대군이 왔다!"

함성이 하늘을 진동하자 토번 군대는 더 싸우지 못하고 패주했다. 당나라 군대는 크게 힘들이지 않고 장안을 되찾았다.

장안을 되찾자 대종은 하루빨리 돌아오고 싶어 했다. 그러나 곽자의가 전쟁에서 큰 공을 세우며 나날이 위신이 높아지자 그를 중용할까 두려워 한 정원진이 한사코 만류했다. 고심 끝에 정원진은 대종에게 낙양을 수도로 정하자고 권유하기에 이르렀다. 이 소식을 들은 곽자의는 나라의 이익과 조정의 안위를 걱정하여 황제에게 상소를 올렸다.

"장안의 지세는 매우 험준합니다. 앞에는 종남산(終南山)이 장벽처럼 막아주고 뒤로는 경수(涇水)와 위수(渭水)가 흐릅니다. 오른쪽에는 농촉(隴蜀, 감숙성과 사천성), 왼쪽으로는 효함(崤函, 함곡관, 지금의 하남성 영보 동북쪽)이 이어져 사방을 내려다볼 수 있습니다. 진격하면 공격할 수 있고 퇴각하면 방어할 수 있습니다. 장안성의 지세는 대부분 한 명의 장사가 관문을 지켜도 1만 명이 당해내지 못합니다. 게다가 장안은 몇 대에 걸쳐 지어졌기에 화려한 궁전과 번화한 시장이 있습니다. 수공업이 발달했고 토지도 비옥하며 물산이 풍부하여 경제적으로 부유합니다. 실로 제왕의 업을 창립할 기지입니다. 진(秦), 한(漢)대에는 장안을 점령함으로써 제왕이라 칭했고, 수양제(隋煬帝)는 장안을 버림으로써 멸망했습니다. 반면에 낙양 땅은 토지가 황폐하여 백성들이 굶주리고, 인가에서 피어오르는 밥 짓는 연기도 보기 힘듭니다. 야초가 자라는 황량한 땅에 세운 궁전은 여러 차례 불타 훼손되어 수비하기가 어렵습니다. 청컨대 폐하께서는 신중하게 생각하시기 바랍니다."

곽자의의 상소를 본 대종은 크게 깨닫고 좌우 대신에게 일렀다.

"곽자의가 걱정하는 것은 모두 나라의 안위와 손익에서 출발하는구나!"

이에 764년 11월 대종은 섬서에서 장안으로 되돌아왔다.

홀로 말을 타고 회흘을 만나다

당나라는 줄곧 회흘과 좋은 관계를 유지했다. 안사의 난을 평정하는 중에 농우(隴右, 감숙성 동남쪽) 절도사 부고회은(仆固懷恩)은 스스로 큰 공을 세웠으니 마땅히 보상을 받으리라 생각했다. 그러나 대종은 그에게 어떤 작위도 내리지 않았다. 이에 불만을 품은 부고회은은 당나라를 배반하기로 결심하고 일을 꾸미려 했다. 그러나 그의 어머니가 그의 속내를 알아채고는 화가 나서 엄하게 꾸짖었다.

"당나라가 어디 너를 박대하더냐? 어째서 변절할 뜻을 품느냐."

얼마 후 부고회은은 기병 300을 이끌고 영주(靈州, 영하 영무 서남쪽)로 달아났다. 그는 절대로 당나라 세력과 양립하지 않겠다고 단언하고 당나라 정권을 무너뜨리기 위해 거짓 소문을 퍼뜨리기 시작했다. 그는 토번과 회흘에게서 10만 대군을 빌려 영주에서부터 장안으로 진격한다고 하고 봉천(奉天)으로 향했다.

장안에서 긴급한 전갈이 오자 조정의 문무백관들은 속수무책으로 다시 한 번 혼란 속에 빠져들었다. 불안하고 두려운 황제는 허둥대며 대신들에게 계책을 구할 때 곽자의가 나섰다.

"부고회은은 옛날에 제 수하에 있었기에 제가 잘 알고 있습니다. 물론 그는 용맹스러운 장수입니다. 하나 은혜와 의리가 부족하고 사병들에게 포악하게 대합니다. 이 때문에 그를 따라온 사병들은 집으로 돌아갈 기회를 원하고 있습니다."

황제는 곽자의를 하동(河東)의 부지휘관으로 임명하고 10만 대군을 주어 부고회은을 토벌케 했다. 곽자의는 병사들을 이끌고 봉천성 밖의 진지에 도착해 장수들에게 명령했다.

"진지를 단단히 방어하라. 누구도 나가서는 안 될 것이다."

그런데 일부 장수들이 빨리 공격하자고 하자 곽자의는 인내심을 가지고 그들을 설득했다.

"먼 길을 온 부고회은의 군대는 사기가 왕성할 때 속전속결하는 것이 이롭소. 그러나 우리는 반란군의 정점을 최대한 피하여 싸우지 말아야 합니다. 철저히 방어하는 한편 상대가 예상하지 못하고 방비하지 못한 부분을 집중 공격하여 어떻게도 손을 쓰지 못하게 해야 할 것이오. 경솔하게 출전하여 실패한다면 우리 군대는 전멸할 것이오. 누구라도 감히 싸우려 한다면 그 즉시 참수하겠소! "

토번과 회흘 병사까지 합해 모두 10만 대군을 이끌고 온 부고회은은 제멋대로 설치며 무아지경에 빠져들어 자신을 깊이 유인하려는 곽자의의 계책에 말려들어갔다. 부고회은의 군사들이 막 진을 치려는데 요란한 북소리와 함께 함성이 들려오면서 당나라 군대가 순식간에 봉천성 밖에다 진을 펼쳤다. 상당히 절도 있게 진을 친 당나라 군대의 가운데에는 '곽(郭)'이란 글자가 새겨진 깃발 하나가 바람에 따라 휘날리고 있었다. 일찍이 곽자의에 대한 소문을 들어왔던 부고회은의 장수들은 앞 다투어 투구와 갑옷을 벗어던지고 사방으로 도망갔다.

부고회은은 더 이상 방도를 찾지 못하고 잔병과 함께 영주로 돌아왔다. 이렇게 하여 당나라 군대는 싸우지 않고 승리를 거두었다.

실패한 부고회은은 765년에 토번, 회흘, 토곡혼(吐穀渾. 선비족의 하나로, 당나라 때 감숙·청해에서 거주했음)과 결탁하여 10만여 대군을 이끌고 또다시 장안을 공격했다. 부고회은의 군대는 기세가 등등하였으며 살기가 충만해 있었다. 곽자의는 반란군이 들어오는 진입로를 차단하기 위해 각 주둔지에 전령을 보내 요충지를 지키고 적이 한 발짝도 들어오지 못하게 하라고 명령을 내렸다. 당시 공놀이를 좋아한 회서(淮西, 하남성 여남쪽) 절도사 이충신(李忠臣)의 부하들은 전쟁에 대비하라는 명령이 떨어지자 불만을 드러냈다.

"지금 한창 재미있게 공놀이를 하는데 작전을 내리려면 좋은 날을 잡아야 할 것 아닌가! "

그러자 이충신이 부하들을 나무랐다.

"너희 부모가 병이 깊으면 길일을 잡아서 병을 치료하겠느냐?"

장수와 병사들은 아무 말도 하지 못하고 출발 명령을 기다렸다.

한편 부고회은은 대군을 이끌고 주질(盩厔)로 향하던 도중에 갑자기 병이 나 숨을 거두었다. 그러자 부고회은의 부하 장소(張韶)가 토번과 회흘의 10만 대군을 이끌고 장안 북쪽의 경양(涇陽, 섬서성 경양현)을 포위했다. 경양을 지키던 곽자의가 가진 병력은 단 2만이었으나 일찌감치 대비를 하였으므로 결코 밀리지 않았다. 그는 부하 장수들에게 진지를 지키기만 할 뿐 결코 반란군과 싸우려들지 말라는 엄명을 내렸다. 바로 이때 토번과 회흘이 자신들을 부추겨 당나라를 공격하게 한 부고회은이 죽었다는 소식을 듣고 군대를 나누어 세력다툼을 벌이는 통에 크게 어지러워졌다. 곽자의가 이를 듣고 내심 기뻐했다. 곽자의는 아군과 적군의 군사력을 면밀히 분석했다. 당나라 군대는 홀로 성을 지키며 적군을 막고 있다. 토번과 회흘은 장수와 병사의 수가 5배가 넘게 많았다. 또한 저마다 용맹하다 하니 회흘왕은 으스대며 자청하기도 했다.

"우리 군대의 위풍은 변경 밖에서도 비교할 수 없을 정도로 뛰어나다. 또한 북과 호각 소리로 병마를 고취시키는 것은 토번 장수 가운데 내가 가장 강하다."

이렇게 불리한 조건에서 곽자의는 이번 싸움은 필시 이기지 못하리라고 생각했다. 그렇다고 퇴각한다면 분명 전멸될 테니 계책으로 이겨야지 힘으로는 힘들다고 판단하였다. 곽자의는 적극적으로 싸울 준비를 하면서 담판할 기회를 엿보는 한편 모든 장수를 불러 방법을 상의했다. 그리고 백효덕(白孝德)을 부지휘관으로 삼아 경양을 사수하면서 지원군을 기다리게 하고, 이광찬(李光瓚)을 회흘왕에게 보내 토번 정벌에 원조를 부탁하도록 했다. 곽자의의 제안을 들은 회흘왕은 그가 아직 살아있음에 반신반의했다.

"곽자의가 정말 살아있는가? 당신이 날 속이는 건 아닌가? 그가 아직 살아있다면 나를 만날 수 있는가?"

곽자의는 지혜로운 장수이다. 이광필이 전하는 회흘왕의 말을 듣고 그를 설득하기 위해 홀로 회흘왕을 만나기로 결정했다.

"회흘의 병력은 많고 우리는 적다. 힘의 차이가 크기에 무력으로 전쟁에서 이기기는 어렵다. 과거 당나라와 회흘은 좋은 관계를 가져 서로 침범하지 않기로 약속했다. 지금 내가 직접 가서 무기를 사용하지 않고 그들을 설득하여 물리치는 게 낫다."

곽자의는 생명이 위험한 데도 홀로 말을 타고 회흘의 군영에 가기로 했다. 장수들은 그의 안전을 지키기 위해 정예 기병 500을 뽑아 보호하게 했으나 곽자의는 완강하게 거절했다.

"이렇게 해서 좋을 게 없다. 오히려 일을 그르치고 말 터이니 그만두어라."

말을 마치고 출발하려 하자 아들 곽희(郭曦)가 뛰어나와 말 앞을 가로막았다.

"아버님, 회흘 병사들은 호랑이와 이리처럼 흉악하다고 합니다. 아버님께서는 이 나라의 군대를 총지휘하시는 분인데 어찌 생명이 위험함에도 그들과 담판을 지으려고 하십니까?"

곽자의가 단호하게 말했다.

"회흘과 싸우기 시작한다면 우리 부자의 생명뿐 아니라 국가의 운명도 위험에 빠진다. 국가가 보존되지 못하면 우리가 있을 곳은 어디더냐? 그냥 앉아서 죽음을 기다리느니 회흘왕과 담판을 지어 도리로 그를 설득하는 편이 낫다. 성공하지 못한다 해도 나라를 위해 목숨을 바치는 것으로 내 평생의 대의를 이루는 것이다."

말을 마치고 채찍을 들어 아들의 손을 치며 큰 소리로 명령했다.

"비켜라!"

곽자의가 군영을 나오자 사람들은 연거푸 고함을 내질렀다.

"곽 장군이 오신다, 곽 장군이 오신다!"

회흘이 그 소리를 듣고 놀라고는 당황해하며 어쩔 줄 몰라 하다가 무기를 버렸다. 회흘 군사를 이끌던 회흘왕의 동생 약갈라(藥葛羅)가 화살을 들고 진영 앞에 나와 싸울 태세를 갖추었다. 곽자의가 회흘의 군영 앞에 도착하자 침착하게 말에서 내려 투구와 갑옷을 벗고 칼을 놓은 채 당당하게 회흘 군영으로 걸어갔다. 이 모습을 본 회흘 병사들은 모두 놀라서 약속이나 한 듯이 수군거렸다.

"진짜로 곽 장군이 왔다!"

약갈라도 활과 화살을 내려놓고 황급히 앞으로 나가자 곽자의가 크게 꾸짖었다.

"당신네 회흘 군대는 당나라를 대신해 큰 공을 세웠고 또 그에 대해 당나라는 후하게 보답했소. 그러나 어찌하여 맹약을 깨뜨리고 당나라를 공격한단 말이오? 당신들이 과거에 세운 공로를 잊고 반신 부고회은이 벌이는 반란을 도와 당나라와 원한을 맺는다면 이 얼마나 어리석은 일이오! 부고회은은 당나라를 배반하고 어미도 버린 자로 욕먹어 마땅하거늘 그처럼 파렴치한 자가 당신들에게 얼마나 좋은 일을 하겠습니까? 당신들이 당나라와의 우호관계를 유지하여 지금 바로 말을 타고 떠나가야 할 것을 말해 주기 위해 오늘 내 한 목숨 아끼지 않고 홀로 이곳에 온 것이오. 당신들이 떠나지 않으면 내 장차 삼군에 공격을 명하여 갑옷 한 조각도 남기지 않게 할 것이오."

일찍부터 겁을 먹은 약갈라는 쩔쩔 매며 연거푸 사과했다.

"우리는 부고회은의 꾐에 속았을 뿐입니다! 그 자가 말하길 황제가 죽었고 곽 장군께서도 전쟁 중에 상처를 입으셔서 조정이 주인을 잃고 한바탕 어지럽다고 했습니다. 이에 우리가 주제를 모르고 부고회은과 온 것입니다. 하오나 현재 황제께서 여전히 수도에 계시고 또 바로 앞에 곽 장군께서 오시니 우리가 어찌 감히 당나라 군대와 싸우겠습니까!"

곽자의는 일이 순조롭게 풀리자 속으로 안심이 되었다. 아울러 이번 기회에 회흘과 토번의 연합을 무너뜨릴 생각으로 약갈라를 설득했다.

"토번왕은 도덕과 의리를 말할 수 없는 변덕스러운 자요. 당나라가 어지러운 틈을 타 토지를 빼앗고 성을 불태우며 논밭을 황폐하게 만들었소. 게다가 많은 재물을 약탈하였으니 당신네가 우리 군을 도와 토번을 친다면 우리의 우호적인 관계는 계속 유지될 것이오. 게다가 토번으로부터 되찾은 것은 모두 당신들에게 넘길 테니 좋은 기회라 생각하고 놓치지 마시길 바라겠소!"

약갈라는 감격하면서도 면목이 없었다.

"곽 장군께서 저를 깨우쳐 주셨습니다. 저희도 당나라 군대와 함께 토번을 공격해 속죄하고 싶습니다. 하오나 부고회은의 아들만은 죽이지 말아 주십시오. 부고회은의 딸이 저희 왕께 시집을 왔으니 그 아들은 우리 왕후의 남매가 됩니다."

곽자의는 그렇게 하겠다고 대답했다.

이때 곁에서 지켜보던 회흘 병사 하나가 조용히 돌아 나왔다. 곽자의의 시종도 그를 따라 몇 발짝 나와 경계를 보여 주었다. 그러나 곽자의는 조금도 당황하지 않고 손을 들어 물러나라 했다. 약갈라는 회흘 병사를 물리치는 한편 연회를 마련하여 곽자의와 함께 술을 마셨다. 약갈라는 곽자의가 진심인지를 알아보기 위해 잔을 들어 맹세를 하자 곽자의가 회흘의 장수와 사병들을 보고 말했다.

"대당 천자 만세(大唐天子萬歲)! 회흘 가한 만세(回紇可汗萬歲)! 누구라도 이 맹세를 저버린다면 진영 앞에서 죽일 것이다!"

약갈라도 똑같이 맹세를 했다. 맹약을 한 뒤 곽자의는 날렵한 기병과 함께 당나라 군대가 있는 경양으로 돌아왔다.

한편 곽자의와 회흘의 맹약 소식을 들은 토번왕은 한밤중에 군대를 데리고 돌아갔다. 이렇게 하여 곽자의는 병사 하나, 무기 하나 쓰지 않고 토번과 회흘의 연맹을 와해시키고 회흘 병사도 쫓아냈다. 회흘과 토번의 병사들은 물러났으나 당나라 조정의 내우외환은 여전히 극심했다. 통치집단의 부패, 환관의 권력 독점, 번진의 할거, 계급과 민족 간의 모순이 날이 갈수록 심각해져 이씨 왕조의 멸망을 가속화시켰다.

대종이 죽자 아들 덕종(德宗)이 즉위했다. 덕종은 통치 지위를 다지기 위해 백성들과 통치계급 간의 모순을 제거하려는 노력을 했다. 그 일환으로 조용조(租庸調, 당대 군전제와 이어진 부역법)를 시행했다. 그러나 백성들의 빈곤 문제는 완전히 해결하지 못했다. 곽자의는 당나라의 악재를 구제하려고 있는 힘을 다했다. 그러나 그도 어쩔 수 없었다.

만년 생활

곽자의는 만년이 되자 분양군(汾陽郡)의 왕으로 봉해지고 조정에서의 명망 또한 나날이 높아졌다. 그러나 자신에 대해서는 여전히 엄격하게 처신하여 항상 사병들의 모범이 되었다.

"천일 동안 병사를 양성하는 이유는 한 번에 쓰기 위해서이다. 전쟁에서 승리하려면 반드시 병사들을 잘 훈련시켜야 한다. 병사들을 잘 훈련시키려면 군량이 충분해야 한다."

당시 여러 해 동안 전쟁이 일어나 농촌경제가 파산하여 백성들의 생활이 어려운 만큼 군량 마련을 계획하는 일은 확실히 힘들었다. 백성들의 군비 지출 부담을 줄이기 위해 곽자의는 연로한 나이에도 직접 밭을 갈고 씨를 뿌렸다. 그 아래 장수와 사병들도 앞 다투어 풀을 뽑고 김을 맸다. 장교와 사병들의 노력으로 하중(河中) 일대는 푸르고 싱싱한 모종과 황금빛의 농작물이 도처에 가득했다. 이렇게 하여 곽자의는 국고를 채우고 백성들에게 도움이 되도록 했다.

곽자의는 나라의 공신으로 권력과 세력이 있었다. 그러나 사사로운 정에 얽매이지 않았다. 한 예로 대종이 죽고 장례 준비를 할 때 온 나라에 살생을 엄히 금했다. 이런 가운데 곽자의의 본가에서 그의 권세를 믿고 몰래 양 한 마리를 잡았다. 좌금오(左金吾) 배서(裴諝)가 이 일을 알고 덕종에게 보고하려 하자 누군가 배서에게 충고를 했다.

"곽 장군은 이미 칠순이 넘은 나라의 공신이오. 그런데 어찌 그 정도도 봐주지 않는단 말이오?"

"내가 이렇게 하는 것은 다름이 아니라 모두 곽 장군의 명성에 해를 끼치지 않기 위해서요. 아울러 사람들에게 그가 얼마나 존경스러운 인물인지 알려주고자 함이오."

나중에 곽 장군이 이 사실을 듣고는 다시금 집안을 엄하게 다스리고 배서에게 고마움을 표했다. 또 한 번은 곽자의의 부인을 길러준 유모의 아들이 군법을 위반했다. 곽자의의 수하 군관이 직접 그 일을 맡아 군법에 의해 죽이려 하자 곽자의의 아들들이 부친 앞으로 나와 울면서 호소했다.

"아버님, 그 군관은 우리 어머님의 체면도 아랑곳하지 않으니 근본적으로 우리 집안은 안중에도 없는 자입니다. 아버님께서는 평생토록 전투를 지휘하며 큰 공을 세우셨으니 필시 다른 사람들과는 다르지 않습니까?"

곽자의는 아들들을 크게 꾸짖었다.

"너희들은 집안사람만 감쌀 줄 알지 장수를 존중하고 군대의 규율을 지킬 줄은 모르는구나."

아버지의 말을 들은 아들들은 감히 입을 열지 못했다.

곽자의는 나날이 공덕이 높아지고 백성들의 존경을 받았다. 토번과 회흘에서는 그를 신 같은 존재로 보았고, 황제도 그의 이름을 직접 부르지 않았다. 765년에 전승사(田承嗣)가 위주(魏州, 하북성 대명, 위현 일대)를 점거하여 무지막지하게 백성들을 억압하자 곽자의는 부하를 보내 그를 만나게 했다. 전승사는 곽자의가 보낸 장수를 보더니 사방으로 절을 하면서 자신의 무릎을 가리키며 말했다.

"저의 이 두 무릎은 다른 사람에게 꿇은 지 이미 오래전입니다. 그러나 지금은 곽 장군을 향해 무릎을 꿇겠습니다."

이영요(李靈曜)가 변주(汴州, 하남성 개봉)에서 공과 사를 가리지 않고 재물을 모으기 위해 변주를 지나는 자를 모두 구류한 일도 있었다. 그러나 이영요는 곽자의의 군량, 군비, 무기는 감히 약탈하지 못하고 오히려 사람을 보내 변경을 안전하게 지나게 했다.

곽자의에게는 8명의 아들과 7명의 사위가 있었다. 그들은 모두 조정에서 관리로 지내는 등 곽씨 집안은 나날이 흥성해져 갔다. 곽자의의 자손은 수십 명으로 불어났다. 때때로 손자들이 문안을 드리러 왔을 때 곽자의가 누가 누군지 구별하지 못할 정도였다.

곽자의는 집안사람들에게 매우 엄하게 대했다. 곽자의의 칠순 잔치를 하던 날 온 집안사람이 축하하러 왔는데 곽애(郭曖)의 아내 승평공주(升平公主)가 오지 않았다. 이 일로 곽애가 무척 화가 나 아내를 때렸다.

"네 부친이 황제니 그 권세를 믿고 잔치에 오지 않았구나. 내 부친은 황제를 하라 해도 원치 않으시는 분이다!"

매를 맞은 승평공주는 하염없이 흐느꼈다. 이 일은 곽자의의 귀에도 들어갔다. 그는 철없는 아들을 용서하지 않고 포박한 뒤 대종 황제에게 죄를 물을 것을 청했다. 그러자 대종이 말했다.

"때로는 모르는 척, 못 들은 척하지 않고서는 친정 부모 구실을 잘하지 못한다 하오. 출가한 딸아이의 규방에서 벌어진 사소한 일에 어찌 신경을 쓴단 말이오."

황제의 관대한 처분을 받고 집으로 돌아간 곽자의는 아들을 한 대 때리는 것으로 일을 마무리했다.

나이가 들수록 곽자의는 거동에 어려움을 느꼈다. 그러나 언제나처럼 아침 일찍 일어나 몸을 단련했다. 하지만 781년(建中 2년) 여름에 병이 심해지면서 며칠 뒤 세상을 떠났다. 그의 나이 85세였다.

곽자의는 중국 역사상 뛰어난 군사가로 병서에 통달했으면서도 병서의 내용 그대로 쓰는 게 아니라 고대 병법을 융통성 있게 적용시켰다. 지모가 뛰어나고 전쟁에 능하여 상황에 따라 때로는 우회하고 때로는 선제공격을 했다. 동쪽으로 간다 하고 서쪽을 쳤으며, 병사 한 명이나 병기 하나 쓰지 않고 적을 물리치기도 했다. 병사가 많으면 물론이거니와 병력이 적은 불리한 상황에서도 승리를 쟁취했다. 또 전쟁에서 이겼다고 자만하지 않았고, 실패해도 크게 낙담하지 않았다. 그렇기에 곽자의가 명장이 된 것이다.

곽자의는 나라 안 민족의 단결을 중요하게 생각했다. 토번 및 회흘과의 왕래도 예의를 갖추고 평등하게 대했다. 그렇기 때문에 곽자의가 토번과 회흘 사람들로부터 진심어린 존경을 받은 것이다.

곽자의는 환관이 권력을 독점하는 것에 반대하였으며, 번진 세력의 위협으로부터 당나라의 중앙정권을 지키기 위해 전장에 나가 공을 세웠다. 평생을 전장에서 용감하게 싸웠으며, 나라에 대한 충성심과 애국심과 뛰어난 군사적 재능으로 후대 사람들에게 깊은 인상을 남겼다.

1) 제(齊)나라는 지금의 산동성 북부에 위치하여 영구(營丘, 산동성 치)를 수도로 정
했다. 기원전 221년에 진(秦)나라에 의해 멸망됐다.

2) 진(陳)나라는 지금의 하남성 동부와 안휘성 일부로 완구(宛丘, 하남성 회양)가 수
도이다. 기원전 478년 초나라에 의해 멸망됐다.

3) 춘추전국(春秋戰國) 시대 여러 제후 아래에는 경(卿), 대부(大夫), 사(士)가 있었
다. 대부는 일반적인 직함이다.

4) 거(莒)나라는 춘추(春秋)시대 초기 거(莒, 신동성 거현) 땅을 수도로 한 나라이다.
기원전 431년 초나라에 멸망당했다.

5) 월(越)나라는 어월(於越)이라고도 하는데 회계(會稽, 절강성 소흥)를 수도로 정했
다. 기원전 306년경 초(楚)나라에 의해 망하였다.

6) 초(楚)나라의 경계는 서북쪽으로 무관(武關, 섬서성 상현 서북쪽)까지 이르고, 동
남쪽으로는 소관(昭關, 안휘성 함산 북쪽), 북쪽은 지금의 하남성 남양, 남쪽은 동
정호(洞庭湖) 남쪽에까지 이른다. 초나라는 영(郢, 호북성 강릉 북쪽) 땅을 수도로
정했는데 기원전 223년 진(秦)나라에 의해 멸망됐다.

7) 진(晉)나라는 지금의 산서(山西) 지방으로 하북(河北)의 서남부와 하남(河南)의 북
부, 섬서 지방 일부에 위치했다. 신전(新田, 산서성 곡옥 서남쪽)을 수도로 삼았다.

8) 태재는 은대(殷代)부터 시작되어 서주(西周), 춘추(春秋) 시대에까지 이어졌다. 왕
가의 안팎의 일을 관장하고 때로는 왕의 좌우에서 왕명을 도왔다. 백비(伯嚭)가
맡은 일이 바로 이것이었다.

9) 예장(豫章) 지역은 지금의 안휘성 곽구, 육안, 곽산 등 여러 현 사이에 위치한다.
서쪽으로 하남성 광산과 고시현을 지나고 하남성 신양시와 호북성 응산현 동북쪽
에 해당한다.

10) 영윤(令尹)은 초나라에서 가장 높은 관직으로, 군사 전권을 가진다.

11) 소별산(小別山)은 지금의 하남성 광산현과 호북성 황강현 사이에 있고, 대별산
    (大別山)은 호북성 영산현 북쪽에 있다.

12) 진(秦)나라는 예부터 지금의 섬서성 중부지역과 감숙성 동남 지역 변경에 위치
    한다. 춘추시대 옹(雍, 섬서성 봉상) 땅을 수도로 정했다.

13) 황제(黃帝), 요(堯)임금, 순(舜)임금은 중국 상고시대의 황제이다. 치우(蚩尤)는
    신화 속에 동방 구려족(九黎族)의 수령으로 황제와 탁록(涿鹿)에서 싸우다 죽었
    다고 전해진다. 상탕(商湯)은 상나라를 세운 왕이며, 주공(周公) 단(旦)은 주문왕
    (周文王)의 아들이자 주무왕(周武王)의 아우로, 성은 희(姬)이고 이름이 단이다.
    삼왕(三王)은 하우(夏禹), 상탕(商湯), 주문왕 또는 주무왕을 말한다. 오제(五帝)
    는 전설 속의 다섯 제왕을 말한다.

14) 태자평(太子平)이 전사하고 조무령왕(趙武靈王)은 한나라에 인질로 잡아둔 연나
    라 공자를 돌려보내 왕으로 세웠다. 이 때문에 연소왕은 태자평이 아니라 공자직
    (公子職)이라고 보는 설도 있다.

15) 연소왕(燕昭王) 때 수도를 무양(武陽)으로 옮겼다. 지금의 하북성 역현 남쪽이다.

16) 위문후(魏文侯)는 위나라의 첫 번째 왕으로, 기원전 445~396년 재위했다.

17) 조무령왕(趙武靈王)은 기원전 326년 즉위하여 기원전 299년에 조혜문왕(趙惠文
    王)에게 자리를 내주어 자칭 주부(主父)라 했다.

18) 아경(亞卿)은 관직명으로 정경(正卿) 다음이다.

19) 제나라 정벌에 대해서 역대로 의견이 분분하다. 일설에는 초나라를 포함해 여섯
    나라라 하고, 진나라 대신 초나라로 하여 다섯 국가라는 의견도 있다. 여기서는
    『통감(通鑒)』의 설명을 따르기로 한다. 이후 초나라는 요치(淖齒)에게 제나라를
    구원케 하고 그를 제나라 상국으로 삼았다. 제나라가 연나라를 공격한 뒤 제양왕
    (齊襄王)이 초나라에 사람을 보내 원조에 대한 감사를 표했다고 하니 초나라는
    제나라 정벌에 참여하지 않은 것으로 보인다.

20) 송나라의 영토는 지금의 강소성 동산, 하남성 상구, 산동성 곡비 사이에 해당한
    다. 기원전 286년 제, 위, 초에 의해 송나라는 멸망되며 분열되었다.

21) 기원전 208년 6월에 항량이 초회왕의 손자 심(心)을 초의 왕으로 옹립하여 다시
    회왕이라 칭했다. 항우가 관중에 들어간 뒤 그를 의제라 부르니 사실상 유명무실
    한 황제였다. 당초 초회왕과 여러 제후는 관중에 먼저 들어가는 이를 왕으로 추
    대하기로 약속했다. 이 때문에 유방이 관중의 땅을 가져야 마땅하지만 항우는 유
    방을 파, 촉, 한중에 봉했기 때문에 한신이 이렇게 말한 것이다.

22) 약법삼장(約法三章)은 유방이 복잡한 진나라의 법제를 없애고 간략하게 세 가지로 만든 것이다. 즉 살인한 자는 죽이고 사람을 해치거나 도적질한 자는 그 죄를 받는다.

23) 성을 순찰하고 도둑을 잡는 무관이다.

24) 운몽(雲夢)은 운몽택(雲夢澤)으로 지금의 호북성 남부, 호남성 북부 동정호(洞庭湖) 일대에 위치한다. 한나라 초기에는 사냥터로 이용했다.

25) 한나라 초기 성(姓)이 다른 제후 왕은 초왕(楚王) 한신(韓信), 양왕(梁王) 팽월(彭越), 회남왕(淮南王) 영포(英布), 조왕(趙王) 장오(張敖), 한왕(韓王) 신(信), 연왕(燕王) 노관(盧綰), 장사왕(長沙王) 오병(吳芮)을 말한다.

26) 장락궁(長樂宮)은 원래 진(秦)나라의 홍락궁(興樂宮)이다. 기원전 200년에 유방이 재건하여 여후가 평소 머물게 했던 곳이다.

27) 이 책은 연(年)을 양력, 월(月)을 음력으로 각각 표기한다. 한나라 초기에 진나라 제도를 그대로 따랐기에 10월을 연초로 한다.

28) 상주국은 주국(柱國)이라고도 한다. 초나라의 최고 무관의 자리이다.

29) 양쪽에 담을 쌓아 군량을 수송하는 길을 말한다.

30) 오강은 지금의 안휘성 화현에서 동북으로 40리 떨어진 장강 북쪽의 오강포(烏江浦)를 말한다.

31) 양가자(良家子)는 일반적으로 청렴한 사람들의 자제를 말한다. 양가에는 의원, 상인, 수공업자는 포함되지 않는다.

32) 후(侯)는 중국 고대 작위의 1등급이다. 후의 봉지(封地)는 수백 호(戶)에서 수만 호(戶)에 이른다. 봉지가 수만 호인 후를 만호후(萬戶侯)라 한다.

33) 도위(都尉)는 군(郡)의 군사장관으로 태수(太守)의 다음가는 지위이다.

34) 기랑장(騎郎將) : 낭(郎)은 거랑(車郎), 병랑(兵郎), 기랑(騎郎)으로 나뉜다. 기랑을 주관하는 장군을 기랑장이라 한다.

35) 태위(太尉)는 한나라 무관의 최고 관직으로 승상(丞相), 어사대부(禦史大夫)와 함께 삼공(三公)으로 불린다. 주아부는 주발(周勃)의 아들로 서한(西漢)의 명장군이다. 한문제 때 세류(細柳, 섬서성 함양 서남)를 수비하여 엄격한 군사 지휘로 유명해졌다.

36) 효기도위(驍騎都尉)는 기병 군관의 임시직이다.

37) 태수(太守)는 군(郡)에서 1급에 해당하는 행정지방관으로, 때로 군사와 관련된

일도 겸한다.

38) 미앙(未央)은 황제가 머물던 궁전이며, 미앙위위(未央衛尉)는 미앙군을 지키는
고급 무관이다.

39) 대장군은 장군의 최고 칭호이며, 삼공(三公)의 다음 가는 자리이다.

40) 구경은 한나라 때 중앙정부 기구를 통칭하는 말로 쓰였다. 봉상(奉常), 낭중령
(郎中令), 위위(衛尉), 태부(太仆), 정위(廷尉), 전객(典客), 종정(宗正), 치속내사
(治粟內史), 소부(少府)를 말한다.

41) 매년 태수가 받는 봉록이 2,000석이기 때문에 일반적으로 2,000석을 태수라고
칭하기도 한다.

42) 장사(長史)는 장군에 속한 관리로 훗날 서기와 같다.

43) 황제의 딸은 공주(公主)라 하고 누이를 장공주(長公主)라 하며, 고모를 대장공주
(大長公主)라 한다.

44) 온(媼)은 나이 든 여성을 일컫는 말이다.

45) 교위(校尉)는 장수 밑의 관직이다.

46) 한(漢)나라 때 관리를 뽑는 과목 중 하나이다.

47) 기련(祁連), 합려(合黎)가 남북으로 위치하고 중간에 낮은 평지가 있으니 황하의
서쪽이라 하여 자고로 하서(河西)라 칭한다.

48) 무강거(武剛車)는 가로막기 위해 만든 수레이다.

49) 이 구절은 흉노를 대적하는 데 최상의 계책은커녕 중책도 세우지 못했다는 뜻이다.

50) 연지(燕支)는 산이다. 연지산이 바로 언기산(焉支山)으로, 지금의 감숙성 산단현
(山丹縣) 동쪽에 위치한다.

51) 옛날에 몽고의 대사막을 한해(瀚海)라 불렀다. 사막이 광활하여 바람에 모래가
날리면 마치 바다의 파도가 요동치는 것 같다 해서 이름 붙여졌다.

52) 유성(流星)은 보검 이름이고, 백우(白羽)는 화살을 말한다.

53) 옛날 사람들은 인간사에 별을 인용했다. 태백성(太白星)은 금성(金星)으로, 전쟁
으로 보면 장군을 대표한다.

54) 어사대부(禦史大夫)는 중앙정부의 최고 관직 가운데 하나이다.

55) 대행(大行)은 대행령(大行令)으로, 다른 민족의 귀속을 담당하는 관리이다.

56) 첫 장에서 인용한 이백(李白)의 「새상곡(塞上曲)」 한 구절 '燕支落漢家, 婦女無
花色'은 바로 여기서 비롯된 것이다.

57) 한해(瀚海)는 북해로, 몽고고원 북쪽에 위치한 바이칼 호이다. 앞서 말한 대사막과는 다르다.

58) 낭거서산(狼居胥山)의 현재 지역은 몽고 국경의 긍특산(肯特山)이라는 설과 하투(河套) 서북쪽의 북랑산(北狼山)이라는 설이 있으나 분명치 않다.

59) 삼보(三輔)는 당시 경조윤(京兆尹), 좌풍익(左馮翊), 우부풍(右扶風)의 행정구역을 말한다. 지금의 섬서성 중부 일대이다.

60) 영남(嶺南)은 대유령(大庾嶺), 시안령(始安嶺), 임하령(臨賀嶺), 계양령(桂陽嶺), 게양령(揭陽嶺) 등 오령(五嶺) 이남 지역을 말한다.

61) 무릉에는 웅계(雄溪), 문계(門溪), 서계(西溪), 무계(潕溪), 진계(辰溪) 등 오계(五溪)와 같은 소수민족이 거주했다. 고대에는 소수민족을 만이(蠻夷)라 불렀으며, 이에 따라 이들을 오계만(五溪蠻)이라 한다.

62) 질자(質子)는 고대 부속국이 충성의 의미로 종주국에 보낸 왕의 아들이다. 시자(侍子)라고도 한다.

63) 부개자는 한소제(漢昭帝) 사람으로 서역 출사에 공을 세워 의양후(義陽侯)에 봉해졌다.

64) 난태(蘭台)는 한나라 때 나라의 서적과 신하들의 상주문을 소장하던 곳으로, 어사사승(禦史史丞)이 주관한다. 난태령사는 낮은 관리의 직책이다.

65) 사마(司馬)는 군대에서 비교적 낮은 무관이며, 가사마(假司馬)는 사마의 대리이다.

66) 종사(從事)는 후대의 문서관처럼 문관을 보좌하는 직책이다.

67) 상앙의 변법은 다음과 같다. 호적을 편성하고 전국을 31현으로 나누며, 정전제도를 없애 백성들의 농업 생산을 장려했다. 아울러 조세를 확정하고 귀족의 세력을 약화시켜 그들이 가진 특권을 박탈했다.

68) 전국시대에 제후 왕 아래에는 경(卿), 대부(大夫), 사(士)가 있었다. 경은 다시 상경(上卿)과 아경(亞卿)으로 나뉜다.

69) 벽(璧)은 중앙에 큰 구멍이 난 보옥을 말한다. 변화(卞和)라는 초나라 사람이 산에서 옥을 싸고 있는 돌덩이를 발견하고 여왕(厲王)에게 바쳤다. 여왕이 장인에게 옥을 감별하게 했는데 평범한 돌덩이라 하자 화가 나 변화의 왼쪽 다리를 잘랐다. 여왕이 죽고 변화가 다시 무왕(武王)에게 옥을 바쳤다. 무왕도 옥을 감별시켰지만 역시 돌덩이란 대답을 듣자 변화의 오른쪽 다리마저 잘랐다. 초나라에 문왕(文王)이 즉위하여 산속에서 돌을 끌어안고 우는 변화 이야기를 들었다. 괴이하게 여긴 문왕이 이유를 들어본 뒤 돌을 쪼갰더니 그 안에서 아름다운 옥이 나

왔다. 이것이 바로 변화가 발견한 화씨벽이다.

70) 부질은 고대 사형에 쓰인 도구로, 오늘날의 작두와 비슷하게 생겼다.

71) 재계(齋戒)는 제사를 지내기 전에 행하는 예절이다. 재계를 지내는 동안에는 육식과 음주를 하지 않고, 목욕을 하고 옷을 갈아입어 공경의 뜻을 나타낸다.

72) 빈(賓)은 손님이다. 대전에서 조회를 할 때 구빈을 세웠는데 아홉 명을 차례로 상전으로 부르는 의식이다.

73) 대부(大夫)의 작위는 경(卿)의 아래이고 사(士)보다는 높다. 상대부, 중대부, 하대부로 나뉜다.

74) 슬(瑟)은 고대 악기의 하나로, 금(琴)과 비슷한 모양이다. 8척(尺)이 넘는 길이로 원래 50줄이었으나 후에 25줄로 고쳤다.

75) 어사(禦史)는 전국시대에 왕의 비서라 할 수 있다. 다른 나라 사신이 국서를 줄 때 어사가 받들어 왕에게 보였으며, 두 나라의 군주가 만나면 곁에서 모든 일을 기록했다.

76) 분부(盆缶)는 술을 담는 용기로, 진나라 사람들은 노래를 할 때 이것을 두드려 박자를 맞추었다. 이 때문에 인상여가 분부를 진나라의 악기라 한 것이다.

77) 형조(荊條)는 사람을 매달아 채찍으로 때릴 수 있는 형틀이다.

명장

초판 1쇄 발행 ǀ 2008년 12월 22일
초판 3쇄 발행 ǀ 2009년 6월 15일

엮은이 ǀ 우한
옮긴이 ǀ 김숙향
펴낸이 ǀ 심만수
펴낸곳 ǀ (주)살림출판사
출판등록 ǀ 1989년 11월 1일 제9-210호

주소 ǀ 413-756 경기도 파주시 교하읍 문발리 파주출판도시 522-2
전화 ǀ 영업부 031)955-1350 기획편집부 031)955-1373
팩스 ǀ 031)955-1355
이메일 ǀ book@sallimbooks.com
홈페이지 ǀ http://www.sallimbooks.com

ISBN   978-89-522-1061-6 03320

* 잘못된 책은 구입하신 서점에서 바꾸어 드립니다.
* 저자와의 협의에 의해 인지를 생략합니다.

책임편집 · 교정 ː 김태권

값 18,000원